CÓDIGO DE DEFESA DO CONSUMIDOR

LEI 8.078, DE 11 DE SETEMBRO DE 1990

O GEN | Grupo Editorial Nacional – maior plataforma editorial brasileira no segmento científico, técnico e profissional – publica conteúdos nas áreas de concursos, ciências jurídicas, humanas, exatas, da saúde e sociais aplicadas, além de prover serviços direcionados à educação continuada.

As editoras que integram o GEN, das mais respeitadas no mercado editorial, construíram catálogos inigualáveis, com obras decisivas para a formação acadêmica e o aperfeiçoamento de várias gerações de profissionais e estudantes, tendo se tornado sinônimo de qualidade e seriedade.

A missão do GEN e dos núcleos de conteúdo que o compõem é prover a melhor informação científica e distribuí-la de maneira flexível e conveniente, a preços justos, gerando benefícios e servindo a autores, docentes, livreiros, funcionários, colaboradores e acionistas.

Nosso comportamento ético incondicional e nossa responsabilidade social e ambiental são reforçados pela natureza educacional de nossa atividade e dão sustentabilidade ao crescimento contínuo e à rentabilidade do grupo.

2024

CÓDIGO DE DEFESA DO CONSUMIDOR

LEI 8.078, DE 11 DE SETEMBRO DE 1990

40ª edição

gen | atlas

- Fechamento desta edição: *09.01.2024*

- **Atendimento ao cliente: (11) 5080-0751 | faleconosco@grupogen.com.br**

  Editora Atlas Ltda.
  Uma editora integrante do GEN | Grupo Editorial Nacional
  Travessa do Ouvidor, 11 – Térreo e 6º andar
  Rio de Janeiro – RJ – 20040-040
  www.grupogen.com.br

- Capa: Fabricio Vale

- **CIP-BRASIL. CATALOGAÇÃO NA PUBLICAÇÃO**
  SINDICATO NACIONAL DOS EDITORES DE LIVROS, RJ

C61
40. ed.

Código de defesa do consumidor : lei 8.078, de 11 de setembro de 1990 / [organização Equipe Atlas]. - 40. ed. - [2. Reimp.] - Barueri [SP] : Atlas, 2024.
240 p. ; 21 cm.

Inclui índice
"Material suplementar"
ISBN 978-65-5977-596-5

1. Brasil. [Código de defesa do consumidor (1990)]. 2. Defesa do consumidor Legislação - Brasil. I. Equipe Atlas. II. Série.

24-87651 CDU: 34:366.542(81)(094.4)

Meri Gleice Rodrigues de Souza - Bibliotecária - CRB-7/6439

NOTA DA EDITORA

Esta obra consolida décadas de experiência do Grupo GEN | Editora Atlas na publicação de livros jurídicos. Apresentamos aos estudantes, acadêmicos e profissionais do Direito e das mais diversas áreas do conhecimento o *Código de Defesa do Consumidor*, confiantes por termos superado o desafio de oferecer o material mais consistente do mercado.

Cuidadosamente produzido para apresentar o melhor conteúdo legislativo, o *Código de Defesa do Consumidor* possui projeto gráfico prático e moderno, que permite a otimização na busca de informações.

Esse conteúdo tem a seguinte estrutura:

- Código de Defesa do Consumidor – Lei 8.078/1990
- Legislação Relacionada – CF, CP e CPC – excertos
- Legislação Complementar
- Súmulas dos Tribunais Superiores
- Índice Remissivo

Sobre o acompanhamento legislativo

O Grupo Editorial Nacional | GEN também disponibiliza aos leitores um acompanhamento legislativo, com informações sobre as normas de maior impacto nos principais ramos do Direito brasileiro, bem como aquelas que alterem os dispositivos legais contidos nesta obra, publicadas ao longo do ano. Para acessar esse conteúdo, basta entrar no *site*: <http://genjuridico.com.br/acompanhamentolegislativo/>.

Sobre o Material Suplementar

Aos leitores desta edição do *Código de Defesa do Consumidor*, é oferecido conteúdo *on-line* exclusivo e gratuito. As informações de acesso constam na aba da capa deste livro.

SUMÁRIO

CÓDIGO DE DEFESA DO CONSUMIDOR

Índice sistemático do Código de Defesa do Consumidor XV

LEI 8.078, DE 11 DE SETEMBRO DE 1990 1

LEGISLAÇÃO RELACIONADA 45

CONSTITUIÇÃO DA REPÚBLICA FEDERATIVA DO BRASIL, DE 5 DE OUTUBRO DE 1988* 45

CÓDIGO PENAL – DECRETO-LEI 2.848, DE 7 DE DEZEMBRO DE 1940* 46

CÓDIGO DE PROCESSO CIVIL – LEI 13.105, DE 16 DE MARÇO DE 2015* 48

DECRETO 22.626, DE 7 DE ABRIL DE 1933 – Dispõe sobre os juros nos contratos e dá outras providências. 49

LEI 1.521, DE 26 DE DEZEMBRO DE 1951 – Altera dispositivos da legislação vigente sobre crimes contra a economia popular*. 51

LEI 7.347, DE 24 DE JULHO DE 1985 – Disciplina a ação civil pública de responsabilidade por danos causados ao meio ambiente, ao consumidor, a bens e direitos de valor artístico, estético, histórico, turístico e paisagístico (VETADO) e dá outras providências. 53

LEGISLAÇÃO COMPLEMENTAR 55

Lei Complementar

LEI COMPLEMENTAR 166, DE 8 DE ABRIL DE 2019 – Altera a Lei Complementar 105, de 10 de janeiro de 2001, e a Lei 12.414, de 9 de junho de 2011, para dispor sobre os cadastros positivos de crédito e regular a responsabilidade civil dos operadores. 144

Leis

LEI 8.137, DE 27 DE DEZEMBRO DE 1990 – Define crimes contra a ordem tributária, econômica e contra as relações de consumo, e dá outras providências. 55

LEI 8.987, DE 13 DE FEVEREIRO DE 1995 – Dispõe sobre o regime de concessão e permissão da prestação de serviços públicos previsto no art. 175 da Constituição Federal, e dá outras providências 59

LEI 9.008, DE 21 DE MARÇO DE 1995 – Cria, na estrutura organizacional do Ministério da Justiça, o Conselho Federal de que trata o art. 13 da Lei 7.347, de 24 de julho de 1985,

* Conteúdo parcial.

altera os arts. 4º, 39, 82, 91 e 98 da Lei 8.078, de 11 de setembro de 1990, e dá outras providências. 61

LEI 9.832, DE 14 DE SETEMBRO DE 1999 – Proíbe o uso industrial de embalagens metálicas soldadas com liga de chumbo e estanho para acondicionamento de gêneros alimentícios, exceto para produtos secos ou desidratados. 83

LEI 10.048, DE 8 DE NOVEMBRO DE 2000 – Dá prioridade de atendimento às pessoas que especifica, e dá outras providências 84

LEI 10.962, DE 11 DE OUTUBRO DE 2004 – Dispõe sobre a oferta e as formas de afixação de preços de produtos e serviços para o consumidor. 89

LEI 12.007, DE 29 DE JULHO DE 2009 – Dispõe sobre a emissão de declaração de quitação anual de débitos pelas pessoas jurídicas prestadoras de serviços públicos ou privados 94

LEI 12.291, DE 20 DE JULHO DE 2010 – Torna obrigatória a manutenção de exemplar do Código de Defesa do Consumidor nos estabelecimentos comerciais e de prestação de serviços 95

LEI 12.414, DE 9 DE JUNHO DE 2011 – Disciplina a formação e consulta a bancos de dados com informações de adimplemento, de pessoas naturais ou de pessoas jurídicas, para formação de histórico de crédito. 96

LEI 12.485, DE 12 DE SETEMBRO DE 2011 – Dispõe sobre a comunicação audiovisual de acesso condicionado; altera a Medida Provisória 2.228-1, de 6 de setembro de 2001, e as Leis 11.437, de 28 de dezembro de 2006, 5.070, de 7 de julho de 1966, 8.977, de 6 de janeiro de 1995, e 9.472, de 16 de julho de 1997; e dá outras providências* 101

LEI 12.529, DE 30 DE NOVEMBRO DE 2011 – Estrutura o Sistema Brasileiro de Defesa da Concorrência; dispõe sobre a prevenção e repressão às infrações contra a ordem econômica; altera a Lei 8.137, de 27 de dezembro de 1990, o Decreto-Lei 3.689, de 3 de outubro de 1941 – Código de Processo Penal, e a Lei 7.347, de 24 de julho de 1985; revoga dispositivos da Lei 8.884, de 11 de junho de 1994, e a Lei 9.781, de 19 de janeiro de 1999; e dá outras providências* 104

LEI 12.741, DE 8 DE DEZEMBRO DE 2012 – Dispõe sobre as medidas de esclarecimento ao consumidor, de que trata o § 5º do artigo 150 da Constituição Federal; altera o inciso III do art. 6º e o inciso IV do art. 106 da Lei 8.078, de 11 de setembro de 1990 – Código de Defesa do Consumidor. 107

LEI 12.921, DE 26 DE DEZEMBRO DE 2013 – Proíbe a fabricação, a comercialização, a distribuição e a propaganda de produtos nacionais e importados, de qualquer natureza, bem como embalagens, destinados ao público infantojuvenil, reproduzindo a forma de cigarros e similares. 112

LEI 12.933, DE 26 DE DEZEMBRO DE 2013 – Dispõe sobre o benefício do pagamento de meia-entrada para estudantes, idosos, pessoas com deficiência e jovens de 15 a 29 anos comprovadamente carentes em espetáculos artístico-culturais e esportivos, e revoga a Medida Provisória 2.208, de 17 de agosto de 2001 112

LEI 12.965, DE 23 DE ABRIL DE 2014 – Estabelece princípios, garantias, direitos e deveres para o uso da Internet no Brasil* 114

* Conteúdo parcial.

LEI 13.111, DE 25 DE MARÇO DE 2015 – Dispõe sobre a obrigatoriedade de os empresários que comercializam veículos automotores informarem ao comprador o valor dos tributos incidentes sobre a venda e a situação de regularidade do veículo quanto a furto, multas, taxas anuais, débitos de impostos, alienação fiduciária ou quaisquer outros registros que limitem ou impeçam a circulação do veículo. 117

LEI 13.146, DE 6 DE JULHO DE 2015 – Institui a Lei Brasileira de Inclusão da Pessoa com Deficiência (Estatuto da Pessoa com Deficiência)* 118

LEI 13.179, DE 22 DE OUTUBRO DE 2015 – Obriga o fornecedor de ingresso para evento cultural pela internet a tornar disponível a venda de meia-entrada por esse veículo..... 119

LEI 13.233, DE 29 DE DEZEMBRO DE 2015 – Obriga, nas hipóteses que especifica, a veiculação de mensagem de advertência sobre o risco de escassez e de incentivo ao consumo moderado de água..... 121

LEI 13.294, DE 6 DE JUNHO DE 2016 – Dispõe sobre o prazo para emissão de recibo de quitação integral de débitos de qualquer natureza pelas instituições integrantes do Sistema Financeiro Nacional, nos termos da Lei 4.595, de 31 de dezembro de 1964..... 121

LEI 13.455, DE 26 DE JUNHO DE 2017 – Dispõe sobre a diferenciação de preços de bens e serviços oferecidos ao público em função do prazo ou do instrumento de pagamento utilizado, e altera a Lei 10.962, de 11 de outubro de 2004. 122

LEI 13.460, DE 26 DE JUNHO DE 2017 – Dispõe sobre participação, proteção e defesa dos direitos do usuário dos serviços públicos da administração pública..... 122

LEI 13.709, DE 14 DE AGOSTO DE 2018 – Lei Geral de Proteção de Dados Pessoais (LGPD)* 128

LEI 13.979, DE 6 DE FEVEREIRO DE 2020 – Dispõe sobre as medidas para enfrentamento da emergência de saúde pública de importância internacional decorrente do coronavírus responsável pelo surto de 2019. 159

LEI 14.010, DE 10 DE JUNHO DE 2020 – Dispõe sobre o Regime Jurídico Emergencial e Transitório das relações jurídicas de Direito Privado (RJET) no período da pandemia do coronavírus (Covid-19). 170

LEI 14.034, DE 5 DE AGOSTO DE 2020 – Dispõe sobre medidas emergenciais para a aviação civil brasileira em razão da pandemia da Covid-19; e altera as Leis nºs 7.565, de 19 de dezembro de 1986, 6.009, de 26 de dezembro de 1973, 12.462, de 4 de agosto de 2011, 13.319, de 25 de julho de 2016, 13.499, de 26 de outubro de 2017, e 9.825, de 23 de agosto de 1999. 175

LEI 14.046, DE 24 DE AGOSTO DE 2020 – Dispõe sobre medidas emergenciais para atenuar os efeitos da crise decorrente da pandemia da covid-19 nos setores de turismo e de cultura 177

LEI 14.181, DE 1º DE JULHO DE 2021 – Altera a Lei 8.078, de 11 de setembro de 1990 (Código de Defesa do Consumidor), e a Lei 10.741, de 1º de outubro de 2003 (Estatuto do Idoso), para aperfeiçoar a disciplina do crédito ao consumidor e dispor sobre a prevenção e o tratamento do superendividamento..... 181

LEI 14.597, DE 14 DE JUNHO DE 2023 – Institui a Lei Geral do Esporte* 199

* Conteúdo parcial.

LEI 14.724, DE 14 DE NOVEMBRO DE 2023 – Institui o Programa de Enfrentamento à Fila da Previdência Social (PEFPS); dispõe sobre a transformação de cargos efetivos vagos do Poder Executivo federal; altera as Leis nºs 3.268, de 30 de setembro de 1957, 8.213, de 24 de julho de 1991, 8.742, de 7 de dezembro de 1993, 13.146, de 6 de julho de 2015 (Estatuto da Pessoa com Deficiência), 11.907, de 2 de fevereiro de 2009, 11.134, de 15 de julho de 2005, 11.361, de 19 de outubro de 2006, 10.486, de 4 de julho de 2002, 13.328, de 29 de julho de 2016, 9.264, de 7 de fevereiro de 1996, 12.086, de 6 de novembro de 2009, 8.745, de 9 de dezembro de 1993, e 14.204, de 16 de setembro de 2021; e revoga dispositivos das Leis nºs 9.713, de 25 de novembro de 1998, 9.986, de 18 de julho de 2000, e 14.059, de 22 de setembro de 2020, e a Medida Provisória nº 1.181, de 18 de julho de 2023* 205

LEI 14.786, DE 28 DE DEZEMBRO DE 2023 – Cria o protocolo "Não é Não", para prevenção ao constrangimento e à violência contra a mulher e para proteção à vítima; institui o selo "Não é Não - Mulheres Seguras"; e altera a Lei nº 14.597, de 14 de junho de 2023 (Lei Geral do Esporte) 207

LEI 14.790, DE 30 DE DEZEMBRO DE 2023 – Dispõe sobre a modalidade lotérica denominada apostas de quota fixa; altera as Leis nºs 5.768, de 20 de dezembro de 1971, e 13.756, de 12 de dezembro de 2018, e a Medida Provisória nº 2.158-35, de 24 de agosto de 2001; revoga dispositivos do Decreto-Lei nº 204, de 27 de fevereiro de 1967; e dá outras providências* 209

Decretos

DECRETO 2.181, DE 20 DE MARÇO DE 1997 – Dispõe sobre a organização do Sistema Nacional de Defesa do Consumidor – SNDC, estabelece as normas gerais de aplicação das sanções administrativas previstas na Lei 8.078, de 11 de setembro de 1990, revoga o Decreto 861, de 9 de julho de 1993, e dá outras providências 62

DECRETO 2.521, DE 20 DE MARÇO DE 1998 – Dispõe sobre a exploração, mediante permissão e autorização, de serviços de transporte rodoviário interestadual e internacional de passageiros e dá outras providências* 81

DECRETO 4.680, DE 24 DE ABRIL DE 2003 – Regulamenta o direito à informação, assegurado pela Lei 8.078, de 11 de setembro de 1990, quanto aos alimentos e ingredientes alimentares destinados ao consumo humano ou animal que contenham ou sejam produzidos a partir de organismos geneticamente modificados, sem prejuízo do cumprimento das demais normas aplicáveis. 87

DECRETO 5.440, DE 4 DE MAIO DE 2005 – Estabelece definições e procedimentos sobre o controle de qualidade da água de sistemas de abastecimento e institui mecanismos e instrumentos para divulgação de informação ao consumidor sobre a qualidade da água para consumo humano. 91

DECRETO 5.903, DE 20 DE SETEMBRO DE 2006 – Regulamenta a Lei 10.962, de 11 de outubro de 2004, e a Lei 8.078, de 11 de setembro de 1990 91

DECRETO 7.962, DE 15 DE MARÇO DE 2013 – Regulamenta a Lei 8.078, de 11 de setembro de 1990, para dispor sobre a contratação no comércio eletrônico 109

DECRETO 8.573, DE 19 DE NOVEMBRO DE 2015 – Dispõe sobre o Consumidor.gov.br, sistema alternativo de solução de conflitos de consumo, e dá outras providências 119

* Conteúdo parcial.

DECRETO 9.936, DE 24 DE JULHO DE 2019 – Regulamenta a Lei 12.414, de 9 de junho de 2011, que disciplina a formação e a consulta a bancos de dados com informações de adimplemento, de pessoas naturais ou de pessoas jurídicas, para formação de histórico de crédito. 152

DECRETO 10.417, DE 7 DE JULHO DE 2020 – Institui o Conselho Nacional de Defesa do Consumidor 172

DECRETO 10.634, DE 22 DE FEVEREIRO DE 2021 – Dispõe sobre a divulgação de informações aos consumidores referentes aos preços dos combustíveis automotivos 179

DECRETO 11.034, DE 5 DE ABRIL DE 2022 – Regulamenta a Lei 8.078, de 11 de setembro de 1990 – Código de Defesa do Consumidor, para estabelecer diretrizes e normas sobre o Serviço de Atendimento ao Consumidor 187

DECRETO 11.150, DE 26 DE JULHO DE 2022 – Regulamenta a preservação e o não comprometimento do mínimo existencial para fins de prevenção, tratamento e conciliação de situações de superendividamento em dívidas de consumo, nos termos do disposto na Lei 8.078, de 11 de setembro de 1990 - Código de Defesa do Consumidor 198

Decreto Legislativo

DECRETO LEGISLATIVO 6, DE 20 DE MARÇO DE 2020 – Reconhece, para os fins do art. 65 da Lei Complementar 101, de 4 de maio de 2000, a ocorrência do estado de calamidade pública, nos termos da solicitação do Presidente da República encaminhada por meio da Mensagem 93, de 18 de março de 2020. 169

Medida Provisória

MEDIDA PROVISÓRIA 2.172-32, DE 23 DE AGOSTO DE 2001 – Estabelece a nulidade das disposições contratuais que menciona e inverte, nas hipóteses que prevê, o ônus da prova nas ações intentadas para sua declaração 86

Portarias

PORTARIA 4, DE 13 DE MARÇO DE 1998 – Divulga, em aditamento ao elenco do art. 51 da Lei 8.078/90 e do art. 22 do Decreto 2.181/97, cláusulas que são nulas de pleno direito 80

PORTARIA 3, DE 19 DE MARÇO DE 1999 – Dispõe sobre cláusulas nulas de pleno direito 82

PORTARIA 3, DE 15 DE MARÇO DE 2001 – Dispõe sobre cláusulas abusivas 85

PORTARIA 5, DE 27 DE AGOSTO DE 2002 – Complementa o elenco de cláusulas abusivas constante do art. 51 da Lei 8.078, de 11 de setembro de 1990 87

PORTARIA 7, DE 3 DE SETEMBRO DE 2003 – Para efeitos de fiscalização pelos órgãos públicos de defesa do consumidor, particulariza hipótese prevista no elenco de práticas abusivas constante do art. 39 da Lei 8.078, de 11 de setembro de 1990 89

PORTARIA 2.014, DE 13 DE OUTUBRO DE 2008 – Estabelece o tempo máximo para o contato direto com o atendente e o horário de funcionamento no Serviço de Atendimento ao Consumidor – SAC 94

PORTARIA 3.083, DE 25 DE SETEMBRO DE 2013 – Disciplina o direito do consumidor à informação sobre a segurança dos estabelecimentos de lazer, cultura e entretenimento 111

PORTARIA 16, DE 24 DE JUNHO DE 2019 – Especifica tipo de prática abusiva contra o consumidor, em consonância com o disposto no inciso IV, art. 39, da Lei 8.078, de 11 de setembro de 1990 – Código de Defesa do Consumidor. 145

PORTARIA 618, DE 1º DE JULHO DE 2019 – Disciplina o procedimento de comunicação da nocividade ou periculosidade de produtos e serviços após sua colocação no mercado de consumo, previsto nos parágrafos 1º e 2º do art. 10 da Lei 8.078, de 11 de setembro de 1990. 146

PORTARIA CONJUNTA 3, DE 1º DE JULHO DE 2019 – Disciplina o procedimento de chamamento dos consumidores – recall, para substituição ou reparo de veículos que forem considerados nocivos ou perigosos após a sua introdução no mercado de consumo 150

PORTARIA 14, DE 19 DE MARÇO DE 2020 – Disciplina a incidência de fator de redução no pagamento de multas aplicadas pelas Secretaria Nacional do Consumidor em caso de renúncia, pelo infrator, ao direito de recorrer da decisão administrativa de que trata o art. 46 do Decreto 2.181, de 20 de março de 1997. 169

PORTARIA 12, DE 5 DE ABRIL DE 2021 – Determina o cadastro de empresas na plataforma consumidor.gov.br para viabilizar a mediação, via internet, pela Secretaria Nacional do Consumidor, dos conflitos de consumo notificados eletronicamente, nos termos do art. 34 do Decreto nº 2.181, de 20 de março de 1997. 180

PORTARIA 392, DE 29 DE SETEMBRO DE 2021 – Dispõe sobre a obrigatoriedade da informação ao consumidor em relação à ocorrência de alteração quantitativa de produto embalado posto à venda. 181

Portaria Interministerial

PORTARIA INTERMINISTERIAL 3.082, DE 24 DE SETEMBRO DE 2013 – Institui o Sistema de Informações de Acidentes de Consumo – SIAC. 110

Resoluções

RESOLUÇÃO CMN 4.949, DE 30 DE SETEMBRO DE 2021 – Dispõe sobre princípios e procedimentos a serem adotados no relacionamento com clientes e usuários de produtos e de serviços. 182

RESOLUÇÃO CNSP 436, DE 4 DE ABRIL DE 2022 – Estabelece as diretrizes gerais aplicáveis à operação do seguro de garantia estendida 186

RESOLUÇÃO CNSP 439, DE 4 DE JULHO DE 2022 – Dispõe sobre as características gerais para operação das coberturas de risco de seguros de pessoas 191

SÚMULAS DOS TRIBUNAIS SUPERIORES 225

Súmulas Vinculantes do Supremo Tribunal Federal 225

Súmulas do Superior Tribunal de Justiça 225

ÍNDICE REMISSIVO 229

MATERIAL SUPLEMENTAR *ON-LINE*

Leis

LEI 12.965, DE 23 DE ABRIL DE 2014 – Estabelece princípios, garantias, direitos e deveres para o uso da Internet no Brasil.

LEI 13.186, DE 11 DE NOVEMBRO DE 2015 – Institui a Política de Educação para o Consumo Sustentável.

Decretos

DECRETO 8.537, DE 5 DE OUTUBRO DE 2015 – Regulamenta a Lei 12.852, de 5 de agosto de 2013, e a Lei 12.933, de 26 de dezembro de 2013, para dispor sobre o benefício da meia-entrada para acesso a eventos artístico-culturais e esportivos e para estabelecer os procedimentos e os critérios para a reserva de vagas a jovens de baixa renda nos veículos do sistema de transporte coletivo interestadual.

DECRETO 8.771, DE 11 DE MAIO DE 2016 – Regulamenta a Lei 12.965, de 23 de abril de 2014, para tratar das hipóteses admitidas de discriminação de pacotes de dados na internet e de degradação de tráfego, indicar procedimentos para guarda e proteção de dados por provedores de conexão e de aplicações, apontar medidas de transparência na requisição de dados cadastrais pela administração pública e estabelecer parâmetros para fiscalização e apuração de infrações.

Portaria

PORTARIA 49, DE 12 DE MARÇO DE 2009 – Para efeitos de harmonização dos procedimentos administrativos para o cumprimento das normas do Decreto 6.523, de 31 de julho de 2008, pelos órgãos públicos de defesa do consumidor, especifica hipótese prevista no elenco de práticas abusivas constante do art. 39 da Lei 8.078, de 11 de setembro de 1990, e dá outras providências.

ÍNDICE SISTEMÁTICO

CÓDIGO DE DEFESA DO CONSUMIDOR
Lei 8.078, de 11 de setembro de 1990

TÍTULO I – DOS DIREITOS DO CONSUMIDOR – Arts. 1º a 60 1
Capítulo I – Disposições gerais (arts. 1º a 3º) 1
Capítulo II – Da política nacional de relações de consumo (arts. 4º e 5º) 2
Capítulo III – Dos direitos básicos do consumidor (arts. 6º e 7º) 3
Capítulo IV – Da qualidade de produtos e serviços, da prevenção e da reparação dos danos (arts. 8º a 28) 5
Seção I – Da proteção à saúde e segurança (arts. 8º a 11) 5
Seção II – Da responsabilidade pelo fato do produto e do serviço (arts. 12 a 17) 6
Seção III – Da responsabilidade por vício do produto e do serviço (arts. 18 a 25) 8
Seção IV – Da decadência e da prescrição (arts. 26 e 27) 10
Seção V – Da desconsideração da personalidade jurídica (art. 28) 11
Capítulo V – Das práticas comerciais (arts. 29 a 45) 12
Seção I – Das disposições gerais (art. 29) 12
Seção II – Da oferta (arts. 30 a 35) 12
Seção III – Da publicidade (arts. 36 a 38) 13
Seção IV – Das práticas abusivas (arts. 39 a 41) 14
Seção V – Da cobrança de dívidas (arts. 42 e 42-A) 16
Seção VI – Dos bancos de dados e cadastros de consumidores (arts. 43 a 45) 16
Capítulo VI – Da proteção contratual (arts. 46 a 54) 17
Seção I – Disposições gerais (arts. 46 a 50) 17
Seção II – Das cláusulas abusivas (arts. 51 a 53) 18
Seção III – Dos contratos de adesão (art. 54) 21
Capítulo VI-A – Da prevenção e do tratamento do superendividamento (arts. 54-A a 54-G) 22
Capítulo VII – Das sanções administrativas (arts. 55 a 60) 27
TÍTULO II – DAS INFRAÇÕES PENAIS – Arts. 61 a 80 29

TÍTULO III – DA DEFESA DO CONSUMIDOR EM JUÍZO – Arts. 81 a 104-C 33

Capítulo I – Disposições gerais (arts. 81 a 90) 33

Capítulo II – Das ações coletivas para a defesa de interesses individuais homogêneos (arts. 91 a 100) 36

Capítulo III – Das ações de responsabilidade do fornecedor de produtos e serviços (arts. 101 e 102) 37

Capítulo IV – Da coisa julgada (arts. 103 e 104) 38

Capítulo V – Da conciliação no superendividamento (arts. 104-A a 104-C) 39

TÍTULO IV – DO SISTEMA NACIONAL DE DEFESA DO CONSUMIDOR – Arts. 105 e 106 41

TÍTULO V – DA CONVENÇÃO COLETIVA DE CONSUMO – Arts. 107 e 108 42

TÍTULO VI – DISPOSIÇÕES FINAIS – Arts. 109 a 119 42

CÓDIGO DE DEFESA DO CONSUMIDOR[1]

Lei 8.078, de 11 de setembro de 1990.

Dispõe sobre a proteção do consumidor e dá outras providências.

O Presidente da República. Faço saber que o Congresso Nacional decreta e eu sanciono a seguinte Lei:

TÍTULO I
DOS DIREITOS DO CONSUMIDOR

CAPÍTULO I
Disposições gerais

Art. 1º O presente Código estabelece normas de proteção e defesa do consumidor, de ordem pública e interesse social, nos termos dos arts. 5°, inciso XXXII, 170, inciso V, da Constituição Federal e art. 48 de suas Disposições Transitórias.

> Legislação relacionada: Decreto n° 2.181/97 (Dispõe sobre a organização do Sistema Nacional de Defesa do Consumidor – SNDC, e estabelece as normas gerais de aplicações das sanções administrativas previstas nesta Lei. Sobre os valores constantes deste diploma legal); Decreto n° 1.306/94 (Regulamenta o Fundo de Defesa de Direitos Difusos); Lei n° 9.791/99 (Dispõe sobre a obrigatoriedade de as concessionárias de serviços públicos estabelecerem ao consumidor e ao usuário datas opcionais para o vencimento de seus débitos); Lei nº 8.987/95 (Lei de Concessões); Portaria Interministerial 477/95 – Saúde, Justiça e Comunicações (Divulga o teor das advertências sobre os males provocados pelo consumo de tabaco e produtos derivados, para os efeitos desta Lei do Consumidor); Decreto n° 2.978/99 (Regulamenta a arrecadação da Taxa Processual e da Taxa de Serviços do Conselho Administrativo de Defesa Econômica – CADE); Resolução n° 45/07 do Conselho Administrativo de Defesa Econômica – CADE (Aprova o seu Regimento Interno); Lei nº 12.529/11 (Estrutura o Sistema Brasileiro de Defesa da Concorrência; dispõe sobre a prevenção e repressão às infrações contra a ordem econômica).

Art. 2º Consumidor é toda pessoa física ou jurídica que adquire ou utiliza produto ou serviço como destinatário final.

Parágrafo único. Equipara-se a consumidor a coletividade de pessoas, ainda que indetermináveis, que haja intervindo nas relações de consumo.

> Artigos conexos: art. 17 (responsabilidade civil, consumidor vítima de evento); art. 29 (práticas comerciais, equiparação ao consumidor).

Art. 3º Fornecedor é toda pessoa física ou jurídica, pública ou privada, nacional ou estrangeira, bem como os entes despersonalizados, que desenvolvem atividades de

---

[1] *DOU* de 12-9-1990. Retificado no *DOU* de 10-1-2007.

produção, montagem, criação, construção, transformação, importação, exportação, distribuição ou comercialização de produtos ou prestação de serviços.

§ 1º Produto é qualquer bem, móvel ou imóvel, material ou imaterial.

§ 2º Serviço é qualquer atividade fornecida no mercado de consumo, mediante remuneração, inclusive as de natureza bancária, financeira, de crédito e securitária, salvo as decorrentes das relações de caráter trabalhista.

> Artigo conexo: art. 28 (desconsideração da personalidade jurídica).

> Legislação relacionada: Código Civil, art. 50 (desconsideração da personalidade jurídica).

> Súmulas 297 e 563 do STJ.

CAPÍTULO II

Da política nacional de relações de consumo

Art. 4º A Política Nacional das Relações de Consumo tem por objetivo o atendimento das necessidades dos consumidores, o respeito à sua dignidade, saúde e segurança, a proteção de seus interesses econômicos, a melhoria da sua qualidade de vida, bem como a transparência e harmonia das relações de consumo, atendidos os seguintes princípios:

> Art. 4º, *caput*, com redação dada pela Lei nº 9.008, de 21-3-1995.

I – reconhecimento da vulnerabilidade do consumidor no mercado de consumo;

II – ação governamental no sentido de proteger efetivamente o consumidor:

a) por iniciativa direta;

b) por incentivos à criação e desenvolvimento de associações representativas;

c) pela presença do Estado no mercado de consumo;

d) pela garantia dos produtos e serviços com padrões adequados de qualidade, segurança, durabilidade e desempenho;

III – harmonização dos interesses dos participantes das relações de consumo e compatibilização da proteção do consumidor com a necessidade de desenvolvimento econômico e tecnológico, de modo a viabilizar os princípios nos quais se funda a ordem econômica (art. 170, da Constituição Federal), sempre com base na boa-fé e equilíbrio nas relações entre consumidores e fornecedores;

IV – educação e informação de fornecedores e consumidores, quanto aos seus direitos e deveres, com vistas à melhoria do mercado de consumo;

V – incentivo à criação pelos fornecedores de meios eficientes de controle de qualidade e segurança de produtos e serviços, assim como de mecanismos alternativos de solução de conflitos de consumo;

VI – coibição e repressão eficientes de todos os abusos praticados no mercado de consumo, inclusive a concorrência desleal e utilização indevida de inventos e criações industriais das marcas e nomes comerciais e signos distintivos, que possam causar prejuízos aos consumidores;

VII – racionalização e melhoria dos serviços públicos;

VIII – estudo constante das modificações do mercado de consumo;

IX – fomento de ações direcionadas à educação financeira e ambiental dos consumidores;

X – prevenção e tratamento do superendividamento como forma de evitar a exclusão social do consumidor.

> Incisos IX e X acrescidos pela Lei 14.181/2021.

> Legislação relacionada: Constituição Federal, art. 170; Código Civil, art. 422 (boa-fé nos contratos); Lei nº 9.791/99 (Dispõe sobre a obrigatoriedade de as concessionárias de serviços públicos estabelecerem ao consumidor e ao usuário datas opcionais para o vencimento de seus débitos); Lei nº 9.279/96 (Regula os Direitos e Obrigações Relativos à Propriedade Industrial); Lei nº 10.603/02 (Dispõe sobre a proteção de informação não divulgada submetida para aprovação da comercialização de produção e dá outras providências).

Art. 5º Para a execução da Política Nacional das Relações de Consumo, contará o Poder Público com os seguintes instrumentos, entre outros:

I – manutenção de assistência jurídica, integral e gratuita para o consumidor carente;

II – instituição de Promotorias de Justiça de Defesa do Consumidor, no âmbito do Ministério Público;

III – criação de delegacias de polícia especializada no atendimento de consumidores vítimas de infrações penais de consumo;

IV – criação de Juizados Especiais de Pequenas Causas e Varas Especializadas para a solução de litígios de consumo;

V – concessão de estímulos à criação e desenvolvimento das Associações de Defesa do Consumidor;

VI – instituição de mecanismos de prevenção e tratamento extrajudicial e judicial do superendividamento e de proteção do consumidor pessoa natural;

VII – instituição de núcleos de conciliação e mediação de conflitos oriundos de superendividamento.

> Incisos VI e VII acrescidos pela Lei 14.181/2021.

§ 1º (Vetado).[2]

> O texto vetado dispunha:
> *"§ 1º Os Estados, Distrito Federal e Municípios manterão órgãos de atendimento gratuito para orientação dos consumidores."*

§ 2º (Vetado).[3]

> O texto vetado dispunha:
> *"A União, os Estados, o Distrito Federal e os Municípios poderão fiscalizar preços e autuar os infratores, observado seu prévio tabelamento pela autoridade competente."*

CAPÍTULO III
Dos direitos básicos do consumidor

Art. 6º São direitos básicos do consumidor:

I – a proteção da vida, saúde e segurança contra os riscos provocados por práticas no fornecimento de produtos e serviços considerados perigosos ou nocivos;

II – a educação e divulgação sobre o consumo adequado dos produtos e serviços, asseguradas a liberdade de escolha e a igualdade nas contratações;

---

[2] Mensagem de Veto nº 664/90, *do § 1º do art. 5º*: "Esta disposição contraria o princípio federativo, uma vez que impõe aos Estados, ao Distrito Federal e aos Municípios a obrigação de manter determinados serviços gratuitos."

[3] Mensagem de Veto nº 664/90, *do § 2º do art. 5º* : "Cabe à lei que estabelecer o tabelamento, à vista de excepcional interesse público, indicar a autoridade competente para fiscalizá-lo. A cláusula prevista no § 2º outorga atribuição genérica, incompatível com a segurança jurídica dos administradores, pois enseja a possibilidade de ser o mesmo fato objeto de fiscalização simultânea pelos diferentes órgãos."

III – a informação adequada e clara sobre os diferentes produtos e serviços, com especificação correta de quantidade, características, composição, qualidade, tributos incidentes e preço, bem como sobre os riscos que apresentem;

> *Inciso III com redação dada pela Lei nº 12.741, de 8 de dezembro de 2012.*

> O texto original dispunha:

"III – a informação adequada e clara sobre os diferentes produtos e serviços, com especificação correta de quantidade, características, composição, qualidade e preço, bem como sobre os riscos que apresentem;"

IV – a proteção contra a publicidade enganosa e abusiva, métodos comerciais coercitivos ou desleais, bem como contra práticas e cláusulas abusivas ou impostas no fornecimento de produtos e serviços;

V – a modificação das cláusulas contratuais que estabeleçam prestações desproporcionais ou sua revisão em razão de fatos supervenientes que as tornem excessivamente onerosas;

VI – a efetiva prevenção e reparação de danos patrimoniais e morais, individuais, coletivos e difusos;

VII – o acesso aos órgãos judiciários e administrativos, com vistas à prevenção ou reparação de danos patrimoniais e morais, individuais, coletivos ou difusos, assegurada a proteção jurídica, administrativa e técnica aos necessitados;

VIII – a facilitação da defesa de seus direitos, inclusive com a inversão do ônus da prova, a seu favor, no processo civil, quando, a critério do juiz, for verossímil a alegação ou quando for ele hipossuficiente, segundo as regras ordinárias de experiência;

IX – (Vetado).[4]

> O texto vetado dispunha:

"IX – a participação e consulta na formulação das políticas que os afetam diretamente, e a representação de seus interesses por intermédio das entidades públicas ou privadas de defesa do consumidor."

X – a adequada e eficaz prestação dos serviços públicos em geral;

> Artigos conexos: arts. 8º a 10 (da proteção à saúde e segurança); art. 12 (responsabilidade pelo fato do produto); art. 18, *caput*, e art. 19, *caput* (vício do produto, solidariedade); art. 22 (órgão público, fornecimento de produto); art. 25 (cláusula de exclusão de responsabilidade); art. 28, § 3º (solidariedade, sociedades consorciadas); arts. 30 e 31 (da oferta); art. 34 (solidariedade, atos do preposto); art. 36, parágrafo único (publicidade, guarda dos dados fáticos); art. 37 (publicidade enganosa ou abusiva); art. 51, III (transferência de responsabilidade a terceiros); art. 52 (concessão de crédito); art. 59, § 1º (pena de cassação, concessionária de serviço público); arts. 66 a 69 (penalidades).

> Legislação relacionada: Código Civil, art. 157 (lesão); art. 421 (função social do contrato); art. 723 (contrato de corretagem, diligência do corretor); Lei nº 9.791/99 (Dispõe sobre a obrigatoriedade de as concessionárias de serviços públicos estabelecerem ao consumidor e ao usuário datas opcionais para o vencimento de seus débitos); Portaria nº 81/02 do Ministério da Justiça (Estabelece regra para a informação aos consumidores sobre mudança de quantidade de produto comercializado na embalagem, determinando que o não cumprimento sujeitará o fornecedor às sanções da Lei nº 8.078/90 e do Decreto nº 2.181/97); Medida Provisória nº 2.172-32/01 (Estabelece a nulidade das disposições contratuais que menciona e inverte, nas hipóteses que prevê, o ônus da prova nas ações intentadas para sua declaração); Decreto nº 6.932/09 (Dispõe sobre a simplificação do atendimento público prestado ao cidadão, ratifica a dispensa do reconhecimento de firma em documentos produzidos no Brasil, institui a "Carta de Serviços ao Cidadão" e dá outras providências).

XI – a garantia de práticas de crédito responsável, de educação financeira e de prevenção e tratamento de situações de superendividamento, preservado o mínimo existencial, nos termos da regulamentação, por meio da revisão e da repactuação da dívida, entre outras medidas;

---

[4] Mensagem de Veto nº 664/90, *do inciso IX do art. 6º*: O dispositivo contraria o princípio da democracia representativa ao assegurar, de forma ampla, o direito de participação na formulação das políticas que afetam diretamente o consumidor. O exercício do poder pelo povo faz-se por intermédio de representantes legitimamente eleitos, excetuadas as situações previstas expressamente na Constituição (CF, art. 14, I). Acentue-se que o próprio exercício da iniciativa popular no processo legislativo está submetido a condições estritas (CF, art. 61, § 2º).

> Legislação relacionada: Decreto nº 11.150/2022 (Regulamenta a preservação e o não comprometimento do mínimo existencial nas situações de superendividamento).

XII – a preservação do mínimo existencial, nos termos da regulamentação, na repactuação de dívidas e na concessão de crédito;

> Legislação relacionada: Decreto nº 11.150/2022 (Regulamenta a preservação e o não comprometimento do mínimo existencial nas situações de superendividamento).

XIII – a informação acerca dos preços dos produtos por unidade de medida, tal como por quilo, por litro, por metro ou por outra unidade, conforme o caso.

> Incisos XI a XIII acrescidos pela Lei 14.181/2021.

Parágrafo único. A informação de que trata o inciso III do *caput* deste artigo deve ser acessível à pessoa com deficiência, observado o disposto em regulamento;

> Parágrafo único acrescido pela Lei 13.146/2015 – Estatuto da Pessoa com Deficiência.

Art. 7º Os direitos previstos neste Código não excluem outros decorrentes de tratados ou convenções internacionais de que o Brasil seja signatário, da legislação interna ordinária, de regulamentos expedidos pelas autoridades administrativas competentes, bem como dos que derivem dos princípios gerais do direito, analogia, costumes e equidade.

Parágrafo único. Tendo mais de um autor a ofensa, todos responderão solidariamente pela reparação dos danos previstos nas normas de consumo.

> Artigos conexos: arts. 18, *caput*, 19, *caput*, e 25 (responsabilidade solidária por vício do produto e serviço); art. 28, § 3º (desconsideração da personalidade jurídica, sociedades consorciadas); art. 34 (práticas comerciais abusivas, solidariedade); art. 51, III (cláusulas abusivas).

> Legislação relacionada: Código Civil, arts. 275 a 285 (solidariedade); Resolução nº 3.694/09 do Banco Central do Brasil (Dispõe sobre a prevenção de riscos na contratação de operações e na prestação de serviços por parte de instituições financeiras e demais instituições autorizadas a funcionar pelo Banco Central do Brasil); Decreto nº 2.521/98 (Dispõe sobre a exploração, mediante permissão e autorização, de serviços de transporte rodoviário interestadual e internacional de passageiros e dá outras providências).

CAPÍTULO IV

Da qualidade de produtos e serviços, da prevenção e da reparação dos danos

Seção I

Da proteção à saúde e segurança

Art. 8º Os produtos e serviços colocados no mercado de consumo não acarretarão riscos à saúde ou segurança dos consumidores, exceto os considerados normais e previsíveis em decorrência de sua natureza e fruição, obrigando-se os fornecedores, em qualquer hipótese, a dar as informações necessárias e adequadas a seu respeito.

§ 1º Em se tratando de produto industrial, ao fabricante cabe prestar as informações a que se refere este artigo, através de impressos apropriados que devam acompanhar o produto.

> Primitivo parágrafo único renumerado pela Lei 13.486/2017.

§ 2º O fornecedor deverá higienizar os equipamentos e utensílios utilizados no fornecimento de produtos ou serviços, ou colocados à disposição do consumidor, e informar, de maneira ostensiva e adequada, quando for o caso, sobre o risco de contaminação.

> § 2º com redação pela Lei 13.486/2017.

> Artigos conexos: art. 6º, I e III (direitos básicos do consumidor, proteção à saúde e informação); arts. 30 e 31 (oferta); arts. 36 e 37 (publicidade); arts. 63 a 68 (penalidade).

> Legislação relacionada: Lei nº 9.965/00 (Restringe a venda de esteróides ou peptídeos anabolizantes).

Art. 9º O fornecedor de produtos e serviços potencialmente nocivos ou perigosos à saúde ou segurança deverá informar, de maneira ostensiva e adequada, a respeito da sua nocividade ou periculosidade, sem prejuízo da adoção de outras medidas cabíveis em cada caso concreto.

> Artigo conexo: art. 63 (penalidades).

> Legislação relacionada: Portaria Interministerial nº 477/95 dos Ministérios da Saúde, da Justiça e das Comunicações (resolveram divulgar o teor das advertências sobre os males provocados pelo consumo de tabaco e produtos derivados, para os efeitos da Lei nº 8.078/90); Lei nº 9.294/96, regulamentada pelo Decreto nº 2.018/96 (Restrições ao uso e à propaganda de produtos fumígenos, bebidas alcoólicas, medicamentos, terapias e defensivos agrícolas); Portaria nº 789/01, do Ministério da Justiça (Regula a comunicação, no âmbito do Departamento de Proteção e Defesa do Consumidor – DPDC, relativa à periculosidade de produtos e serviços já introduzidos no mercado de consumo).

Art. 10. O fornecedor não poderá colocar no mercado de consumo produto ou serviço que sabe ou deveria saber apresentar alto grau de nocividade ou periculosidade à saúde ou segurança.

§ 1º O fornecedor de produtos e serviços que, posteriormente à sua introdução no mercado de consumo, tiver conhecimento da periculosidade que apresentem, deverá comunicar o fato imediatamente às autoridades competentes e aos consumidores, mediante anúncios publicitários.

§ 2º Os anúncios publicitários a que se refere o parágrafo anterior serão veiculados na imprensa, rádio e televisão, às expensas do fornecedor do produto ou serviço.

§ 3º Sempre que tiverem conhecimento de periculosidade de produtos ou serviços à saúde ou segurança dos consumidores, a União, os Estados, o Distrito Federal e os Municípios deverão informá-los a respeito.

> Artigo conexo: art. 64 (penalidade).

> Legislação relacionada: Portaria nº 789/01 do Ministério da Justiça (Regula a comunicação, no âmbito do Departamento de Proteção e Defesa do Consumidor – DPDC, relativa à periculosidade de produtos e serviços já introduzidos no mercado de consumo de que trata este parágrafo).

Art. 11. (Vetado).[5]

> O texto vetado dispunha:

"Art. 11. O produto ou serviço que, mesmo adequadamente utilizado ou fruído, apresenta alto grau de nocividade ou periculosidade será retirado imediatamente do mercado pelo fornecedor, sempre às suas expensas, sem prejuízo da responsabilidade pela reparação de eventuais danos."

Seção II
Da responsabilidade pelo fato do produto e do serviço

Art. 12. O fabricante, o produtor, o construtor, nacional ou estrangeiro, e o importador respondem, independentemente da existência de culpa, pela reparação dos danos causados aos consumidores por defeitos decorrentes de projeto, fabricação, construção,

---

[5] Mensagem de Veto nº 664/90, *do art. 11*: O dispositivo é contrário ao interesse público, pois, ao determinar a retirada do mercado de produtos e serviços que apresentem "alto grau de nocividade e periculosidade", mesmo quando "*adequadamente utilizados*", impossibilita a produção e o comércio de bens indispensáveis à vida moderna (*e. g.* materiais radioativos, produtos químicos e outros). Cabe, quanto a tais produtos e serviços, a adoção de cuidados especiais, a serem disciplinados em legislação específica.

montagem, fórmulas, manipulação, apresentação ou acondicionamento de seus produtos, bem como por informações insuficientes ou inadequadas sobre sua utilização e riscos.

§ 1º O produto é defeituoso quando não oferece a segurança que dele legitimamente se espera, levando-se em consideração as circunstâncias relevantes, entre as quais:

I – sua apresentação;

II – o uso e os riscos que razoavelmente dele se esperam;

III – a época em que foi colocado em circulação.

§ 2º O produto não é considerado defeituoso pelo fato de outro de melhor qualidade ter sido colocado no mercado.

§ 3º O fabricante, o construtor, o produtor ou importador só não será responsabilizado quando provar:

I – que não colocou o produto no mercado;

II – que, embora haja colocado o produto no mercado, o defeito inexiste;

III – a culpa exclusiva do consumidor ou de terceiro.

> Artigos conexos: art. 6º (direitos básicos do consumidor); arts. 8º e 9º (proteção à saúde e segurança); art. 12, *caput* (responsabilidade pelo fato do produto); arts. 30 e 31 (oferta); art. 36, parágrafo único, e 37 (publicidade); art. 52 (outorga de crédito ao consumidor); arts. 66 a 69 (penalidades).

Art. 13. O comerciante é igualmente responsável, nos termos do artigo anterior, quando:

I – o fabricante, o construtor, o produtor ou o importador não puderem ser identificados;

II – o produto for fornecido sem identificação clara do seu fabricante, produtor, construtor ou importador;

III – não conservar adequadamente os produtos perecíveis.

Parágrafo único. Aquele que efetivar o pagamento ao prejudicado poderá exercer o direito de regresso contra os demais responsáveis, segundo sua participação na causação do evento danoso.

> Legislação relacionada: Código Civil, art. 88 (proibição de denunciação da lide); art. 346 (pagamento com sub-rogação).

Art. 14. O fornecedor de serviços responde, independentemente da existência de culpa, pela reparação dos danos causados aos consumidores por defeitos relativos à prestação dos serviços, bem como por informações insuficientes ou inadequadas sobre sua fruição e riscos.

§ 1º O serviço é defeituoso quando não fornece a segurança que o consumidor dele pode esperar, levando-se em consideração as circunstâncias relevantes, entre as quais:

I – o modo de seu fornecimento;

II – o resultado e os riscos que razoavelmente dele se esperam;

III – a época em que foi fornecido.

§ 2º O serviço não é considerado defeituoso pela adoção de novas técnicas.

§ 3º O fornecedor de serviços só não será responsabilizado quando provar:

I – que, tendo prestado o serviço, o defeito inexiste;

II – a culpa exclusiva do consumidor ou de terceiro.

§ 4º A responsabilidade pessoal dos profissionais liberais será apurada mediante a verificação de culpa.

> Legislação relacionada: Código Civil, art. 951 (responsabilidade civil no exercício da atividade profissional).

Art. 15. (Vetado).[6]

> O texto vetado dispunha:

"Art. 15. Quando a utilização do produto ou a prestação do serviço causar dano irreparável ao consumidor, a indenização corresponderá ao valor integral dos bens danificados."

Art. 16. (Vetado).[7]

> O texto vetado dispunha:

> *"Art. 16. Se comprovada a alta periculosidade do produto ou do serviço que provocou o dano, ou grave imprudência, negligência ou imperícia do fornecedor, será devida multa civil de até um milhão de vezes o Bônus do Tesouro Nacional – BTN ou índice equivalente que venha substituí-lo, na ação proposta por qualquer dos legitimados à defesa do consumidor em juízo, a critério do juiz, de acordo com gravidade e proporção do dano, bem como a situação econômica do responsável."*

Art. 17. Para os efeitos desta Seção, equiparam-se aos consumidores todas as vítimas do evento.

Seção III
Da responsabilidade por vício do produto e do serviço

Art. 18. Os fornecedores de produtos de consumo duráveis ou não duráveis respondem solidariamente pelos vícios de qualidade ou quantidade que os tornem impróprios ou inadequados ao consumo a que se destinam ou lhes diminuam o valor, assim como por aqueles decorrentes da disparidade, com as indicações constantes do recipiente, da embalagem, rotulagem ou mensagem publicitária, respeitadas as variações decorrentes de sua natureza, podendo o consumidor exigir a substituição das partes viciadas.

§ 1º Não sendo o vício sanado no prazo máximo de 30 (trinta) dias, pode o consumidor exigir, alternativamente e à sua escolha:

I – a substituição do produto por outro da mesma espécie, em perfeitas condições de uso;

II – a restituição imediata da quantia paga, monetariamente atualizada, sem prejuízo de eventuais perdas e danos;

III – o abatimento proporcional do preço.

§ 2º Poderão as partes convencionar a redução ou ampliação do prazo previsto no parágrafo anterior, não podendo ser inferior a 7 (sete) nem superior a 180 (cento e oitenta) dias. Nos contratos de adesão, a cláusula de prazo deverá ser convencionada em separado, por meio de manifestação expressa do consumidor.

§ 3º O consumidor poderá fazer uso imediato das alternativas do § 1° deste artigo, sempre que, em razão da extensão do vício, a substituição das partes viciadas puder comprometer a qualidade ou características do produto, diminuir-lhe o valor ou se tratar de produto essencial.

§ 4º Tendo o consumidor optado pela alternativa do inciso I do § 1° deste artigo, e não sendo possível a substituição do bem, poderá haver substituição por outro de

[6] Mensagem de Veto n° 664/90, *do art. 15*: A redação equivocada do dispositivo redunda em reduzir a amplitude da eventual indenização devida ao consumidor, uma vez que a restringe ao valor dos bens danificados, desconsiderando os danos pessoais.

[7] Mensagem de Veto n° 664/90, *do art. 16*: O art. 12 e outras normas já dispõem de modo cabal sobre a reparação do dano sofrido pelo consumidor. Os dispositivos ora vetados criam a figura de "multa civil", sempre de valor expressivo, sem que sejam definidas a sua destinação e finalidade.

espécie, marca ou modelo diversos, mediante complementação ou restituição de eventual diferença de preço, sem prejuízo do disposto nos incisos II e III do § 1º deste artigo.

§ 5º No caso de fornecimento de produtos *in natura*, será responsável perante o consumidor o fornecedor imediato, exceto quando identificado claramente seu produtor.

§ 6º São impróprios ao uso e consumo:

I – os produtos cujos prazos de validade estejam vencidos;

II – os produtos deteriorados, alterados, adulterados, avariados, falsificados, corrompidos, fraudados, nocivos à vida ou à saúde, perigosos ou, ainda, aqueles em desacordo com as normas regulamentares de fabricação, distribuição ou apresentação;

III – os produtos que, por qualquer motivo, se revelem inadequados ao fim a que se destinam.

> Artigos conexos: art. 6º (direitos básicos do consumidor); art. 7º, parágrafo único (responsabilidade solidária); art. 12, § 1º (produto defeituoso); arts. 20 a 23 (vícios do produto); art. 25 (cláusula de exclusão de responsabilidade); art. 28, § 3º (desconsideração da personalidade jurídica, sociedades consorciadas); art. 34 (responsabilidade solidária, atos de preposto); arts. 26 e 27 (prazo para propositura da ação); art. 35 (recusa no cumprimento à oferta); art. 41 (preços tabelados); art. 49 (desistência do consumidor, compra fora do estabelecimento comercial); art. 51 (cláusulas abusivas); art. 58 (penalidade); art. 54 (contratos de adesão).

> Legislação relacionada: Código Civil, art. 442 (vício redibitório, direito do adquirente de reclamar abatimento do preço); arts. 927 e 931 (ato ilícito, obrigação de indenizar); Decreto nº 4.680/03 (Regulamenta o direito à informação, assegurado pela Lei nº 8.078, de 11 de setembro de 1990, quanto aos alimentos e ingredientes alimentares destinados ao consumo humano ou animal que contenham ou sejam produzidos a partir de organismos geneticamente modificados, sem prejuízo do cumprimento das demais normas aplicáveis); Portaria nº 81/02 do Ministério da Justiça (Estabelece regra para a informação aos consumidores sobre mudança de quantidade de produto comercializado na embalagem).

Art. 19. Os fornecedores respondem solidariamente pelos vícios de quantidade do produto sempre que, respeitadas as variações decorrentes de sua natureza, seu conteúdo líquido for inferior às indicações constantes do recipiente, da embalagem, rotulagem ou de mensagem publicitária, podendo o consumidor exigir, alternativamente e à sua escolha:

I – o abatimento proporcional do preço;

II – complementação do peso ou medida;

III – a substituição do produto por outro da mesma espécie, marca ou modelo, sem os aludidos vícios;

IV – a restituição imediata da quantia paga, monetariamente atualizada, sem prejuízo de eventuais perdas e danos.

§ 1º Aplica-se a este artigo o disposto no § 4º do artigo anterior.

§ 2º O fornecedor imediato será responsável quando fizer a pesagem ou a medição e o instrumento utilizado não estiver aferido segundo os padrões oficiais.

> Artigos conexos: art. 7º (responsabilidade solidária); art. 25 (cláusula de exclusão de responsabilidade); art. 28 (desconsideração da personalidade jurídica); art. 34 (responsabilidade solidária, atos de preposto); art. 51, III (nulidade de cláusula que transfira a responsabilidade a terceiros); art. 58 (pena, vício de quantidade e qualidade).

> Legislação relacionada: Código Civil, arts. 275 a 285 (solidariedade); art. 500 (venda *ad corpus* e *ad mensuram*).

Art. 20. O fornecedor de serviços responde pelos vícios de qualidade que os tornem impróprios ao consumo ou lhes diminuam o valor, assim como por aqueles decorrentes da disparidade com as indicações constantes da oferta ou mensagem publicitária, podendo o consumidor exigir, alternativamente e à sua escolha:

I – a reexecução dos serviços, sem custo adicional e quando cabível;

II – a restituição imediata da quantia paga, monetariamente atualizada, sem prejuízo de eventuais perdas e danos;

III – o abatimento proporcional do preço.

§ 1º A reexecução dos serviços poderá ser confiada a terceiros devidamente capacitados, por conta e risco do fornecedor.

§ 2º São impróprios os serviços que se mostrem inadequados para os fins que razoavelmente deles se esperam, bem como aqueles que não atendam as normas regulamentares de prestabilidade.

> Artigo conexo: art. 58 (pena, vício de quantidade).

Art. 21. No fornecimento de serviços que tenham por objetivo a reparação de qualquer produto considerar-se-á implícita a obrigação do fornecedor de empregar componentes de reposição originais adequados e novos, ou que mantenham as especificações técnicas do fabricante, salvo, quanto a estes últimos, autorização em contrário do consumidor.

> Artigo conexo: art. 70 (pena, utilização de peças e componentes sem autorização do consumidor).

Art. 22. Os órgãos públicos, por si ou suas empresas, concessionárias, permissionárias ou sob qualquer outra forma de empreendimento, são obrigados a fornecer serviços adequados, eficientes, seguros e, quanto aos essenciais, contínuos.

Parágrafo único. Nos casos de descumprimento, total ou parcial, das obrigações referidas neste artigo, serão as pessoas jurídicas compelidas a cumpri-las e a reparar os danos causados, na forma prevista neste Código.

> Artigo conexo: art. 6º, X (direitos básicos do consumidor, serviço público).

> Legislação relacionada: Lei nº 9.791/99 (Dispõe sobre a obrigatoriedade de as concessionárias de serviços públicos estabelecerem ao consumidor e ao usuário datas opcionais para o vencimento de seus débitos).

Art. 23. A ignorância do fornecedor sobre os vícios de qualidade por inadequação dos produtos e serviços não o exime de responsabilidade.

> Artigo conexo: art. 18, § 6º (produtos impróprios para uso e consumo).

Art. 24. A garantia legal de adequação do produto ou serviço independe de termo expresso, vedada a exoneração contratual do fornecedor.

> Artigos conexos: art. 50 (garantia contratual); art. 74 (deixar de entregar termo de garantia, penalidade).

Art. 25. É vedada a estipulação contratual de cláusula que impossibilite, exonere ou atenue a obrigação de indenizar prevista nesta e nas Seções anteriores.

§ 1º Havendo mais de um responsável pela causação do dano, todos responderão solidariamente pela reparação prevista nesta e nas Seções anteriores.

§ 2º Sendo o dano causado por componente ou peça incorporada ao produto ou serviço, são responsáveis solidários seu fabricante, construtor ou importador e o que realizou a incorporação.

> Artigo conexo: art. 51, III (cláusulas abusivas).

Seção IV
Da decadência e da prescrição

Art. 26. O direito de reclamar pelos vícios aparentes ou de fácil constatação caduca em:

I – 30 (trinta) dias, tratando-se de fornecimento de serviço e de produto não duráveis;

II – 90 (noventa) dias, tratando-se de fornecimento de serviço e de produto duráveis.

§ 1º Inicia-se a contagem do prazo decadencial a partir da entrega efetiva do produto ou do término da execução dos serviços.

§ 2º Obstam a decadência:

I – a reclamação comprovadamente formulada pelo consumidor perante o fornecedor de produtos e serviços até a resposta negativa correspondente, que deve ser transmitida de forma inequívoca;

II – (Vetado).[8]

> O texto vetado dispunha:

"II – a reclamação formalizada perante os órgãos ou entidades com atribuições de defesa do consumidor, pelo prazo de noventa dias."

III – a instauração de inquérito civil, até seu encerramento.

§ 3º Tratando-se de vício oculto, o prazo decadencial inicia-se no momento em que ficar evidenciado o defeito.

> Artigo conexo: art. 18 (responsabilidade por vício do produto).

> Legislação relacionada: Código Civil, art. 207 (decadência); art. 445 (vício redibitório, decadência); art. 9 da Lei nº 7.347/85 (Ação Civil Pública).

Art. 27. Prescreve em 5 (cinco) anos a pretensão à reparação pelos danos causados por fato do produto ou do serviço prevista na Seção II deste Capítulo, iniciando-se a contagem do prazo a partir do conhecimento do dano e de sua autoria.

> Artigos conexos: arts. 12 a 17 (responsabilidade pelo fato do produto e do serviço); arts. 101 a 102 (ações de responsabilidade civil).

> Legislação relacionada: Código Civil, art. 206, 5º (prescrição).

Parágrafo único. (Vetado).[9]

> O texto vetado dispunha:

"Parágrafo único. Interrompe-se o prazo de prescrição do direito de indenização pelo fato do produto ou serviço nas hipóteses previstas no § 1º do artigo anterior, sem prejuízo de outras disposições legais."

Seção V
Da desconsideração da personalidade jurídica

Art. 28. O juiz poderá desconsiderar a personalidade jurídica da sociedade quando, em detrimento do consumidor, houver abuso de direito, excesso de poder, infração da lei, fato ou ato ilícito ou violação dos estatutos ou contrato social. A desconsideração também será efetivada quando houver falência, estado de insolvência, encerramento ou inatividade da pessoa jurídica provocados por má administração.

§ 1º (Vetado).[10]

> O texto vetado dispunha:

---

[8] Mensagem de Veto nº 664/90, *do inciso II, § 2º do art. 26*: O dispositivo ameaça a estabilidade das relações jurídicas, pois atribui a entidade privada função reservada, por sua própria natureza, aos agentes públicos (*e. g.* Cód. Civil, art. 172, e Cód. Proc. Civil, art. 219, § 1º). (Refere-se ao Cód. Civil de 1916, atual art. 202, do Cód. Civil de 2002).

[9] Mensagem de Veto nº 664/90, *do parágrafo único do art. 27*: Essa disposição padece de grave defeito de formulação, que impossibilita o seu entendimento, uma vez que o § 1º do art. 26 refere-se ao termo inicial dos prazos de decadência, nada dispondo sobre interrupção da prescrição.

[10] Mensagem de Veto nº 664/90, *do § 1º do art. 28*: O *caput* do art. 28 já contém todos os elementos necessários à aplicação da desconsideração da personalidade jurídica, que constitui, conforme doutrina amplamente dominante no direito pátrio e alienígena, técnica excepcional de repressão a práticas abusivas.

"§ 1º A pedido da parte interessada, o juiz determinará que a efetivação da responsabilidade da pessoa jurídica recaia sobre o acionista controlador, o sócio majoritário, os sócios-gerentes, os administradores societários e, no caso de grupo societário, as sociedades que a integram."

§ 2º As sociedades integrantes dos grupos societários e as sociedades controladas são subsidiariamente responsáveis pelas obrigações decorrentes deste Código.

§ 3º As sociedades consorciadas são solidariamente responsáveis pelas obrigações decorrentes deste Código.

§ 4º As sociedades coligadas só responderão por culpa.

§ 5º Também poderá ser desconsiderada a pessoa jurídica sempre que sua personalidade for, de alguma forma, obstáculo ao ressarcimento de prejuízos causados aos consumidores.

> Legislação relacionada: Código Civil, art. 50 (desconsideração da personalidade jurídica).

CAPÍTULO V
Das práticas comerciais

Seção I
Das disposições gerais

Art. 29. Para os fins deste Capítulo e do seguinte, equiparam-se aos consumidores todas as pessoas determináveis ou não, expostas às práticas nele previstas.

Seção II
Da oferta

Art. 30. Toda informação ou publicidade, suficientemente precisa, veiculada por qualquer forma ou meio de comunicação com relação a produtos e serviços oferecidos ou apresentados, obriga o fornecedor que a fizer veicular ou dela se utilizar e integra o contrato que vier a ser celebrado.

> Artigos conexos: art. 6º, III (direito à informação); art. 8º (saúde e segurança do consumidor); art. 9º (produto nocivo ou perigoso); art. 12, *caput* (responsabilidade pelo fato do produto); art. 36, parágrafo único, e art. 37 (publicidade); art. 52 (concessão de crédito); arts. 66 a 69 (penalidades).

> Legislação relacionada: Código Civil, art. 429 (oferta ao público equivalente à proposta).

Art. 31. A oferta e apresentação de produtos ou serviços devem assegurar informações corretas, claras, precisas, ostensivas e em língua portuguesa sobre suas características, qualidades, quantidade, composição, preço, garantia, prazos de validade e origem, entre outros dados, bem como sobre os riscos que apresentam à saúde e segurança dos consumidores.

> Artigos conexos: art. 6º, III (direito à informação); arts. 8º e 9º (proteção à saúde e segurança); art. 12, *caput* (responsabilidade pelo produto); art. 36, parágrafo único (publicidade, manutenção dos dados pelos fornecedores); art. 37 (publicidade enganosa e abusiva); art. 52 (outorga de crédito ao consumidor); arts. 66 a 69 (penalidades).

> Legislação relacionada: Portaria nº 81/02 do Ministério da Justiça (Estabelece regra para a informação aos consumidores sobre mudança de quantidade de produto comercializado na embalagem, determinando que o não cumprimento sujeitará o fornecedor às sanções da Lei nº 8.078/90 e do Decreto nº 2.181/97); Portarias nºs 14/98 e 03/99, do Ministério da Justiça (aditamento ao elenco de cláusulas abusivas no art. 51 do CDC).

Parágrafo único. As informações de que trata este artigo, nos produtos refrigerados oferecidos ao consumidor, serão gravadas de forma indelével.

> *Parágrafo único acrescentado pela Lei nº 11.989, de 27 de julho de 2009.*

Art. 32. Os fabricantes e importadores deverão assegurar a oferta de componentes e peças de reposição enquanto não cessar a fabricação ou importação do produto.

Parágrafo único. Cessadas a produção ou importação, a oferta deverá ser mantida por período razoável de tempo, na forma da lei.

> Artigo conexo: art. 70 (reparação de produtos, peças e componentes).

Art. 33. Em caso de oferta ou venda por telefone ou reembolso postal, deve constar o nome do fabricante e endereço na embalagem, publicidade e em todos os impressos utilizados na transação comercial.

Parágrafo único. É proibida a publicidade de bens e serviços por telefone, quando a chamada for onerosa ao consumidor que a origina.

> *Parágrafo único acrescentado pela Lei nº 11.800, de 29 de outubro de 2008.*

> Artigo conexo: art. 49, *caput* (desistência do contrato).

> Legislação relacionada: Decreto nº 7.962/13 (Regulamenta a Lei nº 8.078, de 11 de setembro de 1990, para dispor sobre a contratação no comércio eletrônico).

Art. 34. O fornecedor do produto ou serviço é solidariamente responsável pelos atos de seus prepostos ou representantes autônomos.

> Legislação relacionada: Lei nº 4.886/65 (Regula as Atividades dos Representantes Comerciais Autônomos).

Art. 35. Se o fornecedor de produtos ou serviços recusar cumprimento à oferta, apresentação ou publicidade, o consumidor poderá, alternativamente e à sua livre escolha:

I – exigir o cumprimento forçado da obrigação, nos termos da oferta, apresentação ou publicidade;

II – aceitar outro produto ou prestação de serviço equivalente;

III – rescindir o contrato, com direito à restituição de quantia eventualmente antecipada, monetariamente atualizada, e perdas e danos.

> Artigo conexo: art. 84 (defesa do consumidor em juízo, obrigações de fazer).

Seção III
Da publicidade

Art. 36. A publicidade deve ser veiculada de tal forma que o consumidor, fácil e imediatamente, a identifique como tal.

Parágrafo único. O fornecedor, na publicidade de seus produtos ou serviços, manterá, em seu poder, para informação dos legítimos interessados, os dados fáticos, técnicos e científicos que dão sustentação à mensagem.

> Artigo conexo: art. 69 (penalidade).

> Legislação relacionada: Código Brasileiro de Autorregulamentação Publicitária – Conselho Nacional de Autorregulamentação Publicitária (CONAR).

Art. 37. É proibida toda publicidade enganosa ou abusiva.

§ 1º É enganosa qualquer modalidade de informação ou comunicação de caráter publicitário, inteira ou parcialmente falsa, ou por qualquer outro modo, mesmo por omissão, capaz de induzir em erro o consumidor a respeito da natureza, características, qualidade, quantidade, propriedades, origem, preço e quaisquer outros dados sobre produtos e serviços.

§ 2º É abusiva, dentre outras, a publicidade discriminatória de qualquer natureza, a que incite à violência, explore o medo ou a superstição, se aproveite da deficiência de julgamento e experiência da criança, desrespeita valores ambientais, ou que seja capaz de induzir o consumidor a se comportar de forma prejudicial ou perigosa à sua saúde ou segurança.

§ 3º Para os efeitos deste Código, a publicidade é enganosa por omissão quando deixar de informar sobre dado essencial do produto ou serviço.

> Artigos conexos: arts. 39, IV (práticas abusivas); 60, *caput* (contrapropaganda); arts. 66 e 67 (infrações penais).

> Legislação relacionada: Lei nº 9.294/96 (Dispõe sobre as restrições ao uso e à propaganda de produtos fumígeros, bebidas alcoólicas, medicamentos, terapias e defensivos agrícolas) e Portarias nºs 14/98 e 03/99, do Ministério da Justiça (aditamento ao elenco de cláusulas abusivas no art. 51 do CDC).

§ 4º (Vetado).[11]

> O texto vetado dispunha:

"§ 4º Quando o fornecedor de produtos ou serviços se utilizar de publicidade enganosa ou abusiva, o consumidor poderá pleitear indenização por danos sofridos, bem como a abstenção da prática do ato, sob pena de execução específica, para o caso de inadimplemento, sem prejuízo da sanção pecuniária cabível e de contrapropaganda, que pode ser imposta administrativa ou judicialmente."

Art. 38. O ônus da prova da veracidade e correção da informação ou comunicação publicitária cabe a quem as patrocina.

> Artigos conexos: art. 6º, VIII (direitos básicos do consumidor, inversão do ônus da prova); art. 51, VI (cláusulas abusivas, inversão do ônus da prova).

> Legislação relacionada: Código de Processo Civil de 2015, art. 373 (ônus da prova).

Seção IV
Das práticas abusivas

Art. 39. É vedado ao fornecedor de produtos ou serviços, dentre outras práticas abusivas:

> Art. 39, *caput*, com redação dada pela Lei nº 8.884, de 11-6-1994.

I – condicionar o fornecimento de produto ou de serviço ao fornecimento de outro produto ou serviço, bem como, sem justa causa, a limites quantitativos;

II – recusar atendimento às demandas dos consumidores, na exata medida de suas disponibilidades de estoque, e, ainda, de conformidade com os usos e costumes;

III – enviar ou entregar ao consumidor, sem solicitação prévia, qualquer produto, ou fornecer qualquer serviço;

IV – prevalecer-se da fraqueza ou ignorância do consumidor, tendo em vista sua idade, saúde, conhecimento ou condição social, para impingir-lhe seus produtos ou serviços;

V – exigir do consumidor vantagem manifestamente excessiva;

VI – executar serviços sem a prévia elaboração de orçamento e autorização expressa do consumidor, ressalvadas as decorrentes de práticas anteriores entre as partes;

VII – repassar informação depreciativa referente a ato praticado pelo consumidor no exercício de seus direitos;

VIII – colocar, no mercado de consumo, qualquer produto ou serviço em desacordo com as normas expedidas pelos órgãos oficiais competentes ou, se normas específicas não existirem, pela Associação Brasileira de Normas Técnicas ou outra

---

[11] Mensagem de Veto nº 664/90, *do § 4º do art. 37*: A imposição de contrapropaganda, sem que se estabeleçam parâmetros legais precisos, pode dar ensejo a sérios abusos, que poderão redundar até mesmo na paralisação da atividade empresarial, como se vê, aliás, do disposto no § 3º do art. 60. Por outro lado, é inadmissível, na ordem federativa, atribuir a Ministro de Estado competência para apreciar em grau de recurso a legitimidade de atos de autoridade estadual ou municipal, tal como previsto no § 2º do art. 60.

entidade credenciada pelo Conselho Nacional de Metrologia, Normalização e Qualidade Industrial – CONMETRO;

IX – recusar a venda de bens ou a prestação de serviços, diretamente a quem se disponha a adquiri-los mediante pronto pagamento, ressalvados os casos de intermediação regulados em leis especiais;

> Inciso IX com redação dada pela Lei nº 8.884, de 11-6-1994.

X – elevar sem justa causa o preço de produtos ou serviços;

> Inciso X com redação dada pela Lei nº 8.884, de 11-6-1994.

XI – (Inciso acrescentado pela MP n° 1.890-67, de 22-10-1999, e transformado em inciso XIII, quando da conversão na Lei n° 9.870, de 23-11-1999);

XII – deixar de estipular prazo para o cumprimento de sua obrigação ou deixar a fixação de seu termo inicial a seu exclusivo critério;

> Inciso XII com redação dada pela Lei nº 9.008, de 21-3-1995.

XIII – aplicar fórmula ou índice de reajuste diverso do legal ou contratualmente estabelecido.

> Inciso XIII acrescentado pela Lei nº 9.870, de 23-11-1999.

XIV – permitir o ingresso em estabelecimentos comerciais ou de serviços de um número maior de consumidores que o fixado pela autoridade administrativa como máximo.

> Inciso XIV acrescido pela Lei 13.425/2017.

Parágrafo único. Os serviços prestados e os produtos remetidos, ou entregues ao consumidor, na hipótese prevista no inciso III, equiparam-se às amostras grátis, inexistindo obrigação de pagamento.

> Artigos conexos: art. 37 (publicidade enganosa e abusiva); art. 40 (orçamento prévio); art. 51, IV e IX (cláusulas abusivas); art. 76, IV (circunstâncias agravantes).

> Legislação relacionada: Código Civil, art. 122 (condição), art. 739 (o transportador não pode recusar passageiro), art. 746 (recusa do transportador, risco à saúde das pessoas); art. 12 do Decreto n° 2.181/97 (Dispõe sobre a Organização do Sistema Nacional de Defesa do Consumidor – SNDC, Estabelece as Normas Gerais de Aplicação das Sanções Administrativas Previstas na Lei n° 8.078/90).

Art. 40. O fornecedor de serviço será obrigado a entregar ao consumidor orçamento prévio discriminando o valor da mão de obra, dos materiais e equipamentos a serem empregados, as condições de pagamento, bem como as datas de início e término dos serviços.

§ 1º Salvo estipulação em contrário, o valor orçado terá validade pelo prazo de 10 (dez) dias, contado de seu recebimento pelo consumidor.

§ 2º Uma vez aprovado pelo consumidor, o orçamento obriga os contraentes e somente pode ser alterado mediante livre negociação das partes.

§ 3º O consumidor não responde por quaisquer ônus ou acréscimos decorrentes da contratação de serviços de terceiros, não previstos no orçamento prévio.

> Artigo conexo: art. 39, VI (prática abusiva).

Art. 41. No caso de fornecimento de produtos ou de serviços sujeitos ao regime de controle ou de tabelamento de preços, os fornecedores deverão respeitar os limites oficiais sob pena de, não o fazendo, responderem pela restituição da quantia recebida em excesso, monetariamente atualizada, podendo o consumidor exigir, à sua escolha, o desfazimento do negócio, sem prejuízo de outras sanções cabíveis.

> Legislação relacionada: Lei n° 1.521/51 (Determina os crimes contra a economia popular).

Seção V
Da cobrança de dívidas

Art. 42. Na cobrança de débitos, o consumidor inadimplente não será exposto a ridículo, nem será submetido a qualquer tipo de constrangimento ou ameaça.

Parágrafo único. O consumidor cobrado em quantia indevida tem direito à repetição do indébito, por valor igual ao dobro do que pagou em excesso, acrescido de correção monetária e juros legais, salvo hipótese de engano justificável.

> Artigo conexo: art. 71 (penalidade).

> Legislação relacionada: Código Civil, art. 939 (credor que demanda devedor antes de vencida a dívida), art. 940 (demanda por dívida já paga).

Art. 42-A. Em todos os documentos de cobrança de débitos apresentados ao consumidor, deverão constar o nome, o endereço e o número de inscrição no Cadastro de Pessoas Físicas – CPF ou no Cadastro Nacional de Pessoa Jurídica – CNPJ do fornecedor do produto ou serviço correspondente.

> Art. 42-A acrescentado pela Lei nº 12.039, de 1º de outubro de 2009.

Seção VI
Dos bancos de dados e cadastros de consumidores

Art. 43. O consumidor, sem prejuízo do disposto no art. 86, terá acesso às informações existentes em cadastros, fichas, registros e dados pessoais e de consumo arquivados sobre ele, bem como sobre as suas respectivas fontes.

§ 1º Os cadastros e dados de consumidores devem ser objetivos, claros, verdadeiros e em linguagem de fácil compreensão, não podendo conter informações negativas referentes a período superior a cinco anos.

§ 2º A abertura de cadastro, ficha, registro e dados pessoais e de consumo deverá ser comunicada por escrito ao consumidor, quando não solicitada por ele.

§ 3º O consumidor, sempre que encontrar inexatidão nos seus dados e cadastros, poderá exigir sua imediata correção, devendo o arquivista, no prazo de cinco dias úteis, comunicar a alteração aos eventuais destinatários das informações incorretas.

§ 4º Os bancos de dados e cadastros relativos a consumidores, os serviços de proteção ao crédito e congêneres são considerados entidades de caráter público.

§ 5º Consumada a prescrição relativa à cobrança de débitos do consumidor, não serão fornecidas, pelos respectivos Sistemas de Proteção ao Crédito, quaisquer informações que possam impedir ou dificultar novo acesso ao crédito junto aos fornecedores.

> Artigos conexos: art. 39, VII (práticas abusivas); arts. 72 e 73 (penalidades).

> Legislação relacionada: Circular nº 2.065/91, do Banco Central do Brasil (Altera prazos previstos para comando de exclusão de nomes de Correntistas do Cadastro de Emitentes de cheques sem fundos.

§ 6º Todas as informações de que trata o *caput* deste artigo devem ser disponibilizadas em formatos acessíveis, inclusive para a pessoa com deficiência, mediante solicitação do consumidor.

> § 6º acrescido pela Lei 13.146/2015 – Estatuto da Pessoa com Deficiência.

Art. 44. Os órgãos públicos de defesa do consumidor manterão cadastros atualizados de reclamações fundamentadas contra fornecedores de produtos e serviços, devendo divulgá-los pública e anualmente. A divulgação indicará se a reclamação foi atendida ou não pelo fornecedor.

§ 1º É facultado o acesso às informações lá constantes para orientação e consulta por qualquer interessado.

§ 2º Aplicam-se a este artigo, no que couber, as mesmas regras enunciadas no artigo anterior e as do parágrafo único do art. 22 deste Código.

> Legislação relacionada**:** art. 3º, XIII, art. 4º, V, e art. 57, do Decreto nº 2.181/97 (Dispõe sobre a Organização do Sistema Nacional de Defesa do Consumidor – SNDC, Estabelece as Normas Gerais de Aplicação das Sanções Administrativas Previstas na Lei nº 8.078/90).

Art. 45. (Vetado).[12]

> O texto vetado dispunha:

"Art. 45. As infrações ao disposto neste Capítulo, além de perdas e danos, indenização por danos morais, perda dos juros e outras sanções cabíveis, ficam sujeitas à multa de natureza civil, proporcional à gravidade da infração e à condição econômica do infrator, cominada pelo juiz na ação proposta por qualquer dos legitimados à defesa do consumidor em juízo."

CAPÍTULO VI
Da proteção contratual

Seção I
Disposições gerais

Art. 46. Os contratos que regulam as relações de consumo não obrigarão os consumidores, se não lhes for dada a oportunidade de tomar conhecimento prévio de seu conteúdo, ou se os respectivos instrumentos forem redigidos de modo a dificultar a compreensão de seu sentido e alcance.

Art. 47. As cláusulas contratuais serão interpretadas de maneira mais favorável ao consumidor.

> Legislação relacionada: Código Civil, art. 112 (declarações de vontade, sentido literal da linguagem), art. 113 (negócio jurídico, interpretação conforme boa-fé); Lei 9.656/98 (Planos e seguros privados de assistência à saúde).

Art. 48. As declarações de vontade constantes de escritos particulares, recibos e pré-contratos relativos às relações de consumos, vinculam o fornecedor, ensejando inclusive execução específica, nos termos do art. 84 e parágrafos.

> Artigo conexo: art. 35 (vinculação da oferta).

Art. 49. O consumidor pode desistir do contrato, no prazo de 7 (sete) dias a contar de sua assinatura ou do ato de recebimento do produto ou serviço, sempre que a contratação de fornecimento de produtos e serviços ocorrer fora do estabelecimento comercial, especialmente por telefone ou a domicílio.

Parágrafo único. Se o consumidor exercitar o direito de arrependimento previsto neste artigo, os valores eventualmente pagos, a qualquer título, durante o prazo de reflexão, serão devolvidos, de imediato, monetariamente atualizados.

> Artigo conexo: art. 33 (oferta ou venda por telefone).

> Legislação relacionada: Código Civil, art. 428 (obrigatoriedade da proposta); Decreto 7.962/13 (Regulamenta a Lei 8.078, de 11 de setembro de 1990, para dispor sobre a contratação no comércio eletrônico).

---

[12] Mensagem de Veto nº 664/90, *do art. 45*: O art. 12 e outras normas já dispõem de modo cabal sobre a reparação do dano sofrido pelo consumidor. Os dispositivos ora vetados criam a figura de "multa civil", sempre de valor expressivo, sem que sejam definidas a sua destinação e finalidade.

Art. 50. A garantia contratual é complementar à legal e será conferida mediante termo escrito.

Parágrafo único. O termo de garantia ou equivalente deve ser padronizado e esclarecer, de maneira adequada, em que consiste a mesma garantia, bem como a forma, o prazo e o lugar em que pode ser exercitada e os ônus a cargo do consumidor, devendo ser-lhe entregue, devidamente preenchido pelo fornecedor, no ato do fornecimento, acompanhado de manual de instrução, de instalação e uso de produto em linguagem didática, com ilustrações.

> Artigos conexos: art. 24 (garantia de adequação de produto); art. 74 (penalidade).

> Legislação relacionada: art. 13, XIX, do Decreto 2.181/97 (Dispõe sobre a Organização do Sistema Nacional de Defesa do Consumidor SNDC, Estabelece as Normas Gerais de Aplicação das Sanções Administrativas Previstas na Lei 8.078/90).

Seção II
Das cláusulas abusivas

Art. 51. São nulas de pleno direito, entre outras, as cláusulas contratuais relativas ao fornecimento de produtos e serviços que:

> Artigos conexos: arts. 24 e 25.

> Legislação relacionada: Código Civil, art. 421 (função social do contrato), arts. 478 e 479 (resolução por onerosidade excessiva), art. 798 (seguro de vida, beneficiário); Sobre cláusulas nulas de pleno direito: Portaria 4, de 13-3-1998, Portaria 3, de 19-3-1999, Portaria 3, de 15-3-2001, Medida Provisória 2.172-32/2001, e Portaria nº 5, de 27-8-2002.

I – impossibilitem, exonerem ou atenuem a responsabilidade do fornecedor por vícios de qualquer natureza dos produtos e serviços ou impliquem renúncia ou disposição de direitos. Nas relações de consumo entre o fornecedor e o consumidor-pessoa jurídica, a indenização poderá ser limitada, em situações justificáveis;

> Artigos conexos: art. 19 (vício de quantidade); arts. 20 a 23 (vício de qualidade).

> Legislação relacionada: Código Civil, art. 448 (responsabilidade pela evicção).

> Súmula 638 do STJ.

II – subtraiam ao consumidor a opção de reembolso da quantia já paga, nos casos previstos neste Código;

> Artigos conexos: art. 18, § 1º, II (vício do produto, restituição da quantia paga); art. 19, *caput* (vício de quantidade, abatimento proporcional do preço); art. 20, II (vício de qualidade, restituição da quantia paga); art. 41 (tabelamento de preços; restituição do valor cobrado a maior); art. 49, parágrafo único (direito de arrependimento).

III – transfiram responsabilidades a terceiros;

> Artigos conexos: art. 18, *caput* (responsabilidade por vício do produto); art. 25, §§ 1º e 2º (estipulação contratual, obrigação de indenizar).

IV – estabeleçam obrigações consideradas iníquas, abusivas, que coloquem o consumidor em desvantagem exagerada, ou sejam incompatíveis com a boa-fé ou a equidade;

> Artigo conexo: art. 39 (práticas abusivas).

> Legislação relacionada: Código Civil, art. 422 (boa-fé nos contratos).

> Súmulas 302, 381, 543 e 609 do STJ.

V – (Vetado).[13]

> O texto vetado dispunha:

---

[13] Mensagem de Veto 664/90, *do inciso V do art. 51*: Reproduz, no essencial, o que já está explicitado no inciso IV. É, portanto, desnecessário.

"V – Segundo as circunstâncias e, em particular, segundo a aparência global do contrato, venham, após sua conclusão, a surpreender o consumidor."

VI – estabeleçam inversão do ônus da prova em prejuízo do consumidor;

> Artigos conexos: art. 6º, VIII (direitos básicos do consumidor, inversão do ônus da prova); art. 38 (publicidade, ônus da prova).

VII – determinem a utilização compulsória de arbitragem;

> Legislação relacionada: Código Civil, arts. 851 a 853 (compromisso). Lei 9.307/96 (Arbitragem).

VIII – imponham representante para concluir ou realizar outro negócio jurídico pelo consumidor;

> Legislação relacionada: Código Civil, art. 115 (poderes de representação); arts. 485 e 489 (fixação do preço ao arbítrio de terceiro); art. 491 (venda a crédito); arts. 683 e 684 (mandato, cláusula de irrevogabilidade).

IX – deixem ao fornecedor a opção de concluir ou não o contrato, embora obrigando o consumidor;

> Artigo conexo: art. 39, IX (prazo para cumprimento da obrigação).

> Legislação relacionada: Código Civil, art. 122 (condição).

X – permitam ao fornecedor, direta ou indiretamente, variação do preço de maneira unilateral;

XI – autorizem o fornecedor a cancelar o contrato unilateralmente, sem que igual direito seja conferido ao consumidor;

> Artigos conexos: arts. 485 e 489 (fixação do preço ao arbítrio de terceiro); art. 491 (venda a crédito, entrega da coisa); arts. 683 e 684 (mandato, cláusula de irrevogabilidade).

XII – obriguem o consumidor a ressarcir os custos de cobrança de sua obrigação, sem que igual direito lhe seja conferido contra o fornecedor;

> Legislação relacionada: Código de Processo Civil de 2015, arts. 82, § 2º e 85, § 17.

XIII – autorizem o fornecedor a modificar unilateralmente o conteúdo ou a qualidade do contrato, após sua celebração;

XIV – infrinjam ou possibilitem a violação de normas ambientais;

XV – estejam em desacordo com o sistema de proteção ao consumidor;

XVI – possibilitem a renúncia do direito de indenização por benfeitorias necessárias;

> Legislação relacionada: Código Civil, art. 424 (nulidade de cláusula que estabelece renúncia de direito).

XVII – condicionem ou limitem de qualquer forma o acesso aos órgãos do Poder Judiciário;

XVIII – estabeleçam prazos de carência em caso de impontualidade das prestações mensais ou impeçam o restabelecimento integral dos direitos do consumidor e de seus meios de pagamento a partir da purgação da mora ou do acordo com os credores;

XIX – (Vetado)[14].

---

[14] Mensagem de veto 314/2021, do inciso XIX do art. 51: A propositura legislativa estabelece que seriam nulas de pleno direito as cláusulas contratuais relativas ao fornecimento de serviços e produtos que previssem a aplicação de lei estrangeira que limitasse, total ou parcialmente, a proteção assegurada por este Código. Entretanto, apesar da boa intenção do legislador, a propositura contrariaria interesse público tendo em vista que restringiria a competitividade, prejudicando o aumento de produtividade do País, ao restringir de forma direta o conjunto de opções dos consumidores brasileiros, especialmente quanto à prestação de serviços de empresas domiciliadas no exterior a consumidores domiciliados no Brasil, o que implicaria restrição de acesso a serviços e produtos

> Incisos XVII a XIX acrescidos pela Lei 14.181/2021.

> O texto vetado dispunha:

"XIX - prevejam a aplicação de lei estrangeira que limite, total ou parcialmente, a proteção assegurada por este Código ao consumidor domiciliado no Brasil."

§ 1º Presume-se exagerada, entre outros casos, a vantagem que:

I – ofende os princípios fundamentais do sistema jurídico a que pertence;

II – restringe direitos ou obrigações fundamentais inerentes à natureza do contrato, de tal modo a ameaçar seu objeto ou o equilíbrio contratual;

III – se mostra excessivamente onerosa para o consumidor, considerando-se a natureza e conteúdo do contrato, o interesse das partes e outras circunstâncias peculiares ao caso.

> Legislação relacionada: Código Civil, art. 104 (validade do negócio jurídico).

§ 2º A nulidade de uma cláusula contratual abusiva não invalida o contrato, exceto quando de sua ausência, apesar dos esforços de integração, decorrer ônus excessivo a qualquer das partes.

> Legislação relacionada: Código Civil, art. 180 (negócio jurídico, ocultação dolosa da idade); art. 184 (invalidade parcial do negócio jurídico); arts. 478 a 480 (resolução por onerosidade excessiva).

§ 3º (Vetado).[15]

> O texto vetado dispunha:

"§ 3º O Ministério Público, mediante inquérito civil, pode efetuar o controle administrativo abstrato e preventivo das cláusulas contratuais gerais, cuja decisão terá caráter geral."

§ 4º É facultado a qualquer consumidor ou entidade que o represente requerer ao Ministério Público que ajuíze a competente ação para ser declarada a nulidade de cláusula contratual que contrarie o disposto neste Código ou de qualquer forma não assegure o justo equilíbrio entre direitos e obrigações das partes.

Art. 52. No fornecimento de produtos ou serviços que envolva outorga de crédito ou concessão de financiamento ao consumidor, o fornecedor deverá, entre outros requisitos, informá-lo prévia e adequadamente sobre:

I – preço do produto ou serviço em moeda corrente nacional;

II – montante dos juros de mora e da taxa efetiva anual de juros;

III – acréscimos legalmente previstos;

IV – número e periodicidade das prestações;

V – soma total a pagar, com e sem financiamento.

---

internacionais. Em virtude de a oferta de serviços e de produtos ser realizada em escala global, principalmente, por meio da internet, é impraticável que empresas no exterior conheçam e se adequem às normas consumeristas nacionais.

[15] Mensagem de Veto nº 664/90, do § 3º do art. 51: Tais dispositivos transgridem o art. 128, § 5º, da Constituição Federal, que reserva à lei complementar a regulação inicial das atribuições e da organização do Ministério Público. O controle amplo e geral da legitimidade de atos jurídicos somente pode ser confiado ao Poder Judiciário (CF, art. 5º, XXXV). Portanto, a outorga de competência ao Ministério Público para proceder ao controle abstrato de cláusulas contratuais desfigura o perfil que o Constituinte imprimiu a essa instituição (CF, arts. 127 e 129). O controle abstrato de cláusulas contratuais está adequadamente disciplinado no art. 51, § 4º, do Projeto. Vetado o § 3º do art. 51, impõe-se, também, vetar o § 5º do art. 54.

Por outro lado, somente pode haver litisconsórcio (art. 82, § 2º) se a todos e a cada um tocar qualidade que lhe autorize a condução autônoma do processo. O art. 128 da Constituição não admite o litisconsórcio constante do projeto.

§ 1º As multas de mora decorrentes do inadimplemento de obrigações no seu termo não poderão ser superiores a dois por cento do valor da prestação.

> § 1º com redação dada pela Lei nº 9.298, de 1º-8-1996.

§ 2º É assegurada ao consumidor a liquidação antecipada do débito, total ou parcialmente, mediante redução proporcional dos juros e demais acréscimos.

§ 3º (Vetado).[16]

> O texto vetado dispunha:

"§ 3º O fornecedor ficará sujeito a multa civil e perda dos juros, além de outras sanções cabíveis, se descumprir o disposto neste artigo."

> Artigos conexos: art. 51 (cláusulas abusivas); arts. 56 e 57 (sanções administrativas).

> Legislação relacionada: Código Civil, art. 315 (dívidas em dinheiro, moeda corrente nacional); art. 318 (nulidade de convenção de pagamento em ouro); arts. 395 e 397 (mora do devedor); art. 412 (valor limite da cláusula penal); Portaria nº 14/98, do Departamento de Proteção e Defesa do Consumidor (Dispõe sobre os pagamentos a prazo, através de prestações ou do sistema rotativo (cartão de crédito próprio, diretamente ou através de instituições financeiras e sobre a obrigatoriedade de informações corretas, claras, precisas e ostensivas ao consumidor sobre o preço a vista); art. 22, XIX, do Decreto nº 2.181/97 (Dispõe sobre a Organização do Sistema Nacional de Defesa do Consumidor – SNDC, Estabelece as Normas Gerais de Aplicação das Sanções Administrativas Previstas na Lei nº 8.078/90).

Art. 53. Nos contratos de compra e venda de móveis ou imóveis mediante pagamento em prestações, bem como nas alienações fiduciárias em garantia, consideram-se nulas de pleno direito as cláusulas que estabeleçam a perda total das prestações pagas em benefício do credor que, em razão do inadimplemento, pleitear a resolução do contrato e a retomada do produto alienado.

§ 1º (Vetado).[17]

> O texto vetado dispunha:

"§ 1º Na hipótese prevista neste artigo, o devedor inadimplente terá direito à compensação ou à restituição das parcelas quitadas à data da resolução contratual, monetariamente atualizadas, descontada a vantagem econômica auferida com a fruição."

§ 2º Nos contratos do sistema de consórcio de produtos duráveis, a compensação ou a restituição das parcelas quitadas, na forma deste artigo, terá descontada, além da vantagem econômica auferida com a fruição, os prejuízos que o desistente ou inadimplente causar ao grupo.

§ 3º Os contratos de que trata o *caput* deste artigo serão expressos em moeda corrente nacional.

> Artigos conexos: art. 51, XVI (cláusulas nulas, indenização por benfeitorias); art. 52, § 1º (multa moratória).

Seção III
Dos contratos de adesão

Art. 54. Contrato de adesão é aquele cujas cláusulas tenham sido aprovadas pela autoridade competente ou estabelecidas unilateralmente pelo fornecedor de produtos ou serviços, sem que o consumidor possa discutir ou modificar substancialmente seu conteúdo.

---

[16] Mensagem de Veto nº 664/90, *do § 3º do art. 52*: O art. 12 e outras normas já dispõem de modo cabal sobre a reparação do dano sofrido pelo consumidor. Os dispositivos ora vetados criam a figura de "multa civil", sempre de valor expressivo, sem que sejam definidas a sua destinação e finalidade.

[17] Mensagem de Veto nº 664/90, *do § 1º do art. 53*: Torna-se necessário dar disciplina mais adequada à resolução dos contratos de compra e venda, por inadimplência do comprador. A venda de bens mediante pagamento em prestações acarreta diversos custos para o vendedor, que não foram contemplados na formulação do dispositivo. A restituição das prestações monetariamente corrigidas, sem levar em conta esses aspectos, implica tratamento iníquo, de consequências imprevisíveis e danosas para os diversos setores da economia.

§ 1º A inserção de cláusula no formulário não desfigura a natureza de adesão do contrato.

§ 2º Nos contratos de adesão admite-se cláusula resolutória, desde que alternativa, cabendo a escolha ao consumidor, ressalvando-se o disposto no § 2° do artigo anterior.

§ 3º Os contratos de adesão escritos serão redigidos em termos claros e com caracteres ostensivos e legíveis, cujo tamanho da fonte não será inferior ao corpo doze, de modo a facilitar sua compreensão pelo consumidor.

> § 3º com redação dada pela Lei nº 11.785, de 22 de setembro de 2008.

> O texto original dispunha:
>
> *"§ 3º Os contratos de adesão escritos serão redigidos em termos claros e com caracteres ostensivos e legíveis, de modo a facilitar sua compreensão pelo consumidor."*

§ 4º As cláusulas que implicarem limitação de direito do consumidor deverão ser redigidas com destaque, permitindo sua imediata e fácil compreensão.

§ 5º (Vetado).[18]

> O texto vetado dispunha:
>
> *"§ 5º Cópia do formulário-padrão será remetida ao Ministério Público, que, mediante inquérito civil, poderá efetuar o controle preventivo das cláusulas gerais dos contratos de adesão."*

> Legislação relacionada: Código Civil, art. 423 (contrato de adesão); Lei nº 9.307/96 (Arbitragem).

CAPÍTULO VI-A

Da prevenção e do tratamento do superendividamento

> Capítulo VI-A acrescido pela Lei 14.181/2021.

Art. 54-A. Este Capítulo dispõe sobre a prevenção do superendividamento da pessoa natural, sobre o crédito responsável e sobre a educação financeira do consumidor.

§ 1º Entende-se por superendividamento a impossibilidade manifesta de o consumidor pessoa natural, de boa-fé, pagar a totalidade de suas dívidas de consumo, exigíveis e vincendas, sem comprometer seu mínimo existencial, nos termos da regulamentação.

> Legislação relacionada: Decreto nº 11.150/2022 (Regulamenta a preservação e o não comprometimento do mínimo existencial nas situações de superendividamento).

§ 2º As dívidas referidas no § 1º deste artigo englobam quaisquer compromissos financeiros assumidos decorrentes de relação de consumo, inclusive operações de crédito, compras a prazo e serviços de prestação continuada.

§ 3º O disposto neste Capítulo não se aplica ao consumidor cujas dívidas tenham sido contraídas mediante fraude ou má-fé, sejam oriundas de contratos celebrados dolosamente com o propósito de não realizar o pagamento ou decorram da aquisição ou contratação de produtos e serviços de luxo de alto valor.

---

[18] Mensagem de Veto nº 664/90, *§ 5º do art. 54*: Tais dispositivos transgridem o art. 128, § 5º, da Constituição Federal, que reserva à lei complementar a regulação inicial das atribuições e da organização do Ministério Público. O controle amplo e geral da legitimidade de atos jurídicos somente pode ser confiado ao Poder Judiciário (CF, art. 5º, XXXV). Portanto, a outorga de competência ao Ministério Público para proceder ao controle abstrato de cláusulas contratuais desfigura o perfil que o Constituinte imprimiu a essa instituição (CF, arts. 127 e 129). O controle abstrato de cláusulas contratuais está adequadamente disciplinado no art. 51, § 4º, do Projeto. Vetado o § 3º do art. 51, impõe-se, também, vetar o § 5º do art. 54.

Por outro lado, somente pode haver litisconsórcio (art. 82, § 2º) se a todos e a cada um tocar qualidade que lhe autorize a condução autônoma do processo. O art. 128 da Constituição não admite o litisconsórcio constante do projeto.

Art. 54-B. No fornecimento de crédito e na venda a prazo, além das informações obrigatórias previstas no art. 52 deste Código e na legislação aplicável à matéria, o fornecedor ou o intermediário deverá informar o consumidor, prévia e adequadamente, no momento da oferta, sobre:

I – o custo efetivo total e a descrição dos elementos que o compõem;

II – a taxa efetiva mensal de juros, bem como a taxa dos juros de mora e o total de encargos, de qualquer natureza, previstos para o atraso no pagamento;

III – o montante das prestações e o prazo de validade da oferta, que deve ser, no mínimo, de 2 (dois) dias;

IV – o nome e o endereço, inclusive o eletrônico, do fornecedor;

V – o direito do consumidor à liquidação antecipada e não onerosa do débito, nos termos do § 2º do art. 52 deste Código e da regulamentação em vigor.

§ 1º As informações referidas no art. 52 deste Código e no *caput* deste artigo devem constar de forma clara e resumida do próprio contrato, da fatura ou de instrumento apartado, de fácil acesso ao consumidor.

§ 2º Para efeitos deste Código, o custo efetivo total da operação de crédito ao consumidor consistirá em taxa percentual anual e compreenderá todos os valores cobrados do consumidor, sem prejuízo do cálculo padronizado pela autoridade reguladora do sistema financeiro.

§ 3º Sem prejuízo do disposto no art. 37 deste Código, a oferta de crédito ao consumidor e a oferta de venda a prazo, ou a fatura mensal, conforme o caso, devem indicar, no mínimo, o custo efetivo total, o agente financiador e a soma total a pagar, com e sem financiamento.

Art. 54-C. É vedado, expressa ou implicitamente, na oferta de crédito ao consumidor, publicitária ou não:

I – (Vetado)[19].

> O texto vetado dispunha:
> *"I - fazer referência a crédito "sem juros", 'gratuito', 'sem acréscimo' ou com 'taxa zero' ou a expressão de sentido ou entendimento semelhante;"*

II – indicar que a operação de crédito poderá ser concluída sem consulta a serviços de proteção ao crédito ou sem avaliação da situação financeira do consumidor;

III – ocultar ou dificultar a compreensão sobre os ônus e os riscos da contratação do crédito ou da venda a prazo;

[19] Mensagem de veto nº 314/2021, inciso I do *caput* e parágrafo único do art. 54-C: A propositura legislativa estabelece que seria vedado expressa ou implicitamente, na oferta de crédito ao consumidor, publicitária ou não, fazer referência a crédito "sem juros", "gratuito", "sem acréscimo" ou com "taxa zero" ou expressão de sentido ou entendimento semelhante. Entretanto, apesar da boa intenção do legislador, a propositura contrariaria o interesse público ao tentar solucionar problema de publicidade enganosa ou abusiva com restrição à oferta, proibindo operações que ocorrem no mercado usualmente e sem prejuízo ao consumidor, em que o fornecedor oferece crédito a consumidores, incorporando os juros em sua margem sem necessariamente os estar cobrando implicitamente, sem considerar que existem empresas capazes de ofertar de fato "sem juros", para o que restringiria as formas de obtenção de produtos e serviços ao consumidor. O mercado pode e deve oferecer crédito nas modalidades, nos prazos e com os custos que entender adequados, com adaptação natural aos diversos tipos de tomadores, o que constitui em relevante incentivo à aquisição de bens duráveis, e a Lei não deve operar para vedar a oferta do crédito em condições específicas, desde que haja regularidade em sua concessão, pois o dispositivo não afastaria a oferta das modalidades de crédito referidas, entretanto, limitaria as condições concorrenciais nos mercados. Por fim, impõe-se veto por arrastamento ao parágrafo único deste artigo.

IV – assediar ou pressionar o consumidor para contratar o fornecimento de produto, serviço ou crédito, principalmente se se tratar de consumidor idoso, analfabeto, doente ou em estado de vulnerabilidade agravada ou se a contratação envolver prêmio;

V – condicionar o atendimento de pretensões do consumidor ou o início de tratativas à renúncia ou à desistência de demandas judiciais, ao pagamento de honorários advocatícios ou a depósitos judiciais.

Parágrafo único. (Vetado)[20].

> O texto vetado dispunha:

"Parágrafo único. O disposto no inciso I do caput deste artigo não se aplica à oferta de produto ou serviço para pagamento por meio de cartão de crédito.";"

Art. 54-D. Na oferta de crédito, previamente à contratação, o fornecedor ou o intermediário deverá, entre outras condutas:

I – informar e esclarecer adequadamente o consumidor, considerada sua idade, sobre a natureza e a modalidade do crédito oferecido, sobre todos os custos incidentes, observado o disposto nos arts. 52 e 54-B deste Código, e sobre as consequências genéricas e específicas do inadimplemento;

II – avaliar, de forma responsável, as condições de crédito do consumidor, mediante análise das informações disponíveis em bancos de dados de proteção ao crédito, observado o disposto neste Código e na legislação sobre proteção de dados;

III – informar a identidade do agente financiador e entregar ao consumidor, ao garante e a outros coobrigados cópia do contrato de crédito.

Parágrafo único. O descumprimento de qualquer dos deveres previstos no *caput* deste artigo e nos arts. 52 e 54-C deste Código poderá acarretar judicialmente a redução dos juros, dos encargos ou de qualquer acréscimo ao principal e a dilação do prazo de pagamento previsto no contrato original, conforme a gravidade da conduta do fornecedor e as possibilidades financeiras do consumidor, sem prejuízo de outras sanções e de indenização por perdas e danos, patrimoniais e morais, ao consumidor.

Art. 54-E. (Vetado)[21].

---

[20] Mensagem de veto nº 314/2021, inciso I do caput e parágrafo único do art. 54-C: A propositura legislativa estabelece que seria vedado expressa ou implicitamente, na oferta de crédito ao consumidor, publicitária ou não, fazer referência a crédito "sem juros", "gratuito", "sem acréscimo" ou com "taxa zero" ou expressão de sentido ou entendimento semelhante. Entretanto, apesar da boa intenção do legislador, a propositura contrariaria o interesse público ao tentar solucionar problema de publicidade enganosa ou abusiva com restrição à oferta, proibindo operações que ocorrem no mercado usualmente e sem prejuízo ao consumidor, em que o fornecedor oferece crédito a consumidores, incorporando os juros em sua margem sem necessariamente os estar cobrando implicitamente, sem considerar que existem empresas capazes de ofertar de fato "sem juros", para o que restringiria as formas de obtenção de produtos e serviços ao consumidor. O mercado pode e deve oferecer crédito nas modalidades, nos prazos e com os custos que entender adequados, com adaptação natural aos diversos tipos de tomadores, o que constitui em relevante incentivo à aquisição de bens duráveis, e a Lei não deve operar para vedar a oferta do crédito em condições específicas, desde que haja regularidade em sua concessão, pois o dispositivo não afastaria a oferta das modalidades de crédito referidas, entretanto, limitaria as condições concorrenciais nos mercados. Por fim, impõe-se veto por arrastamento ao parágrafo único deste artigo.

[21] Mensagem de veto nº 314/2021: art. 54-E: propositura legislativa estabelecer que, nos contratos em que o modo de pagamento da dívida envolvessem autorização prévia do consumidor pessoa natural para consignação em folha de pagamento, a soma das parcelas reservadas para pagamento de dívidas não poderia ser superior a trinta por cento de sua remuneração mensal, assim definida em legislação especial. O referido, poderia ainda ser acrescido em cinco por cento, destinados exclusivamente à amortização de despesas contraídas por meio de cartão de crédito ou a saque por meio de cartão de crédito. O descumprimento do disposto no referido artigo daria causa

> O texto vetado dispunha:

"Art. 54-E. Nos contratos em que o modo de pagamento da dívida envolva autorização prévia do consumidor pessoa natural para consignação em folha de pagamento, a soma das parcelas reservadas para pagamento de dívidas não poderá ser superior a 30% (trinta por cento) de sua remuneração mensal, assim definida em legislação especial, podendo o limite ser acrescido em 5% (cinco por cento) destinados exclusivamente à amortização de despesas contraídas por meio de cartão de crédito ou a saque por meio de cartão de crédito.

§ 1º O descumprimento do disposto neste artigo dá causa imediata à revisão do contrato ou à sua renegociação, hipótese em que o juiz poderá adotar, entre outras, de forma cumulada ou alternada, as seguintes medidas:

I - dilação do prazo de pagamento previsto no contrato original, de modo a adequálo ao disposto no caput deste artigo, sem acréscimo nas obrigações do consumidor;

II - redução dos encargos da dívida e da remuneração do fornecedor;

III - constituição, consolidação ou substituição de garantias.

§ 2º O consumidor poderá desistir, em 7 (sete) dias, da contratação de crédito consignado de que trata o caput deste artigo, a contar da data da celebração ou do recebimento de cópia do contrato, sem necessidade de indicar o motivo, ficando a eficácia da rescisão suspensa até que haja a devolução ao fornecedor do crédito do valor total financiado ou concedido que tiver sido entregue, acrescido de eventuais" juros incidentes até a data da efetiva devolução e de tributos, e deverá: I - remeter ao fornecedor ou ao intermediário do crédito, no prazo previsto neste parágrafo, o formulário de que trata o § 4º deste artigo, por carta ou qualquer outro meio de comunicação, inclusive eletrônico, com registro de envio e de recebimento; e II - devolver o valor indicado neste parágrafo em até 1 (um) dia útil contado da data em que o consumidor tiver sido informado sobre a forma da devolução e o montante a devolver.

§ 3º Não será devida pelo fornecedor a devolução de eventuais tarifas pagas pelo consumidor em razão dos serviços prestados.

§ 4º O fornecedor facilitará o exercício do direito previsto no § 2º deste artigo mediante disponibilização de formulário de fácil preenchimento pelo consumidor, em meio físico ou eletrônico, anexo ao contrato, com todos os dados relativos à identificação do fornecedor e do contrato, e mediante indicação da forma de devolução das quantias.

§ 5º O disposto no § 1º deste artigo não se aplica quando o consumidor houver apresentado informações incorretas.

§ 6º O limite previsto no caput deste artigo poderá ser excepcionado no caso de repactuação de dívidas que possibilite a redução do custo efetivo total inicialmente contratado pelo consumidor e desde que essa repactuação seja submetida à aprovação do Poder Judiciário."

Art. 54-F. São conexos, coligados ou interdependentes, entre outros, o contrato principal de fornecimento de produto ou serviço e os contratos acessórios de crédito que lhe garantam o financiamento quando o fornecedor de crédito:

I – recorrer aos serviços do fornecedor de produto ou serviço para a preparação ou a conclusão do contrato de crédito;

II – oferecer o crédito no local da atividade empresarial do fornecedor de produto ou serviço financiado ou onde o contrato principal for celebrado.

---

imediata à revisão do contrato ou à sua renegociação. Além disso, o consumidor poderia desistir da contratação de crédito no prazo de sete dias, contado da data da celebração ou do recebimento de cópia do contrato, mediante disponibilização de formulário de fácil preenchimento pelo consumidor, em meio físico ou eletrônico, anexo ao contrato. Por fim, não seria devida pelo fornecedor a devolução de eventuais tarifas pagas pelo consumidor em razão dos serviços prestados. Entretanto, apesar da boa intenção do legislador, a propositura contrariaria interesse público ao restringir de forma geral a trinta por cento o limite da margem de crédito já anteriormente definida pela Lei nº 14.131, de 30 de março de 2021, que estabeleceu o percentual máximo de consignação em quarenta por cento, dos quais cinco por cento seriam destinados exclusivamente para amortização de despesas contraídas por meio de cartão de crédito ou de utilização com finalidade de saque por meio do cartão de crédito, para até 31 de dezembro de 2021, nas hipóteses previstas no inciso VI do caput do art. 115 da Lei nº 8.213, de 24 de julho de 1991, no § 1º do art. 1º e no § 5º do art. 6º da Lei nº 10.820, de 17 de dezembro de 2003, e no § 2º do art. 45 da Lei nº 8.112, de 11 de dezembro de 1990, bem como em outras leis que vierem a sucedê-las no tratamento da matéria, trazendo instabilidade para as operações contratadas no período de vigência das duas legislações. Mister destacar que o crédito consignado é uma das modalidades mais baratas e acessíveis, só tendo taxas médias mais altas que o crédito imobiliário, conforme dados do Banco Central do Brasil. Assim, a restrição generalizada do limite de margem do crédito consignado reduziria a capacidade de o beneficiário acessar modalidade de crédito, cujas taxas de juros são, devido à robustez da garantia, inferiores a outras modalidades. A restrição acabaria, assim, por forçar o consumidor a assumir dívidas mais custosas e de maior dificuldade de pagamento. Ademais, em qualquer negócio que envolva a consignação em folha de pagamento, seja no âmbito das relações trabalhistas ou fora delas a informação sobre a existência de margem consignável é da fonte pagadora. Diante disso, a realização de empréstimos em desacordo com o disposto no *caput* do art. 54-E poderia ocorrer por culpa exclusiva de terceiro, no caso a pessoa jurídica responsável pelo pagamento dos vencimentos do consumidor

§ 1º O exercício do direito de arrependimento nas hipóteses previstas neste Código, no contrato principal ou no contrato de crédito, implica a resolução de pleno direito do contrato que lhe seja conexo.

§ 2º Nos casos dos incisos I e II do *caput* deste artigo, se houver inexecução de qualquer das obrigações e deveres do fornecedor de produto ou serviço, o consumidor poderá requerer a rescisão do contrato não cumprido contra o fornecedor do crédito.

§ 3º O direito previsto no § 2º deste artigo caberá igualmente ao consumidor:

I – contra o portador de cheque pós-datado emitido para aquisição de produto ou serviço a prazo;

II – contra o administrador ou o emitente de cartão de crédito ou similar quando o cartão de crédito ou similar e o produto ou serviço forem fornecidos pelo mesmo fornecedor ou por entidades pertencentes a um mesmo grupo econômico.

§ 4º A invalidade ou a ineficácia do contrato principal implicará, de pleno direito, a do contrato de crédito que lhe seja conexo, nos termos do caput deste artigo, ressalvado ao fornecedor do crédito o direito de obter do fornecedor do produto ou serviço a devolução dos valores entregues, inclusive relativamente a tributos.

Art. 54-G. Sem prejuízo do disposto no art. 39 deste Código e na legislação aplicável à matéria, é vedado ao fornecedor de produto ou serviço que envolva crédito, entre outras condutas:

I – realizar ou proceder à cobrança ou ao débito em conta de qualquer quantia que houver sido contestada pelo consumidor em compra realizada com cartão de crédito ou similar, enquanto não for adequadamente solucionada a controvérsia, desde que o consumidor haja notificado a administradora do cartão com antecedência de pelo menos 10 (dez) dias contados da data de vencimento da fatura, vedada a manutenção do valor na fatura seguinte e assegurado ao consumidor o direito de deduzir do total da fatura o valor em disputa e efetuar o pagamento da parte não contestada, podendo o emissor lançar como crédito em confiança o valor idêntico ao da transação contestada que tenha sido cobrada, enquanto não encerrada a apuração da contestação;

II – recusar ou não entregar ao consumidor, ao garante e aos outros coobrigados cópia da minuta do contrato principal de consumo ou do contrato de crédito, em papel ou outro suporte duradouro, disponível e acessível, e, após a conclusão, cópia do contrato;

III – impedir ou dificultar, em caso de utilização fraudulenta do cartão de crédito ou similar, que o consumidor peça e obtenha, quando aplicável, a anulação ou o imediato bloqueio do pagamento, ou ainda a restituição dos valores indevidamente recebidos.

§ 1º Sem prejuízo do dever de informação e esclarecimento do consumidor e de entrega da minuta do contrato, no empréstimo cuja liquidação seja feita mediante consignação em folha de pagamento, a formalização e a entrega da cópia do contrato ou do instrumento de contratação ocorrerão após o fornecedor do crédito obter da fonte pagadora a indicação sobre a existência de margem consignável.

§ 2º Nos contratos de adesão, o fornecedor deve prestar ao consumidor, previamente, as informações de que tratam o art. 52 e o *caput* do art. 54-B deste Código, além de outras porventura determinadas na legislação em vigor, e fica obrigado a entregar ao consumidor cópia do contrato, após a sua conclusão.

> Arts. 54-A a 54-G acrescidos pela Lei 14.181/2021.

CAPÍTULO VII
Das sanções administrativas

Art. 55. A União, os Estados e o Distrito Federal, em caráter concorrente e nas suas respectivas áreas de atuação administrativa, baixarão normas relativas à produção, industrialização, distribuição e consumo de produtos e serviços.

§ 1º A União, os Estados, o Distrito Federal e os Municípios fiscalizarão e controlarão a produção, industrialização, distribuição, a publicidade de produtos e serviços e o mercado de consumo, no interesse da preservação da vida, da saúde, da segurança, da informação e do bem do consumidor, baixando as normas que se fizerem necessárias.

§ 2º (Vetado).[22]

> O texto vetado dispunha:

"§ 2º As normas referidas no parágrafo anterior deverão ser uniformizadas, revistas e atualizadas, a cada dois anos."

§ 3º Os órgãos federais, estaduais, do Distrito Federal e municipais com atribuições para fiscalizar e controlar o mercado de consumo manterão comissões permanentes para elaboração, revisão e atualização das normas referidas no § 1º, sendo obrigatória a participação dos consumidores e fornecedores.

§ 4º Os órgãos oficiais poderão expedir notificações aos fornecedores para que, sob pena de desobediência, prestem informações sobre questões de interesse do consumidor, resguardado o segredo industrial.

> Legislação relacionada: Lei nº 8.656/93 (Obriga o Poder Executivo a regulamentar o procedimento deste Capítulo); Portaria nº 789/01 do Ministério da Justiça (Regula a comunicação, no âmbito do Departamento de Proteção e Defesa do Consumidor – DPDC, relativa à periculosidade de produtos e serviços já introduzidos no mercado de consumo, e o não cumprimento às determinações desta portaria sujeitará às sanções previstas neste Capítulo); art. 33, § 1º, do Decreto nº 2.181/97 (Dispõe sobre a Organização do Sistema Nacional de Defesa do Consumidor – SNDC, Estabelece as Normas Gerais de Aplicação das Sanções Administrativas Previstas na Lei nº 8.078/90); Decreto s/nº, de 28/95 (Cria a Comissão Nacional Permanente de Defesa do Consumidor, tendo em vista o disposto nos §§ 1º e 3º deste artigo).

Art. 56. As infrações das normas de defesa do consumidor ficam sujeitas, conforme o caso, às seguintes sanções administrativas, sem prejuízo das de natureza civil, penal e das definidas em normas específicas:

I – multa;

II – apreensão do produto;

III – inutilização do produto;

IV – cassação do registro do produto junto ao órgão competente;

V – proibição de fabricação do produto;

VI – suspensão de fornecimento de produtos ou serviço;

VII – suspensão temporária de atividade;

VIII – revogação de concessão ou permissão de uso;

IX – cassação de licença do estabelecimento ou de atividade;

X – interdição, total ou parcial, de estabelecimento, de obra ou de atividade;

XI – intervenção administrativa;

XII – imposição de contrapropaganda.

Parágrafo único. As sanções previstas neste artigo serão aplicadas pela autoridade administrativa, no âmbito de sua atribuição, podendo ser aplicadas

---

22 Mensagem de Veto nº 664/90, *do § 2º do art. 55*: A União não dispõe, na ordem federal, de competência para impor aos Estados e Municípios obrigação genérica de legislar (CF, arts. 18, 25 e 29).

cumulativamente, inclusive por medida cautelar antecedente ou incidente de procedimento administrativo.

> Artigos conexos: art. 57 (pena de multa, gravidade da infração); art. 59 (pena de cassação de alvará); art. 60 (contrapropaganda).

> Legislação relacionada: Lei nº 9.832/99 (Proíbe o uso industrial de embalagens metálicas soldadas com liga de chumbo e estanho para acondicionamento de gêneros alimentícios, exceto para produtos secos ou desidratados); art. 29 do Decreto nº 2.181/97 (Dispõe sobre a Organização do Sistema Nacional de Defesa do Consumidor – SNDC, Estabelece as Normas Gerais de Aplicação das Sanções Administrativas Previstas na Lei nº 8.078/90); arts. 4º e 6º da Lei nº 10.742/03 (Define normas de regulação para o setor farmacêutico, cria a Câmara de Regulação do Mercado de Medicamentos – CMED e altera a Lei nº 6.360/76, e dá outras providências).

Art. 57. A pena de multa, graduada de acordo com a gravidade da infração, a vantagem auferida e a condição econômica do fornecedor, será aplicada mediante procedimento administrativo, revertendo para o Fundo de que trata a Lei nº 7.347, de 24 de julho de 1985, os valores cabíveis à União, ou para os Fundos estaduais ou municipais de proteção ao consumidor nos demais casos.

> Art. 57, *caput*, com redação dada pela Lei nº 8.656, de 21-5-1993.

Parágrafo único. A multa será em montante não inferior a duzentas e não superior a três milhões de vezes o valor da Unidade Fiscal de Referência – UFIR, ou índice equivalente que venha a substituí-lo.

> Parágrafo único acrescentado pela Lei nº 8.703, de 6-9-1993.

> Legislação relacionada: art. 13 da Lei nº 7.347/85; art. 3º, parágrafo único, da Lei nº 8.907/94 (Determina que o Modelo de Fardamento Escolar Adotado nas Escolas Públicas e Privadas não possa ser alterado antes de Transcorridos Cinco Anos); Decreto nº 1.306/94 (Regulamenta o Fundo de Defesa de Direitos Difusos); arts. 28 e 29 do Decreto nº 2.181/97 (Dispõe sobre a Organização do Sistema Nacional de Defesa do Consumidor – SNDC, Estabelece as Normas Gerais de Aplicação das Sanções Administrativas Previstas na Lei nº 8.078/90).

Art. 58. As penas de apreensão, de inutilização de produtos, de proibição de fabricação de produtos, de suspensão do fornecimento de produto ou serviço, de cassação do registro do produto e revogação da concessão ou permissão de uso serão aplicadas pela administração, mediante procedimento administrativo, assegurada ampla defesa, quando forem constatados vícios de quantidade ou de qualidade por inadequação ou insegurança do produto ou serviço.

> Artigos conexos: art. 18, § 6º (produtos impróprios para consumo); art. 19 (responsabilidade por vício de quantidade).

Art. 59. As penas de cassação de alvará de licença, de interdição e de suspensão temporária da atividade, bem como a de intervenção administrativa serão aplicadas mediante procedimento administrativo, assegurada ampla defesa, quando o fornecedor reincidir na prática das infrações de maior gravidade previstas neste Código e na legislação de consumo.

§ 1º A pena de cassação da concessão será aplicada à concessionária de serviço público, quando violar obrigação legal ou contratual.

§ 2º A pena de intervenção administrativa será aplicada sempre que as circunstâncias de fato desaconselharem a cassação de licença, a interdição ou suspensão da atividade.

§ 3º Pendendo ação judicial na qual se discuta a imposição de penalidade administrativa, não haverá reincidência até o trânsito em julgado da sentença.

> Artigos conexos: art. 6º, X (direito a prestação adequada e eficaz do serviço público); art. 22 (responsabilidade, serviço público).

Art. 60. A imposição de contrapropaganda será cominada quando o fornecedor incorrer na prática de publicidade enganosa ou abusiva, nos termos do art. 36 e seus parágrafos, sempre às expensas do infrator.

§ 1º A contrapropaganda será divulgada pelo responsável da mesma forma, frequência e dimensão e, preferencialmente, no mesmo veículo, local, espaço e horário, de forma capaz de desfazer o malefício da publicidade enganosa ou abusiva.

§ 2º (Vetado).[23]

> O texto vetado dispunha:

"§ 2º A contrapropaganda será aplicada pelos órgãos públicos competentes da proteção ao consumidor, mediante procedimento administrativo, assegurada ampla defesa, cabendo recurso para o Ministro de Estado da respectiva área de autuação administrativa, quando a mensagem publicitária for de âmbito nacional."

§ 3º (Vetado).[24]

> O texto vetado dispunha:

"§ 3º Enquanto não promover a contrapropaganda, o fornecedor, além de multa diária e outras sanções, ficará impedido de efetuar, por qualquer meio, publicidade de seus produtos e serviços."

> Artigo conexo: art. 67 (penalidade, publicidade enganosa ou abusiva).

> Legislação relacionada: art. 47 do Decreto nº 2.181/97 (Dispõe sobre a Organização do Sistema Nacional de Defesa do Consumidor – SNDC, Estabelece as Normas Gerais de Aplicação das Sanções Administrativas Previstas na Lei nº 8.078/90).

TÍTULO II
DAS INFRAÇÕES PENAIS

Art. 61. Constituem crimes contra as relações de consumo previstas neste Código, sem prejuízo do disposto no Código Penal e leis especiais, as condutas tipificadas nos artigos seguintes.

> Legislação relacionada: art. 9º da Lei nº 9.294/96, regulamentada pelo Decreto nº 2.018/96 (Dispõe sobre as restrições ao uso e à propaganda de produtos fumígenos, bebidas alcoólicas, medicamentos, terapias e defensivos agrícolas, nos termos do § 4º do art. 220 da Constituição Federal); Lei nº 9.832/99 (Proíbe o uso industrial de embalagens metálicas soldadas com liga de chumbo e estanho para acondicionamento de gêneros alimentícios, exceto para produtos secos ou desidratados); Lei nº 8.137/90 (Define os crimes contra a ordem tributária, econômica e contra as relações de consumo, e dá outras providências).

Art. 62. (Vetado).[25]

> O texto vetado dispunha:

"Art. 62. Colocar no mercado, fornecer ou expor para fornecimento produtos ou serviços impróprios:

Pena – Detenção de seis meses a dois anos e multa.

§ 1º Se o crime é culposo:

Pena – Detenção de três meses a um ano ou multa.

§ 2º As penas deste artigo são aplicáveis sem prejuízo das correspondentes à lesão corporal e à morte."

Art. 63. Omitir dizeres ou sinais ostensivos sobre a nocividade ou periculosidade de produtos, nas embalagens, nos invólucros, recipientes ou publicidade:

Pena – Detenção de 6 (seis) meses a 2 (dois) anos e multa.

§ 1º Incorrerá nas mesmas penas quem deixar de alertar, mediante recomendações escritas ostensivas, sobre a periculosidade do serviço a ser prestado.

---

[23] Mensagem de Veto nº 664/90, *do § 2º do art. 60*: A imposição de contrapropaganda, sem que se estabeleçam parâmetros legais precisos, pode dar ensejo a sérios abusos, que poderão redundar até mesmo na paralisação da atividade empresarial, como se vê, aliás, do disposto no § 3º do art. 60. Por outro lado, é inadmissível, na ordem federativa, atribuir a Ministro de Estado competência para apreciar em grau de recurso a legitimidade de atos de autoridade estadual ou municipal, tal como previsto no § 2º do art. 60.

[24] Idem.

[25] Mensagem de Veto nº 664/90, *do art. 62*: Em se tratando de norma penal, é necessário que a descrição da conduta vedada seja precisa e determinada. Assim, o dispositivo afronta a garantia estabelecida no art. 5º, XXXIX, da Constituição.

§ 2º Se o crime é culposo:

Pena – Detenção de 1 (um) a 6 (seis) meses ou multa.

> Artigos conexos: art. 9º (informação sobre produtos e serviços potencialmente nocivos); art. 12 (responsabilidade pelo fato do produto).

Art. 64. Deixar de comunicar à autoridade competente e aos consumidores a nocividade ou periculosidade de produtos cujo conhecimento seja posterior à sua colocação no mercado:

Pena – Detenção de 6 (seis) meses a 2 (dois) anos e multa.

Parágrafo único. Incorrerá nas mesmas penas quem deixar de retirar do mercado, imediatamente quando determinado pela autoridade competente, os produtos nocivos ou perigosos, na forma deste artigo.

> Artigo conexo: art. 10, § 1º (produto com alto grau de nocividade).

> Legislação relacionada: art. 1º, VII-B, da Lei nº 8.072/98 (Lei de Crimes Hediondos); Lei nº 6.360/76 (Dispõe sobre a vigilância Sanitária a que ficam sujeitos os Medicamentos, as Drogas, os Insumos Farmacêuticos e Correlatos, Cosméticos, Saneantes e outros Produtos, e dá outras providências); Lei nº 6.437/77, alterada pela Lei nº 9.695/98 (Configura infrações à legislação sanitária federal e estabelece as sanções respectivas); Portaria nº 2.814/98 do Ministério da Saúde (Estabelece procedimentos a serem observados pelas empresas produtoras, importadoras, distribuidoras e do comércio farmacêutico, objetivando a comprovação, em caráter de urgência, da identidade e qualidade de medicamento, objeto de denúncia sobre possível falsificação, adulteração e fraude); Lei nº 9.782/99 regulamentada pelo Decreto nº 3.029/99 (Define o Sistema Nacional de Vigilância Sanitária, cria a Agência Nacional de Vigilância Sanitária, e dá outras providências).

Art. 65. Executar serviço de alto grau de periculosidade, contrariando determinação de autoridade competente:

Pena – Detenção de 6 (seis) meses a 2 (dois) anos e multa.

§ 1º As penas deste artigo são aplicáveis sem prejuízo das correspondentes à lesão corporal e à morte.

> § 1º renumerado pela Lei 13.425/2017.

§ 2º A prática do disposto no inciso XIV do art. 39 desta Lei também caracteriza o crime previsto no caput deste artigo.

> § 2º acrescido pela Lei 13.425/2017.

Art. 66. Fazer afirmação falsa ou enganosa, ou omitir informação relevante sobre a natureza, característica, qualidade, quantidade, segurança, desempenho, durabilidade, preço ou garantia de produtos ou serviços:

Pena – Detenção de 3 (três) meses a 1 (um) ano e multa.

§ 1º Incorrerá nas mesmas penas quem patrocinar a oferta.

§ 2º Se o crime é culposo:

Pena – Detenção de 1 (um) a 6 (seis) meses ou multa.

> Artigos conexos: art. 30 (oferta); art. 37, § 7º (publicidade enganosa por omissão); art. 52, *caput*; art. 63 (infrações penais, omissão de dizeres).

Art. 67. Fazer ou promover publicidade que sabe ou deveria saber ser enganosa ou abusiva:

Pena – Detenção de 3 (três) meses a 1 (um) ano e multa.

Parágrafo único. (Vetado).[26]

> O texto vetado dispunha:

---

[26] Mensagem de Veto nº 664/90, *do parágrafo único do art. 67*: "A norma em causa, enunciada como acréscimo a dispositivo que criminaliza a publicidade abusiva ou enganosa, não descreve, de forma clara e precisa, a

"Parágrafo único. Incorrerá nas mesmas penas quem fizer ou promover publicidade de modo que dificulte sua identificação imediata."

> Artigos conexos: art. 37 (propaganda enganosa ou abusiva); art. 60 (contrapropaganda).

Art. 68. Fazer ou promover publicidade que sabe ou deveria saber ser capaz de induzir o consumidor a se comportar de forma prejudicial ou perigosa a sua saúde ou segurança:

Pena – Detenção de 6 (seis) meses a 2 (dois) anos e multa.

Parágrafo único. (Vetado).[27]

> O texto vetado dispunha:

"Parágrafo único. Incorrerá nas mesmas penas quem fizer ou promover publicidade sabendo-se incapaz de atender à demanda."

> Artigo conexo: art. 37, § 2º (propaganda abusiva).

Art. 69. Deixar de organizar dados fáticos, técnicos e científicos que dão base à publicidade:

Pena – Detenção de 1 (um) a 6 (seis) meses ou multa.

> Artigo conexo: art. 36, parágrafo único (publicidade, manutenção, pelo fornecedor, dos dados fáticos e científicos).

Art. 70. Empregar, na reparação de produtos, peças ou componentes de reposição usados, sem autorização do consumidor:

Pena – Detenção de 3 (três) meses a 1 (um) ano e multa.

> Artigos conexos: art. 21 (reparação de produto); art. 32 (oferta de componentes e peças de reposição).

Art. 71. Utilizar, na cobrança de dívidas, de ameaça, coação, constrangimento físico ou moral, afirmações falsas, incorretas ou enganosas ou de qualquer outro procedimento que exponha o consumidor, injustificadamente, a ridículo ou interfira com seu trabalho, descanso ou lazer:

Pena – Detenção de 3 (três) meses a 1 (um) ano e multa.

> Artigo conexo: art. 42 (cobrança de débitos).

Art. 72. Impedir ou dificultar o acesso do consumidor às informações que sobre ele constem em cadastros, banco de dados, fichas e registros:

Pena – Detenção de 6 (seis) meses a 1 (um) ano ou multa.

> Artigo conexo: art. 43, *caput* (banco de dados e cadastro de consumidores).

Art. 73. Deixar de corrigir imediatamente informação sobre consumidor constante de cadastro, banco de dados, fichas ou registros que sabe ou deveria saber ser inexata:

Pena – Detenção de 1 (um) a 6 (seis) meses ou multa.

> Artigo conexo: art. 43, § 3º (banco de dados, inexatidão).

Art. 74. Deixar de entregar ao consumidor o termo de garantia adequadamente preenchido e com especificação clara de seu conteúdo:

Pena – Detenção de 1 (um) a 6 (seis) meses ou multa.

> Artigo conexo: art. 50 (garantia contratual).

---

conduta que pretende vedar. Assim, o dispositivo viola a garantia constitucional consagrada no inciso XXXIX do art. 5º da Constituição."

[27] Mensagem de Veto nº 664/90, *do parágrafo único do art. 68*: "A publicidade abusiva já está criminalizada no art. 67 do Projeto. Trata-se, portanto, de norma redundante."

Art. 75. Quem, de qualquer forma, concorrer para os crimes referidos neste código incide nas penas a esses cominadas na medida de sua culpabilidade, bem como o diretor, administrador ou gerente da pessoa jurídica que promover, permitir ou por qualquer modo aprovar o fornecimento, oferta, exposição à venda ou manutenção em depósito de produtos ou a oferta e prestação de serviços nas condições por ele proibidas.

Art. 76. São circunstâncias agravantes dos crimes tipificados neste Código:

I – serem cometidos em época de grave crise econômica ou por ocasião de calamidade;

II – ocasionarem grave dano individual ou coletivo;

III – dissimular-se a natureza ilícita do procedimento;

IV – quando cometidos:

a) por servidor público, ou por pessoa cuja condição econômico-social seja manifestamente superior à da vítima;

b) em detrimento de operário ou rurícola; de menor de 18 (dezoito) ou maior de 60 (sessenta) anos ou de pessoas portadoras de deficiência mental, interditadas ou não;

V – serem praticados em operações que envolvam alimentos, medicamentos ou quaisquer outros produtos ou serviços essenciais.

Art. 77. A pena pecuniária prevista nesta Secção será fixada em dias-multa, correspondente ao mínimo e ao máximo de dias de duração da pena privativa da liberdade cominada ao crime. Na individualização desta multa, o juiz observará o disposto no art. 60, § 1º, do Código Penal.

> O texto do Código Penal dispõe:

"Art. 60. Na fixação da pena de multa o juiz deve atender, principalmente, à situação econômica do réu.

§ 1º A multa pode ser aumentada até o triplo, se o juiz considerar que, em virtude da situação econômica do réu, é ineficaz, embora aplicada no máximo."

Art. 78. Além das penas privativas de liberdade e de multa, podem ser impostas, cumulativa ou alternadamente, observado o disposto nos arts. 44 a 47, do Código Penal:

I – a interdição temporária de direitos;

II – a publicação em órgãos de comunicação de grande circulação ou audiência, às expensas do condenado, de notícia sobre os fatos e a condenação;

III – a prestação de serviços à comunidade.

> Legislação relacionada: arts. 43 a 48 e 55 do Código Penal.

Art. 79. O valor da fiança, nas infrações de que trata este Código, será fixado pelo juiz, ou pela autoridade que presidir o inquérito, entre 100 (cem) e 200.000 (duzentas mil) vezes o valor do Bônus do Tesouro Nacional – BTN, ou índice equivalente que venha substituí-lo.

Parágrafo único. Se assim recomendar a situação econômica do indiciado ou réu, a fiança poderá ser:

a) reduzida até a metade de seu valor mínimo;

b) aumentada pelo juiz até 20 (vinte) vezes.

Art. 80. No processo penal atinente aos crimes previstos neste Código, bem como a outros crimes e contravenções que envolvam relações de consumo, poderão intervir, como assistentes do Ministério Público, os legitimados indicados no art. 82, incisos III e IV, aos quais também é facultado propor ação penal subsidiária, se a denúncia não for oferecida no prazo legal.

> Legislação relacionada: arts. 44 a 47 (espécies de penas) do Código Penal.

TÍTULO III
DA DEFESA DO CONSUMIDOR EM JUÍZO
CAPÍTULO I
Disposições gerais

Art. 81. A defesa dos interesses e direitos dos consumidores e das vítimas poderá ser exercida em juízo individualmente, ou a título coletivo.

> Súmula 601 do STJ.

Parágrafo único. A defesa coletiva será exercida quando se tratar de:

I – interesses ou direitos difusos, assim entendidos, para efeitos deste Código, os transindividuais, de natureza indivisível, de que sejam titulares pessoas indeterminadas e ligadas por circunstâncias de fato;

II – interesses ou direitos coletivos, assim entendidos, para efeitos deste Código, os transindividuais de natureza indivisível de que seja titular grupo, categoria ou classe de pessoas ligadas entre si ou com a parte contrária por uma relação jurídica base;

III – interesses ou direitos individuais homogêneos, assim entendidos os decorrentes de origem comum.

> Artigos conexos: art. 91 (ação civil coletiva); art. 93 (competência); art. 98 (execução coletiva).

> Legislação relacionada: Decreto nº 2.978/99 (Regulamenta a arrecadação da Taxa Processual e da Taxa de Serviços do Conselho Administrativo de Defesa Econômica – CADE); Lei nº 12.529/11 (Estrutura o Sistema Brasileiro de Defesa da Concorrência; dispõe sobre a prevenção e repressão às infrações contra a ordem econômica).

Art. 82. Para os fins do art. 81, parágrafo único, são legitimados concorrentemente:

> Art. 82, *caput*, com redação dada pela Lei nº 9.008, de 21-3-1995.

> Súmula 601 do STJ.

I – o Ministério Público;

II – a União, os Estados, os Municípios e o Distrito Federal;

III – as entidades e órgãos da administração pública, direta ou indireta, ainda que sem personalidade jurídica, especificamente destinados à defesa dos interesses e direitos protegidos por este Código;

IV – as associações legalmente constituídas há pelo menos um ano e que incluam entre seus fins institucionais a defesa dos interesses e direitos protegidos por este Código, dispensada a autorização assemblear.

§ 1º O requisito da pré-constituição pode ser dispensado pelo juiz, nas ações previstas no art. 91 e seguintes, quando haja manifesto interesse social evidenciado pela dimensão ou característica do dano, ou pela relevância do bem jurídico a ser protegido.

> Legislação relacionada: Lei nº 9.008/95 (Cria, na Estrutura Organizacional do Ministério da Justiça, o Conselho Federal de que trata o art. 13 da Lei nº 7.347/85, altera dispositivos da Lei nº 8.078/90, e dá outras providências); art. 47 da Lei nº 12.529/11 (Estrutura o Sistema Brasileiro de Defesa da Concorrência; dispõe sobre a prevenção e repressão às infrações contra a ordem econômica); arts. 8º, II, 56, § 3º do Decreto nº 2.181/97 (Dispõe sobre a Organização do Sistema Nacional de Defesa do Consumidor – SNDC, Estabelece as Normas Gerais de Aplicação das Sanções Administrativas Previstas na Lei nº 8.078/90); art. 7º da Lei nº 9.870/99 (Dispõe sobre o valor das anuidades escolares e dá outras providências); Lei Complementar nº 80/94 (Organiza a Defensoria Pública da União, do Distrito Federal e Territórios).

§ 2º (Vetado).[28]

---

[28] Mensagem de Veto nº 664/90, *do § 2º do art. 82*: Tais dispositivos transgridem o art. 128, § 5º, da Constituição Federal, que reserva à lei complementar a regulação inicial das atribuições e da organização do Ministério Público. O controle amplo e geral da legitimidade de atos jurídicos somente pode ser confiado ao Poder Judi-

> O texto vetado dispunha:

"§ 2º Admitir-se-á o litisconsórcio facultativo entre os Ministérios Públicos da União, do Distrito Federal e dos Estados, na defesa dos interesses e direitos de que cuida este Código."

§ 3º (Vetado).[29]

> O texto vetado dispunha:

"§ 3º Os órgãos públicos legitimados poderão tomar dos interessados compromisso de ajustamento de sua conduta às exigências legais, mediante cominações, que terá eficácia de título executivo extrajudicial."

Art. 83. Para a defesa dos direitos e interesses protegidos por este Código são admissíveis todas as espécies de ações capazes de propiciar sua adequada e efetiva tutela.

Parágrafo único. (Vetado).[30]

> O texto vetado dispunha:

"Parágrafo único. Poderá ser ajuizada, pelos legitimados no artigo anterior ou por qualquer outro interessado, ação visando o controle abstrato e preventivo das cláusulas contratuais gerais."

Art. 84. Na ação que tenha por objeto o cumprimento da obrigação de fazer ou não fazer, o juiz concederá a tutela específica da obrigação ou determinará providências que assegurem o resultado prático equivalente ao do adimplemento.

§ 1º A conversão da obrigação em perdas e danos somente será admissível se por elas optar o autor ou se impossível a tutela específica ou a obtenção do resultado prático correspondente.

§ 2º A indenização por perdas e danos se fará sem prejuízo da multa (art. 287 do Código de Processo Civil).

> O artigo citado se ao Código de Processo Civil de 1973. Sem correspondente no Código de Processo Civil de 2015.

§ 3º Sendo relevante o fundamento da demanda e havendo justificado receio de ineficácia do provimento final, é lícito ao juiz conceder a tutela liminarmente ou após justificação prévia, citado o réu.

§ 4º O juiz poderá, na hipótese do § 3° ou na sentença, impor multa diária ao réu, independentemente de pedido do autor, se for suficiente ou compatível com a obrigação, fixando prazo razoável para o cumprimento do preceito.

§ 5º Para a tutela específica ou para a obtenção do resultado prático equivalente, poderá o juiz determinar as medidas necessárias, tais como busca e apreensão,

---

ciário (CF, art. 5º, XXXV). Portanto, a outorga de competência ao Ministério Público para proceder ao controle abstrato de cláusulas contratuais desfigura o perfil que o Constituinte imprimiu a essa instituição (CF, arts. 127 e 129). O controle abstrato de cláusulas contratuais está adequadamente disciplinado no art. 51, § 4º, do Projeto. Vetado o § 3º do art. 51, impõe-se, também, vetar o § 5º do art. 54.

Por outro lado, somente pode haver litisconsórcio (art. 82, § 2º) se a todos e a cada um tocar qualidade que lhe autorize a condução autônoma do processo. O art. 128 da Constituição não admite o litisconsórcio constante do projeto.

[29] Mensagem de Veto nº 664/90, *do § 3º do art. 82*: É juridicamente imprópria a equiparação de compromisso administrativo a título executivo extrajudicial (CPC/1973, art. 585, II). É que, no caso, o objetivo do compromisso é a cessação ou a prática de determinada conduta, e não a entrega de coisa certa ou pagamento de quantia fixada.

[30] Mensagem de Veto nº 664/90, *do parágrafo único do art. 83*: O controle abstrato de atos jurídicos constitui atividade excepcional do Judiciário (CF, art. 5º, XXXV). A eficácia "erga omnes" de decisão proferida nessa modalidade de controle exige redobrada cautela na instituição de processos dessa índole. A pluralidade de entes legitimados a propor "ação visando ao controle abstrato e preventivo de cláusulas contratuais gerais", com a probabilidade da instauração de inúmeros processos de controle abstrato, constitui séria ameaça à segurança jurídica. Assim, é suficiente a disciplina que o § 4º do art. 51 do Projeto dá à matéria.

remoção de coisas e pessoas, desfazimento de obra, impedimento de atividade nociva, além de requisição de força policial.

> Artigos conexos: art. 35, I (oferta, cumprimento forçado da obrigação); art. 48 (declarações de vontade, vinculação do fornecedor).

> Legislação relacionada: Código Civil, art. 247 (obrigações de fazer, perdas e danos); art. 250 (obrigação de não fazer); Lei nº 9.494/97 (Disciplina a aplicação da tutela antecipada contra a Fazenda Pública).

Art. 85. (Vetado).[31]

> O texto vetado dispunha:

"Art. 85. Contra atos ilegais ou abusivos de pessoas físicas ou jurídicas que lesem direito líquido e certo, individual, coletivo ou difuso, previsto neste Código, caberá ação mandamental, que se regerá pelas normas da lei do mandado de segurança."

Art. 86. (Vetado).[32]

> O texto vetado dispunha:

"Art. 86. Aplica-se o 'habeas data' à tutela dos direitos e interesses dos consumidores."

Art. 87. Nas ações coletivas de que trata este Código não haverá adiantamento de custas, emolumentos, honorários periciais e quaisquer outras despesas, nem condenação da associação autora, salvo comprovada má-fé, em honorários de advogados, custas e despesas processuais.

Parágrafo único. Em caso de litigância de má-fé, a associação autora e os diretores responsáveis pela propositura da ação serão solidariamente condenados em honorários advocatícios e ao décuplo das custas, sem prejuízo da responsabilidade por perdas e danos.

Art. 88. Na hipótese do art. 13, parágrafo único, deste Código, a ação de regresso poderá ser ajuizada em processo autônomo, facultada a possibilidade de prosseguir-se nos mesmos autos, vedada a denunciação da lide.

> Legislação relacionada: Código de Processo Civil de 2015, arts. 125 a 129 (denunciação da lide).

Art. 89. (Vetado).[33]

> O texto vetado dispunha:

"Art. 89. As normas deste Título aplicam-se, no que for cabível, a outros direitos ou interesses difusos, coletivos e individuais homogêneos, tratados coletivamente."

Art. 90. Aplicam-se às ações previstas neste Título as normas do Código de Processo Civil e da Lei nº 7.347, de 24 de julho de 1985, inclusive no que respeita ao inquérito civil, naquilo que não contrariar suas disposições.

> Artigo conexo: art. 83 (defesa do consumidor em juízo).

---

[31] Mensagem de Veto nº 664/90, *do art. 85*: As ações de mandado de segurança e de *habeas data* destinam-se, por sua natureza, à defesa de direitos subjetivos públicos e têm, portanto, por objetivo precípuo os atos de agentes do Poder Público. Por isso, a sua extensão ou aplicação a outras situações ou relações jurídicas é incompatível com sua índole constitucional. Os artigos vetados, assim, contrariam as disposições dos incisos LXXI e LXXII do art. 5º da Carta Magna.

[32] Mensagem de Veto nº 664/90, *do art. 86*: As ações de mandado de segurança e de *habeas data* destinam-se, por sua natureza, à defesa de direitos subjetivos públicos e têm, portanto, por objetivo precípuo os atos de agentes do Poder Público. Por isso, a sua extensão ou aplicação a outras situações ou relações jurídicas é incompatível com sua índole constitucional. Os artigos vetados, assim, contrariam as disposições dos incisos LXXI e LXXII do art. 5º da Carta Magna.

[33] Mensagem de Veto nº 664/90, *do art. 89*: "A extensão das normas específicas destinadas à proteção dos direitos do consumidor a outras situações excede dos objetivos propostos no Código, alcançando outras relações jurídicas não identificadas precisamente e que reclamam regulação própria e adequada. Nos termos do art. 48 do ADCT, deve o legislador limitar-se a elaborar *Código de Defesa do Consumidor*."

> Legislação relacionada: Lei nº 9.099/95 (Juizados Especiais Cíveis e Criminais); Lei nº 7.347/85 (Ação Civil Pública); Lei nº 9.494/97 (Disciplina a aplicação da tutela antecipada contra a Fazenda Pública).

CAPÍTULO II
Das ações coletivas para a defesa de interesses individuais homogêneos

Art. 91. Os legitimados de que trata o art. 82 poderão propor, em nome próprio e no interesse das vítimas ou seus sucessores, ação civil coletiva de responsabilidade pelos danos individualmente sofridos, de acordo com o disposto nos artigos seguintes.

> Art. 91 com redação dada pela Lei nº 9.008, de 21-3-1995.

Art. 92. O Ministério Público, se não ajuizar a ação, atuará sempre como fiscal da lei.

Parágrafo único. (Vetado).[34]

> O texto vetado dispunha:
>
> *"Parágrafo único. Aplica-se à ação prevista no artigo anterior o art. 5º, §§ 2º a 6º, da Lei nº 7.347, de 24 de julho de 1985."*

> Artigos conexos: art. 51, § 4º (Ministério Público, requerimento de nulidade de cláusula contratual); art. 82, I (Legitimados para propor ação civil pública).

Art. 93. Ressalvada a competência da Justiça Federal, é competente para a causa a justiça local:

I – no foro do lugar onde ocorreu ou deva ocorrer o dano, quando de âmbito local;

II – no foro da Capital do Estado ou no do Distrito Federal, para os danos de âmbito nacional ou regional, aplicando-se as regras do Código de Processo Civil nos casos de competência concorrente.

> Legislação relacionada: Código de Processo Civil de 2015, arts. 46, § 4º e 53, IV, *a*.

Art. 94. Proposta a ação, será publicado edital no órgão oficial, a fim de que os interessados possam intervir no processo como litisconsortes, sem prejuízo de ampla divulgação pelos meios de comunicação social por parte dos órgãos de defesa do consumidor.

> Legislação relacionada: Código de Processo Civil de 2015, art. 257, III.

Art. 95. Em caso de procedência do pedido, a condenação será genérica, fixando a responsabilidade do réu pelos danos causados.

Art. 96. (Vetado).[35]

> O texto vetado dispunha:
>
> *"Art. 96. Transitada em julgado a sentença condenatória, será publicado edital, observado o disposto no art. 93."*

Art. 97. A liquidação e a execução de sentença poderão ser promovidas pela vítima e seus sucessores, assim como pelos legitimados de que trata o art. 82.

---

[34] Mensagem de Veto nº 664/90, *do parágrafo único do art. 92*: "Esse dispositivo considera a nova redação que o art. 113 do Projeto dá ao art. 5º da Lei nº 7.347, de 24 de julho de 1985, acrescentando-lhe novos §§ 5º e 6º, que seriam decorrência dos dispositivos constantes dos §§ 2º e 3º do art. 82. Esses dispositivos foram vetados, pelas razões expendidas. Assim também vetam-se, no aludido art. 113, as vedações dos §§ 5º e 6º."

[35] Mensagem de Veto nº 664/90, *do art. 96*: "O art. 93 não guarda pertinência com a matéria regulada nessa norma."

Parágrafo único. (Vetado).[36]

> O texto vetado dispunha:

"Parágrafo único. A liquidação de sentença, que será por artigos, poderá ser promovida no foro do domicílio do liquidante, cabendo-lhe provar, tão-só, o nexo de causalidade, o dano e seu montante."

Art. 98. A execução poderá ser coletiva, sendo promovida pelos legitimados de que trata o art. 82, abrangendo as vítimas cujas indenizações já tiverem sido fixadas em sentença de liquidação, sem prejuízo do ajuizamento de outras execuções.

> Art. 98, *caput*, com redação dada pela Lei nº 9.008, de 21-3-1995.

§ 1º A execução coletiva far-se-á com base em certidão das sentenças de liquidação, da qual deverá constar a ocorrência ou não do trânsito em julgado.

§ 2º É competente para a execução o juízo:

I – da liquidação da sentença ou da ação condenatória, no caso de execução individual;

II – da ação condenatória, quando coletiva a execução.

Art. 99. Em caso de concurso de créditos decorrentes de condenação prevista na Lei nº 7.347, de 24 de julho de 1985, e de indenizações pelos prejuízos individuais resultantes do mesmo evento danoso, estas terão preferência no pagamento.

Parágrafo único. Para efeito do disposto neste artigo, a destinação da importância recolhida ao Fundo criado pela Lei nº 7.347, de 24 de julho de 1985, ficará sustada enquanto pendentes de decisão de segundo grau as ações de indenização pelos danos individuais, salvo na hipótese de o patrimônio do devedor ser manifestamente suficiente para responder pela integralidade das dívidas.

Art. 100. Decorrido o prazo de 1 (um) ano sem habilitação de interessados em número compatível com a gravidade do dano, poderão os legitimados do art. 82 promover a liquidação e execução da indenização devida.

Parágrafo único. O produto da indenização devida reverterá para o Fundo criado pela Lei nº 7.347, de 24 de julho de 1985.

> Legislação relacionada: art. 13 da Lei nº 7.347/85 (Lei de Ação Civil Pública).

CAPÍTULO III
Das ações de responsabilidade do fornecedor de produtos e serviços

Art. 101. Na ação de responsabilidade civil do fornecedor de produtos e serviços, sem prejuízo do disposto nos Capítulos I e II deste Título, serão observadas as seguintes normas:

I – a ação pode ser proposta no domicílio do autor;

II – o réu que houver contratado seguro de responsabilidade poderá chamar ao processo o segurador, vedada a integração do contraditório pelo Instituto de Resseguros do Brasil. Nesta hipótese, a sentença que julgar procedente o pedido condenará o réu nos termos do art. 80 do Código de Processo Civil. Se o réu houver sido declarado falido, o síndico será intimado a informar a existência de seguro

[36] Mensagem de Veto nº 664/90, *do parágrafo único do art. 97*: "Esse dispositivo dissocia, de forma arbitrária, o foro dos processos de conhecimento e de execução, rompendo o princípio da vinculação quanto à competência entre esses processos, adotado pelo Código de Processo Civil (art. 575; Sem correspondente no CPC/2015) e defendido pela melhor doutrina. Ao despojar uma das partes da certeza quanto ao foro de execução, tal preceito lesa o princípio de ampla defesa assegurado pela Constituição (art. 5º, LV)."

de responsabilidade facultando-se, em caso afirmativo, o ajuizamento de ação de indenização diretamente contra o segurador, vedada a denunciação da lide ao Instituto de Resseguros do Brasil e dispensado o litisconsórcio obrigatório com este.

> O texto equivalente do Código de Processo Civil de 2015, dispõe:

"Art. 132. A sentença de procedência valerá como título executivo em favor do réu que satisfizer a dívida, a fim de que possa exigi-la, por inteiro, do devedor principal, ou, de cada um dos codevedores, a sua quota, na proporção que lhes tocar."

> Artigos conexos: art. 27 (prescrição); arts. 81 a 100 (defeso consumidor em juízo).

> Legislação relacionada: Código de Processo Civil de 2015, arts. 125, II; 132; e 53, IV, *a*.

Art. 102. Os legitimados a agir na forma deste Código poderão propor ação visando compelir o Poder Público competente a proibir, em todo o território nacional, a produção, divulgação, distribuição ou venda, ou a determinar alteração na composição, estrutura, fórmula ou acondicionamento de produto, cujo uso ou consumo regular se revele nocivo ou perigoso à saúde pública e à incolumidade pessoal.

> Artigo conexo: art. 82 (legitimidade para propor ação civil pública).

§ 1º (Vetado).[37]

> O texto vetado dispunha:

> *"§ 1º Os fornecedores poderão ingressar no feito como assistentes."*

§ 2º (Vetado).[38]

> O texto vetado dispunha:

> *"§ 2º O retardamento pela autoridade competente, por mais de sessenta dias, do cumprimento de decisão judicial em ação de que trata este artigo configura crime de responsabilidade, nos termos da Lei."*

CAPÍTULO IV
Da coisa julgada

Art. 103. Nas ações coletivas de que trata este Código, a sentença fará coisa julgada:

I – *erga omnes*, exceto se o pedido for julgado improcedente por insuficiência de provas, hipótese em que qualquer legitimado poderá intentar outra ação, com idêntico fundamento, valendo-se de nova prova, na hipótese do inciso I do parágrafo único do art. 81;

II – *ultra partes*, mas limitadamente ao grupo, categoria ou classe, salvo improcedência por insuficiência de provas, nos termos do inciso anterior, quando se tratar da hipótese prevista no inciso II do parágrafo único do art. 81;

III – *erga omnes*, apenas no caso de procedência do pedido, para beneficiar todas as vítimas e seus sucessores, na hipótese do inciso III do parágrafo único do art. 81.

§ 1º Os efeitos da coisa julgada previstos nos incisos I e II não prejudicarão interesses e direitos individuais dos integrantes da coletividade, do grupo, categoria ou classe.

---

[37] Mensagem de Veto nº 664/90, *do § 1º do art. 102*: "A redação do dispositivo parece equivocada. Os fornecedores, no caso de ação contra o Poder Público, para proibir a comercialização de produtos por eles fornecidos, são, na sistemática processual vigente, litisconsortes, e não meros assistentes (CPC/1973, arts. 46 e 47)."

[38] Mensagem de Veto nº 664/90, *§ 2º do art. 102*: "A norma somente seria admissível se o dispositivo se referisse ao cumprimento de decisão judicial final, transitada em julgado."

§ 2º Na hipótese prevista no inciso III, em caso de improcedência do pedido, os interessados que não tiverem intervindo no processo como litisconsortes poderão propor ação de indenização a título individual.

§ 3º Os efeitos da coisa julgada de que cuida o art. 16, combinado com o art. 13 da Lei nº 7.347, de 24 de julho de 1985, não prejudicarão as ações de indenização por danos pessoalmente sofridos, propostas individualmente ou na forma prevista neste Código, mas, se procedente o pedido, beneficiarão as vítimas e seus sucessores, que poderão proceder à liquidação e à execução, nos termos dos arts. 96 a 99.

§ 4º Aplica-se o disposto no parágrafo anterior à sentença penal condenatória.

> Legislação relacionada: Código de Processo Civil de 2015, art. 506; arts. 13 e 16 da Lei nº 7.347/85 (Ação Civil Pública).

Art. 104. As ações coletivas, previstas nos incisos I e II do parágrafo único do art. 81, não induzem litispendência para as ações individuais, mas os efeitos da coisa julgada *erga omnes* ou *ultra partes* a que aludem os incisos II e III do artigo anterior não beneficiarão os autores das ações individuais, se não for requerida sua suspensão no prazo de 30 (trinta) dias, a contar da ciência nos autos do ajuizamento da ação coletiva.

> Artigo conexo: remissão correta seria II e III, do parágrafo único, do art. 81.

> Legislação relacionada: Código de Processo Civil de 2015, art. 337, §§ 1º a 4º.

CAPÍTULO V
Da conciliação no superendividamento

> Capítulo V acrescido pela Lei 14.181/2021.

Art. 104-A. A requerimento do consumidor superendividado pessoa natural, o juiz poderá instaurar processo de repactuação de dívidas, com vistas à realização de audiência conciliatória, presidida por ele ou por conciliador credenciado no juízo, com a presença de todos os credores de dívidas previstas no art. 54-A deste Código, na qual o consumidor apresentará proposta de plano de pagamento com prazo máximo de 5 (cinco) anos, preservados o mínimo existencial, nos termos da regulamentação, e as garantias e as formas de pagamento originalmente pactuadas.

> Legislação relacionada: Decreto nº 11.150/2022 (Regulamenta a preservação e o não comprometimento do mínimo existencial nas situações de superendividamento).

§ 1º Excluem-se do processo de repactuação as dívidas, ainda que decorrentes de relações de consumo, oriundas de contratos celebrados dolosamente sem o propósito de realizar pagamento, bem como as dívidas provenientes de contratos de crédito com garantia real, de financiamentos imobiliários e de crédito rural.

§ 2º O não comparecimento injustificado de qualquer credor, ou de seu rocurador com poderes especiais e plenos para transigir, à audiência de conciliação de que trata o *caput* deste artigo acarretará a suspensão da exigibilidade do débito e a interrupção dos encargos da mora, bem como a sujeição compulsória ao plano de pagamento da dívida se o montante devido ao credor ausente for certo e conhecido pelo consumidor, devendo o pagamento a esse credor ser estipulado para ocorrer apenas após o pagamento aos credores presentes à audiência conciliatória.

§ 3º No caso de conciliação, com qualquer credor, a sentença judicial que homologar o acordo descreverá o plano de pagamento da dívida e terá eficácia de título executivo e força de coisa julgada.

§ 4º Constarão do plano de pagamento referido no § 3º deste artigo:

I – medidas de dilação dos prazos de pagamento e de redução dos encargos da dívida ou da remuneração do fornecedor, entre outras destinadas a facilitar o pagamento da dívida;

II – referência à suspensão ou à extinção das ações judiciais em curso;

III – data a partir da qual será providenciada a exclusão do consumidor de bancos de dados e de cadastros de inadimplentes;

IV – condicionamento de seus efeitos à abstenção, pelo consumidor, de condutas que importem no agravamento de sua situação de superendividamento.

§ 5º O pedido do consumidor a que se refere o caput deste artigo não importará em declaração de insolvência civil e poderá ser repetido somente após decorrido o prazo de 2 (dois) anos, contado da liquidação das obrigações previstas no plano de pagamento homologado, sem prejuízo de eventual repactuação.

Art. 104-B. Se não houver êxito na conciliação em relação a quaisquer credores, o juiz, a pedido do consumidor, instaurará processo por superendividamento para revisão e integração dos contratos e repactuação das dívidas remanescentes mediante plano judicial compulsório e procederá à citação de todos os credores cujos créditos não tenham integrado o acordo porventura celebrado.

§ 1º Serão considerados no processo por superendividamento, se for o caso, os documentos e as informações prestadas em audiência.

§ 2º No prazo de 15 (quinze) dias, os credores citados juntarão documentos e as razões da negativa de aceder ao plano voluntário ou de renegociar.

§ 3º O juiz poderá nomear administrador, desde que isso não onere as partes, o qual, no prazo de até 30 (trinta) dias, após cumpridas as diligências eventualmente necessárias, apresentará plano de pagamento que contemple medidas de temporização ou de atenuação dos encargos.

§ 4º O plano judicial compulsório assegurará aos credores, no mínimo, o valor do principal devido, corrigido monetariamente por índices oficiais de preço, e preverá a liquidação total da dívida, após a quitação do plano de pagamento consensual previsto no art. 104-A deste Código, em, no máximo, 5 (cinco) anos, sendo que a primeira parcela será devida no prazo máximo de 180 (cento e oitenta) dias, contado de sua homologação judicial, e o restante do saldo será devido em parcelas mensais iguais e sucessivas.

Art. 104-C. Compete concorrente e facultativamente aos órgãos públicos integrantes do Sistema Nacional de Defesa do Consumidor a fase conciliatória e preventiva do processo de repactuação de dívidas, nos moldes do art. 104-A deste Código, no que couber, com possibilidade de o processo ser regulado por convênios específicos celebrados entre os referidos órgãos e as instituições credoras ou suas associações.

§ 1º Em caso de conciliação administrativa para prevenir o superendividamento do consumidor pessoa natural, os órgãos públicos poderão promover, nas reclamações individuais, audiência global de conciliação com todos os credores e, em todos casos, facilitar a elaboração de plano de pagamento, preservado o mínimo existencial, nos termos da regulamentação, sob a supervisão desses órgãos, sem prejuízo das demais atividades de reeducação financeira cabíveis.

> Legislação relacionada: Decreto nº 11.150/2022 (Regulamenta a preservação e o não comprometimento do mínimo existencial nas situações de superendividamento).

§ 2º O acordo firmado perante os órgãos públicos de defesa do consumidor, em caso de superendividamento do consumidor pessoa natural, incluirá a data a partir da qual será providenciada a exclusão do consumidor de bancos de dados e de cadastros de inadimplentes, bem como o condicionamento de seus efeitos à abstenção, pelo consumidor, de cndutas que importem no agravamento de sua situação de superendividamento, especialmente a de contrair novas dívidas

TÍTULO IV
DO SISTEMA NACIONAL DE DEFESA DO CONSUMIDOR

Art. 105. Integram o Sistema Nacional de Defesa do Consumidor – SNDC, os órgãos federais, estaduais, do Distrito Federal e municipais e as entidades privadas de defesa do consumidor.

Art. 106. O Departamento Nacional de Defesa do Consumidor, da Secretaria Nacional de Direito Econômico – MJ, ou órgão federal que venha substituí-lo, é organismo de coordenação da política do Sistema Nacional de Defesa do Consumidor, cabendo-lhe:

I – planejar, elaborar, propor, coordenar e executar a política nacional de proteção ao consumidor;

II – receber, analisar, avaliar e encaminhar consultas, denúncias ou sugestões apresentadas por entidades representativas ou pessoas jurídicas de direito público ou privado;

III – prestar aos consumidores orientação permanente sobre seus direitos e garantias;

IV – informar, conscientizar e motivar o consumidor através dos diferentes meios de comunicação;

V – solicitar à polícia judiciária a instauração de inquérito policial para a apreciação de delito contra os consumidores, nos termos da legislação vigente;

VI – representar ao Ministério Público competente para fins de adoção de medidas processuais no âmbito de suas atribuições;

VII – levar ao conhecimento dos órgãos competentes as infrações de ordem administrativa que violarem os interesses difusos, coletivos, ou individuais dos consumidores;

VIII – solicitar o concurso de órgãos e entidades da União, Estados, do Distrito Federal e Municípios, bem como auxiliar a fiscalização de preços, abastecimento, quantidade e segurança de bens e serviços;

IX – incentivar, inclusive com recursos financeiros e outros programas especiais, a formação de entidades de defesa do consumidor pela população e pelos órgãos públicos estaduais e municipais;

X – (Vetado).[39]

> O texto vetado dispunha:

"X – requisitar bens em quantidade suficiente para fins de estudo e pesquisas, com posterior comprovação e divulgação de seus resultados;"

XI – (Vetado).[40]

> O texto vetado dispunha:

"XI – encaminhar anteprojetos de lei, por intermédio do Ministério da Justiça, ao Congresso Nacional, bem como ser ouvido com relação a projetos de lei que versem sobre preços, qualidade, quantidade e segurança de bens e serviços;"

---

[39] Mensagem de Veto nº 664/90, *do inciso X do art. 106*: "Esse preceito contraria o disposto nos incisos XXII e XXV do art. 5º da Constituição."

[40] Mensagem de Veto nº 664/90, *do inciso XI do art. 106*: "Trata-se de disposição que contraria o art. 61 da Constituição."

XII – (Vetado).[41]

> O texto vetado dispunha:

"XII – celebrar convênios com entidades nacionais e internacionais;"

XIII – desenvolver outras atividades compatíveis com suas finalidades.

Parágrafo único. Para a consecução de seus objetivos, o Departamento Nacional de Defesa do Consumidor poderá solicitar o concurso de órgãos e entidades de notória especialização técnico-científica.

TÍTULO V
DA CONVENÇÃO COLETIVA DE CONSUMO

Art. 107. As entidades civis de consumidores e as associações de fornecedores ou sindicatos de categoria econômica podem regular, por convenção escrita, relações de consumo que tenham por objeto estabelecer condições relativas ao preço, à quantidade, à qualidade, à garantia e características de produtos e serviços, bem como à reclamação e composição do conflito de consumo.

§ 1º A convenção tornar-se-á obrigatória a partir do registro do instrumento no cartório de títulos e documentos.

§ 2º A convenção somente obrigará os filiados às entidades signatárias.

§ 3º Não se exime de cumprir a convenção o fornecedor que se desligar da entidade em data posterior ao registro do instrumento.

> Artigos conexos: art. 50 (termo de garantia); art. 71 (termo de garantia, ausência de entrega).

Art. 108. (Vetado).[42]

> O texto vetado dispunha:

"Art. 108. Podem as partes signatárias da convenção fixar sanções em caso de seu descumprimento, inclusive para fins de imposição de penalidade administrativa pela autoridade competente."

TÍTULO VI
DISPOSIÇÕES FINAIS

Art. 109. (Vetado).[43]

> O texto vetado dispunha:

"Art. 109. O preâmbulo da Lei nº 7.347, de 24 de julho de 1985, passa a ter a seguinte redação: Disciplina a ação civil pública de responsabilidade por danos causados ao meio ambiente, ao consumidor, a bens e direitos de valor artístico, estético, histórico, turístico e paisagístico, assim como a qualquer outro interesse difuso ou coletivo, e dá outras providências."

Art. 110. Acrescente-se o seguinte inciso IV ao art. 1º, da Lei nº 7.347, de 24 de julho de 1985:

"IV – a qualquer outro interesse difuso ou coletivo."

---

[41] Mensagem de Veto nº 664/90, *do inciso XII do art. 106*: "A celebração de tratados, convenções e atos internacionais é de competência privativa do Presidente da República (Constituição Federal, art. 84, VII)."

[42] Mensagem de Veto nº 664/90, *do art. 108*: "A atividade administrativa deve estar subordinada estritamente à Lei (CF, art. 37). A imposição de penalidade administrativa por descumprimento de convenções celebradas entre entidades privadas afronta o princípio da legalidade e o postulado da segurança jurídica, elementos essenciais ao Estado de Direito."

[43] Mensagem de Veto nº 664/90, *do art. 109*: "Não cabe à lei alterar a ementa de outra lei, até porque as ementas não têm qualquer conteúdo normativo."

Art. 111. O inciso II do art. 5º, da Lei nº 7.347, de 24 de julho de 1985, passa a ter a seguinte redação:

"II – inclua, entre suas finalidades institucionais, a proteção ao meio ambiente, ao consumidor, ao patrimônio artístico, estético, histórico, turístico e paisagístico, ou a qualquer outro interesse difuso ou coletivo."

Legislação relacionada: Prejudicada esta redação, alteração posterior determinada pela Lei nº 8.884/94; "II – inclua entre suas finalidades institucionais a proteção ao meio ambiente ao consumidor, à ordem econômica, à livre concorrência, ou ao patrimônio artístico, estético, histórico, turístico e paisagístico;"

Art. 112. O § 3º do art. 5º, da Lei nº 7.347, de 24 de julho de 1985, passa a ter a seguinte redação:

"§ 3º Em caso de desistência infundada ou abandono da ação por associação legitimada, o Ministério Público ou outro legitimado assumirá a titularidade ativa."

Art. 113. Acrescente-se os seguintes §§ 4º, 5º e 6º ao art. 5º da Lei nº 7.347, de 24 de julho de 1985:

"§ 4º O requisito da pré-constituição poderá ser dispensado pelo juiz, quando haja manifesto interesse social evidenciado pela dimensão ou característica do dano, ou pela relevância do bem jurídico a ser protegido.

§ 5º Admitir-se-á o litisconsórcio facultativo entre os Ministérios Públicos da União, do Distrito Federal e dos Estados na defesa dos interesses e direitos de que cuida esta lei.

§ 6º Os órgãos públicos legitimados poderão tomar dos interessados compromisso de ajustamento de sua conduta às exigências legais, mediante combinações, que terá eficácia de título executivo extrajudicial."

Art. 114. O art. 15 da Lei nº 7.347, de 24 de julho de 1985, passa a ter a seguinte redação:

"Art. 15. Decorridos sessenta dias do trânsito em julgado da sentença condenatória, sem que a associação autora lhe promova a execução, deverá fazê-lo o Ministério Público, facultada igual iniciativa aos demais legitimados."

Art. 115. Suprima-se o *caput* do art. 17 da Lei nº 7.347, de 24 de julho de 1985, passando o parágrafo único a constituir o *caput*, com a seguinte redação:

"Art. 17. Em caso de litigância de má-fé, a associação autora e os diretores responsáveis pela propositura da ação serão solidariamente condenados em honorários e ao décuplo das custas, sem prejuízo da responsabilidade por perdas e danos."[44]

Art. 116. Dê-se a seguinte redação ao art. 18, da Lei nº 7.347, de 24 de julho de 1985:

"Art. 18. Nas ações de que trata esta lei, não haverá adiantamento de custas, emolumentos, honorários periciais e quaisquer outras despesas, nem condenação da associação autora, salvo comprovada má-fé, em honorários de advogado, custas e despesas processuais."

Art. 117. Acrescente-se à Lei nº 7.347, de 24 de julho de 1985, o seguinte dispositivo, renumerando-se os seguintes:

"Art. 21. Aplicam-se à defesa dos direitos e interesses difusos, coletivos e individuais, no que for cabível, os dispositivos do Título III da Lei que instituiu o Código de Defesa do Consumidor."

Art. 118. Este Código entrará em vigor dentro de 180 (cento e oitenta) dias a contar de sua publicação.

Art. 119. Revogam-se as disposições em contrário.

Brasília, em 11 de setembro de 1990; 169º da Independência e 102º da República.

Fernando Collor

[44] Art. 115 retificado no *DOU* de 10-1-2007.

LEGISLAÇÃO RELACIONADA

CONSTITUIÇÃO DA REPÚBLICA FEDERATIVA DO BRASIL, DE 5 DE OUTUBRO DE 1988

> Artigos: 5º, XXXII, LXXIX; 170, V; 220, II, § 4º e 48 das Disposições Transitórias.

TÍTULO II
DOS DIREITOS E GARANTIAS FUNDAMENTAIS

CAPÍTULO I
Dos direitos e deveres individuais e coletivos

Art. 5º Todos são iguais perante a lei, sem distinção de qualquer natureza, garantindo-se aos brasileiros e aos estrangeiros residentes no País a inviolabilidade do direito à vida, à liberdade, à igualdade, à segurança e à propriedade, nos termos seguintes:

(...)

XXXII – O Estado promoverá, na forma da lei, a defesa do consumidor;

(...)

LXXIX – é assegurado, nos termos da lei, o direito à proteção dos dados pessoais, inclusive nos meios digitais.

> Inciso LXXIX acrescentado pela EC 115, de 10-02-2022.

(...)

Seção V-A
Do Imposto de Competência Compartilhada entre Estados, Distrito Federal e Municípios

Art. 156-A. Lei complementar instituirá imposto sobre bens e serviços de competência compartilhada entre Estados, Distrito Federal e Municípios.

> Artigo acrescentado pela EC 132, de 20-12-2023.

(...)

§ 5º Lei complementar disporá sobre:

(...)

VIII – as hipóteses de devolução do imposto a pessoas físicas, inclusive os limites e os beneficiários, com o objetivo de reduzir as desigualdades de renda;

(...)

§ 13. A devolução de que trata o § 5º, VIII, será obrigatória nas operações de fornecimento de energia elétrica e de gás liquefeito de petróleo ao consumidor de baixa renda, podendo a lei complementar determinar que seja calculada e concedida no momento da cobrança da operação.

(...)

TÍTULO VII
DA ORDEM ECONÔMICA E FINANCEIRA

CAPÍTULO I
Dos princípios gerais da atividade econômica

Art. 170. A ordem econômica, fundada na valorização do trabalho humano e na livre iniciativa, tem por fim assegurar a todos existência digna, conforme os ditames da justiça social, observados os seguintes princípios:

(...)

V – defesa do consumidor;

(...)

TÍTULO VIII
DA ORDEM SOCIAL

(...)

CAPÍTULO V
Da comunicação social

Art. 220. A manifestação de pensamento, a criação, a expressão e a informação, sob qualquer forma, processo ou veículo não sofrerão qualquer restrição, observado o disposto nesta Constituição.

> Arts. 36, 37, 43 e 44 do CDC.

> Lei 4.117/1962 (Código Brasileiro de Telecomunicações).

(...)

§ 3° Compete à lei federal:

(...)

II – estabelecer os meios legais que garantam à pessoa e à família a possibilidade de se defenderem de programas ou programações de rádio e televisão que contrariem o disposto no artigo 221, bem como da propaganda de produtos, práticas e serviços que possam ser nocivos à saúde e ao meio ambiente.

> Arts. 9° e 10 do CDC.

§ 4° A propaganda comercial de tabaco, bebidas alcoólicas, agrotóxicos, medicamentos e terapias estará sujeita a restrições legais, nos termos do inciso II do parágrafo anterior, e conterá, sempre que necessário, advertência sobre os malefícios decorrentes de seu uso.

> Lei 9.294/1996 (Restrições ao uso e à propaganda de produtos fumígenos, bebidas alcoólicas, medicamentos, terapias e defensivos agrícolas referidos neste parágrafo).

(...)

TÍTULO IX
DAS DISPOSIÇÕES CONSTITUCIONAIS GERAIS

(...)

Brasília, 5 de outubro de 1988.

Ulysses Guimarães

ATO DAS DISPOSIÇÕES CONSTITUCIONAIS TRANSITÓRIAS

(...)

Art. 48. O Congresso Nacional, dentro de cento e vinte dias da promulgação da Constituição, elaborará código de defesa do consumidor.

(...)

Brasília, 5 de outubro de 1988.

Ulysses Guimarães

CÓDIGO PENAL – DECRETO-LEI 2.848, DE 7 DE DEZEMBRO DE 1940

Artigos: 44 a 47, 60, 360 e 361.

PARTE GERAL
TÍTULO V
DAS PENAS

CAPÍTULO I
Das espécies de penas

(...)

Seção II
Das penas restritivas de direitos

(...)

Art. 44. As penas restritivas de direitos são autônomas e substituem as privativas de liberdade, quando:

I – aplicada pena privativa de liberdade não superior a 4 (quatro) anos e o crime não for cometido com violência ou grave ameaça à pessoa ou, qualquer que seja a pena aplicada, se o crime for culposo;

> *Inciso I com redação dada pela Lei nº 9.714, de 25-11-1998.*

> *Súmula 588 do STJ.*

II – o réu não for reincidente em crime doloso;

> *Inciso II com redação dada pela Lei nº 9.714, de 25-11-1998.*

III – a culpabilidade, os antecedentes, a conduta social e a personalidade do condenado, bem como os motivos e as circunstâncias indicarem que essa substituição seja suficiente.

> *Inciso III com redação dada pela Lei nº 9.714, de 25-11-1998.*

§ 1º (VETADO).

§ 2º Na condenação igual ou inferior a 1 (um) ano, a substituição pode ser feita por multa ou por uma pena restritiva de direitos; se superior a 1 (um) ano, a pena privativa de liberdade pode ser substituída por uma pena restritiva de direitos e multa ou por duas restritivas de direitos.

> *§ 2º acrescentado pela Lei nº 9.714, de 25-11-1998.*

§ 3º Se o condenado for reincidente, o juiz poderá aplicar a substituição, desde que, em face de condenação anterior, a medida seja socialmente recomendável e a reincidência não se tenha operado em virtude da prática do mesmo crime.

> *§ 3º acrescentado pela Lei nº 9.714, de 25-11-1998.*

§ 4º A pena restritiva de direitos converte-se em privativa de liberdade quando ocorrer o descumprimento injustificado da restrição imposta. No cálculo da pena privativa de liberdade a executar será deduzido o tempo cumprido da pena restritiva de direitos, respeitado o saldo mínimo de 30 (trinta) dias de detenção ou reclusão.

> *§ 4º acrescentado pela Lei nº 9.714, de 25-11-1998.*

§ 5º Sobrevindo condenação a pena privativa de liberdade, por outro crime, o juiz da execução penal decidirá sobre a conversão, podendo deixar de aplicá-la se for possível ao condenado cumprir a pena substitutiva anterior.

> *§ 5º acrescentado pela Lei nº 9.714, de 25-11-1998.*

CONVERSÃO DAS PENAS RESTRITIVAS DE DIREITOS

Art. 45. Na aplicação da substituição prevista no artigo anterior, proceder-se-á na forma deste e dos arts. 46, 47 e 48.

> Art. 45, caput, *com redação dada pela Lei nº 9.714, de 25-11-1998.*

§ 1º A prestação pecuniária consiste no pagamento em dinheiro à vitima, a seus dependentes ou a entidade pública ou privada com destinação social, de importância fixada pelo juiz não inferior a 1 (um) salário mínimo nem superior a 360 (trezentos e sessenta) salários mínimos. O valor pago será deduzido do montante de eventual condenação em ação de reparação civil, se coincidentes os beneficiários.

> *§ 1º acrescentado pela Lei nº 9.714, de 25-11-1998.*

§ 2º No caso do parágrafo anterior, se houver aceitação do beneficiário, a prestação pecuniária pode consistir em prestação de outra natureza.

> *§ 2º acrescentado pela Lei nº 9.714, de 25-11-1998.*

§ 3º A perda de bens e valores pertencentes aos condenados dar-se-á, ressalvada a legislação especial, em favor do Fundo Penitenciário Nacional, e seu valor terá como teto – o que for maior – o montante do prejuízo causado ou do provento obtido pelo agente ou por terceiro, em consequência da prática do crime.

> *§ 3º acrescentado pela Lei nº 9.714, de 25-11-1998.*

§ 4º (VETADO).

PRESTAÇÃO DE SERVIÇOS À COMUNIDADE OU A ENTIDADES PÚBLICAS

Art. 46. A prestação de serviços à comunidade ou a entidades públicas é aplicável às condenações superiores a 6 (seis) meses de privação da liberdade.

> Art. 46, caput, *com redação dada pela Lei nº 9.714, de 25-11-1998.*

§ 1º A prestação de serviços à comunidade ou a entidades públicas consiste na atribuição de tarefas gratuitas ao condenado.

> § 1º acrescentado pela Lei nº 9.714, de 25-11-1998.

§ 2º A prestação de serviço à comunidade dar-se-á em entidades assistenciais, hospitais, escolas, orfanatos e outros estabelecimentos congêneres, em programas comunitários ou estatais.

> § 2º acrescentado pela Lei nº 9.714, de 25-11-1998.

§ 3º As tarefas a que se refere o § 1º serão atribuídas conforme as aptidões do condenado, devendo ser cumpridas à razão de 1 (uma) hora de tarefa por dia de condenação, fixada de modo a não prejudicar a jornada normal de trabalho.

> § 3º acrescentado pela Lei nº 9.714, de 25-11-1998.

§ 4º Se a pena substituída for superior a 1 (um) ano, é facultado ao condenado cumprir a pena substitutiva em menor tempo (art. 55), nunca inferior à metade da pena privativa de liberdade fixada.

> § 4º acrescentado pela Lei nº 9.714, de 25-11-1998.

INTERDIÇÃO TEMPORÁRIA DE DIREITOS

Art. 47. As penas de interdição temporária de direitos são:

> Art. 47 e incisos com redação dada pela Lei nº 7.209, de 11-7-1984.

I – proibição do exercício de cargo, função ou atividade pública, bem como de mandato eletivo;

II – proibição do exercício de profissão, atividade ou ofício que dependam de habilitação especial, de licença ou autorização do poder público;

III – suspensão de autorização ou de habilitação para dirigir veículo;

IV – proibição de frequentar determinados lugares.

> Inciso IV acrescentado pela Lei nº 9.714, de 25-11-1998.

V – proibição de inscrever-se em concurso, avaliação ou exame públicos.

> Inciso V acrescentado pela Lei nº 12.550, de 15-12-2011.

(...)

CAPÍTULO III
Da aplicação da pena

Art. 60. Na fixação da pena e de multa o juiz deve atender, principalmente, à situação econômica do réu.

> Art. 60 com redação dada pela Lei nº 7.209, de 11-7-1984.

§ 1º A multa pode ser aumentada até o triplo, se o juiz considerar que, em virtude da situação econômica do réu, é ineficaz, embora aplicada no máximo.

> § 1º com redação dada pela Lei nº 7.209, de 11-7-1984.

(...)

DISPOSIÇÕES FINAIS

Art. 360. Ressalvada a legislação especial sobre os crimes contra a existência, a segurança e a integridade do Estado e contra a guarda e o emprego da economia popular, os crimes de imprensa e os de falência, os de responsabilidade do Presidente da República e dos Governadores ou Interventores, e os crimes militares, revogam-se as disposições em contrário.

Art. 361. Este código entrará em vigor no dia 1º de janeiro de 1942.

Rio de Janeiro, 7 de dezembro de 1940.

Getúlio Vargas

CÓDIGO DE PROCESSO CIVIL – LEI 13.105, DE 16 DE MARÇO DE 2015

Artigos. 22, 63 e 139.

LIVRO II
DA FUNÇÃO JURISDICIONAL

(...)

TÍTULO II
DOS LIMITES DA JURISDIÇÃO NACIONAL E DA COOPERAÇÃO INTERNACIONAL

CAPÍTULO I
Dos limites da jurisdição nacional

(...)

Art. 22. Compete, ainda, à autoridade judiciária brasileira processar e julgar as ações:

(...)

II – decorrentes de relações de consumo, quando o consumidor tiver domicílio ou residência no Brasil;

(...)

TÍTULO III
DA COMPETÊNCIA INTERNA

CAPÍTULO I
Da competência

(...)

Seção II
Da Modificação da Competência

Art. 63. As partes podem modificar a competência em razão do valor e do território, elegendo foro onde será proposta ação oriunda de direitos e obrigações.

(...)

§ 3º Antes da citação, a cláusula de eleição de foro, se abusiva, pode ser reputada ineficaz de ofício pelo juiz, que determinará a remessa dos autos ao juízo do foro de domicílio do réu.

(...)

TÍTULO IV
DO JUIZ E DOS AUXILIARES DA JUSTIÇA

CAPÍTULO I
Dos poderes, dos deveres e da responsabilidade do juiz

Art. 139. O juiz dirigirá o processo conforme as disposições deste Código, incumbindo-lhe:

(...)

X – quando se deparar com diversas demandas individuais repetitivas, oficiar o Ministério Público, a Defensoria Pública e, na medida do possível, outros legitimados a que se referem o art. 5º da Lei 7.347, de 24 de julho de 1985, e o art. 82 da Lei 8.078, de 11 de setembro de 1990, para, se for o caso, promover a propositura da ação coletiva respectiva.

(...)

Brasília, 16 de março de 2015; 194º da Independência e 127º da República.

Dilma Rousseff

DECRETO 22.626, DE 7 DE ABRIL DE 1933[1]

Dispõe sobre os juros nos contratos e dá outras providências.

Art. 1º É vedado, e será punido nos termos desta lei, estipular em quaisquer contratos taxas de juros superiores ao dobro da taxa legal (Código Civil, art. 1.062).

§ 1º (Revogado pelo Decreto-Lei nº 182, de 5-1-1938).

> O texto revogado dispunha:

> *"§ 1º Essas taxas não excederão de 10% ao ano se os contratos forem garantidos com hipotecas urbanas, nem de 8% ao ano se as garantias forem de hipotecas rurais ou de penhores agrícolas."*

§ 2º (Revogado pelo Decreto-Lei nº 182, de 5-1-1938).

> O texto revogado dispunha:

"§ 2º Não excederão igualmente de 6% ao ano os juros das obrigações expressa e declaradamente contraídas para financiamento de trabalhos expressa e declaradamente contraídas para financiamento de trabalhos agrícolas, ou para compra de maquinismos e de utensílios destinados a agricultura, qualquer que seja a modalidade da dívida, desde que tenham garantia real."

§ 3º A taxa de juros deve ser estipulada em escritura pública ou escrito particular, e não o sendo, entender-se-á que as partes acordaram nos juros de 6% ao ano, a contar da data da propositura da respectiva ação ou do protesto cambial. (Retificado)

Art. 2º É vedado, a pretexto de comissão; receber taxas maiores do que as permitidas por esta lei.

Art. 3º As taxas de juros estabelecidas nesta lei entrarão em vigor com a sua publicação e a partir desta data serão aplicáveis aos contratos existentes ou já ajuizados.

---

[1] *DOU* de 8-4-1933. Retificado no *DOU* de 17-4-1933. Revogado pelo Decreto de 25 de abril de 1991, e revigorado pelo Decreto de 29 de novembro de 1991.

Art. 4º É proibido contar juros dos juros: esta proibição não compreende a acumulação de juros vencidos aos saldos líquidos em conta corrente de ano a ano.

Art. 5º Admite-se que pela mora dos juros contratados estes sejam elevados de 1% e não mais.

Art. 6º Tratando-se de operações a prazo superior a (6) seis meses, quando os juros ajustados forem pagos por antecipação, o cálculo deve ser feito de modo que a importância desses juros não exceda a que produziria a importância líquida da operação no prazo convencionado, as taxas máximas que esta lei permite.

Art. 7º O devedor poderá sempre liquidar ou amortizar a dívida quando hipotecária ou pignoratícia antes do vencimento, sem sofrer imposição de multa, gravame ou encargo de qualquer natureza por motivo dessa antecipação.

§ 1º O credor poderá exigir que a amortização não seja inferior a 25% do valor inicial da dívida.

§ 2º Em caso de amortização os juros só serão devidos sobre o saldo devedor.

Art. 8º As multas ou cláusulas penais, quando convencionadas, reputam-se estabelecidas para atender a despesas judiciais e honorários de advogados, e não for intentada ação judicial para cobrança da respectiva obrigação.

Parágrafo único. Quando se tratar de empréstimo até Cr$ 100.000,00 (cem mil cruzeiros) e com garantia hipotecária, as multas ou cláusulas penais convencionadas reputam-se estabelecidas para atender, apenas, a honorários de advogados, sendo as despesas judiciais pagas de acordo com a conta feita nos autos da ação judicial para cobrança da respectiva obrigação.

> Parágrafo único *acrescentado pela Lei nº 3.942, de 21 de agosto de 1961.*

Art. 9º Não é válida a cláusula penal superior a importância de 10% do valor da dívida.

Art. 10. As dívidas a que se refere o art. 1º, § 1º, *in fine*, e 2º, se existentes ao tempo da publicação desta lei, quando efetivamente cobertas, poderão ser pagas em (10) dez prestações anuais iguais e continuadas, se assim entender o devedor.[2]

Parágrafo único. A falta de pagamento de uma prestação, decorrido um ano da publicação desta lei, determina o vencimento da dívida e dá ao credor o direito de excussão.

Art. 11. O contrato celebrado com infração desta lei é nulo de pleno direito, ficando assegurado ao devedor a repetição do que houver pago a mais.

Art. 12. Os corretores e intermediários, que aceitarem negócios contrários ao texto da presente lei, incorrerão em multa de cinco a vinte contos de réis, aplicada pelo ministro da fazenda e, em caso de reincidência, serão demitidos, sem prejuízo de outras penalidades aplicáveis.

Art. 13. É considerado delito de usura, toda a simulação ou prática tendente a ocultar a verdadeira taxa do juro ou a fraudar os dispositivos desta lei, para o fim de sujeitar o devedor a maiores prestações ou encargos, além dos estabelecidos no respectivo título ou instrumento.

Penas – prisão por (6) seis meses a (1) um ano e multas de cinco contos a cinquenta contos de reis.

No caso de reincidência, tais penas serão elevadas ao dobro.

Parágrafo único. Serão responsáveis como co-autores o agente e o intermediário, e, em se tratando de pessoa jurídica, os que tiverem qualidade para representá-la.

Art. 14. A tentativa deste crime é punível nos termos da lei penal vigente.

Art. 15. São consideradas circunstâncias agravantes o fato de, para conseguir aceitação de exigências contrárias a esta lei, valer-se o credor da inexperiência ou das paixões do menor, ou da deficiência ou doença mental de alguém, ainda que não esteja interdito, ou de circunstâncias aflitivas em que se encontre o devedor.

Art. 16. Continuam em vigor os arts. 24, parágrafo único, nº 4 e 27 do Decreto nº 5.746, de 9 de dezembro de 1929, e art. 44, nº 1, do Decreto nº 2.044, de 17 de dezembro de 1908,

---

[2] Art. 10 retificado no *DOU* de 17-4-1933.

e as disposições do Código Comercial, no que não contravierem com esta lei.[3]

Art. 17. O governo federal baixará uma lei especial, dispondo sobre as casas de empréstimos sobre penhores e congêneres.

Art. 18. O teor desta lei será transmitido por telegrama a todos os interventores federais, para que a façam publicar incontinenti.

Art. 19. Revogam-se as disposições em contrário.

Rio de Janeiro, 7 de abril de 1933, 112º da Independência e 45º da República.

Getúlio Vargas

LEI 1.521, DE 26 DE DEZEMBRO DE 1951[4]

Altera dispositivos da legislação vigente sobre crimes contra a economia popular.

O Presidente da República.

Faço saber que o Congresso Nacional decreta e eu sanciono a seguinte Lei:[4]

Art. 1º Serão punidos, na forma desta Lei, os crimes e as contravenções contra a economia popular. Esta Lei regulará o seu julgamento.

Art. 2º São crimes desta natureza:

I – recusar individualmente em estabelecimento comercial a prestação de serviços essenciais à subsistência; sonegar mercadoria ou recusar vendê-la a quem esteja em condições de comprar a pronto pagamento;

II – favorecer ou preferir comprador ou freguês em detrimento de outro, ressalvados os sistemas de entrega ao consumo por intermédio de distribuidores ou revendedores;

III – expor à venda ou vender mercadoria ou produto alimentício, cujo fabrico haja desatendido a determinações oficiais, quanto ao peso e composição;

IV – negar ou deixar o fornecedor de serviços essenciais de entregar ao freguês a nota relativa à prestação de serviço, desde que a importância exceda de quinze cruzeiros, e com a indicação do preço, do nome e endereço do estabelecimento, do nome da firma ou responsável, da data e local da transação e do nome e residência do freguês;

V – misturar gêneros e mercadorias de espécies diferentes, expô-los à venda ou vendê-las como puros; misturar gêneros e mercadorias de qualidade desiguais para expô-los à venda ou vendê-los por preço marcado para os de mais alto custo;

VI – transgredir tabelas oficiais de gêneros e mercadorias, ou de serviços essenciais, bem como expor à venda ou oferecer ao público ou vender tais gêneros, mercadorias ou serviços, por preço superior ao tabelado, assim como não manter afixadas, em lugar visível e de fácil leitura, as tabelas de preços aprovadas pelos órgãos competentes;

VII – negar ou deixar o vendedor de fornecer nota ou caderno de venda de gêneros de primeira necessidade, seja a vista ou a prazo, e cuja importância exceda de dez cruzeiros ou de especificar na nota ou caderno – que serão isentos de selo – preço da mercadoria vendida, o nome e o endereço do estabelecimento, a firma ou responsável, a data e local da transação e o nome e residência do freguês;

VIII – celebrar ajuste para impor determinado preço de revenda ou exigir do comprador que não compre de outro vendedor;

IX – obter ou tentar obter ganhos em detrimento do povo ou de número indeterminado de pessoas mediante especulações de pessoas mediante especulações ou processos fraudulentos ("bola de neve", "cadeias", "pichardismo" e quaisquer outros equivalentes);

X – violar contrato de venda e prestações, fraudando sorteios ou deixando de entregar a coisa vendida, sem devolução das prestações pagas, ou descontar destas, nas vendas com reserva de domínio, quando o contrato for rescindido por culpa do comprador, quantia maior do que a correspondente à depreciação do objeto;

XI – fraudar pesos ou medidas padronizadas em lei ou regulamentos; possuí-los ou detê-los, a efeito de comércio, sabendo estarem fraudados.

[3] Art. 16 retificado no *DOU* de 17-4-1933.

[4] *DOU* de 27-12-1951.

Pena – detenção de seis meses a dois anos e multa de dois mil a cinqüenta mil cruzeiros.

Parágrafo único. Na configuração dos crimes previstos nesta Lei, bem como na de qualquer outra, de defesa de economia popular, sua guarda e seu emprego, considerar-se-ão como de primeira necessidade ou necessários ao consumo do povo, os gêneros, artigos, mercadorias e qualquer outra espécie de coisas ou bens indispensáveis à substância do indivíduo em condições higiênicas e ao exercício normal, de suas atividades. Estão compreendidos nesta definição os artigos destinados à alimentação, ao vestuário e a iluminação, os terapêuticos ou sanitários, o combustível, a habitação e os materiais de construção.

Art. 3º São também crimes dessa natureza:

I – destruir ou inutilizar, intencionalmente e sem autorização legal, com o fim de determinar alta de preços, em próprio ou de terceiro, matérias-primas ou produtos necessários ao consumo do povo;

II – abandonar ou fazer abandonar lavoura ou plantações, suspender ou fazer suspender a atividade de fábricas, usinas ou quaisquer estabelecimentos de produção ou meios de transporte, mediante indenização paga pela desistência da competição;

III – promover ou participar de consórcio, convênio, ajuste, aliança ou fusão de capitais, com o fim de impedir ou dificultar, para o efeito de aumento arbitrário de lucros, a concorrência em matéria de produção, transporte ou comércio;

IV – reter ou açambarcar matérias-primas, meios de produção ou produtos necessários ao consumo do povo, com o fim de dominar o mercado em qualquer ponto do País e provocar a alta dos preços;

V – vender mercadorias abaixo do preço de custo com o fim de impedir a concorrência;

VI – provocar a alta ou baixa de preços de mercadorias, títulos públicos, valores ou salários por meio de notícias falsas, operações fictícias ou qualquer outro artifício;

VII – dar indicações ou fazer afirmações falsas em prospectos ou anúncios, para o fim de substituição, compra ou venda de títulos, ações ou quotas;

VIII – exercer funções de direção, administração ou gerência de mais de uma empresa ou sociedade do mesmo ramo de indústria ou comércio com o fim de impedir ou dificultar a concorrência;

IX – gerir fraudulenta ou temerariamente Bancos ou estabelecimentos bancários, ou de capitalização; sociedades de seguros, pecúlios ou pensões vitalícias; sociedades para empréstimos ou financiamentos de construções e de vendas de imóveis a prestações, com ou sem sorteio ou preferência por meio de pontos ou quotas; caixas econômicas; caixas Raiffeisen; caixa mútuas, de beneficência, socorros ou empréstimos; caixas de pecúlio, pensão e aposentadoria; caixa construtora; cooperativas; sociedades de economia coletiva, levando-as à falência ou à insolvência, ou não cumprindo qualquer das cláusulas contratuais com prejuízo dos interessados;

X – fraudar de qualquer modo escriturações, lançamentos, registros, relatórios, pareceres e outras informações devidas a sócios de sociedades civis ou comerciais, em que o capital seja fracionado em ações ou quotas de valor nominativo igual ou inferior a Cr$ 1.000,00 com o fim de sonegar lucros, dividendos, percentagens, rateios ou bonificações, ou desfalcar ou desviar fundos de reserva ou reservas técnicas.

Pena – detenção de dois anos a dez anos e multa de vinte mil a cem mil cruzeiros.

Art. 4º Constitui crime da mesma natureza a usura pecuniária ou real, assim se considerando:

a) cobrar juros, comissões ou descontos percentuais, sobre dívidas em dinheiro, superior à taxa permitida por lei; cobrar ágio superior à taxa oficial de câmbio sobre quantia permutada por moeda estrangeira; ou ainda, emprestar sob penhor que seja privativo de instituição oficial de crédito;

b) obter ou estipular, em qualquer contrato, abusando da premente necessidade, inexperiência ou leviandade de outra parte, lucro patrimonial que exceda o quinto do valor corrente da prestação feita ou prometida.

Pena – detenção de seis meses a dois anos e multa de cinco mil a vinte mil cruzeiros.

§ 1º Nas mesmas penas incorrerão os procuradores, mandatários ou mediadores que intervierem na operação usurária, bem como os cessionários de crédito usurário que ciente de sua natureza ilícita, o fizerem valer em sucessiva transmissão ou execução judicial.

§ 2º São circunstâncias agravantes do crime de usura:

I – ser cometido em época de grave crise econômica;

II – ocasionar grave dano individual;

III – dissimular-se a natureza usuária ao contrato;

IV – quando cometido:

a) por militar, funcionário público, ministro de culto religioso, por pessoa cuja condição econômico-social seja manifestamente superior à da vítima;

b) em detrimento de operário ou de agricultor; de menor de 18 anos ou de deficiente mental, interditado ou não.

§ 3º (Revogado pela Medida Provisória nº 2.172-32/01, *DOU* de 24-8-2001).

> O texto revogado dispunha:

"§ 3º A estipulação de juros ou lucros usurários será nula, devendo o Juiz ajustá-los à medida legal, ou, caso já tenha sido cumprida, ordenar a restituição da quantia paga em excesso, com os juros legais a contar da data do pagamento indevido."

Art. 5º Nos crimes definidos nesta lei, haverá suspensão da pena e livramento condicional em todos os casos permitidos pela legislação comum. Será a fiança concedida nos têrmos da legislação em vigor, devendo ser arbitrada dentro dos limites de Cr$ 5.000,00 (cinco mil cruzeiros) a Cr$ 50.000,00 (cinquenta mil cruzeiros), nas hipóteses do artigo 2º, e dentro dos limites de Cr$ 10.000,00 (dez mil cruzeiros) a Cr$ 100.000,00 (cem mil cruzeiros) nos demais casos, reduzida à metade dentro dêsses limites, quando o infrator fôr empregado do estabelecimento comercial ou industrial, ou não ocupe cargo ou pôsto de direção dos negócios.

> *Redação do art. 5º dada pela Lei nº 3.290, de 23-10-1957.*

Art. 6º Verificado qualquer crime contra a economia popular ou contra a saúde pública (Capítulo III do Título VIII do Código Penal) e atendendo à gravidade do fato, sua repercussão e efeitos, o juiz na sentença declarará a interdição de direito, determinada no artigo 69, IV, do Código Penal, de seis meses a um ano assim como mediante representação da autoridade policial, poderá decretar, dentro de quarenta e oito horas, a suspensão provisória, pelo prazo de quinze dias, do exercício da profissão ou atividade do infrator.

Art. 7º Os Juízes recorrerão de ofício sempre que absolverem os acusados em processo por crime contra a economia popular ou contra a saúde pública, ou quando determinarem o arquivamento dos autos do respectivo inquérito policial.

(...)

Art. 34. Revogam-se as disposições em contrário.

Rio de Janeiro, 26 de dezembro de 1951; 130º da Independência e 63º da República.

Getúlio Vargas

LEI 7.347, DE 24 DE JULHO DE 1985[5]

Disciplina a ação civil pública de responsabilidade por danos causados ao meio ambiente, ao consumidor, a bens e direitos de valor artístico, estético, histórico, turístico e paisagístico (VETADO) e dá outras providências.

O PRESIDENTE DA REPÚBLICA.

Faço saber que o Congresso Nacional decreta e eu sanciono a seguinte Lei:

Art. 1º Regem-se pelas disposições desta Lei, sem prejuízo da ação popular, as ações de responsabilidade por danos morais e patrimoniais causados:

[5] *DOU* de 25-7-1985.

> *Redação do art. 1º dada pela Lei nº 12.529, de 30 de novembro de 2011.*

I – ao meio ambiente;

II – ao consumidor;

(...)

IV – a qualquer outro interesse difuso ou coletivo.

> *Inciso IV acrescentado pela Lei nº 8.078 de 11 de setembro de 1990.*

V – por infração da ordem econômica;

> *Inciso V com redação dada pela Lei nº 12.529, de 30 de novembro de 2011.*

(...)

Art. 16. A sentença civil fará coisa julgada *erga omnes*, nos limites da competência territorial do órgão prolator, exceto se o pedido for julgado improcedente por insuficiência de provas, hipótese em que qualquer legitimado poderá intentar outra ação com idêntico fundamento, valendo-se de nova prova.

> *Redação do art. 16 dada pela Lei nº 9.494, de 10 de setembro de 1997.*

(...)

Art. 21. Aplicam-se à defesa dos direitos e interesses difusos, coletivos e individuais, no que for cabível, os dispositivos do Título III da lei que instituiu o Código de Defesa do Consumidor.

> *Art. 21 acrescentado pela Lei nº 8.078, de 11 de setembro de 1990.*

Art. 22. Esta lei entra em vigor na data de sua publicação.

> *Renumerado pela Lei nº 8.078, de 11 de setembro de 1990.*

Art. 23. Revogam-se as disposições em contrário.

> *Renumerado pela Lei nº 8.078, 11 de setembro de 1990.*

Brasília, em 24 de julho de 1985; 164º da Independência e 97º da República.

José Sarney

LEGISLAÇÃO COMPLEMENTAR

LEI 8.137, DE 27 DE DEZEMBRO DE 1990

Define crimes contra a ordem tributária, econômica e contra as relações de consumo, e dá outras providências.

DOU de 28.12.1990.

> *A Lei 9.249/ 95 dispõe: "Art. 34. Extingue-se a punibilidade dos crimes definidos na Lei 8.137, de 27 de dezembro de 1990, e na Lei 4.729, de 14 de julho de 1965, quando o agente promover o pagamento do tributo ou contribuição social, inclusive acessórios, antes do recebimento da denúncia."*

O Presidente da República, Faço saber que o Congresso Nacional decreta e eu sanciono a seguinte lei:

CAPÍTULO I
Dos crimes contra a ordem tributária

Seção I
Dos crimes praticados por particulares

Art. 1º Constitui crime contra a ordem tributária suprimir ou reduzir tributo, ou contribuição social e qualquer acessório, mediante as seguintes condutas:

I – omitir informação, ou prestar declaração falsa às autoridades fazendárias;

II – fraudar a fiscalização tributária, inserindo elementos inexatos, ou omitindo operação de qualquer natureza, em documento ou livro exigido pela lei fiscal;

III – falsificar ou alterar nota fiscal, fatura, duplicata, nota de venda, ou qualquer outro documento relativo à operação tributável;

IV – elaborar, distribuir, fornecer, emitir ou utilizar documento que saiba ou deva saber falso ou inexato;

V – negar ou deixar de fornecer, quando obrigatório, nota fiscal ou documento equivalente, relativa a venda de mercadoria ou prestação de serviço, efetivamente realizada, ou fornecê-la em desacordo com a legislação.

Pena – reclusão de 2 (dois) a 5 (cinco) anos, e multa.

Parágrafo único. A falta de atendimento da exigência da autoridade, no prazo de 10 (dez) dias, que poderá ser convertido em horas em razão da maior ou menor complexidade da matéria ou da dificuldade quanto ao atendimento da exigência, caracteriza a infração prevista no inciso V.

Art. 2º Constitui crime da mesma natureza:

> *A Lei 9.964/00 dispõe: "Art. 15. É suspensa a pretensão punitiva do Estado, referente aos crimes previstos nos arts. 1º e 2º da Lei 8.137, de 27 de dezembro de 1990, e no art. 95 da Lei 8.212, de 24 de julho de 1991, durante o período em que a pessoa jurídica relacionada com o agente dos aludidos crimes estiver incluída no Refis, desde que a inclusão no referido Programa tenha ocorrido antes do recebimento da denúncia criminal."*

I – fazer declaração falsa ou omitir declaração sobre rendas, bens ou fatos, ou empregar outra fraude, para eximir-se, total ou parcialmente, de pagamento de tributo;

II – deixar de recolher, no prazo legal, valor de tributo ou de contribuição social, descontado ou cobrado, na qualidade de sujeito passivo de obrigação e que deveria recolher aos cofres públicos;

III – exigir, pagar ou receber, para si ou para o contribuinte beneficiário, qualquer percentagem sobre a parcela dedutível ou deduzida de imposto ou de contribuição como incentivo fiscal;

IV – deixar de aplicar, ou aplicar em desacordo com o estatuído, incentivo fiscal ou parcelas de imposto liberadas por órgão ou entidade de desenvolvimento;

V – utilizar ou divulgar programa de processamento de dados que permita ao sujeito passivo da obrigação tributária possuir informação contábil diversa daquela que é, por lei, fornecida à Fazenda Pública.

Pena – detenção, de 6 (seis) meses a 2 (dois) anos, e multa.

Seção II
Dos crimes praticados por funcionários públicos

Art. 3º Constitui crime funcional contra a ordem tributária, além dos previstos no Decreto-Lei 2.848, de 7 de dezembro de 1940 – Código Penal (Título XI, Capítulo I):

I – extraviar livro oficial, processo fiscal ou qualquer documento, de que tenha a guarda em razão da função; sonegá-lo, ou inutilizá-lo, total ou parcialmente, acarretando pagamento indevido ou inexato de tributo ou contribuição social;

II – exigir, solicitar ou receber, para si ou para outrem, direta ou indiretamente, ainda que fora da função ou antes de iniciar seu exercício, mas em razão dela, vantagem indevida; ou aceitar promessa de tal vantagem, para deixar de lançar ou cobrar tributo ou contribuição social, ou cobrá-los parcialmente. Pena – reclusão, de 3 (três) a 8 (oito) anos, e multa;

III – patrocinar, direta ou indiretamente, interesse privado perante a administração fazendária, valendo-se da qualidade de funcionário público. Pena – reclusão, de 1 (um) a 4 (quatro) anos, e multa.

CAPÍTULO II
Dos crimes contra a economia e as relações de consumo

Art. 4º Constitui crime contra a ordem econômica:

I – abusar do poder econômico, dominando o mercado ou eliminando, total ou parcialmente, a concorrência mediante qualquer forma de ajuste ou acordo de empresas;

> *Inciso I com redação dada pela Lei 12.529, de 30 de novembro de 2011.*

> *O texto anterior dispunha:*
>
> *"I – abusar do poder econômico, dominando o mercado ou eliminando, total ou parcialmente, a concorrência mediante:"*

a) a f) Revogadas pela Lei 12.529/2011.

> O texto revogado dispunha:
>
> *"a) ajuste ou acordo de empresas;*
>
> *b) aquisição de acervos de empresas ou cotas, ações, títulos ou direitos;*
>
> *c) coalizão, incorporação, fusão ou integração de empresas;*
>
> *d) concentração de ações, títulos, cotas, ou direitos em poder de empresa, empresas coligadas ou controladas, ou pessoas físicas;*
>
> *e) cessação parcial ou total das atividades da empresa;*
>
> *f) impedimento à constituição, funcionamento ou desenvolvimento de empresa concorrente."*

II – formar acordo, convênio, ajuste ou aliança entre ofertantes, visando:

a) à fixação artificial de preços ou quantidades vendidas ou produzidas;

b) ao controle regionalizado do mercado por empresa ou grupo de empresas;

c) ao controle, em detrimento da concorrência, de rede de distribuição ou de fornecedores.

Pena – reclusão, de 2 (dois) a 5 (cinco) anos e multa.

> *Inciso II e alíneas com redação dada pela Lei 12.529, de 30 de novembro de 2011.*

> *O texto revogado dispunha:*
>
> *"II – formar acordo, convênio, ajuste ou aliança entre ofertantes, visando:*
>
> *a) à fixação artificial de preços ou quantidades vendidas ou produzidas;*
>
> *b) ao controle regionalizado do mercado por empresa ou grupo de empresas;*
>
> *c) ao controle, em detrimento da concorrência, de rede de distribuição ou de fornecedores."*

III – *Revogado pela Lei 12.529/2011;*

> O texto revogado dispunha:

"III – discriminar preços de bens ou de prestação de serviços por ajustes ou acordo de grupo econômico, com o fim de estabelecer monopólio, ou de eliminar, total ou parcialmente, a concorrência;"

IV – *Revogado pela Lei 12.529/2011;*

> O texto revogado dispunha:

"IV – açambarcar, sonegar, destruir ou inutilizar bens de produção ou de consumo, com o fim de estabelecer monopólio ou de eliminar, total ou parcialmente, a concorrência;"

V – *Revogado pela Lei 12.529/2011;*

> O texto revogado dispunha:

"V – provocar oscilação de preços em detrimento de empresa concorrente ou vendedor de matéria-prima, mediante ajuste ou acordo, ou por outro meio fraudulento;"

VI – *Revogado pela Lei 12.529/2011;*

> O texto revogado dispunha:

"VI – vender mercadorias abaixo do preço de custo, com o fim de impedir a concorrência;"

VII – *Revogado pela Lei 12.529/2011.*

> O texto revogado dispunha:

"VII – elevar sem justa causa o preço de bem ou serviço, valendo-se de posição dominante no mercado. Pena – reclusão, de 2 (dois) a 5 (cinco) anos, ou multa."

Art. 5º *Revogado pela Lei 12.529/2011.*

> O texto revogado dispunha:

"Art. 5º Constitui crime da mesma natureza:

I – exigir exclusividade de propaganda, transmissão ou difusão de publicidade, em detrimento de concorrência;

II – subordinar a venda de bem ou a utilização de serviço à aquisição de outro bem, ou ao uso de determinado serviço;

III – sujeitar a venda de bem ou a utilização de serviço à aquisição de quantidade arbitrariamente determinada;

IV – recusar-se, sem justa causa, o diretor, administrador, ou gerente de empresa a prestar à autoridade competente ou prestá-la de modo inexato, informando sobre o custo de produção ou preço de venda.

Pena – detenção, de 2 (dois) a 5 (cinco) anos, ou multa.

Parágrafo único. A falta de atendimento da exigência da autoridade, no prazo de 10 (dez) dias, que poderá ser convertido em horas em razão da maior ou menor complexidade da matéria ou da dificuldade quanto ao atendimento da exigência, caracteriza a infração prevista no inciso IV."

Art. 6º *Revogado pela Lei 12.529/2011.*

> O texto revogado dispunha:

"Art. 6º Constitui crime da mesma natureza:

I – vender ou oferecer à venda mercadoria, ou contratar ou oferecer serviço, por preço superior ao oficialmente tabelado, ao regime legal de controle;

II – aplicar fórmula de reajustamento de preços ou indexação de contrato proibida, ou diversa daquela que for legalmente estabelecida, ou fixada por autoridade competente;

III – exigir, cobrar ou receber qualquer vantagem ou importância adicional de preço tabelado, congelado, administrado, fixado ou controlado pelo Poder Público, inclusive por meio da adoção ou de aumento de taxa ou outro percentual, incidente sobre qualquer contratação.

Pena – detenção, de 1 (um) a 4 (quatro) anos, ou multa."

Art. 7º Constitui crime contra as relações de consumo:

I – favorecer ou preferir, sem justa causa, comprador ou freguês, ressalvados os sistemas de entrega ao consumo por intermédio de distribuidores ou revendedores;

II – vender ou expor à venda mercadoria cuja embalagem, tipo, especificação, peso ou composição esteja em desacordo com as prescrições legais, ou que não corresponda à respectiva classificação oficial;

III – misturar gêneros e mercadorias de espécies diferentes, para vendê-los ou expô-los à venda como puros; misturar gêneros e mercadorias de qualidades desiguais para vendê-los ou expô-los à venda por preço estabelecido para os demais mais alto custo;

IV – fraudar preços por meio de:

a) alteração, sem modificação essencial ou de qualidade, de elementos tais como denominação, sinal externo, marca, embalagem, especificação técnica, descrição, volume, peso, pintura ou acabamento de bem ou serviço;

b) divisão em partes de bem ou serviço, habitualmente oferecido à venda em conjunto;

c) junção de bens ou serviços, comumente oferecidos à venda em separado;

d) aviso de inclusão de insumo não empregado na produção do bem ou na prestação dos serviços;

V – elevar o valor cobrado nas vendas a prazo de bens ou serviços, mediante a exigência de comissão ou de taxa de juros ilegais;

VI – sonegar insumos ou bens, recusando-se a vendê-los a quem pretenda comprá-los nas condições publicamente ofertadas, ou retê-los para o fim de especulação;

VII – induzir o consumidor ou usuário a erro, por via de indicação ou afirmação falsa ou enganosa sobre a natureza, qualidade do bem ou serviço, utilizando-se de qualquer meio, inclusive a veiculação ou divulgação publicitária;

VIII – destruir, inutilizar ou danificar matéria-prima ou mercadoria, com o fim de provocar alta de preço, em proveito próprio ou de terceiros;

IX – vender, ter em depósito para vender ou expor à venda ou, de qualquer forma, entregar matéria-prima ou mercadoria, em condições impróprias ao consumo;

Pena – detenção, de 2 (dois) a 5 (cinco) anos, ou multa.

Parágrafo único. Nas hipóteses dos incisos II, III e IX pune-se a modalidade culposa, reduzindo-se a pena e a detenção de 1/3 (um terço) ou a de multa à quinta parte.

CAPÍTULO III
Das multas

Art. 8º Nos crimes definidos nos arts. 1º a 3º desta lei, a pena de multa será fixada entre 10 (dez) e 360 (trezentos e sessenta) dias-multa, conforme seja necessário e suficiente para reprovação e prevenção do crime.

Parágrafo único. O dia-multa será fixado pelo juiz em valor não inferior a 14 (quatorze) nem superior a 200 (duzentos) Bônus do Tesouro Nacional BTN.

Art. 9º A pena de detenção ou reclusão poderá ser convertida em multa de valor equivalente a:

I – 200.000 (duzentos mil) até 5.000.000 (cinco milhões) de BTN, nos crimes definidos no art. 4º;

II – 5.000 (cinco mil) até 200.000 (duzentos mil) BTN, nos crimes definidos nos arts. 5º e 6º;

III – 50.000 (cinquenta mil) até 1.000.000 (um milhão de BTN), nos crimes definidos no art. 7º.

Art. 10. Caso o juiz, considerado o ganho ilícito e a situação econômica do réu, verifique a insuficiência ou excessiva onerosidade das penas pecuniárias previstas nesta lei, poderá diminuí-las até a décima parte ou elevá-las ao décuplo.

CAPÍTULO IV
Das disposições gerais

Art. 11. Quem, de qualquer modo, inclusive por meio de pessoa jurídica, concorre para os crimes definidos nesta lei, incide nas penas a estes cominadas, na medida de sua culpabilidade.

Parágrafo único. Quando a venda ao consumidor for efetuada por sistema de entrega ao consumo ou por intermédio de outro em que o preço ao consumidor é estabelecido ou sugerido pelo fabricante ou concedente, o ato por este praticado não alcança o distribuidor ou revendedor.

Art. 12. São circunstâncias que podem agravar de 1/3 (um terço) até a metade as penas previstas nos arts. 1º, 2º e 4º a 7º:

I – ocasionar grave dano à coletividade;

II – ser o crime cometido por servidor público no exercício de suas funções;

III – ser o crime praticado em relação à prestação de serviços ou ao comércio de bens essenciais à vida ou à saúde.

Art. 13. *Vetado.*

Art. 14. *Revogado pela Lei 8.383/1991.*

> O texto revogado dispunha:

"Art. 14. Extingue-se a punibilidade dos crimes definidos nos arts. 1º a 3º quando o agente promover o pagamento de tributo ou contribuição social, inclusive acessórios, antes do recebimento da denúncia."

Art. 15. Os crimes previstos nesta lei são de ação penal pública, aplicando-se-lhes o disposto no art. 100 do Decreto-Lei 2.848, de 7 de dezembro de 1940 – Código Penal.

Art. 16. Qualquer pessoa poderá provocar a iniciativa do Ministério Público nos crimes descritos nesta lei, fornecendo-lhe por escrito informações sobre o fato e a autoria, bem como indicando o tempo, o lugar e os elementos de convicção.

Parágrafo único. Nos crimes previstos nesta Lei, cometidos em quadrilha ou coautoria, o coautor ou partícipe que através de confissão espontânea revelar à autoridade policial ou judicial toda a trama delituosa terá a sua pena reduzida de um a dois terços.

> *Parágrafo único acrescentado pela Lei 9.080, de 19 de julho de 1995.*

Art. 17. Compete ao Departamento Nacional de Abastecimento e Preços, quando e se necessário, providenciar a desapropriação de estoques, a fim de evitar crise no mercado ou colapso no abastecimento.

Art. 18. *Revogado pela Lei 8.176/1991.*

Art. 19. O *caput* do art. 172 do Decreto-Lei 2.848, de 7 de dezembro de 1940 – Código Penal, passa a ter a seguinte redação:

> "Art. 172. Emitir fatura, duplicata ou nota de venda que não corresponda à mercadoria vendida, em quantidade ou qualidade, ou ao serviço prestado.
>
> *Pena – detenção, de 2 (dois) a 4 (quatro) anos, e multa."*

Art. 20. O § 1º do art. 316 do Decreto-Lei 2.848, de 7 de dezembro de 1940 – Código Penal, passa a ter a seguinte redação:

> "Art. 316. [...]
>
> § 1º Se o funcionário exige tributo ou contribuição social que sabe ou deveria saber indevido, ou, quando devido, emprega na cobrança meio vexatório ou gravoso, que a lei não autoriza;
>
> *Pena – reclusão, de 3 (três) a 8 (oito) anos, e multa."*

Art. 21. O art. 318 do Decreto-Lei 2.848, de 7 de dezembro de 1940 – Código Penal, quanto à fixação da pena, passa a ter a seguinte redação:

> "Art. 318. [...]
>
> *Pena – reclusão, de 3 (três) a 8 (oito) anos, e multa."*

Art. 22. Esta lei entra em vigor na data de sua publicação.

Art. 23. Revogam-se as disposições em contrário e, em especial, o art. 279 do Decreto-Lei 2.848, de 7 de dezembro de 1940 – Código Penal.

Brasília, 27 de dezembro de 1990; 169º da Independência e 102º da República.

Fernando Collor

LEI 8.987, DE 13 DE FEVEREIRO DE 1995

Dispõe sobre o regime de concessão e permissão da prestação de serviços públicos previsto no art. 175 da Constituição Federal, e dá outras providências.

DOU de 14.02.1995. Republicado em 28.09.1998.

O Presidente da República. Faço saber que o Congresso Nacional decreta e eu sanciono a seguinte Lei:

(...)

CAPÍTULO II
Do serviço adequado

Art. 6º Toda concessão ou permissão pressupõe a prestação de serviço adequado ao pleno atendimento dos usuários, conforme estabelecido nesta Lei, nas normas pertinentes e no respectivo contrato.

§ 1º Serviço adequado é o que satisfaz as condições de regularidade, continuidade, eficiência, segurança, atualidade, generalidade, cortesia na sua prestação e modicidade das tarifas.

§ 2º A atualidade compreende a modernidade das técnicas, do equipamento e das instalações e a sua conservação, bem como a melhoria e expansão do serviço.

§ 3º Não se caracteriza como descontinuidade do serviço a sua interrupção em situação de emergência ou após prévio aviso, quando:

I – motivada por razões de ordem técnica ou de segurança das instalações; e,

II – por inadimplemento do usuário, considerado o interesse da coletividade.

§ 4º A interrupção do serviço na hipótese prevista no inciso II do § 3º deste artigo não poderá iniciar-se na sexta-feira, no sábado ou no domingo, nem em feriado ou no dia anterior a feriado

> *§ 4º incluído pela Lei 14.015/2020*

CAPÍTULO III
Dos direitos e obrigações dos usuários

Art. 7º Sem prejuízo do disposto na Lei 8.078, de 11 de setembro de 1990, são direitos e obrigações dos usuários:

I – receber serviço adequado;

II – receber do poder concedente e da concessionária informações para a defesa de interesses individuais ou coletivos;

III – obter e utilizar o serviço, com liberdade de escolha entre vários prestadores de serviços, quando for o caso, observadas as normas do poder concedente.

> *Inciso III com redação dada pela Lei 9.648, de 27 de maio de 1998.*

IV – levar ao conhecimento do poder público e da concessionária as irregularidades de que tenham conhecimento, referentes ao serviço prestado;

V – comunicar às autoridades competentes os atos ilícitos praticados pela concessionária na prestação do serviço;

VI – contribuir para a permanência das boas condições dos bens públicos através dos quais lhes são prestados os serviços.

Art. 7º-A. As concessionárias de serviços públicos, de direito público e privado, nos Estados e no Distrito Federal, são obrigadas a oferecer ao consumidor e ao usuário, dentro do mês de vencimento, o mínimo de seis datas opcionais para escolherem os dias de vencimento de seus débitos.

Parágrafo único. (VETADO)

> *Art. 7º-A e parágrafo único acrescentados pela Lei 9.791, de 24 de março de 1999.*

CAPÍTULO IV
Da política tarifária

Art. 8º *Vetado.*

Art. 9º A tarifa do serviço público concedido será fixada pelo preço da proposta vencedora da licitação e preservada pelas regras de revisão previstas nesta Lei, no edital e no contrato.

§ 1º A tarifa não será subordinada à legislação específica anterior e somente nos casos expressamente previstos em lei, sua cobrança poderá ser condicionada à existência de serviço público alternativo e gratuito para o usuário.

> *§ 1º com redação dada pela Lei 9.648, de 27 de maio de 1998.*

§ 2º Os contratos poderão prever mecanismos de revisão das tarifas, a fim de manter-se o equilíbrio econômico-financeiro.

§ 3º Ressalvados os impostos sobre a renda, a criação, alteração ou extinção de quaisquer tributos ou encargos legais, após a apresentação da proposta, quando comprovado seu impacto, implicará a revisão da tarifa, para mais ou para menos, conforme o caso.

§ 4º Em havendo alteração unilateral do contrato que afete o seu inicial equilíbrio econômico-financeiro, o poder concedente deverá restabelecê-lo, concomitantemente à alteração.

§ 5º A concessionária deverá divulgar em seu sítio eletrônico, de forma clara e de fácil compreensão pelos usuários, tabela com o valor das tarifas praticadas e a evolução das revisões ou reajustes realizados nos últimos cinco anos.

> *§ 5º acrescido pela Lei 13.673/2018.*

Art. 10. Sempre que forem atendidas as condições do contrato, considera-se mantido seu equilíbrio econômico-financeiro.

Art. 11. No atendimento às peculiaridades de cada serviço público, poderá o poder concedente prever, em favor da concessionária, no edital de licitação, a possibilidade de outras fontes provenientes de receitas alternativas, complementares, acessórias ou de projetos associados, com ou sem exclusividade, com vistas a favorecer a modicidade das tarifas, observado o disposto no art. 17 desta Lei.

Parágrafo único. As fontes de receita previstas neste artigo serão obrigatoriamente consideradas para a aferição do inicial equilíbrio econômico-financeiro do contrato.

Art. 12. *Vetado.*

Art. 13. As tarifas poderão ser diferenciadas em função das características técnicas e dos custos específicos provenientes do atendimento aos distintos segmentos de usuários.

(...)

CAPÍTULO XII
Disposições finais e transitórias

(...)

Art. 46. Esta Lei entra em vigor na data de sua publicação.

Art. 47. Revogam-se as disposições em contrário.

Brasília, 13 de fevereiro de 1995; 174º da Independência e 107º da República.

Fernando Henrique Cardoso

LEI 9.008, DE 21 DE MARÇO DE 1995

Cria, na estrutura organizacional do Ministério da Justiça, o Conselho Federal de que trata o art. 13 da Lei 7.347, de 24 de julho de 1985, altera os arts. 4º, 39, 82, 91 e 98 da Lei 8.078, de 11 de setembro de 1990, e dá outras providências.

DOU de 22.03.1995.

Faço saber que o Presidente da República adotou a Medida Provisória 913, de 1995, que o Congresso Nacional aprovou, e eu, José Sarney, Presidente, para os efeitos do disposto no parágrafo único do art. 62 da Constituição Federal, promulgo a seguinte Lei:

Art. 1º Fica criado, no âmbito da estrutura organizacional do Ministério da Justiça, o Conselho Federal Gestor do Fundo de Defesa de Direitos Difusos (CFDD).

§ 1º O Fundo de Defesa de Direitos Difusos (FDD), criado pela Lei 7.347, de 24 de julho de 1985, tem por finalidade a reparação dos danos causados ao meio ambiente, ao consumidor, a bens e direitos de valor artístico, estético, histórico, turístico, paisagístico, por infração à ordem econômica e a outros interesses difusos e coletivos.

§ 2º Constituem recursos do FDD o produto da arrecadação:

I – das condenações judiciais de que tratam os arts. 11 e 13 da Lei 7.347, de 1985;

II – *Revogado pela Lei 13.146/2015.*

III – dos valores destinados à União em virtude da aplicação da multa prevista no art. 57 e seu parágrafo único e do produto da indenização prevista no art. 100, parágrafo único, da Lei 8.078, de 11 de setembro de 1990;

IV – das condenações judiciais de que trata o § 2º do art. 2º da Lei 7.913, de 7 de dezembro de 1989;

V – das multas referidas no art. 84 da Lei 8.884, de 11 de junho de 1994;

> *Lei 8.884/94, revogada pela Lei 12.529/11.*

> *Art. 28, § 3º da Lei 12.529/11.*

VI – dos rendimentos auferidos com a aplicação dos recursos do Fundo;

VII – de outras receitas que vierem a ser destinadas ao Fundo;

VIII – de doações de pessoas físicas ou jurídicas, nacionais ou estrangeiras.

§ 3º Os recursos arrecadados pelo FDD serão aplicados na recuperação de bens, na promoção de eventos educativos, científicos e na edição de material informativo especificamente relacionados com a natureza da infração ou do dano causado, bem como na modernização administrativa dos órgãos públicos responsáveis pela execução das políticas relativas às áreas mencionadas no § 1º deste artigo.

Art. 2º O CFDD, com sede em Brasília, será integrado pelos seguintes membros:

I – um representante da Secretaria de Direito Econômico do Ministério da Justiça, que o presidirá;

II – um representante do Ministério do Meio Ambiente, dos Recursos Hídricos e da Amazônia Legal;

III – um representante do Ministério da Cultura;

IV – um representante do Ministério da Saúde vinculado à área de vigilância sanitária;

V – um representante do Ministério da Fazenda;

VI – um representante do Conselho Administrativo de Defesa Econômica – CADE;

VII – um representante do Ministério Público Federal;

VIII – três representantes de entidades civis que atendam aos pressupostos dos incisos I e II do art. 5º da Lei 7.347, de 1985.

Art. 3º Compete ao CFDD:

I – zelar pela aplicação dos recursos na consecução dos objetivos previstos nas Leis 7.347, de 1985, 7.853, de 1989, 7.913, de 1989, 8.078, de 1990, e 8.884, de 1994, no âmbito do disposto no § 1º do art. 1º desta Lei;

II – aprovar e firmar convênios e contratos objetivando atender ao disposto no inciso I deste artigo;

III – examinar e aprovar projetos de reconstituição de bens lesados, inclusive os de caráter científico e de pesquisa;

IV – promover, por meio de órgãos da administração pública e de entidades civis interessadas, eventos educativos ou científicos;

V – fazer editar, inclusive em colaboração com órgãos oficiais, material informativo sobre as matérias mencionadas no § 1° do art. 1° desta Lei;

VI – promover atividades e eventos que contribuam para a difusão da cultura, da proteção ao meio ambiente, do consumidor, da livre concorrência, do patrimônio histórico, artístico, estético, turístico, paisagístico e de outros interesses difusos e coletivos;

VII – examinar e aprovar os projetos de modernização administrativa a que se refere o § 3° do art. 1° desta Lei.

Art. 4º Fica o Poder Executivo autorizado a regulamentar o funcionamento do CFDD.

Art. 5º Para a primeira composição do CFDD, o Ministro da Justiça disporá sobre os critérios de escolha das entidades a que se refere o inciso VIII do art. 2° desta Lei, observando, dentre outros, a representatividade e a efetiva atuação na tutela do interesse estatutariamente previsto.

Art. 6º O § 2° do art. 2° da Lei 7.913, de 1989, passa a vigorar com a seguinte redação:

> *Alterações já realizadas no texto.*

Art. 7º Os arts. 4°, 39, 82, 91 e 98 da Lei 8.078, de 1990, que "Dispõe sobre a proteção do consumidor e dá outras providências", passam a vigorar com a seguinte redação:

> *Alterações já realizadas no texto.*

Art. 8º Ficam convalidados os atos praticados com base na Medida Provisória 854, de 26 de janeiro de 1995.

Art. 9º Esta Lei entra em vigor na data de sua publicação.

Senado Federal, em 21 de março de 1995; 174° da Independência e 107° da República.

Senador José Sarney

Presidente do Congresso Nacional

DECRETO 2.181, DE 20 DE MARÇO DE 1997

Dispõe sobre a organização do Sistema Nacional de Defesa do Consumidor – SNDC, estabelece as normas gerais de aplicação das sanções administrativas previstas na Lei 8.078, de 11 de setembro de 1990, revoga o Decreto 861, de 9 de julho de 1993, e dá outras providências.

DOU de 21.03.1997.

O Presidente da República, no uso da atribuição que lhe confere o art. 84, inciso IV, da Constituição, e tendo em vista o disposto na Lei 8.078, de 11 de setembro de 1990, Decreta:

Art. 1º Fica organizado o Sistema Nacional de Defesa do Consumidor – SNDC e estabelecidas as normas gerais de aplicação das sanções administrativas, nos termos da Lei 8.078, de 11 de setembro de 1990.

CAPÍTULO I
Do Sistema Nacional de Defesa do Consumidor

Art. 2º Integram o SNDC a Secretaria Nacional do Consumidor do Ministério da Justiça e os demais órgãos federais, estaduais, do Distrito Federal, municipais e as entidades civis de defesa do consumidor.

> *Redação pelo Decreto 7.738, de 28 de maio de 2012.*

CAPÍTULO II
Da competência dos órgãos integrantes do SNDC

Art. 3º Compete à Secretaria Nacional do Consumidor do Ministério da Justiça, a coordenação da política do Sistema Nacional de Defesa do Consumidor, cabendo-lhe:

> *Redação pelo Decreto 7.738, de 28 de maio de 2012.*

I – planejar, elaborar, propor, coordenar e executar a política nacional de proteção e defesa do consumidor;

II – receber, analisar, avaliar e apurar consultas e denúncias apresentadas por entidades representativas ou pessoas jurídicas de direito público ou privado ou por consumidores individuais;

III – prestar aos consumidores orientação permanente sobre seus direitos e garantias;

IV – informar, conscientizar e motivar o consumidor, por intermédio dos diferentes meios de comunicação;

V – solicitar à polícia judiciária a instauração de inquérito para apuração de delito contra o consumidor, nos termos da legislação vigente;

VI – representar ao Ministério Público competente, para fins de adoção de medidas processuais, penais e civis, no âmbito de suas atribuições;

VII – levar ao conhecimento dos órgãos competentes as infrações de ordem administrativa que violarem os interesses difusos, coletivos ou individuais dos consumidores;

VIII – solicitar o concurso de órgãos e entidades da União, dos Estados, do Distrito Federal e dos Municípios, bem como auxiliar na fiscalização de preços, abastecimento, quantidade e segurança de produtos e serviços;

IX – incentivar, inclusive com recursos financeiros e outros programas especiais, a criação de órgãos públicos estaduais e municipais de defesa do consumidor e a formação, pelos cidadãos, de entidades com esse mesmo objetivo;

X – fiscalizar e aplicar as sanções administrativas previstas na Lei 8.078, de 1990, e em outras normas pertinentes à defesa do consumidor;

XI – solicitar o concurso de órgãos e entidades de notória especialização técnico-científica para a consecução de seus objetivos;

XII – celebrar convênios e termos de ajustamento de conduta, na forma do § 6º do art. 5º da Lei 7.347, de 24 de julho de 1985;

> *Redação pelo Decreto 7.738, de 28 de maio de 2012.*

XIII – elaborar e divulgar o cadastro nacional de reclamações fundamentadas contra fornecedores de produtos e serviços, a que se refere o art. 44 da Lei 8.078, de 1990;

XIV – desenvolver outras atividades compatíveis com suas finalidades.

Art. 4º No âmbito de sua jurisdição e competência, caberá ao órgão estadual, do Distrito Federal e municipal de proteção e defesa do consumidor, criado, na forma da lei, especificamente para este fim, exercitar as atividades contidas nos incisos II a XII do art. 3º deste Decreto e, ainda:

I – planejar, elaborar, propor, coordenar e executar a política estadual, do Distrito Federal e municipal de proteção e defesa do consumidor, nas suas respectivas áreas de atuação;

II – dar atendimento aos consumidores, processando, regularmente, as reclamações fundamentadas;

III – fiscalizar as relações de consumo;

IV – funcionar, no processo administrativo, como instância de instrução e julgamento, no âmbito de sua competência, dentro das regras fixadas pela Lei 8.078, de 1990, pela legislação complementar e por este Decreto;

V – elaborar e divulgar anualmente, no âmbito de sua competência, o cadastro de reclamações fundamentadas contra fornecedores de produtos e serviços, de que trata o art. 44 da Lei 8.078, de 1990 e remeter cópia à Secretaria Nacional do Consumidor do Ministério da Justiça;

> *Redação pelo Decreto 7.738, de 28 de maio de 2012.*

VI – desenvolver outras atividades compatíveis com suas finalidades.

Art. 5º Qualquer entidade ou órgão da Administração Pública, federal, estadual e municipal, destinado à defesa dos interesses e direitos do consumidor, tem, no âmbito de suas respectivas competências, atribuição para apurar e punir infrações a este Decreto e à legislação das relações de consumo.

Parágrafo único. Se instaurado mais de um processo administrativo por pessoas jurídicas de direito público distintas, para apuração de infração decorrente de um mesmo fato imputado ao mesmo fornecedor, eventual conflito de competência será dirimido pela Secretaria Nacional do Consumidor do Ministério da Justiça e Segurança Pública, que poderá ouvir o Conselho Nacional de Defesa do Consumidor, considerada a competência federativa para legislar sobre a respectiva atividade econômica.

> *Redação pelo Decreto 10.417/2020.*

Art. 6º As entidades e órgãos da Administração Pública destinados à defesa dos interesses e direitos protegidos pelo Código de Defesa do Consumidor poderão celebrar compromissos de ajustamento de conduta às exigências legais, nos termos do § 6º do art. 5º da Lei 7.347, de 1985, na órbita de suas respectivas competências.

§ 1º A celebração de termo de ajustamento de conduta não impede que outro, desde que mais vantajoso para o consumidor, seja lavrado por quaisquer das pessoas jurídicas de direito público integrantes do SNDC.

§ 2º A qualquer tempo, o órgão subscritor poderá, diante de novas informações ou se assim as circunstâncias o exigirem, retificar ou complementar o acordo firmado, determinando outras providências que se fizerem necessárias, sob pena de invalidade imediata do ato, dando-se seguimento ao procedimento administrativo eventualmente arquivado.

§ 3º O compromisso de ajustamento conterá, entre outras, cláusulas que estipulem condições sobre:

I – obrigação do fornecedor de adequar sua conduta às exigências legais, no prazo ajustado;

II – pena pecuniária, diária, pelo descumprimento do ajustado, levando-se em conta os seguintes critérios:

a) o valor global da operação investigada;

b) o valor do produto ou serviço em questão;

c) os antecedentes do infrator;

d) a situação econômica do infrator;

III – ressarcimento das despesas de investigação da infração e instrução do procedimento administrativo.

§ 4º A celebração do compromisso de ajustamento suspenderá o curso do processo administrativo, se instaurado, que somente será arquivado após atendidas todas as condições estabelecidas no respectivo termo.

§ 5º O descumprimento do termo de ajustamento de conduta acarretará a perda dos benefícios concedidos ao compromissário, sem prejuízo da pena pecuniária diária a que se refere o inciso II do *caput* do § 3º.

§ 6º Os recursos provenientes de termo de ajustamento de conduta deverão ser utilizados nos termos do disposto no art. 13 da Lei nº 7.347, de 1985.

> §§ 5º e 6º acrescidos pelo Dec. 10.887/2021.

Art. 6º-A. O termo de ajustamento de conduta poderá estipular obrigações de fazer ou compensatórias a serem cumpridas pelo compromissário.

> Artigo acrescido pelo Dec. 10.887/2021.

Parágrafo único. As obrigações de que trata o *caput* deverão ser estimadas, preferencialmente, em valor monetário.

Art. 7º Compete aos demais órgãos públicos federais, estaduais, do Distrito Federal e municipais que passarem a integrar o SNDC fiscalizar as relações de consumo, no âmbito de sua competência, e autuar, na forma da legislação, os responsáveis por práticas que violem os direitos do consumidor.

Art. 8º As entidades civis de proteção e defesa do consumidor, legalmente constituídas, poderão:

I – encaminhar denúncias aos órgãos públicos de proteção e defesa do consumidor, para as providências legais cabíveis;

II – representar o consumidor em juízo, observado o disposto no inciso IV do art. 82 da Lei 8.078, de 1990;

III – exercer outras atividades correlatas.

CAPÍTULO III
Da fiscalização, das práticas infrativas e das penalidades administrativas

Seção I
Da fiscalização

Art. 9º A fiscalização das relações de consumo de que tratam a Lei 8.078, de 1990, este Decreto e as demais normas de defesa do consumidor será exercida em todo o território nacional pela Secretaria Nacional do Consumidor do Ministério da Justiça, pelos órgãos federais integrantes do Sistema Nacional de Defesa do Consumidor, pelos órgãos conveniados com a Secretaria e pelos órgãos de proteção e defesa do consumidor criados pelos Estados, Distrito Federal e Municípios, em suas respectivas áreas de atuação e competência.

> *Redação pelo Decreto 7.738, de 28 de maio de 2012.*

Art. 10. A fiscalização de que trata este Decreto será efetuada por agentes fiscais, oficialmente designados, vinculados aos respectivos órgãos de proteção e defesa do consumidor, no âmbito federal, do Distrito Federal e municipal, devidamente credenciados mediante Cédula de Identificação Fiscal, admitida a delegação mediante convênio.

Art. 11. Sem exclusão da responsabilidade dos órgãos que compõem o SNDC, os agentes de que trata o artigo anterior responderão pelos atos que praticarem quando investidos da ação fiscalizadora.

Seção II
Das práticas infrativas

Art. 12. São consideradas práticas infrativas:

I – condicionar o fornecimento de produto ou serviço ao fornecimento de outro produto ou serviço, bem como, sem justa causa, a limites quantitativos;

II – recusar atendimento às demandas dos consumidores na exata medida de sua disponibilidade de estoque e, ainda, de conformidade com os usos e costumes;

III – recusar, sem motivo justificado, atendimento à demanda dos consumidores de serviços;

IV – enviar ou entregar ao consumidor qualquer produto ou fornecer qualquer serviço, sem solicitação prévia;

V – prevalecer-se da fraqueza ou ignorância do consumidor, tendo em vista sua idade, saúde, conhecimento ou condição social, para impingir-lhe seus produtos ou serviços;

VI – exigir do consumidor vantagem manifestamente excessiva;

VII – executar serviços sem a prévia elaboração de orçamento e autorização expressa do consumidor, ressalvadas as decorrentes de práticas anteriores entre as partes;

VIII – repassar informação depreciativa referente a ato praticado pelo consumidor no exercício de seus direitos;

IX – colocar, no mercado de consumo, qualquer produto ou serviço:

a) em desacordo com as normas expedidas pelos órgãos oficiais competentes ou, se normas específicas não existirem, pela Associação Brasileira de Normas Técnicas – ABNT ou outra entidade credenciada pelo Conselho Nacional de Metrologia, Normalização e Qualidade Industrial – Conmetro, observado o disposto no inciso VI do *caput* do art. 3º da Lei nº 13.874, de 20 de setembro de 2019;

> Alínea *a* com redação pelo Dec. 10.887/2021.

b) que acarrete riscos à saúde ou à segurança dos consumidores e sem informações ostensivas e adequadas, inclusive no caso de oferta ou de aquisição de produto ou serviço por meio de provedor de aplicação;

> Alínea *b* com redação pelo Dec. 10.887/2021.

c) em desacordo com as indicações constantes do recipiente, da embalagem, da rotulagem ou mensagem publicitária, respeitadas as variações decorrentes de sua natureza;

d) impróprio ou inadequado ao consumo a que se destina ou que lhe diminua o valor;

X – deixar de reexecutar os serviços, quando cabível, sem custo adicional;

XI – deixar de estipular prazo para o cumprimento de sua obrigação ou deixar a fixação ou variação de seu termo inicial a seu exclusivo critério.

Art. 13. Serão consideradas, ainda, práticas infrativas, na forma dos dipositivos da Lei 8.078, de 1990:

I – ofertar produtos ou serviços sem as informações corretas, claras, precisas e ostensivas, em língua portuguesa, sobre suas características, qualidade, quantidade, composição, preço, condições de pagamento, juros, encargos, garantia, prazos de validade e origem, entre outros dados relevantes;

II – deixar de comunicar à autoridade competente a periculosidade do produto ou serviço, quando do lançamento dos mesmos no mercado de consumo, ou quando da verificação posterior da existência do risco;

III – deixar de comunicar aos consumidores, por meio de anúncios publicitários, a periculosidade do produto ou serviço, quando do lançamento dos mesmos no mercado de consumo, ou quando da verificação posterior da existência do risco;

IV – deixar de reparar os danos causados aos consumidores por defeitos decorrentes de projetos, fabricação, construção, montagem, manipulação, apresentação ou acondicionamento de seus produtos ou serviços, ou por informações insuficientes ou inadequadas sobre a sua utilização e risco;

V – deixar de empregar componentes de reposição originais, adequados e novos, ou que mantenham as especificações técnicas do fabricante, salvo se existir autorização em contrário do consumidor;

VI – deixar de cumprir a oferta, publicitária ou não, suficientemente precisa, ressalvada a incorreção retificada em tempo hábil ou exclusivamente atribuível ao veículo de comunicação, sem prejuízo, inclusive nessas duas hipóteses, do cumprimento forçado do anunciado ou do ressarcimento de perdas e danos sofridos pelo consumidor, assegurado o direito de regresso do anunciante contra seu segurador ou responsável direto;

VII – omitir, nas ofertas ou vendas eletrônicas, por telefone ou reembolso postal, o nome e endereço do fabricante ou do importador na embalagem, na publicidade e nos impressos utilizados na transação comercial;

VIII – deixar de cumprir, no caso de fornecimento de produtos e serviços, o regime de preços tabelados, congelados, administrados, fixados ou controlados pelo Poder Público;

IX – submeter o consumidor inadimplente a ridículo ou a qualquer tipo de constrangimento ou ameaça;

X – impedir ou dificultar o acesso gratuito do consumidor às informações existentes em cadastros, fichas, registros de dados pessoais e de consumo, arquivados sobre ele, bem como sobre as respectivas fontes;

XI – elaborar cadastros de consumo com dados irreais ou imprecisos;

XII – manter cadastros e dados de consumidores com informações negativas, divergentes da proteção legal;

XIII – deixar de comunicar, por escrito, ao consumidor a abertura de cadastro, ficha, registro de dados pessoais e de consumo, quando não solicitada por ele;

XIV – deixar de corrigir, imediata e gratuitamente, a inexatidão de dados e cadastros, quando solicitado pelo consumidor;

XV – deixar de comunicar ao consumidor, no prazo de cinco dias úteis, as correções cadastrais por ele solicitadas;

XVI – impedir, dificultar ou negar, sem justa causa, o cumprimento das declarações constantes de escritos particulares, recibos e pré-contratos concernentes às relações de consumo;

XVII – omitir em impressos, catálogos ou comunicações, impedir, dificultar ou negar a desistência contratual, no prazo de até sete dias a contar da assinatura do contrato ou do ato de recebimento do produto ou serviço, sempre que a contratação ocorrer fora do estabelecimento comercial, especialmente por telefone ou a domicílio;

XVIII – impedir, dificultar ou negar a devolução dos valores pagos, monetariamente atualizados, durante o prazo de reflexão, em caso de desistência do contrato pelo consumidor;

XIX – deixar de entregar o termo de garantia, devidamente preenchido com as informações previstas no parágrafo único do art. 50 da Lei 8.078, de 1990;

XX – deixar, em contratos que envolvam vendas a prazo ou com cartão de crédito, de informar por escrito ao consumidor, prévia e adequadamente, inclusive nas comunicações publicitárias, o preço do produto ou do serviço em moeda corrente nacional, o montante dos juros de mora e da taxa efetiva anual de juros, os acréscimos legal e contratualmente previstos, o número e a periodicidade das prestações e, com igual destaque, a soma total a pagar, com ou sem financiamento;

XXI – deixar de assegurar a oferta de componentes e peças de reposição, enquanto não cessar a fabricação ou importação do produto, e, caso cessadas, de manter a oferta de componentes e peças de reposição por período razoável de tempo, nunca inferior à vida útil do produto ou serviço;

XXII – propor ou aplicar índices ou formas de reajuste alternativos, bem como fazê-lo em desacordo com aquele que seja legal ou contratualmente permitido;

XXIII – recusar a venda de produto ou a prestação de serviços, publicamente ofertados, diretamente a quem se dispõe a adquiri-los mediante pronto pagamento, ressalvados os casos regulados em leis especiais;

XXIV – deixar de trocar o produto impróprio, inadequado, ou de valor diminuído, por outro da mesma espécie, em perfeitas condições de uso, ou de restituir imediatamente a quantia paga, devidamente corrigida, ou fazer abatimento proporcional do preço, a critério do consumidor.

Parágrafo único. Aplica-se o disposto nos incisos I, II, III e VII do *caput* à oferta e à aquisição de produto ou de serviço por meio de provedor de aplicação.

> Parágrafo único acrescido pelo Dec. 10.887/2021.

Art. 14. É enganosa qualquer modalidade de informação ou comunicação de caráter publicitário inteira ou parcialmente falsa, ou, por qualquer outro modo, mesmo por omissão, capaz de induzir a erro o consumidor a respeito da natureza, características, qualidade, quantidade, propriedade, origem, preço e de quaisquer outros dados sobre produtos ou serviços.

§ 1º É enganosa, por omissão, a publicidade que deixar de informar sobre dado essencial do produto ou serviço a ser colocado à disposição dos consumidores.

§ 2º É abusiva, entre outras, a publicidade discriminatória de qualquer natureza, que incite à violência, explore o medo ou a superstição, se aproveite da deficiência de julgamento e da inexperiência da criança, desrespeite valores ambientais, seja capaz de induzir o consumidor a se comportar de forma prejudicial ou perigosa à sua saúde ou segurança, ou que viole normas legais ou regulamentares de controle da publicidade.

§ 3º O ônus da prova da veracidade (não enganosidade) e da correção (não abusividade) da informação ou comunicação publicitária cabe a quem as patrocina.

§ 4º Para fins do disposto neste artigo, entende-se por publicidade a veiculação de mensagem, em meio analógico ou digital, inclusive por meio de provedor de aplicação, que vise a promover a oferta ou a aquisição de produto ou de serviço disponibilizado no mercado de consumo.

> § 4º acrescido pelo Dec. 10.887/2021.

Art. 14-A. Para fins do disposto no art. 14, o órgão de proteção e defesa do consumidor deverá considerar as práticas de autorregulação adotadas pelo mercado de publicidade em geral.

> Artigo acrescido pelo Dec. 10.887/2021.

Art. 15. O processo referente ao fornecedor de produtos ou de serviços que tenha sido acionado em mais de um Estado pelo mesmo fato gerador de prática infrativa poderá ser remetido ao órgão coordenador do SNDC pela autoridade máxima do sistema estadual.

> Artigo com redação pelo Dec. 10.887/2021.

§ 1º O órgão coordenador do SNDC apurará o fato e aplicará as sanções cabíveis, ouvido o Conselho Nacional de Defesa do Consumidor.

§ 2º Na hipótese de a autoridade máxima do sistema estadual optar por não encaminhar o processo, o fato deverá ser comunicado ao órgão coordenador do SNDC.

Art. 16. Nos casos de processos administrativos em trâmite em mais de um Estado, que envolvam interesses difusos ou coletivos, a Secretaria Nacional do Consumidor do Ministério da Justiça e Segurança Pública poderá avocá-los, ouvido o Conselho Nacional de Defesa do Consumidor, e as autoridades máximas dos sistemas estaduais.

> *Redação pelo Decreto 10.417/2020.*

Art. 17. As práticas infrativas classificam-se em:

I – leves: aquelas em que forem verificadas somente circunstâncias atenuantes;

II – graves: aquelas em que forem verificadas circunstâncias agravantes.

Seção III
Das penalidades administrativas

Art. 18. A inobservância das normas contidas na Lei 8.078, de 1990, e das demais normas de defesa do consumidor constituirá prática infrativa e sujeitará o fornecedor às seguintes penalidades, que poderão ser aplicadas isolada ou cumulativamente, inclusive de forma cautelar, antecedente ou incidente no processo administrativo, sem prejuízo das de natureza cível, penal e das definidas em normas específicas:

I – multa;

II – apreensão do produto;

III – inutilização do produto;

IV – cassação do registro do produto junto ao órgão competente;

V – proibição de fabricação do produto;

VI – suspensão de fornecimento de produtos ou serviços;

VII – suspensão temporária de atividade;

VIII – revogação de concessão ou permissão de uso;

IX – cassação de licença do estabelecimento ou de atividade;

X – interdição, total ou parcial, de estabelecimento, de obra ou de atividade;

XI – intervenção administrativa;

XII – imposição de contrapropaganda.

§ 1º Responderá pela prática infrativa, sujeitando-se às sanções administrativas previstas neste Decreto, quem por ação ou omissão lhe der causa, concorrer para sua prática ou dela se beneficiar.

§ 2º As penalidades previstas neste artigo serão aplicadas pelos órgãos oficiais integrantes do SNDC, sem prejuízo das atribuições do órgão normativo ou regulador da atividade, na forma da legislação vigente.

§ 3º As penalidades previstas nos incisos III a XI deste artigo sujeitam-se a posterior confirmação pelo órgão normativo ou regulador da atividade, nos limites de sua competência.

Art. 19. Toda pessoa física ou jurídica que fizer ou promover publicidade enganosa ou abusiva ficará sujeita à pena de multa, cumulada com aquelas previstas no artigo anterior, sem prejuízo da competência de outros órgãos administrativos.

Parágrafo único. Incide também nas penas deste artigo o fornecedor que:

a) deixar de organizar ou negar aos legítimos interessados os dados fáticos, técnicos e científicos que dão sustentação à mensagem publicitária;

b) veicular publicidade de forma que o consumidor não possa, fácil e imediatamente, identificá-la como tal.

Art. 20. Sujeitam-se à pena de multa os órgãos públicos que, por si ou suas empresas concessionárias, permissionárias ou sob qualquer outra forma de empreendimento, deixarem de fornecer serviços adequados, eficientes, seguros e, quanto aos essenciais, contínuos.

Art. 21. A aplicação da sanção prevista no inciso II do art. 18 terá lugar quando os produtos forem comercializados em desacordo com as especificações técnicas estabelecidas em legislação própria, na Lei 8.078, de 1990, e neste Decreto.

§ 1º Os bens apreendidos, a critério da autoridade, poderão ficar sob a guarda do proprietário, responsável, preposto ou empregado que responda pelo gerenciamento do negócio, nomeado fiel depositário, mediante termo próprio, proibida a venda, utilização, substituição, subtração ou remoção, total ou parcial, dos referidos bens.

§ 2º A retirada de produto por parte da autoridade fiscalizadora não poderá incidir sobre quantidade superior àquela necessária à realização da análise pericial.

Art. 22. Será aplicada multa ao fornecedor de produtos ou serviços que, direta ou indiretamente, inserir, fizer circular ou utilizar-se de cláusula abusiva, qualquer que seja a modalidade do contrato de consumo, inclusive nas operações securitárias, bancárias, de crédito direto ao consumidor, depósito, poupança, mútuo ou financiamento, e especialmente quando:

> *Ver Portaria 4, de 13-3-1998.*

I – impossibilitar, exonerar ou atenuar a responsabilidade do fornecedor por vícios de qualquer natureza dos produtos e serviços ou implicar renúncia ou disposição de direito do consumidor;

II – deixar de reembolsar ao consumidor a quantia já paga, nos casos previstos na Lei 8.078, de 1990;

III – transferir responsabilidades a terceiros;

IV – estabelecer obrigações consideradas iníquas ou abusivas, que coloquem o consumidor em desvantagem exagerada, incompatíveis com a boa-fé ou a equidade;

V – estabelecer inversão do ônus da prova em prejuízo do consumidor;

VI – determinar a utilização compulsória de arbitragem;

VII – impuser representante para concluir ou realizar outro negócio jurídico pelo consumidor;

VIII – deixar ao fornecedor a opção de concluir ou não o contrato, embora obrigando o consumidor;

IX – permitir ao fornecedor, direta ou indiretamente, variação unilateral do preço, juros, encargos, forma de pagamento ou atualização monetária;

X – autorizar o fornecedor a cancelar o contrato unilateralmente, sem que igual direito seja conferido ao consumidor, ou permitir, nos contratos de longa duração ou de trato sucessivo, o cancelamento sem justa causa e motivação, mesmo que dada ao consumidor a mesma opção;

XI – obrigar o consumidor a ressarcir os custos de cobrança de sua obrigação, sem que igual direito lhe seja conferido contra o fornecedor;

XII – autorizar o fornecedor a modificar unilateralmente o conteúdo ou a qualidade do contrato após sua celebração;

XIII – infringir normas ambientais ou possibilitar sua violação;

XIV – possibilitar a renúncia ao direito de indenização por benfeitorias necessárias;

XV – restringir direitos ou obrigações fundamentais à natureza do contrato, de tal modo a ameaçar o seu objeto ou o equilíbrio contratual;

XVI – onerar excessivamente o consumidor, considerando-se a natureza e o conteúdo do contrato, o interesse das partes e outras circunstâncias peculiares à espécie;

XVII – determinar, nos contratos de compra e venda mediante pagamento em prestações, ou nas alienações fiduciárias em garantia, a perda total das prestações pagas, em benefício do credor que, em razão do inadimplemento, pleitear a resilição do contrato e a retomada do produto alienado, ressalvada a cobrança judicial de perdas e danos comprovadamente sofridos;

XVIII – anunciar, oferecer ou estipular pagamento em moeda estrangeira, salvo nos casos previstos em lei;

XIX – cobrar multas de mora superiores a dois por cento, decorrentes do inadimplemento de obrigação no seu termo, conforme o disposto no § 1º do art. 52 da Lei 8.078, de 1990, com a redação dada pela Lei 9.298, de 1º de agosto de 1996;

XX – impedir, dificultar ou negar ao consumidor a liquidação antecipada do débito, total ou parcialmente, mediante redução proporcional dos juros, encargos e demais acréscimos, inclusive seguro;

XXI – fazer constar do contrato alguma das cláusulas abusivas a que se refere o art. 56 deste Decreto;

XXII – elaborar contrato, inclusive o de adesão, sem utilizar termos claros, caracteres ostensivos e legíveis, que permitam sua imediata e fácil compreensão, destacando-se as cláusulas que impliquem obrigação ou limitação dos direitos contratuais do consumidor, inclusive com a utilização de tipos de letra e cores diferenciados, entre outros recursos gráficos e visuais;

XXIII – que impeça a troca de produto impróprio, inadequado, ou de valor diminuído, por outro da mesma espécie, em perfeitas condições de uso, ou a restituição imediata da quantia paga, devidamente corrigida, ou fazer abatimento proporcional do preço, a critério do consumidor.

Parágrafo único. Dependendo da gravidade da infração prevista nos incisos dos arts. 12, 13 e deste artigo, a pena de multa poderá ser cumulada com as demais previstas no art. 18, sem prejuízo da competência de outros órgãos administrativos.

Art. 23. Os serviços prestados e os produtos remetidos ou entregues ao consumidor, na hipótese prevista no inciso IV do art. 12 deste Decreto, equiparam-se às amostras grátis, inexistindo obrigação de pagamento.

Art. 24. Para a imposição da pena e sua gradação, serão considerados:

I – as circunstâncias atenuantes e agravantes;

II – os antecedentes do infrator, nos termos do art. 28 deste Decreto.

Art. 25. Consideram-se circunstâncias atenuantes:

I – a ação do infrator não ter sido fundamental para a consecução do fato;

II – ser o infrator primário;

III – ter o infrator adotado as providências pertinentes para minimizar ou de imediato reparar os efeitos do ato lesivo;

> Inciso III com redação pelo Dec. 10.887/2021.

IV – a confissão do infrator;

V – a participação regular do infrator em projetos e ações de capacitação e treinamento oferecidos pelos órgãos integrantes do SNDC; e

VI – ter o fornecedor aderido à plataforma Consumidor.gov.br, de que trata o Decreto nº 8.573, de 19 de novembro de 2015.

> Incisos IV a VI acrescidos pelo Dec. 10.887/2021.

Art. 26. Consideram-se circunstâncias agravantes:

I – ser o infrator reincidente;

II – ter o infrator, comprovadamente, cometido a prática infrativa para obter vantagens indevidas;

III – trazer a prática infrativa consequências danosas à saúde ou à segurança do consumidor;

IV – deixar o infrator, tendo conhecimento do ato lesivo, de tomar as providências para evitar ou mitigar suas consequências;

V – ter o infrator agido com dolo;

VI – ocasionar a prática infrativa dano coletivo ou ter caráter repetitivo:

VII – ter a prática infrativa ocorrido em detrimento de menor de dezoito ou maior de sessenta anos ou de pessoas portadoras de deficiência física, mental ou sensorial, interditadas ou não;

VIII – dissimular-se a natureza ilícita do ato ou atividade;

IX – ser a conduta infrativa praticada aproveitando-se o infrator de grave crise econômica ou da condição cultural, social ou econômica da vítima, ou, ainda, por ocasião de calamidade.

Parágrafo único. Para fins de reconhecimento da circunstância agravante de que trata o inciso VI do *caput*, a Secretaria Nacional do Consumidor do Ministério da Justiça e Segurança Pública manterá e regulamentará banco de dados, garantido o acesso dos demais órgãos e entidades federais, estaduais, distritais e municipais de defesa do consumidor, com vistas a subsidiar a atuação no âmbito dos processos administrativos sancionadores.

> Parágrafo único acrescido pelo Dec. 10.887/2021.

Art. 26-A. As circunstâncias agravantes e atenuantes, de que tratam os art. 25 e art. 26, têm natureza taxativa e não comportam ampliação por meio de ato dos órgãos de proteção e defesa do consumidor.

> Artigo acrescido pelo Dec. 10.887/2021.

Art. 27. Considera-se reincidência a repetição de prática infrativa, de qualquer natureza, às normas de defesa do consumidor, punida por decisão administrativa irrecorrível.

Parágrafo único. Para efeito de reincidência, não prevalece a sanção anterior, se entre a data da decisão administrativa definitiva e aquela da prática posterior houver decorrido período de tempo superior a cinco anos.

Art. 28. Observado o disposto no art. 24 pela autoridade competente e respeitados os parâmetros estabelecidos no parágrafo único do art. 57 da Lei nº 8.078, de 1990, a pena de multa fixada considerará:

> Artigo com redação pelo Dec. 10.887/2021.

I – a gravidade da prática infrativa;

II – a extensão do dano causado aos consumidores;

III – a vantagem auferida com o ato infrativo;

IV – a condição econômica do infrator; e

V – a proporcionalidade entre a gravidade da falta e a intensidade da sanção.

Art. 28-A. Na fixação da pena de multa, os elementos que forem utilizados para a fixação da pena-base não poderão ser valorados novamente como circunstâncias agravantes ou atenuantes.

> Artigo acrescido pelo Dec. 10.887/2021.

Art. 28-B. Ato do Secretário Nacional do Consumidor do Ministério da Justiça e Segurança Pública poderá estabelecer critérios gerais para:

> Artigo acrescido pelo Dec. 10.887/2021.

I – a valoração das circunstâncias agravantes e atenuantes, de que tratam os art. 25 e art. 26; e

II – a fixação da pena-base para a aplicação da pena de multa.

CAPÍTULO IV
Da destinação da multa e da administração dos recursos

Art. 29. A multa de que trata o inciso I do art. 56 e caput do art. 57 da Lei 8.078, de 1990, reverterá para o Fundo pertinente à pessoa jurídica de direito público que impuser a sanção, gerido pelo respectivo Conselho Gestor.

Parágrafo único. As multas arrecadadas pela União e órgãos federais reverterão para o Fundo de Direitos Difusos de que tratam a Lei 7.347, de 1985, e Lei 9.008, de 21 de março de 1995, gerido pelo Conselho Federal Gestor do Fundo de Defesa dos Direitos Difusos – CFDD.

Art. 30. As multas arrecadadas serão destinadas para a reconstituição dos bens lesados, nos termos do disposto no *caput* do art. 13 da Lei nº 7.347, de 1985, após aprovação pelo respectivo Conselho Gestor, em cada unidade federativa.

> Artigo com redação pelo Dec. 10.887/2021.

Art. 31. Na ausência de Fundos municipais, os recursos serão depositados no Fundo do respectivo Estado e, faltando este, no Fundo federal.

Parágrafo único. O Conselho Federal Gestor do Fundo de Defesa dos Direitos Difusos poderá apreciar e autorizar recursos para projetos especiais de órgãos e entidades federais, estaduais e municipais de defesa do consumidor.

Art. 32. Na hipótese de multa aplicada pelo órgão coordenador do SNDC nos casos previstos pelo art. 15 deste Decreto, o Conselho Federal Gestor do FDD restituirá aos fundos dos Estados envolvidos o percentual de até oitenta por cento do valor arrecadado.

CAPÍTULO V
Do processo administrativo

Seção I
Das disposições gerais

Art. 33. As práticas infrativas às normas de proteção e defesa do consumidor serão apuradas em processo administrativo sancionador, que terá início mediante:

> *Caput* com redação pelo Dec. 10.887/2021.

I – ato, por escrito, da autoridade competente; e

II – lavratura de auto de infração.

III – *Revogado pelo Dec. 10.887/2021.*

§ 1º Antecedendo à instauração do processo administrativo, poderá a autoridade competente abrir investigação preliminar, cabendo, para tanto, requisitar dos fornecedores informações sobre as questões investigadas, resguardado o segredo industrial, na forma do disposto no § 4º do art. 55 da Lei 8.078, de 1990.

§ 2º A recusa à prestação das informações ou o desrespeito às determinações e convocações dos órgãos do SNDC caracterizam desobediência, na forma do art. 330 do Código Penal, ficando a autoridade administrativa com poderes para determinar a imediata cessação da prática, além da imposição das sanções administrativas e civis cabíveis.

§ 3º A autoridade administrativa poderá determinar, no curso das averiguações preliminares e dos processos administrativos sancionadores, a adoção de medidas cautelares, nos termos do disposto no art. 18, com ou sem oitiva prévia da pessoa que estará sujeita a seus efeitos.

§ 4º Na hipótese de ser indicada a baixa lesão ao bem jurídico tutelado, inclusive em relação aos custos de persecução, a autoridade administrativa, mediante ato motivado, poderá deixar de instaurar processo administrativo sancionador.

§ 5º Para fins do disposto no § 4º, a autoridade administrativa deverá utilizar outros instrumentos e medidas de supervisão, observados os princípios da finalidade, da motivação, da razoabilidade e da eficiência.

> §§ 3º a 5º acrescidos pelo Dec. 10.887/2021.

Seção I-A
Das Averiguações Preliminares

> Seção I-A acrescida pelo Dec. 10.887/2021.

Art. 33-A. A averiguação preliminar é o procedimento investigatório de natureza inquisitorial, instaurado pela autoridade competente de proteção e defesa do consumidor, quando os indícios ainda não forem suficientes para a instauração imediata de processo administrativo sancionador.

> Artigo acrescido pelo Dec. 10.887/2021.

§ 1º Na averiguação preliminar, a autoridade competente poderá exercer quaisquer competências instrutórias legalmente previstas, inclusive requerer esclarecimentos do representado ou de terceiros, por escrito ou pessoalmente.

§ 2º Da averiguação preliminar poderá resultar:

I – a instauração de processo administrativo sancionador; ou

II – o arquivamento do caso.

§ 3º A averiguação preliminar poderá ser desmembrada, quando conveniente para a instrução do caso.

Art. 33-B. No prazo de até vinte dias após a publicação oficial da decisão que resultar no arquivamento da averiguação preliminar, o superior hierárquico do órgão prolator da decisão poderá avocar o processo, de ofício ou mediante provocação.

> Artigo acrescido pelo Dec. 10.887/2021.

Parágrafo único. A autoridade responsável por avocar a averiguação preliminar poderá:

I – ratificar a decisão de arquivamento; ou

II – determinar o retorno dos autos à autoridade competente para a continuidade da averiguação preliminar ou para a instauração de processo administrativo sancionatório, conforme o caso.

Seção II
Da reclamação

Art. 34. O consumidor poderá apresentar a sua reclamação pessoalmente ou por meio de telegrama, carta, telex, fac-símile ou qualquer outro meio de comunicação, físico ou eletrônico, a qualquer órgão oficial de proteção e defesa do consumidor.

> Artigo com redação pelo Dec. 10.887/2021.

Parágrafo único. As reclamações apresentadas na forma prevista no *caput* orientarão a implementação das políticas públicas de proteção e defesa do consumidor.

Seção III
Dos autos de infração, de apreensão e do termo de depósito

Art. 35. Os Autos de Infração, de Apreensão e o Termo de Depósito deverão ser impressos, numerados em série e preenchidos de forma clara e precisa, sem entrelinhas, rasuras ou emendas, mencionando:

I – o Auto de Infração:

a) o local, a data e a hora da lavratura;

b) o nome, o endereço e a qualificação do autuado;

c) a descrição do fato ou do ato constitutivo da infração;

d) o dispositivo legal infringido;

e) a determinação da exigência e a intimação para cumpri-la ou impugná-la no prazo estabelecido no *caput* do art. 42;

> Alínea *e* com redação pelo Dec. 10.887/2021.

f) a identificação do agente autuante, sua assinatura, a indicação do seu cargo ou função e o número de sua matrícula;

g) a designação do órgão julgador e o respectivo endereço;

h) a assinatura do autuado;

i) a cientificação do autuado para apresentar defesa no prazo estabelecido no *caput* do art. 42 e especificar as provas que pretende produzir, de modo a declinar, se for o caso, a qualificação completa de até três testemunhas, mediante fornecimento do motivo para o seu arrolamento e sempre que possível:

1. do nome;

2. da profissão;

3. do estado civil;

4. da idade;

5. do número de inscrição no Cadastro de Pessoas Físicas;

6. do número de registro da identidade; e

7. do endereço completo da residência e do local de trabalho;

> Alínea *i* acrescida pelo Dec. 10.887/2021

II – o Auto de Apreensão e o Termo de Depósito:

a) o local, a data e a hora da lavratura;

b) o nome, o endereço e a qualificação do depositário;

c) a descrição e a quantidade dos produtos apreendidos;

d) as razões e os fundamentos da apreensão;

e) o local onde o produto ficará armazenado;

f) a quantidade de amostra colhida para análise;

g) a identificação do agente autuante, sua assinatura, a indicação do seu cargo ou função e o número de sua matrícula;

h) a assinatura do depositário;

i) as proibições contidas no § 1º do art. 21 deste Decreto.

Art. 36. Os Autos de Infração, de Apreensão e o Termo de Depósito serão lavrados pelo agente autuante que houver verificado a prática infrativa, preferencialmente no local onde foi comprovada a irregularidade.

Art. 37. Os Autos de Infração, de Apreensão e o Termo de Depósito serão lavrados em impresso próprio, composto de três vias, numeradas tipograficamente.

§ 1º Quando necessário, para comprovação de infração, os Autos serão acompanhados de laudo pericial.

§ 2º Quando a verificação do defeito ou vício relativo à qualidade, oferta e apresentação de produtos não depender de perícia, o agente competente consignará o fato no respectivo Auto.

§ 3º Os autos de infração, de apreensão e o termo de depósito poderão ser formalizados, comunicados e transmitidos em meio eletrônico, observado o disposto na legislação aplicável.

> § 3º acrescido pelo Dec. 10.887/2021.

Art. 38. A assinatura nos Autos de Infração, de Apreensão e no Termo de Depósito, por parte do autuado, ao receber cópias dos mesmos, constitui notificação, sem implicar confissão, para os fins do art. 44 do presente Decreto.

Parágrafo único. Em caso de recusa do autuado em assinar os Autos de Infração, de Apreensão e o Termo de Depósito, o Agente competente consignará o fato nos Autos e no Termo, remetendo-os ao autuado por via postal, com Aviso de Recebimento (AR) ou outro procedimento equivalente, tendo os mesmos efeitos do *caput* deste artigo.

Art. 38-A. A fiscalização, no âmbito das relações de consumo, deverá ser prioritariamente orientadora, quando a atividade econômica for classificada como de risco leve, irrelevante ou inexistente, nos termos do disposto na Lei nº 13.874, de 2019.

> Artigo acrescido pelo Dec. 10.887/2021.

§ 1º Para fins do disposto no *caput*, o critério de dupla visita para lavratura de auto de infração será observado, exceto na hipótese de ocorrência de reincidência, fraude, resistência ou embaraço à fiscalização.

§ 2º A inobservância do critério de dupla visita, nos termos do disposto no § 1º, implica nulidade do auto de infração, independentemente da natureza da obrigação.

§ 3º Os órgãos e as entidades da administração pública federal, estadual, distrital e municipal deverão observar o princípio do tratamento diferenciado, simplificado e favorecido previsto na Lei Complementar nº 123, de 14 de dezembro de 2006, na fixação de valores decorrentes de multas e demais sanções administrativas.

Seção IV
Da instauração do processo administrativo por ato de autoridade competente

Art. 39. O processo administrativo sancionador de que trata o art. 33 poderá ser instaurado de ofício pela autoridade competente ou a pedido do interessado.

> *Caput* com redação pelo Dec. 10.887/2021.

Parágrafo único. Na hipótese de a investigação preliminar não resultar em processo administrativo com base em reclamação apresentada por consumidor, deverá este ser informado sobre as razões do arquivamento pela autoridade competente.

Art. 40. O ato que instaurar o processo administrativo sancionador, na forma do inciso I do *caput* do art. 33, deverá conter:

> *Caput* com redação pelo Dec. 10.887/2021

I – a identificação do infrator;

II – a descrição do fato ou ato constitutivo da infração;

III – os dispositivos legais infringidos;

IV – a assinatura da autoridade competente; e

> Inciso IV com redação pelo Dec. 10.887/2021.

V – a determinação de notificação do representado para apresentar defesa no prazo estabelecido no *caput* do art. 42 e especificar as provas que pretende produzir, de modo a declinar, se for o caso, a qualificação completa de até três testemunhas, mediante fornecimento do motivo para o seu arrolamento e sempre que possível:

a) do nome;

b) da profissão;

c) do estado civil;

d) da idade;

e) do número de inscrição no Cadastro de Pessoas Físicas;

f) do número de registro da identidade; e

g) do endereço completo da residência e do local de trabalho.

> Inciso V acrescido pelo Dec. 10.887/2021.

§ 1º O resumo dos fatos a serem apurados e a motivação da decisão poderão consistir em declaração de concordância com fundamentos anteriores, pareceres, informações, decisões ou proposta que, nesse caso, serão parte integrante do ato de instauração.

§ 2º Até que ocorra a decisão de primeira instância, o ato de instauração a que se refere o *caput* poderá ser aditado para inclusão de novos representados ou de novos fatos que não tenham sido objeto de alegação pelas partes nos autos, hipótese em que será reiniciada a contagem do prazo para a defesa nos limites do aditamento.

> §§ 1º e 2º acrescidos pelo Dec. 10.887/2021.

Art. 40-A. A critério da autoridade processante e por meio de despacho fundamentado, o processo administrativo poderá ser desmembrado quando:

> Artigo acrescido pelo Dec. 10.887/2021.

I – as infrações tiverem sido praticadas em circunstâncias de tempo ou de lugar diferentes;

II – houver número de representados excessivo, para não comprometer a duração razoável do processo ou dificultar a defesa;

III – houver dificuldade de notificar um ou mais dos representados; ou

IV – houver outro motivo considerado relevante pela autoridade processante.

Art. 40-B. Na hipótese de haver conexão temática entre os processos administrativos e as infrações terem sido praticadas em circunstâncias de tempo ou de lugar similares, a autoridade processante poderá proceder à juntada de processos administrativos diferentes com vistas à racionalização dos recursos.

> Artigo acrescido pelo Dec. 10.887/2021.

Art. 41. A autoridade administrativa poderá determinar, na forma de ato próprio, constatação preliminar da ocorrência de prática presumida.

Seção V
Das Notificações e das Intimações

> Seção renomeada pelo Dec. 10.887/2021.

Art. 42. A autoridade competente expedirá notificação ao infrator e fixará prazo de vinte dias, contado da data de seu recebimento pelo infrator, para apresentação de defesa, nos termos do disposto no art. 44.

> Artigo com redação pelo Dec. 10.887/2021.

§ 1º A notificação será acompanhada de cópia de ato de instauração do processo administrativo sancionador e, se for o caso, da nota técnica ou de outro ato que o fundamente por meio de remissão e será feita:

I – por carta registrada ao representado, seu mandatário ou preposto, com aviso de recebimento;

II – por outro meio, físico ou eletrônico, que assegure a certeza da ciência do representado; ou

III – por mecanismos de cooperação internacional.

§ 2º Na hipótese de notificação de representados que residam em países que aceitem a notificação postal direta, a notificação internacional poderá ser realizada por meio de serviço postal com aviso de recebimento em nome próprio.

§ 3º O comparecimento espontâneo do representado supre a falta ou a nulidade da notificação e nessa data se iniciará a contagem do prazo para apresentação de defesa no processo administrativo sancionador.

Art. 42-A. A intimação dos demais atos processuais será feita por meio de:

> Artigo acrescido pelo Dec. 10.887/2021.

I – carta registrada ao representado, ou ao seu mandatário ou preposto, com aviso de recebimento);

II – publicação oficial, da qual constarão os nomes do representado e de seu procurador, se houver; ou

III – por outro meio, físico ou eletrônico, que assegure a certeza da ciência do representado.

§ 1º O representado arguirá a nulidade da intimação em capítulo preliminar do próprio ato que lhe caiba praticar, o qual será tido por tempestivo caso o vício seja reconhecido.

§ 2º Na hipótese de não ser possível a prática imediata do ato diante da necessidade de acesso prévio aos autos, ao representado será limitado arguir a nulidade da intimação, caso em que o prazo será contado da data da intimação da decisão que a reconheça.

§ 3º As intimações dirigidas ao endereço constante dos autos serão presumidas válidas, ainda que não sejam recebidas pessoalmente pelo interessado, caso a modificação temporária ou definitiva do endereço não tenha sido comunicada ao órgão processante.

§ 4º As disposições deste artigo aplicam-se aos fornecedores que ofereçam produtos ou serviços, por meio de aplicação de internet, desde que o uso ou a fruição do bem adquirido se dê no território nacional.

Seção V-A
Do Amicus Curiae

> Seção V-A acrescida pelo Dec. 10.887/2021.

Art. 42-B. Considerada a relevância da matéria, a especificidade do tema ou a repercussão social da demanda, a autoridade competente poderá, de ofício, a requerimento das partes ou de quem pretenda se manifestar, solicitar ou admitir a participação de pessoa natural ou jurídica, órgão ou entidade especializada, com representatividade adequada, na condição de *amicus curiae*, no prazo de quinze dias, contado da data de intimação.

> Artigo acrescido pelo Dec. 10.887/2021.

Parágrafo único. A intervenção de que trata o *caput* não:

I – implicará alteração de competência; ou

II – autorizará a interposição de recursos.

Seção VI
Da Impugnação, da Instrução e do Julgamento do Processo Administrativo Sancionador

> Seção renomeada pelo Dec. 10.887/2021.

Art. 43. *Revogado pelo Dec. 10.887/2021.*

Art. 44. O representado poderá impugnar o ato que instaurar o processo administrativo sancionador, no prazo estabelecido no *caput* do art. 42, contado da data de sua notificação, de modo a indicar em sua defesa:

> *Caput* com redação pelo Dec. 10.887/2021.

I – a autoridade decisória a quem é dirigida;

> Inciso I com redação pelo Dec. 10.887/2021.

II – a qualificação do impugnante;

III – as razões de fato e de direito que fundamentam a impugnação; e

IV – de maneira fundamentada, as provas que pretende produzir, de modo a declinar a qualificação completa de até três testemunhas.

> Incisos III e IV com redação pelo Dec. 10.887/2021.

Art. 45. Decorrido o prazo da impugnação, o órgão decisor determinará as diligências cabíveis e:

> Artigo com redação pelo Dec. 10.887/2021.

I – deverá dispensar as diligências meramente protelatórias ou irrelevantes; e

II – poderá requisitar informações, esclarecimentos ou documentos ao representado, a pessoas físicas ou jurídicas e a órgãos ou entidades públicos, a serem apresentados no prazo estabelecido.

§ 1º As provas propostas pelo representado que forem ilícitas, impertinentes, desnecessárias ou protelatórias serão indeferidas por meio de despacho fundamentado.

§ 2º Os depoimentos e as oitivas serão tomados por qualquer servidor em exercício no órgão processante e serão realizados nas dependências do referido órgão, exceto se houver impossibilidade comprovada de deslocamento da testemunha, sob as expensas da parte que a arrolou.

§ 3º Os depoimentos e as oitivas de que tratam o § 2º serão realizados preferencialmente por meio de videoconferência ou de recurso tecnológico de transmissão de sons e imagens em tempo real, desde que estejam presentes as condições técnicas para realização da diligência e segundo critério de conveniência e oportunidade da autoridade competente.

§ 4º Na hipótese de realização de prova testemunhal, cabe ao representado informar ou intimar a testemunha por ele arrolada o dia, a hora e o local da audiência designada, dispensada a intimação por parte do órgão responsável pela instrução do processo.

§ 5º Na hipótese de que trata o § 4º, o não comparecimento injustificado da testemunha presumirá que a parte desistiu de sua inquirição.

§ 6º A juntada de prova documental poderá ser realizada até o saneamento do processo, excetuadas as seguintes hipóteses:

I – necessidade de demonstração de fato ocorrido após o encerramento da instrução processual;

II – necessidade de contraposição a fato levantado após o encerramento da instrução processual;

III – o documento ter se tornado conhecido, acessível ou disponível após o encerramento da instrução processual, hipótese em que caberá à parte que os produzir comprovar o motivo que a impediu de juntá-los anteriormente; ou

IV – o documento ter sido formado após a instauração do processo sancionatório.

§ 7º O órgão processante poderá admitir a utilização de prova produzida em outro processo, administrativo ou judicial, e lhe atribuirá o valor probatório adequado, observados os princípios do contraditório e da ampla defesa.

Art. 46. A decisão administrativa conterá:

> Artigo com redação pelo Dec. 10.887/2021.

I – a identificação do representado e, quando for o caso, do representante;

II – o resumo dos fatos imputados ao representado, com a indicação dos dispositivos legais infringidos;

III – o sumário das razões de defesa;

IV – o registro das principais ocorrências no andamento do processo;

V – a apreciação das provas; e

VI – o dispositivo, com a conclusão a respeito da configuração da prática infrativa, com a especificação dos fatos que constituam a infração apurada na hipótese de condenação.

§ 1º Na hipótese de caracterização de infração contra as normas de proteção e defesa do consumidor, a decisão também deverá conter:

I – a indicação das providências a serem tomadas pelos responsáveis para fazê-la cessar, quando for o caso;

II – o prazo no qual deverão ser iniciadas e concluídas as providências referidas no inciso I;

III – a multa estipulada, sua individualização e sua dosimetria;

IV – a multa diária, em caso de continuidade da infração;

V – as demais sanções descritas na Lei nº 8.078, de 1990, se for o caso;

VI – a multa em caso de descumprimento das providências estipuladas, se for o caso; e

VII – o prazo para pagamento da multa e para cumprimento das demais obrigações determinadas.

§ 2º A decisão condenatória poderá consistir em declaração de concordância com pareceres, notas técnicas ou decisões, hipótese em que integrarão o ato decisório.

§ 3º *Revogado pelo Dec. 10.887/2021.*

Art. 47. Quando a cominação prevista for a contrapropaganda, o processo poderá ser instruído com indicações técnico-publicitárias, das quais se intimará o autuado, obedecidas, na execução da respectiva decisão, as condições constantes do § 1º do art. 60 da Lei 8.078, de 1990.

Seção VII
Das nulidades

Art. 48. A inobservância de forma não acarretará a nulidade do ato, se não houver prejuízo para a defesa.

Parágrafo único. A nulidade prejudica somente os atos posteriores ao ato declarado nulo e dele diretamente dependentes ou de que sejam conseqüência, cabendo à autoridade que a declarar indicar tais atos e determinar o adequado procedimento saneador, se for o caso.

Seção VIII
Dos recursos administrativos

Art. 49. Das decisões da autoridade competente do órgão público que aplicou a sanção caberá recurso, sem efeito suspensivo, no prazo de dez dias, contados da data da intimação da decisão, a seu superior hierárquico, que proferirá decisão definitiva.

Parágrafo único. *Revogado pelo Dec. 10.887/2021.*

§ 1º Na hipótese de aplicação de multas, o recurso será recebido, com efeito suspensivo, pela autoridade superior.

§ 2º A decisão recorrida pode ser confirmada, total ou parcialmente, pelos seus próprios fundamentos.

§ 3º Na hipótese prevista no § 2º, a autoridade competente poderá apenas fazer remissão à própria decisão anterior, no caso de confirmação integral, ou ao trecho confirmado, no caso de confirmação parcial, desde que tenham sido confrontados todos os argumentos deduzidos no recurso capazes, em tese, de infirmar a conclusão adotada na decisão recorrida.

> §§ 1º a 3º acrescidos pelo Dec. 10.887/2021.

Art. 50. Quando o processo tramitar no âmbito do Departamento de Proteção e Defesa do Consumidor, o julgamento do feito será de responsabilidade do Diretor daquele órgão, cabendo recurso ao titular da Secretaria Nacional do Consumidor, no prazo de dez dias, contado da data da intimação da decisão, como segunda e última instância recursal.

> *Redação pelo Decreto 7.738, de 28 de maio de 2012.*

Art. 51. Não será conhecido o recurso interposto fora dos prazos e condições estabelecidos neste Decreto.

Art. 52. Sendo julgada insubsistente a infração, a autoridade julgadora recorrerá à autoridade imediatamente superior, nos termos fixados nesta Seção, mediante declaração na própria decisão.

Art. 53. A decisão é definitiva quando não mais couber recurso, seja de ordem formal ou material.

Parágrafo único. Na hipótese de não caber mais recursos em relação à aplicação da pena de multa, o infrator será notificado para efetuar o recolhimento no prazo de dez dias, nos termos do disposto nos art. 29 a art. 32.

> Parágrafo único acrescido pelo Dec. 10.887/2021.

Art. 54. Todos os prazos referidos nesta Seção são preclusivos.

Seção IX
Da inscrição na dívida ativa

Art. 55. Não sendo recolhido o valor da multa em trinta dias, será o débito inscrito em dívida ativa do órgão que houver aplicado a sanção, para subsequente cobrança executiva.

CAPÍTULO VI
Do elenco de cláusulas abusivas e do cadastro de fornecedores

Seção I
Do elenco de cláusulas abusivas

Art. 56. Na forma do art. 51 da Lei 8.078, de 1990, e com o objetivo de orientar o Sistema Nacional de Defesa do Consumidor, a Secretaria Nacional do Consumidor divulgará, anualmente, elenco complementar de cláusulas contratuais consideradas abusivas, notadamente para o fim de aplicação do disposto no inciso IV do *caput* do art. 22.

> *Redação pelo Decreto 7.738, de 28 de maio de 2012.*

§ 1º Na elaboração do elenco referido no *caput* e posteriores inclusões, a consideração sobre a abusividade de cláusulas contratuais se dará de forma genérica e abstrata.

§ 2º O rol de cláusulas consideradas abusivas tem natureza exemplificativa, o que não impede que outras cláusulas possam ser assim consideradas pelos órgãos da administração pública incumbidos da defesa dos interesses e direitos protegidos pela Lei nº 8.078, de 1990, e pela legislação correlata, por meio de ato próprio, observado o disposto no art. 4º da Lei nº 13.874, de 2019.

> § 2º com redação pelo Dec. 10.887/2021.

§ 3º A apreciação sobre a abusividade de cláusulas contratuais, para fins de sua inclusão no rol a que se refere o *caput* se dará de ofício ou por provocação dos legitimados previstos no art. 82 da Lei nº 8.078, de 1990, ou por terceiros interessados, mediante procedimento de consulta pública, a ser regulamentado em ato do Secretário Nacional do Consumidor do Ministério da Justiça e Segurança Pública.

> § 3º com redação pelo Dec. 10.887/2021.

§ 4º Compete exclusivamente à Secretaria Nacional do Consumidor do Ministério da Justiça e Segurança Pública elencar as cláusulas abusivas, observadas as disposições deste Decreto, quando o fornecedor de produtos ou serviços utilizá-las uniformemente em âmbito nacional.

> § 4º acrescido pelo Dec. 10.887/2021.

Seção II
Do cadastro de fornecedores

Art. 57. Os cadastros de reclamações fundamentadas contra fornecedores constituem instrumento essencial de defesa e orientação dos consumidores, devendo os órgãos públicos competentes assegurar sua publicidade, confiabilidade e continuidade, nos termos do art. 44 da Lei 8.078, de 1990.

Art. 58. Para os fins deste Decreto, considera-se:

I – cadastro: o resultado dos registros feitos pelos órgãos públicos de defesa do consumidor de todas as reclamações fundamentadas contra fornecedores;

II – reclamação fundamentada: a notícia de lesão ou ameaça a direito de consumidor analisada por órgão público de defesa do consumidor, a requerimento ou de ofício, considerada procedente, por decisão definitiva.

Art. 59. Os órgãos públicos de defesa do consumidor devem providenciar a divulgação periódica dos cadastros atualizados de reclamações fundamentadas contra fornecedores.

§ 1º O cadastro referido do *caput* deste artigo será publicado, obrigatoriamente, no órgão de imprensa oficial local, devendo a entidade responsável dar-lhe a maior publicidade possível por meio dos órgãos de comunicação, inclusive eletrônica.

§ 2º O cadastro será divulgado anualmente, podendo o órgão responsável fazê-lo em período menor, sempre que julgue necessário, e conterá informações objetivas, claras e verdadeiras sobre o objeto da reclamação, a identificação do fornecedor e o atendimento ou não da reclamação pelo fornecedor.

§ 3º Os cadastros deverão ser atualizados permanentemente, por meio das devidas anotações, não podendo conter informações negativas sobre fornecedores, referentes a período superior a cinco anos, contado da data da intimação da decisão definitiva.

Art. 60. Os cadastros de reclamações fundamentadas contra fornecedores são considerados arquivos públicos, sendo informações e fontes a todos acessíveis, gratuitamente, vedada a utilização abusiva ou, por qualquer outro modo, estranha à defesa e orientação dos consumidores, ressalvada a hipótese de publicidade comparativa.

Art. 61. O consumidor ou fornecedor poderá requerer, em cinco dias a contar da divulgação do cadastro e mediante petição fundamentada, a retificação de informação inexata que nele conste, bem como a inclusão de informação omitida, devendo a autoridade competente, no prazo de dez dias úteis, pronunciar-se, motivadamente, pela procedência ou improcedência do pedido.

Parágrafo único. No caso de acolhimento do pedido, a autoridade competente providenciará, no prazo deste artigo, a retificação ou inclusão de informação e sua divulgação, nos termos do § 1º do art. 59 deste Decreto.

Art. 62. Os cadastros específicos de cada órgão público de defesa do consumidor serão consolidados em cadastros gerais, nos âmbitos federal e estadual, aos quais se aplica o disposto nos artigos desta Seção.

CAPÍTULO VII
Das disposições gerais

Art. 63. Nos termos do disposto na Lei nº 8.078, de 1990, e na legislação complementar, a Secretaria Nacional do Consumidor do Ministério da Justiça e Segurança Pública poderá editar atos administrativos com vistas à observância das normas de proteção e defesa do consumidor, facultada a oitiva do Conselho Nacional de Defesa do Consumidor.

> Artigo com redação pelo Dec. 10.887/2021.

Art. 64. Poderão ser lavrados Autos de Comprovação ou Constatação, a fim de estabelecer a situação real de mercado, em determinado lugar e momento, obedecido o procedimento adequado.

Art. 65. Em caso de impedimento à aplicação do presente Decreto, ficam as autoridades competentes autorizadas a requisitar o emprego de força policial.

Art. 65-A. As normas procedimentais estabelecidas pela Lei nº 9.784, de 29 de janeiro de 1999, e pela Lei nº 13.105, de 16 de março de 2015 – Código de Processo Civil, aplicam-se subsidiariamente e supletivamente a este Decreto.

> Artigo acrescido pelo Dec. 10.887/2021.

Art. 66. Este Decreto entra em vigor na data de sua publicação.

Art. 67. Fica revogado o Decreto 861, de 9 de julho de 1993.

Brasília, 20 de março de 1997; 176º da Independência e 109º da República.

Fernando Henrique Cardoso

PORTARIA 4, DE 13 DE MARÇO DE 1998

Divulga, em aditamento ao elenco do art. 51 da Lei 8.078/90 e do art. 22 do Decreto 2.181/97, cláusulas que são nulas de pleno direito.

DOU de 16.03.1998.

O Secretário de Direito Econômico do Ministério da Justiça, no uso de suas atribuições legais,

Considerando o disposto no art. 56 do Decreto 2.181, de 20 de março de 1997, e com o objetivo de orientar o Sistema Nacional de Defesa do Consumidor, notadamente para o fim de aplicação do disposto no inciso IV do art. 22 deste Decreto;

Considerando que o elenco de Cláusulas abusivas relativas ao fornecimento de produtos e serviços, constantes do art. 51 da Lei 8.078, de 11 de setembro de 1990, é tipo aberto, exemplificativo, permitindo, desta forma, a sua complementação; e

Considerando, ainda, que decisões terminativas dos diversos PROCONs e Ministérios Públicos pacificam como abusivas as Cláusulas a seguir enumeradas,

Resolve:

Divulgar, em aditamento ao elenco do art. 51 da Lei 8.078/90 e do art. 22 do Decreto 2.181/97, as seguintes cláusulas que, dentre outras, são nulas de pleno direito:

1 – estabeleçam prazos de carência na prestação ou fornecimento de serviços, em caso de impontualidade das prestações ou mensalidades;

2 – imponham, em caso de impontualidade, interrupção de serviço essencial, sem aviso prévio;

3 – não restabeleçam integralmente os direitos do consumidor a partir da purgação da mora;

4 – impeçam o consumidor de se beneficiar do evento, constante de termo de garantia contratual, que lhe seja mais favorável;

5 – estabeleçam a perda total ou desproporcionada das prestações pagas pelo consumidor, em benefício do credor, que, em razão de desistência ou inadimplemento, pleitear a resilição ou resolução do contrato, ressalvada a cobrança judicial de perdas e danos comprovadamente sofridos;

6 – estabeleçam sanções em caso de atraso ou descumprimento da obrigação somente em desfavor do consumidor;

7 – estabeleçam cumulativamente a cobrança de comissão de permanência e correção monetária;

8 – elejam foro para dirimir conflitos decorrentes de relações de consumo diverso daquele onde reside o consumidor;

9 – *Revogado pela Portaria 17/2004.*

> O texto original dispunha:

"9 – obriguem o consumidor ao pagamento de honorários advocatícios sem que haja ajuizamento de ação correspondente;"

10 – impeçam, restrinjam ou afastem a aplicação das normas do código de defesa do consumidor nos conflitos decorrentes de contratos de transporte aéreo;

11 – atribuam ao fornecedor o poder de escolha entre múltiplos índices de reajuste, entre os admitidos legalmente;

12 – permitam ao fornecedor emitir títulos de crédito em branco ou livremente circuláveis por meio de endosso na representação de toda e qualquer obrigação assumida pelo consumidor;

13 – estabeleçam a devolução de prestações pagas, sem que os valores sejam corrigidos monetariamente;

14 – imponham limite ao tempo de internação hospitalar, que não o prescrito pelo médico.

Ruy Coutinho do Nascimento

DECRETO 2.521, DE 20 DE MARÇO DE 1998

Dispõe sobre a exploração, mediante permissão e autorização, de serviços de transporte rodoviário interestadual e internacional de passageiros e dá outras providências.

DOU de 23.03.1998.

O Presidente da República, no uso das atribuições que lhe confere o art. 84, incisos IV e VI, da Constituição, e tendo em vista o disposto na alínea "e" do inciso XII, do art. 21 da Constituição e na Lei 8.987, de 13 de fevereiro de 1995, Decreta:

CAPÍTULO I
Das disposições preliminares

(...)

CAPÍTULO VI
Dos direitos e obrigações dos usuários

Art. 29. Sem prejuízo do disposto na Lei 8.078, de 11 de setembro de 1990, são direitos e obrigações do usuário:

I – receber serviço adequado;

II – receber da Agência Nacional de Transportes Terrestres – ANTT e da transportadora informações para defesa de interesses individuais ou coletivos;

> *Redação pelo Decreto 8.083, de 26 de agosto de 2013.*

III – obter e utilizar o serviço com liberdade de escolha;

IV – levar ao conhecimento do órgão de fiscalização as irregularidades de que tenha conhecimento, referentes ao serviço delegado;

V – zelar pela conservação dos bens e equipamentos por meio dos quais lhes são prestados os serviços;

VI – ser transportado com pontualidade, segurança, higiene e conforto, do início ao término da viagem;

VII – ter garantida sua poltrona no ônibus, nas condições especificadas no bilhete de passagem;

VIII – ser atendido com urbanidade pelos prepostos da transportadora e pelos agentes de fiscalização;

IX – ser auxiliado no embarque e desembarque, em se tratando de crianças, pessoas idosas ou com dificuldades de locomoção;

X – receber da transportadora informações acerca das características dos serviços, tais como horários, tempo de viagem, localidades atendidas, preço de passagem e outras relacionadas com os serviços;

XI – transportar, gratuitamente, bagagem no bagageiro e volume no porta-embrulhos, observado o disposto nos artigos 70 a 75 deste Decreto;

XII – receber os comprovantes dos volumes transportados no bagageiro;

XIII – ser indenizado por extravio ou dano da bagagem transportada no bagageiro;

XIV – receber a diferença do preço da passagem, quando a viagem se faça, total ou parcialmente, em veículo de características inferiores às daquele contratado;

XV – receber, às expensas da transportadora, enquanto perdurar a situação, alimentação e pousada, nos casos de venda de mais de um bilhete de passagem para a mesma poltrona, ou interrupção ou retardamento da viagem, quando tais fatos forem imputados à transportadora;

XVI – receber da transportadora, em caso de acidente, imediata e adequada assistência;

XVII – (Revogado pelo Decreto 9.579, de 22.11.2018)

XVIII – remarcar os bilhetes de passagens, dentro do prazo de validade de um ano contado da data de sua emissão;

> *Redação pelo Decreto 8.083, de 26 de agosto de 2013.*

XIX – receber a importância paga, ou revalidar sua passagem, no caso de desistência da viagem, observado o disposto neste Decreto;

XX – estar garantido pelos seguros previstos no artigo 20, inciso XV, deste Decreto.

Art. 30. O usuário dos serviços de que trata este Decreto terá recusado o embarque ou determinado seu desembarque, quando:

I – não se identificar quando exigido;

II – em estado de embriaguez;

III – portar arma, sem autorização da autoridade competente específica;

IV – transportar ou pretender embarcar produtos considerados perigosos pela legislação específica;

V – transportar ou pretender embarcar consigo animais domésticos ou silvestres, sem o devido acondicionamento ou em desacordo com disposições legais ou regulamentares;

VI – pretender embarcar objeto de dimensões e acondicionamento incompatíveis com o porta-embrulhos;

VII – comprometer a segurança, o conforto ou a tranquilidade dos demais passageiros;

VIII – fizer uso de aparelho sonoro, depois de advertido pela tripulação do veículo;

IX – demonstrar incontinência no comportamento;

X – recusar-se ao pagamento da tarifa;

XI – fizer uso de produtos fumígenos no interior do ônibus, em desacordo com a legislação pertinente.

Art. 31. A transportadora afixará em lugar visível e de fácil acesso aos usuários, no local de venda de passagens e nos terminais de embarque e desembarque de passageiros, transcrição das disposições dos artigos 29, 30, 32 e 70 a 75 deste Decreto.

(...)

Art. 102. Este Decreto entra em vigor na data de sua publicação.

Art. 103. Revoga-se o Decreto 952, de 7 de outubro de 1993.

Brasília, 20 de março de 1998; 177° da Independência e 110° da República.

Fernando Henrique Cardoso

PORTARIA 3, DE 19 DE MARÇO DE 1999

Dispõe sobre cláusulas nulas de pleno direito.

DOU de 22.03.1999.

O Secretário de Direito Econômico do Ministério da Justiça, no uso de suas atribuições legais,

Considerando que o elenco de Cláusulas Abusivas relativas ao fornecimento de produtos e serviços, constantes do art. 51 da Lei 8.078, de 11 de setembro de 1990, é de tipo aberto, exemplificativo, permitindo, desta forma a sua complementação;

Considerando o disposto no art. 56 do Decreto 2.181, de 20 de março de 1997, que regulamentou a Lei 8.078/90, e com o objetivo de orientar o Sistema Nacional de Defesa do Consumidor, notadamente para o fim de aplicação do disposto no inciso IV do art. 22 deste Decreto, bem assim promover a educação e a informação de fornecedores e consumidores, quanto aos seus direitos e deveres, com a melhoria, transparência, harmonia, equilíbrio e boa-fé nas relações de consumo, e

Considerando que decisões administrativas de diversos PROCONs, entendimentos dos Ministérios Públicos ou decisões judiciais pacificam como abusivas as cláusulas a seguir enumeradas, resolve:

Divulgar, em aditamento ao elenco do art. 51 da Lei 8.078/90, e do art. 22 do Decreto 2.181/97, as seguintes cláusulas que, dentre outras, são nulas de pleno direito:

1. Determinem aumentos de prestações nos contratos de planos e seguros de saúde, firmados anteriormente à Lei 9.656/98, por mudanças de faixas etárias sem previsão expressa e definida;

2. Imponham, em contratos de planos de saúde firmados anteriormente à Lei 9.656/98, limites ou restrições a procedimentos médicos (consultas, exames médicos, laboratoriais e internações hospitalares,

UTI e similares) contrariando prescrição médica;

3. Permitam ao fornecedor de serviço essencial (água, energia elétrica, telefonia) incluir na conta, sem autorização expressa do consumidor, a cobrança de outros serviços. Excetuam-se os casos em que a prestadora do serviço essencial informe e disponibilize gratuitamente ao consumidor a opção de bloqueio prévio da cobrança ou utilização dos serviços de valor adicionado;

4. Estabeleçam prazos de carência para cancelamento do contrato de cartão de crédito;

5. Imponham o pagamento antecipado referente a períodos superiores a 30 dias pela prestação de serviços educacionais ou similares;

6. Estabeleçam, nos contratos de prestação de serviços educacionais, a vinculação à aquisição de outros produtos ou serviços;

7. Estabeleçam que o consumidor reconheça que o contrato acompanhado do extrato demonstrativo da conta corrente bancária constituem título executivo extrajudicial, para os fins do art. 585, II, do Código de Processo Civil;

8. Estipulem o reconhecimento, pelo consumidor, de que os valores lançados no extrato da conta corrente ou na fatura do cartão de crédito constituem dívida líquida, certa e exigível;

9. Estabeleçam a cobrança de juros capitalizados mensalmente;

10. Imponham, em contratos de consórcios, o pagamento de percentual a título de taxa de administração futura, pelos consorciados desistentes ou excluídos;

11. Estabeleçam, nos contratos de prestação de serviços educacionais e similares, multa moratória superior a 2% (dois por cento);

12. Exijam a assinatura de duplicatas, letras de câmbio, notas promissórias ou quaisquer outros títulos de crédito em branco;

13. Subtraiam ao consumidor, nos contratos de seguro, o recebimento de valor inferior ao contrato na apólice;

14. Prevejam em contratos de arrendamento mercantil (*leasing*) a exigência, a título de indenização, do pagamento das parcelas vincendas, no caso de restituição do bem;

15. Estabeleçam, em contrato de arrendamento mercantil (*leasing*), a exigência do pagamento antecipado do Valor Residual Garantido (VRG), sem previsão de devolução desse montante, corrigido monetariamente, se não exercida a opção de compra do bem.

Ruy Coutinho do Nascimento

LEI 9.832, DE 14 DE SETEMBRO DE 1999

Proíbe o uso industrial de embalagens metálicas soldadas com liga de chumbo e estanho para acondicionamento de gêneros alimentícios, exceto para produtos secos ou desidratados.

DOU de 15.09.1999.

O Presidente da República, Faço saber que o Congresso Nacional decreta e eu sanciono a seguinte Lei:

Art. 1º É proibido em todo o território nacional, a partir de dois anos da entrada em vigor desta Lei, o uso industrial de embalagens metálicas soldadas com liga de chumbo e estanho para acondicionamento de gêneros alimentícios, exceto para produtos secos ou desidratados.

Art. 2º O não cumprimento do disposto no art. 1º implicará a aplicação das penalidades administrativas, civis e penais previstas em lei, inclusive aquelas de que trata o art. 56 da Lei 8.078, de 11 de setembro de 1990.

Art. 3º Esta Lei entra em vigor na data de sua publicação.

Brasília, 14 de setembro de 1999; 178º da Independência e 111º da República.

Fernando Henrique Cardoso

LEI 10.048, DE 8 DE NOVEMBRO DE 2000

Dá prioridade de atendimento às pessoas que especifica, e dá outras providências.

DOU de 09.11.2000

O Presidente da República Faço saber que o Congresso Nacional decreta e eu sanciono a seguinte Lei:

Art. 1º As pessoas com deficiência, as pessoas com transtorno do espectro autista, as pessoas idosas com idade igual ou superior a 60 (sessenta) anos, as gestantes, as lactantes, as pessoas com criança de colo, os obesos, as pessoas com mobilidade reduzida e os doadores de sangue terão atendimento prioritário, nos termos desta Lei.

> *Caput* com redação pela Lei 14.626/2023.

§ 1º Os acompanhantes ou atendentes pessoais das pessoas referidas no caput serão atendidos junta e acessoriamente aos titulares da prioridade de que trata esta Lei.

> § 1º com redação pela Lei 14.626/2023.

§ 2º Os doadores de sangue terão direito a atendimento prioritário após todos os demais beneficiados no rol constante do caput deste artigo, mediante apresentação de comprovante de doação, com validade de 120 (cento e vinte) dias.

§ 3º O atendimento prioritário poderá ser realizado mediante discriminação de postos, caixas, guichês, linhas ou atendentes específicos para esse fim.

§ 4º Caso não haja postos, caixas, guichês, linhas ou atendentes específicos para a realização do atendimento prioritário, as pessoas referidas no *caput* deste artigo deverão ser atendidas imediatamente após a conclusão do atendimento que estiver em andamento, antes de quaisquer outras pessoas.

> §§ 2º a 4º acrescidos pela Lei 14.626/2023.

Art. 2º As repartições públicas e empresas concessionárias de serviços públicos estão obrigadas a dispensar atendimento prioritário, por meio de serviços individualizados que assegurem tratamento diferenciado e atendimento imediato às pessoas a que se refere o art. 1º.

Parágrafo único. É assegurada, em todas as instituições financeiras, a prioridade de atendimento às pessoas mencionadas no art. 1º.

Art. 3º As empresas públicas de transporte e as concessionárias de transporte coletivo reservarão assentos, devidamente identificados, às pessoas com deficiência, às pessoas com transtorno do espectro autista, às pessoas idosas, às gestantes, às lactantes, às pessoas com criança de colo e às pessoas com mobilidade reduzida.

> Artigo com redação pela Lei 14.626/2023.

Art. 4º Os logradouros e sanitários públicos, bem como os edifícios de uso público, terão normas de construção, para efeito de licenciamento da respectiva edificação, baixadas pela autoridade competente, destinadas a facilitar o acesso e uso desses locais pelas pessoas portadoras de deficiência.

Art. 5º Os veículos de transporte coletivo a serem produzidos após doze meses da publicação desta Lei serão planejados de forma a facilitar o acesso a seu interior das pessoas portadoras de deficiência.

§ 1º *Vetado.*

§ 2º Os proprietários de veículos de transporte coletivo em utilização terão o prazo de cento e oitenta dias, a contar da regulamentação desta Lei, para proceder às adaptações necessárias ao acesso facilitado das pessoas portadoras de deficiência.

Art. 6º A infração ao disposto nesta Lei sujeitará os responsáveis:

I – no caso de servidor ou de chefia responsável pela repartição pública, às penalidades previstas na legislação específica;

II – no caso de empresas concessionárias de serviço público, a multa de R$ 500,00 (quinhentos reais) a R$ 2.500,00 (dois mil e quinhentos reais), por veículos sem as condições previstas nos arts. 3º e 5º;

III – no caso das instituições financeiras, às penalidades previstas no art. 44, incisos I,

II e III, da Lei 4.595, de 31 de dezembro de 1964.

Parágrafo único. As penalidades de que trata este artigo serão elevadas ao dobro, em caso de reincidência.

Art. 7º O Poder Executivo regulamentará esta Lei no prazo de sessenta dias, contado de sua publicação.

Art. 8º Esta Lei entra em vigor na data de sua publicação.

Brasília, 8 de novembro de 2000; 179º da Independência e 112º da República.

Fernando Henrique Cardoso

PORTARIA 3, DE 15 DE MARÇO DE 2001

Dispõe sobre cláusulas abusivas.

DOU de 17.03.2001.

O Secretário de Direito Econômico do Ministério da Justiça, no uso de suas atribuições legais;

Considerando que o elenco de Cláusulas Abusivas relativas ao fornecimento de produtos e serviços, constantes do art. 51 da Lei 8.078, de 11 de setembro de 1990, é de tipo aberto, exemplificativo, permitindo, desta forma a sua complementação;

Considerando o disposto no art. 56 do Decreto 2.181, de 20 março de 1997, que regulamentou a Lei 8.078/90, e com o objetivo de orientar o Sistema Nacional de Defesa do Consumidor, notadamente para o fim de aplicação do disposto no inciso IV do art. 22 desse Decreto, bem assim promover a educação e a informação de fornecedores e consumidores, quanto aos seus direitos e deveres, com a melhoria, transparência, harmonia, equilíbrio e boa fé nas relações de consumo;

Considerando que decisões judiciais, decisões administrativas de diversos PROCONs, e entendimentos dos Ministérios Públicos pacificam como abusivas as cláusulas a seguir enumeradas, resolve:

Divulgar o seguinte elenco de cláusulas, as quais, na forma do art. 51 da Lei 8.078, de 11 de setembro de 1990, e do art. 56 do Decreto 2.181, de 20 de março de 1997, com o objetivo de orientar o Sistema Nacional de Defesa do Consumidor, serão consideradas como abusivas, notadamente para fim de aplicação do disposto no inciso IV, do art. 22 do Decreto 2.181:

1. estipule presunção de conhecimento por parte do consumidor de fatos novos não previstos em contrato;

2. estabeleça restrições ao direito do consumidor de questionar nas esferas administrativa e judicial possíveis lesões decorrentes de contrato por ele assinado;

3. imponha a perda de parte significativa das prestações já quitadas em situações de venda a crédito, em caso de desistência por justa causa ou impossibilidade de cumprimento da obrigação pelo consumidor;

4. estabeleça cumulação de multa rescisória e perda do valor das arras;

5. estipule a utilização expressa ou não, de juros capitalizados nos contratos civis;

6. autorize, em virtude de inadimplemento, o não fornecimento ao consumidor de informações de posse do fornecedor, tais como: histórico escolar, registros médicos, e demais do gênero;

7. autorize o envio do nome do consumidor e/ou seus garantes a cadastros de consumidores (SPC, Serasa etc.), enquanto houver discussão em juízo relativa à relação de consumo;

8. considere, nos contratos bancários, financeiros e de cartões de crédito, o silêncio do consumidor, pessoa física, como aceitação tácita dos valores cobrados, das informações prestadas nos extratos ou aceitação de modificações de índices ou de quaisquer alterações contratuais;

9. permita à instituição bancária retirar da conta corrente do consumidor ou cobrar restituição deste dos valores usados por terceiros, que de forma ilícita estejam de posse de seus cartões bancários ou cheques, após comunicação de roubo, furto ou desaparecimento suspeito ou requisição de bloqueio ou final de conta;

10. exclua, nos contratos de seguro de vida, a cobertura de evento decorrente de doença preexistente, salvo as hipóteses em que a seguradora comprove que o

consumidor tinha conhecimento da referida doença à época da contratação;

11. *Revogado pela Portaria 24/2004;*

> O texto revogado dispunha:
>
> *"11. limite temporalmente, nos contratos de seguro de responsabilidade civil, a cobertura apenas às reclamações realizadas durante a vigência do contrato, e não ao evento ou sinistro ocorrido durante a vigência;"*

12. preveja, nos contratos de seguro de automóvel, o ressarcimento pelo valor de mercado, se inferior ao previsto no contrato;

13. impeça o consumidor de acionar, em caso de erro médico, diretamente a operadora ou cooperativa que organiza ou administra o plano privado de assistência à saúde;

14. estabeleça, no contrato de venda e compra de imóvel, a incidência de juros antes da entrega das chaves;

15. preveja, no contrato de promessa de venda e compra de imóvel, que o adquirente autorize ao incorporador alienante constituir hipoteca do terreno e de suas acessões (unidades construídas) para garantir dívida da empresa incorporadora, realizada para financiamento de obras;

16. vede, nos serviços educacionais, em face de desistência pelo consumidor, a restituição de valor pago a título de pagamento antecipado de mensalidade.

Paulo de Tarso Ramos Ribeiro

MEDIDA PROVISÓRIA 2.172-32, DE 23 DE AGOSTO DE 2001

Estabelece a nulidade das disposições contratuais que menciona e inverte, nas hipóteses que prevê, o ônus da prova nas ações intentadas para sua declaração.

DOU de 24.08.2001.

O Presidente da República, no uso da atribuição que lhe confere o art. 62 da Constituição, adota a seguinte Medida Provisória, com força de lei:

Art. 1º São nulas de pleno direito as estipulações usurárias, assim consideradas as que estabeleçam:

I – nos contratos civis de mútuo, taxas de juros superiores às legalmente permitidas, caso em que deverá o juiz, se requerido, ajustá-las à medida legal ou, na hipótese de já terem sido cumpridas, ordenar a restituição, em dobro, da quantia paga em excesso, com juros legais a contar da data do pagamento indevido;

II – nos negócios jurídicos não disciplinados pelas legislações comercial e de defesa do consumidor, lucros ou vantagens patrimoniais excessivos, estipulados em situação de vulnerabilidade da parte, caso em que deverá o juiz, se requerido, restabelecer o equilíbrio da relação contratual, ajustando-os ao valor corrente, ou, na hipótese de cumprimento da obrigação, ordenar a restituição, em dobro, da quantia recebida em excesso, com juros legais a contar da data do pagamento indevido.

Parágrafo único. Para a configuração do lucro ou vantagem excessivos, considerar-se-ão a vontade das partes, as circunstâncias da celebração do contrato, o seu conteúdo e natureza, a origem das correspondentes obrigações, as práticas de mercado e as taxas de juros legalmente permitidas.

Art. 2º São igualmente nulas de pleno direito as disposições contratuais que, com o pretexto de conferir ou transmitir direitos, são celebradas para garantir, direta ou indiretamente, contratos civis de mútuo com estipulações usurárias.

Art. 3º Nas ações que visem à declaração de nulidade de estipulações com amparo no disposto nesta Medida Provisória, incumbirá ao credor ou beneficiário do negócio o ônus de provar a regularidade jurídica das correspondentes obrigações, sempre que demonstrada pelo prejudicado, ou pelas circunstâncias do caso, a verossimilhança da alegação.

Art. 4º As disposições desta Medida Provisória não se aplicam:

I – às instituições financeiras e demais instituições autorizadas a funcionar pelo Banco Central do Brasil, bem como às operações realizadas nos mercados financeiro, de capitais e de valores mobiliários, que continuam regidas pelas normas legais e regulamentares que lhes são aplicáveis;

II – às sociedades de crédito que tenham por objeto social exclusivo a concessão de financiamentos ao microempreendedor;

III – às organizações da sociedade civil de interesse público de que trata a Lei 9.790, de 23 de março de 1999, devidamente registradas no Ministério da Justiça, que se dedicam a sistemas alternativos de crédito e não têm qualquer tipo de vinculação com o Sistema Financeiro Nacional.

Parágrafo único. Poderão também ser excluídas das disposições desta Medida Provisória, mediante deliberação do Conselho Monetário Nacional, outras modalidades de operações e negócios de natureza subsidiária, complementar ou acessória das atividades exercidas no âmbito dos mercados financeiro, de capitais e de valores mobiliários.

Art. 5º Ficam convalidados os atos praticados com base na Medida Provisória 2.172-31, de 26 de julho de 2001.

Art. 6º Esta Medida Provisória entra em vigor na data de sua publicação.

Art. 7º Fica revogado o § 3º do art. 4º da Lei 1.521, de 26 de dezembro de 1951.

Brasília, 23 de agosto de 2001; 180º da Independência e 113º da República.

Fernando Henrique Cardoso

PORTARIA 5, DE 27 DE AGOSTO DE 2002

Complementa o elenco de cláusulas abusivas constante do art. 51 da Lei 8.078, de 11 de setembro de 1990.

DOU de 28.08.2002.

A Secretária de Direito Econômico do Ministério da Justiça, no uso da atribuição que lhe confere o art. 56 do Decreto 2.181, de 20 de março de 1997, e

Considerando que constitui dever da Secretaria de Direito Econômico orientar o Sistema Nacional de Defesa do Consumidor sobre a abusividade de cláusulas insertas em contratos de fornecimento de produtos e serviços, notadamente para o fim de aplicação do disposto no inciso IV do art. 22 do Decreto 2.181, de 1997;

Considerando que o elenco de cláusulas abusivas constante do art. 51 da Lei 8.078, de 1990, é meramente exemplificativo, uma vez que outras estipulações contratuais lesivas ao consumidor defluem do próprio texto legal;

Considerando que a informação de fornecedores e de consumidores quanto aos seus direitos e deveres promove a melhoria, a transparência, a harmonia, o equilíbrio e a boa-fé nas relações de consumo;

Considerando, finalmente, as sugestões oferecidas pelo Ministério Público e pelos Procons, bem como decisões judiciais sobre relações de consumo; resolve:

Art. 1º Considerar abusiva, nos contratos de fornecimento de produtos e serviços, a cláusula que:

I – autorize o envio do nome do consumidor, e/ou seus garantes, a bancos de dados e cadastros de consumidores, sem comprovada notificação prévia;

II – imponha ao consumidor, nos contratos de adesão, a obrigação de manifestar-se contra a transferência, onerosa ou não, para terceiros, dos dados cadastrais confiados ao fornecedor;

III – autorize o fornecedor a investigar a vida privada do consumidor;

IV – imponha em contratos de seguro-saúde, firmados anteriormente à Lei 9.656, de 3 de junho de 1998, limite temporal para internação hospitalar;

V – prescreva, em contrato de plano de saúde ou seguro-saúde, a não cobertura de doenças de notificação compulsória.

Art. 2º Esta Portaria entra em vigor na data de sua publicação.

Elisa Silva Ribeiro Baptista de Oliveira

DECRETO 4.680, DE 24 DE ABRIL DE 2003

Regulamenta o direito à informação, assegurado pela Lei 8.078, de 11 de se

tembro de 1990, quanto aos alimentos e ingredientes alimentares destinados ao consumo humano ou animal que contenham ou sejam produzidos a partir de organismos geneticamente modificados, sem prejuízo do cumprimento das demais normas aplicáveis.

DOU de 25.04.2003, e republicado em 28.04.2003.

O Presidente da República, no uso da atribuição que lhe confere o art. 84, inciso IV, da Constituição, Decreta:

Art. 1º Este Decreto regulamenta o direito à informação, assegurado pela Lei 8.078, de 11 de setembro de 1990, quanto aos alimentos e ingredientes alimentares destinados ao consumo humano ou animal que contenham ou sejam produzidos a partir de organismos geneticamente modificados, sem prejuízo do cumprimento das demais normas aplicáveis.

> *Instrução Normativa Interministerial 1/2004: direito à informação, quanto aos alimentos e ingredientes alimentares, destinados ao consumo humano ou animal, que contenham ou sejam produzidos a partir de organismos geneticamente modificados.*

Art. 2º Na comercialização de alimentos e ingredientes alimentares destinados ao consumo humano ou animal que contenham ou sejam produzidos a partir de organismos geneticamente modificados, com presença acima do limite de um por cento do produto, o consumidor deverá ser informado da natureza transgênica desse produto.

§ 1º Tanto nos produtos embalados como nos vendidos a granel ou *in natura*, o rótulo da embalagem ou do recipiente em que estão contidos deverá constar, em destaque, no painel principal e em conjunto com o símbolo a ser definido mediante ato do Ministério da Justiça, uma das seguintes expressões, dependendo do caso: "(nome do produto) transgênico", "contém (nome do ingrediente ou ingredientes) transgênico(s)" ou "produto produzido a partir de (nome do produto) transgênico".

§ 2º O consumidor deverá ser informado sobre a espécie doadora do gene no local reservado para a identificação dos ingredientes.

§ 3º A informação determinada no § 1º deste artigo também deverá constar do documento fiscal, de modo que essa informação acompanhe o produto ou ingrediente em todas as etapas da cadeia produtiva.

§ 4º O percentual referido no *caput* poderá ser reduzido por decisão da Comissão Técnica Nacional de Biossegurança – CTNBio.

Art. 3º Os alimentos e ingredientes produzidos a partir de animais alimentados com ração contendo ingredientes transgênicos deverão trazer no painel principal, em tamanho e destaque previstos no art. 2º, a seguinte expressão: "(nome do animal) alimentado com ração contendo ingrediente transgênico" ou "(nome do ingrediente) produzido a partir de animal alimentado com ração contendo ingrediente transgênico".

Art. 4º Aos alimentos e ingredientes alimentares que não contenham nem sejam produzidos a partir de organismos geneticamente modificados será facultada a rotulagem "(nome do produto ou ingrediente) livre de transgênicos", desde que tenham similares transgênicos no mercado brasileiro.

Art. 5º As disposições dos §§ 1º, 2º e 3º do art. 2º e do art. 3º deste Decreto não se aplicam à comercialização de alimentos destinados ao consumo humano ou animal que contenham ou tenham sido produzidos a partir de soja da safra colhida em 2003.

§ 1º As expressões "pode conter soja transgênica" e "pode conter ingrediente produzido a partir de soja transgênica" deverão, conforme o caso, constar do rótulo, bem como da documentação fiscal, dos produtos a que se refere o *caput*, independentemente do percentual da presença de soja transgênica, exceto se:

I – a soja ou o ingrediente a partir dela produzido seja oriundo de região excluída pelo Ministério da Agricultura, Pecuária e Abastecimento do regime de que trata a Medida Provisória 113, de 26 de março de 2003, de conformidade com o disposto no § 5º do seu art. 1º; ou

II – a soja ou o ingrediente a partir dela produzido seja oriundo de produtores que obtenham o certificado de que trata o art. 4º da Medida Provisória 113, de 2003, devendo, nesse caso, ser aplicadas as disposições do art. 4º deste Decreto.

§ 2º A informação referida no § 1º pode ser inserida por meio de adesivos ou qualquer forma de impressão.

§ 3º Os alimentos a que se refere o *caput* poderão ser comercializados após 31 de janeiro de 2004, desde que a soja a partir da qual foram produzidos tenha sido alienada pelo produtor até essa data.

Art. 6º À infração ao disposto neste Decreto aplica-se as penalidades previstas no Código de Defesa do Consumidor e demais normas aplicáveis.

Art. 7º Este Decreto entra em vigor na data de sua publicação.

Art. 8º Revoga-se o Decreto 3.871, de 18 de julho de 2001.

Luiz Inácio Lula da Silva

PORTARIA 7, DE 3 DE SETEMBRO DE 2003

Para efeitos de fiscalização pelos órgãos públicos de defesa do consumidor, particulariza hipótese prevista no elenco de práticas abusivas constante do art. 39 da Lei 8.078, de 11 de setembro de 1990.

DOU de 04.09.2013.

O Secretário de Direito Econômico do Ministério da Justiça, no uso da atribuição que lhe confere o art. 63 do Decreto 2.181 de 20 de março de 1997, e

Considerando que constitui dever da Secretaria de Direito Econômico orientar o Sistema Nacional de Defesa do Consumidor visando à fiel observância das normas de proteção e defesa do consumidor,

Considerando que os órgãos públicos de defesa do consumidor, nas suas respectivas áreas de atuação administrativa e no interesse da preservação da vida, da saúde, da segurança, da informação e do bem-estar do consumidor, devem editar as normas que se fizerem necessárias, nos termos do art. 55 da Lei 8.078/90;

Considerando que a informação de fornecedores e de consumidores quanto aos seus direitos e deveres promove a melhoria, a transparência, a harmonia, o equilíbrio e a boa-fé nas relações de consumo;

Considerando, finalmente, a aplicabilidade do Código de Defesa do Consumidor, no âmbito dos serviços privados de saúde, resolve:

Art. 1º Considerar abusiva, nos termos do art. 39, inciso V da Lei 8.078, de 11 de setembro de 1990, a interrupção da internação hospitalar em leito clínico, cirúrgico ou em centro de terapia intensiva ou similar, por motivos alheios às prescrições médicas.

Art. 2º Esta portaria entra em vigor na data de sua publicação.

Daniel Krepel Goldberg

LEI 10.962, DE 11 DE OUTUBRO DE 2004

Dispõe sobre a oferta e as formas de afixação de preços de produtos e serviços para o consumidor.

DOU de 13.10.2004.

> *Decreto 5.903/2006. (Regulamento).*

O Presidente da República, Faço saber que o Congresso Nacional decreta e eu sanciono a seguinte Lei:

Art. 1º Esta Lei regula as condições de oferta e afixação de preços de bens e serviços para o consumidor.

Art. 2º São admitidas as seguintes formas de afixação de preços em vendas a varejo para o consumidor:

I – no comércio em geral, por meio de etiquetas ou similares afixados diretamente nos bens expostos à venda, e em vitrines, mediante divulgação do preço à vista em caracteres legíveis;

II – em autosserviços, supermercados, hipermercados, mercearias ou estabelecimentos comerciais onde o consumidor tenha acesso direto ao produto, sem intervenção do comerciante, mediante a impressão ou afixação do preço do produto na embalagem, ou a afixação de código referencial, ou ainda, com a afixação de código de barras.

III – no comércio eletrônico, mediante divulgação ostensiva do preço à vista, junto à imagem do produto ou descrição do serviço, em caracteres facilmente legíveis com tamanho de fonte não inferior a doze.

> *Inciso III acrescido pela Lei 13.543/2017.*

Parágrafo único. Nos casos de utilização de código referencial ou de barras, o comerciante deverá expor, de forma clara e legível, junto aos itens expostos, informação relativa ao preço à vista do produto, suas características e código.

Art. 2º-A. Na venda a varejo de produtos fracionados em pequenas quantidades, o comerciante deverá informar, na etiqueta contendo o preço ou junto aos itens expostos, além do preço do produto à vista, o preço correspondente a uma das seguintes unidades fundamentais de medida: capacidade, massa, volume, comprimento ou área, de acordo com a forma habitual de comercialização de cada tipo de produto.

> *Artigo acrescido pela Lei 13.175/2015.*

Parágrafo único. O disposto neste artigo não se aplica à comercialização de medicamentos.

> *Parágrafo único acrescido pela Lei 13.175/2015.*

Art. 3º Na impossibilidade de afixação de preços conforme disposto no art. 2º, é permitido o uso de relações de preços dos produtos expostos, bem como dos serviços oferecidos, de forma escrita, clara e acessível ao consumidor.

Art. 4º Nos estabelecimentos que utilizem código de barras para apreçamento, deverão ser oferecidos equipamentos de leitura ótica para consulta de preço pelo consumidor, localizados na área de vendas e em outras de fácil acesso.

§ 1º O regulamento desta Lei definirá, observados, dentre outros critérios ou fatores, o tipo e o tamanho do estabelecimento e a quantidade e a diversidade dos itens de bens e serviços, a área máxima que deverá ser atendida por cada leitora ótica.

§ 2º Para os fins desta Lei, considera-se área de vendas aquela na qual os consumidores têm acesso às mercadorias e serviços oferecidos para consumo no varejo, dentro do estabelecimento.

Art. 5º No caso de divergência de preços para o mesmo produto entre os sistemas de informação de preços utilizados pelo estabelecimento, o consumidor pagará o menor dentre eles.

Art. 5º-A. O fornecedor deve informar, em local e formato visíveis ao consumidor, eventuais descontos oferecidos em função do prazo ou do instrumento de pagamento utilizado.

> *Artigo acrescido pela Lei 13.455/2017.*

Parágrafo único. Aplicam-se às infrações a este artigo as sanções previstas na Lei 8.078, de 11 de setembro de 1990.

Art. 6º *Vetado*

> O texto vetado dispunha:

"Art. 6º O não atendimento às disposições desta Lei sujeita o infrator às seguintes sanções, a serem aplicadas pela autoridade fiscalizatória:

I – advertência;

II – na reincidência, multa de R$ 50,00 (cinquenta reais) a R$ 250,00 (duzentos e cinquenta reais) por infração, valores a serem corrigidos anualmente por índice determinado em regulamento."

Mensagem de Veto 674/04, do art. 6º, I e II: "O dispositivo referido ao estabelecer que o não atendimento às disposições da lei proposta sujeita o infrator às sanções de advertência, e na reincidência, multa de R$ 50,00 (cinquenta reais) a R$ 250,00 (duzentos e cinquenta reais) por infração, corrigidos anualmente por índice determinado em regulamento, torna precária a proteção ao consumidor na ocorrência da hipótese aventada. A multa, vale dizer, foi prefixada em valor tão baixo que pode ensejar até vantagem para o estabelecimento comercial em desrespeitar o direito do consumidor, a depender de seu porte.

Cita-se decisão do Supremo Tribunal Federal em Ação Cautelar (AC 285 MC/RJ; MEDIDA CAUTELAR), que faz referência à multa de R$ 100.000,00 (cem mil reais), por dia, em hipótese similar a da propositura, imposta em face de uma grande rede de supermercado. O veto, assevera-se, não afeta o desiderato inicial, na medida em que a penalidade a ser imposta à infração referida para dar a necessária eficácia à regra jurídica sugerida, já está prevista na Lei 8.078, de 11 de setembro de 1990, de modo equilibrado e proporcional, graduando-a de acordo com a gravidade da infração, a vantagem auferida e a condição econômica do fornecedor."

Art. 7º Esta Lei entra em vigor na data de sua publicação.

Brasília, 11 de outubro de 2004; 183° da Independência e 116° da República.

Luiz Inácio Lula da Silva

DECRETO 5.440, DE 4 DE MAIO DE 2005

Estabelece definições e procedimentos sobre o controle de qualidade da água de sistemas de abastecimento e institui mecanismos e instrumentos para divulgação de informação ao consumidor sobre a qualidade da água para consumo humano.

DOU de 05.05.2005.

O Presidente da República, no uso da atribuição que lhe confere o art. 84, inciso IV, da Constituição, e tendo em vista o disposto nas Leis 8.078, de 11 de setembro de 1990, 8.080, de 19 de setembro de 1990, e 9.433, de 8 de janeiro de 1997, Decreta:

Art. 1º Este Decreto estabelece definições e procedimentos sobre o controle de qualidade da água de sistemas de abastecimento público, assegurado pelas Leis 8.078, de 11 de setembro de 1990, 8.080, de 19 de setembro de 1990, e 9.433, de 8 de janeiro de 1997, e pelo Decreto 79.367, de 9 de março de 1977, e institui mecanismos e instrumentos para divulgação de informação ao consumidor sobre a qualidade da água para consumo humano, na forma do Anexo – "Regulamento Técnico sobre Mecanismos e Instrumentos para Divulgação de Informação ao Consumidor sobre a Qualidade da Água para Consumo Humano", de adoção obrigatória em todo o território nacional.

Art. 2º A fiscalização do cumprimento do disposto no Anexo será exercida pelos órgãos competentes dos Ministérios da Saúde, da Justiça, das Cidades, do Meio Ambiente e autoridades estaduais, do Distrito Federal, dos Territórios e municipais, no âmbito de suas respectivas competências.

Parágrafo único. Os órgãos identificados no *caput* prestarão colaboração recíproca para a consecução dos objetivos definidos neste Decreto.

Art. 3º Os órgãos e as entidades dos Estados, Municípios, Distrito Federal e Territórios e demais pessoas jurídicas, às quais este Decreto se aplica, deverão enviar as informações aos consumidores sobre a qualidade da água, nos seguintes prazos:

I – informações mensais na conta de água, em cumprimento às alíneas *a* e *b* do inciso I do art. 5° do Anexo, a partir do dia 5 de junho de 2005;

II – informações mensais na conta de água, em cumprimento às alíneas *c* e *d* do inciso I do art. 5° do Anexo, a partir do dia 15 de março de 2006; e

III – relatório anual até quinze de março de cada ano, ressalvado o primeiro relatório, que terá como data limite o dia 1° de outubro de 2005.

Art. 4º O não cumprimento do disposto neste Decreto e no respectivo Anexo implica infração às Leis 8.078, de 1990, e 6.437, de 20 de agosto de 1977.

Art. 5º Fica aprovado, na forma do Anexo a este Decreto, o Regulamento Técnico sobre Mecanismos e Instrumentos para Divulgação de Informação ao Consumidor sobre a Qualidade da Água para Consumo Humano.

Art. 6º Este Decreto entra em vigor na data de sua publicação.

Brasília, 4 de maio de 2005; 184° da Independência e 117° da República.

Luiz Inácio Lula da Silva

DECRETO 5.903, DE 20 DE SETEMBRO DE 2006

Regulamenta a Lei 10.962, de 11 de outubro de 2004, e a Lei 8.078, de 11 de setembro de 1990.

DOU de 21.09.2006.

O Presidente da República, no uso da atribuição que lhe confere o art. 84, inciso IV, da Constituição, e tendo em vista o disposto na Lei 8.078, de 11 de setembro de 1990, e na Lei 10.962, de 11 de outubro de 2004, Decreta:

Art. 1º Este Decreto regulamenta a Lei 10.962, de 11 de outubro de 2004, e dispõe sobre as práticas infracionais que atentam contra o direito básico do consumidor de obter informação adequada e clara sobre produtos e serviços, previstas na Lei 8.078, de 11 de setembro de 1990.

Art. 2º Os preços de produtos e serviços deverão ser informados adequadamente, de modo a garantir ao consumidor a correção, clareza, precisão, ostensividade e legibilidade das informações prestadas.

§ 1º Para efeito do disposto no *caput* deste artigo, considera-se:

I – correção, a informação verdadeira que não seja capaz de induzir o consumidor em erro;

II – clareza, a informação que pode ser entendida de imediato e com facilidade pelo consumidor, sem abreviaturas que dificultem a sua compreensão, e sem a necessidade de qualquer interpretação ou cálculo;

III – precisão, a informação que seja exata, definida e que esteja física ou visualmente ligada ao produto a que se refere, sem nenhum embaraço físico ou visual interposto;

IV – ostensividade, a informação que seja de fácil percepção, dispensando qualquer esforço na sua assimilação; e

V – legibilidade, a informação que seja visível e indelével.

Art. 3º O preço de produto ou serviço deverá ser informado discriminando-se o total à vista.

Parágrafo único. No caso de outorga de crédito, como nas hipóteses de financiamento ou parcelamento, deverão ser também discriminados:

I – o valor total a ser pago com financiamento;

II – o número, periodicidade e valor das prestações;

III – os juros; e

IV – os eventuais acréscimos e encargos que incidirem sobre o valor do financiamento ou parcelamento.

Art. 4º Os preços dos produtos e serviços expostos à venda devem ficar sempre visíveis aos consumidores enquanto o estabelecimento estiver aberto ao público.

Parágrafo único. A montagem, rearranjo ou limpeza, se em horário de funcionamento, deve ser feito sem prejuízo das informações relativas aos preços de produtos ou serviços expostos à venda.

Art. 5º Na hipótese de afixação de preços de bens e serviços para o consumidor, em vitrines e no comércio em geral, de que trata o inciso I do art. 2º da Lei 10.962, de 2004, a etiqueta ou similar afixada diretamente no produto exposto à venda deverá ter sua face principal voltada ao consumidor, a fim de garantir a pronta visualização do preço, independentemente de solicitação do consumidor ou intervenção do comerciante.

Parágrafo único. Entende-se como similar qualquer meio físico que esteja unido ao produto e gere efeitos visuais equivalentes aos da etiqueta.

Art. 6º Os preços de bens e serviços para o consumidor nos estabelecimentos comerciais de que trata o inciso II do art. 2º da Lei 10.962, de 2004, admitem as seguintes modalidades de afixação:

I – direta ou impressa na própria embalagem;

II – de código referencial; ou

III – de código de barras.

§ 1º Na afixação direta ou impressão na própria embalagem do produto, será observado o disposto no art. 5º deste Decreto.

§ 2º A utilização da modalidade de afixação de código referencial deverá atender às seguintes exigências:

I – a relação dos códigos e seus respectivos preços devem estar visualmente unidos e próximos dos produtos a que se referem, e imediatamente perceptível ao consumidor, sem a necessidade de qualquer esforço ou deslocamento de sua parte; e

II – o código referencial deve estar fisicamente ligado ao produto, em contraste de cores e em tamanho suficientes que permitam a pronta identificação pelo consumidor.

§ 3º Na modalidade de afixação de código de barras, deverão ser observados os seguintes requisitos:

I – as informações relativas ao preço a vista, características e código do produto deverão estar a ele visualmente unidas, garantindo a pronta identificação pelo consumidor;

II – a informação sobre as características do item deve compreender o nome, quantidade e demais elementos que o particularizem; e

III – as informações deverão ser disponibilizadas em etiquetas com caracteres ostensivos e em cores de destaque em relação ao fundo.

Art. 7º Na hipótese de utilização do código de barras para apreçamento, os fornecedores deverão disponibilizar, na área de vendas, para consulta de preços pelo consumidor, equipamentos de leitura ótica em perfeito estado de funcionamento.

§ 1º Os leitores óticos deverão ser indicados por cartazes suspensos que informem a sua localização.

§ 2º Os leitores óticos deverão ser dispostos na área de vendas, observada a distância máxima de quinze metros entre qualquer produto e a leitora ótica mais próxima.

§ 3º Para efeito de fiscalização, os fornecedores deverão prestar as informações necessárias aos agentes fiscais mediante disponibilização de croqui da área de vendas, com a identificação clara e precisa da localização dos leitores óticos e a distância que os separa, demonstrando graficamente o cumprimento da distância máxima fixada neste artigo.

Art. 8º A modalidade de relação de preços de produtos expostos e de serviços oferecidos aos consumidores somente poderá ser empregada quando for impossível o uso das modalidades descritas nos arts. 5º e 6º deste Decreto.

§ 1º A relação de preços de produtos ou serviços expostos à venda deve ter sua face principal voltada ao consumidor, de forma a garantir a pronta visualização do preço, independentemente de solicitação do consumidor ou intervenção do comerciante.

§ 2º A relação de preços deverá ser também afixada, externamente, nas entradas de restaurantes, bares, casas noturnas e similares.

Art. 9º Configuram infrações ao direito básico do consumidor à informação adequada e clara sobre os diferentes produtos e serviços, sujeitando o infrator às penalidades previstas na Lei 8.078, de 1990, as seguintes condutas:

I – utilizar letras cujo tamanho não seja uniforme ou dificulte a percepção da informação, considerada a distância normal de visualização do consumidor;

II – expor preços com as cores das letras e do fundo idêntico ou semelhante;

III – utilizar caracteres apagados, rasurados ou borrados;

IV – informar preços apenas em parcelas, obrigando o consumidor ao cálculo do total;

V – informar preços em moeda estrangeira, desacompanhados de sua conversão em moeda corrente nacional, em caracteres de igual ou superior destaque;

VI – utilizar referência que deixa dúvida quanto à identificação do item ao qual se refere;

VII – atribuir preços distintos para o mesmo item; e

VIII – expor informação redigida na vertical ou outro ângulo que dificulte a percepção.

Art. 10. A aplicação do disposto neste Decreto dar-se-á sem prejuízo de outras normas de controle incluídas na competência de demais órgãos e entidades federais.

Parágrafo único. O disposto nos arts. 2º, 3º e 9º deste Decreto aplica-se às contratações no comércio eletrônico.

> *Parágrafo único acrescido pelo Decreto 7.962/2013.*

Art. 11. Este Decreto entra em vigor noventa dias após sua publicação.

Brasília, 20 de setembro de 2006; 185º da Independência e 118º da República.

Luiz Inácio Lula da Silva

PORTARIA 2.014, DE 13 DE OUTUBRO DE 2008

Estabelece o tempo máximo para o contato direto com o atendente e o horário de funcionamento no Serviço de Atendimento ao Consumidor – SAC

DOU de 16.10.2008.

O Ministro de Estado Da Justiça, no uso de suas atribuições, considerando o disposto no art. 4º, § 4º, e art. 5º do Decreto 6.523, de 31 de julho de 2008,

Considerando a necessidade de regulamentar o Decreto 6.523, que dispôs sobre a forma de prestação do serviço de atendimento ao consumidor – SAC;

Considerando que os princípios da transparência, da eficiência, do equilíbrio e da boa-fé nas relações de consumo orientam a prestação dos serviços públicos regulados;

Considerando que o serviço de atendimento ao consumidor deve ser dimensionado com fundamento na previsão de chamadas para garantir o atendimento, que deve ser prestado de forma adequada;

Considerando a vulnerabilidade do consumidor e a necessidade de resguardar, na análise das exceções da presente Portaria, a interpretação mais favorável ao consumidor;

Considerando que a comprovação das exceções e o seu impacto na capacidade de atendimento do SAC constituem ônus dos prestadores de serviços regulados previstos nesta Portaria; resolve:

Art. 1º O tempo máximo para o contato direto com o atendente, quando essa opção for selecionada pelo consumidor, será de até 60 (sessenta) segundos, ressalvadas as hipóteses especificadas nesta Portaria.

§ 1º Nos serviços financeiros, o tempo máximo para o contato direto com o atendente será de até 45 (quarenta e cinco) segundos. Nas segundas-feiras, nos dias que antecedem e sucedem os feriados e no 5º dia útil de cada mês o referido prazo máximo será de até 90 (noventa) segundos.

§ 2º Nos serviços de energia elétrica, o tempo máximo para o contato direto com o atendente somente poderá ultrapassar o estabelecido no *caput*, nos casos de atendimentos emergenciais de abrangência sistêmica, assim considerados aqueles que, por sua própria natureza, impliquem a interrupção do fornecimento de energia elétrica a um grande número de consumidores, ocasionando elevada concentração de chamadas, nos termos de regulação setorial.

Art. 2º Os prazos fixados nesta portaria não excluem outros mais benéficos ao consumidor, decorrentes de regulamentações e contratos de concessão, observado o disposto no artigo 21 do Decreto 6.523/08.

Art. 3º O SAC estará disponível, ininterruptamente, durante vinte e quatro horas por dia e sete dias por semana.

§ 1º Poderá haver interrupção do acesso ao SAC quando o serviço ofertado não estiver disponível para fruição ou contratação, vinte e quatro horas por dia e sete dias por semana, nos termos da regulamentação setorial em vigor.

§ 2º Excetua-se do disposto no *caput* do presente artigo, o SAC destinado ao serviço de transporte aéreo não regular de passageiros e ao atendimento de até cinqüenta mil assinantes de serviços de televisão por assinatura, cuja disponibilidade será fixada na regulação setorial.

Art. 4º Esta Portaria entrará em vigor em 1º de dezembro de 2008.

Tarso Genro

LEI 12.007, DE 29 DE JULHO DE 2009

Dispõe sobre a emissão de declaração de quitação anual de débitos pelas pessoas jurídicas prestadoras de serviços públicos ou privados.

DOU de 30.07.2009.

O Presidente da República. Faço saber que o Congresso Nacional decreta e eu sanciono a seguinte Lei:

Art. 1º As pessoas jurídicas prestadoras de serviços públicos ou privados são obrigadas a emitir e a encaminhar ao consumidor declaração de quitação anual de débitos.

Art. 2º A declaração de quitação anual de débitos compreenderá os meses de janeiro a dezembro de cada ano, tendo como referência a data do vencimento da respectiva fatura.

§ 1º Somente terão direito à declaração de quitação anual de débitos os consumidores que quitarem todos os débitos relativos ao ano em referência.

§ 2º Caso o consumidor não tenha utilizado os serviços durante todos os meses do ano anterior, terá ele o direito à declaração de quitação dos meses em que houve faturamento dos débitos.

§ 3º Caso exista algum débito sendo questionado judicialmente, terá o consumidor o direito à declaração de quitação dos meses em que houve faturamento dos débitos.

Art. 3º A declaração de quitação anual deverá ser encaminhada ao consumidor por ocasião do encaminhamento da fatura a vencer no mês de maio do ano seguinte ou no mês subsequente à completa quitação dos débitos do ano anterior ou dos anos anteriores, podendo ser emitida em espaço da própria fatura.

Art. 4º Da declaração de quitação anual deverá constar a informação de que ela substitui, para a comprovação do cumprimento das obrigações do consumidor, as quitações dos faturamentos mensais dos débitos do ano a que se refere e dos anos anteriores.

Art. 5º O descumprimento do disposto nesta Lei sujeitará os infratores às sanções previstas na Lei 8.987, de 13 de fevereiro de 1995, sem prejuízo daquelas determinadas pela legislação de defesa do consumidor.

Art. 6º Esta Lei entra em vigor na data de sua publicação.

Brasília, 29 de julho de 2009; 188º da Independência e 121º da República.

Luiz Inácio Lula da Silva

LEI 12.291, DE 20 DE JULHO DE 2010

Torna obrigatória a manutenção de exemplar do Código de Defesa do Consumidor nos estabelecimentos comerciais e de prestação de serviços.

DOU de 21.07.2010.

O Presidente da República. Faço saber que o Congresso Nacional decreta e eu sanciono a seguinte Lei:

Art. 1º São os estabelecimentos comerciais e de prestação de serviços obrigados a manter, em local visível e de fácil acesso ao público, 1 (um) exemplar do Código de Defesa do Consumidor.

Art. 2º O não cumprimento do disposto nesta Lei implicará as seguintes penalidades, a serem aplicadas aos infratores pela autoridade administrativa no âmbito de sua atribuição:

I – multa no montante de até R$ 1.064,10 (mil e sessenta e quatro reais e dez centavos);

II – *Vetado*; e

> O texto vetado dispunha:
>
> *"II – suspensão temporária da atividade; e"*

III – *Vetado*.

> O texto vetado dispunha:
>
> *"III – cassação da licença do estabelecimento."*
>
> *Mensagem 420/2010. Razão dos vetos, dispõe: "O Código de Defesa do Consumidor restringe a aplicação das penas de suspensão temporária da atividade e de cassação de licença somente para as infrações de maior gravidade e, ainda, apenas quando houver reincidência, restando desproporcional sua adoção quando do descumprimento do disposto na presente proposta."*

Art. 3º Esta Lei entra em vigor na data de sua publicação.

Brasília, 20 de julho de 2010; 189º da Independência e 122º da República.

Luiz Inácio Lula da Silva

LEI 12.414, DE 9 DE JUNHO DE 2011

Disciplina a formação e consulta a bancos de dados com informações de adimplemento, de pessoas naturais ou de pessoas jurídicas, para formação de histórico de crédito.

DOU de 10.06.2011.

> *Arts. 43, 44 e 72 da Lei 8.078/1990 (Código de Defesa do Consumidor – CDC).*

> *Dec. 9.936/2019 (Regulamenta a Lei 12.414/2011).*

A Presidenta da República. Faço saber que o Congresso Nacional decreta e eu sanciono a seguinte Lei:

Art. 1º Esta Lei disciplina a formação e consulta a bancos de dados com informações de adimplemento, de pessoas naturais ou de pessoas jurídicas, para formação de histórico de crédito, sem prejuízo do disposto na Lei 8.078, de 11 de setembro de 1990 – Código de Proteção e Defesa do Consumidor.

Parágrafo único. Os bancos de dados instituídos ou mantidos por pessoas jurídicas de direito público interno serão regidos por legislação específica.

Art. 2º Para os efeitos desta Lei, considera-se:

I – banco de dados: conjunto de dados relativo a pessoa natural ou jurídica armazenados com a finalidade de subsidiar a concessão de crédito, a realização de venda a prazo ou de outras transações comerciais e empresariais que impliquem risco financeiro;

II – gestor: pessoa jurídica que atenda aos requisitos mínimos de funcionamento previstos nesta Lei e em regulamentação complementar, responsável pela administração de banco de dados, bem como pela coleta, pelo armazenamento, pela análise e pelo acesso de terceiros aos dados armazenados;

> *Inciso II acrescido pela LC 166/2019.*

III – cadastrado: pessoa natural ou jurídica cujas informações tenham sido incluídas em banco de dados;

> *Inciso III com redação pela LC 166/2019.*

IV – fonte: pessoa natural ou jurídica que conceda crédito, administre operações de autofinanciamento ou realize venda a prazo ou outras transações comerciais e empresariais que lhe impliquem risco financeiro, inclusive as instituições autorizadas a funcionar pelo Banco Central do Brasil e os prestadores de serviços continuados de água, esgoto, eletricidade, gás, telecomunicações e assemelhados;

> *Inciso IV com redação pela LC 166/2019.*

V – consulente: pessoa natural ou jurídica que acesse informações em bancos de dados para qualquer finalidade permitida por esta Lei;

VI – anotação: ação ou efeito de anotar, assinalar, averbar, incluir, inscrever ou registrar informação relativa ao histórico de crédito em banco de dados; e

VII – histórico de crédito: conjunto de dados financeiros e de pagamentos, relativos às operações de crédito e obrigações de pagamento adimplidas ou em andamento por pessoa natural ou jurídica.

> *Inciso VII com redação pela LC 166/2019.*

Art. 3º Os bancos de dados poderão conter informações de adimplemento do cadastrado, para a formação do histórico de crédito, nas condições estabelecidas nesta Lei.

§ 1º Para a formação do banco de dados, somente poderão ser armazenadas informações objetivas, claras, verdadeiras e de fácil compreensão, que sejam necessárias para avaliar a situação econômica do cadastrado.

> *Art. 43, § 1º, da Lei 8.078/1990 (Código de Defesa do Consumidor – CDC).*

§ 2º Para os fins do disposto no § 1º, consideram-se informações:

I – objetivas: aquelas descritivas dos fatos e que não envolvam juízo de valor;

II – claras: aquelas que possibilitem o imediato entendimento do cadastrado independentemente de remissão a anexos, fórmulas, siglas, símbolos, termos técnicos ou nomenclatura específica;

III – verdadeiras: aquelas exatas, completas e sujeitas à comprovação nos termos desta Lei; e

IV – de fácil compreensão: aquelas em sentido comum que assegurem ao cadastrado o pleno conhecimento do conteúdo, do sentido e do alcance dos dados sobre ele anotados.

§ 3º Ficam proibidas as anotações de:

> *Arts. 3º, IV, e 5º, X, da CF.*

> *Súmula 385 e 550 do STJ.*

I – informações excessivas, assim consideradas aquelas que não estiverem vinculadas à análise de risco de crédito ao consumidor; e

II – informações sensíveis, assim consideradas aquelas pertinentes à origem social e étnica, à saúde, à informação genética, à orientação sexual e às convicções políticas, religiosas e filosóficas.

Art. 4º O gestor está autorizado, nas condições estabelecidas nesta Lei, a:

> *Caput com redação pela LC 166/2019.*

I – abrir cadastro em banco de dados com informações de adimplemento de pessoas naturais e jurídicas;

> *Inciso I acrescido pela LC 166/2019.*

II – fazer anotações no cadastro de que trata o inciso I do *caput* deste artigo;

> *Inciso II acrescido pela LC 166/2019.*

III – compartilhar as informações cadastrais e de adimplemento armazenadas com outros bancos de dados; e

> *Inciso III acrescido pela LC 166/2019.*

IV – disponibilizar a consulentes:

> *Inciso IV e alíneas acrescidas pela LC 166/2019.*

a) a nota ou pontuação de crédito elaborada com base nas informações de adimplemento armazenadas; e

b) o histórico de crédito, mediante prévia autorização específica do cadastrado.

§ 1º *Revogado pela LC 166/2019.*

§ 2º *Revogado pela LC 166/2019.*

§ 3º *Vetado.*

§ 4º A comunicação ao cadastrado deve:

> *§ 4º acrescido pela LC 166/2019.*

I – ocorrer em até 30 (trinta) dias após a abertura do cadastro no banco de dados, sem custo para o cadastrado;

II – ser realizada pelo gestor, diretamente ou por intermédio de fontes; e

III – informar de maneira clara e objetiva os canais disponíveis para o cancelamento do cadastro no banco de dados.

§ 5º Fica dispensada a comunicação de que trata o § 4º deste artigo caso o cadastrado já tenha cadastro aberto em outro banco de dados.

> *§ 5º acrescido pela LC 166/2019.*

§ 6º Para o envio da comunicação de que trata o § 4º deste artigo, devem ser utilizados os dados pessoais, como endereço residencial, comercial, eletrônico, fornecidos pelo cadastrado à fonte.

> *§ 6º acrescido pela LC 166/2019.*

§ 7º As informações do cadastrado somente poderão ser disponibilizadas a consulentes 60 (sessenta) dias após a abertura do cadastro, observado o disposto no § 8º deste artigo e no art. 15 desta Lei.

> *§ 7º acrescido pela LC 166/2019.*

§ 8º É obrigação do gestor manter procedimentos adequados para comprovar a autenticidade e a validade da autorização de que trata a alínea b do inciso IV do *caput* deste artigo.

> *§ 8º acrescido pela LC 166/2019.*

Art. 5º São direitos do cadastrado:

I – obter o cancelamento ou a reabertura do cadastro, quando solicitado;

> *Inciso I com redação pela LC 166/2019.*

II – acessar gratuitamente, independentemente de justificativa, as informações sobre ele existentes no banco de dados, inclusive seu histórico e sua nota ou pontuação de crédito, cabendo ao gestor manter sistemas seguros, por telefone ou por meio eletrônico, de consulta às informações pelo cadastrado;

> *Inciso II com redação pela LC 166/2019.*

> *Art. 43, caput, da Lei 8.078/1990 (Código de Defesa do Consumidor – CDC).*

III – solicitar a impugnação de qualquer informação sobre ele erroneamente anotada em banco de dados e ter, em até 10 (dez) dias, sua correção ou seu cancelamento em todos os bancos de dados que compartilharam a informação;

> *Inciso III com redação pela LC 166/2019.*

> *Art. 43, § 3º, da Lei 8.078/1990 (Código de Defesa do Consumidor – CDC).*

IV – conhecer os principais elementos e critérios considerados para a análise de risco, resguardado o segredo empresarial;

V – ser informado previamente sobre a identidade do gestor e sobre o armazenamento e o objetivo do tratamento dos dados pessoais;

> *Inciso V com redação pela LC 166/2019.*

VI – solicitar ao consulente a revisão de decisão realizada exclusivamente por meios automatizados; e

VII – ter os seus dados pessoais utilizados somente de acordo com a finalidade para a qual eles foram coletados.

§§ 1º e 2º *Vetados.*

§ 3º O prazo para disponibilização das informações de que tratam os incisos II e IV do caput deste artigo será de 10 (dez) dias.

> *§ 3º acrescido pela LC 166/2019.*

§ 4º O cancelamento e a reabertura de cadastro somente serão processados mediante solicitação gratuita do cadastrado ao gestor.

> *§ 4º acrescido pela LC 166/2019.*

§ 5º O cadastrado poderá realizar a solicitação de que trata o § 4º deste artigo a qualquer gestor de banco de dados, por meio telefônico, físico e eletrônico.

> *§ 5º acrescido pela LC 166/2019.*

§ 6º O gestor que receber a solicitação de que trata o § 4º deste artigo é obrigado a, no prazo de até 2 (dois) dias úteis:

I – encerrar ou reabrir o cadastro, conforme solicitado; e

II – transmitir a solicitação aos demais gestores, que devem também atender, no mesmo prazo, à solicitação do cadastrado.

> *§ 6º e incisos acrescido pela LC 166/2019.*

§ 7º O gestor deve proceder automaticamente ao cancelamento de pessoa natural ou jurídica que tenha manifestado previamente, por meio telefônico, físico ou eletrônico, a vontade de não ter aberto seu cadastro.

> *§ 7º acrescido pela LC 166/2019.*

§ 8º O cancelamento de cadastro implica a impossibilidade de uso das informações do histórico de crédito pelos gestores, para os fins previstos nesta Lei, inclusive para a composição de nota ou pontuação de crédito de terceiros cadastrados, na forma do art. 7º-A desta Lei.

> *§ 8º acrescido pela LC 166/2019.*

Art. 6º Ficam os gestores de bancos de dados obrigados, quando solicitados, a fornecer ao cadastrado:

I – todas as informações sobre ele constantes de seus arquivos, no momento da solicitação;

II – indicação das fontes relativas às informações de que trata o inciso I, incluindo endereço e telefone para contato;

III – indicação dos gestores de bancos de dados com os quais as informações foram compartilhadas;

IV – indicação de todos os consulentes que tiveram acesso a qualquer informação sobre ele nos 6 (seis) meses anteriores à solicitação;

> *Inciso IV com redação pela LC 166/2019.*

V – cópia de texto com o sumário dos seus direitos, definidos em lei ou em normas infralegais pertinentes à sua relação com gestores, bem como a lista dos órgãos governamentais aos quais poderá ele recorrer, caso considere que esses direitos foram infringidos; e

> *Inciso V com redação pela LC 166/2019.*

VI – confirmação de cancelamento do cadastro.

> *Inciso VI acrescido pela LC 166/2019.*

§ 1º É vedado aos gestores de bancos de dados estabelecerem políticas ou realizarem operações que impeçam, limitem ou dificultem o acesso do cadastrado previsto no inciso II do art. 5º.

§ 2º O prazo para atendimento das informações de que tratam os incisos II, III, IV e V do *caput* deste artigo será de 10 (dez) dias.

> *§ 2º com redação pela LC 166/2019.*

Art. 7º As informações disponibilizadas nos bancos de dados somente poderão ser utilizadas para:

I – realização de análise de risco de crédito do cadastrado; ou

II – subsidiar a concessão ou extensão de crédito e a realização de venda a prazo ou outras transações comerciais e empresariais que impliquem risco financeiro ao consulente.

Parágrafo único. Cabe ao gestor manter sistemas seguros, por telefone ou por meio eletrônico, de consulta para informar aos consulentes as informações de adimplemento do cadastrado.

Art. 7º-A. Nos elementos e critérios considerados para composição da nota ou pontuação de crédito de pessoa cadastrada em banco de dados de que trata esta Lei, não podem ser utilizadas informações:

> *Artigo acrescido pela LC 166/2019.*

I – que não estiverem vinculadas à análise de risco de crédito e aquelas relacionadas à origem social e étnica, à saúde, à informação genética, ao sexo e às convicções políticas, religiosas e filosóficas;

II – de pessoas que não tenham com o cadastrado relação de parentesco de primeiro grau ou de dependência econômica; e

III – relacionadas ao exercício regular de direito pelo cadastrado, previsto no inciso II do caput do art. 5º desta Lei.

§ 1º O gestor de banco de dados deve disponibilizar em seu sítio eletrônico, de forma clara, acessível e de fácil compreensão, a sua política de coleta e utilização de dados pessoais para fins de elaboração de análise de risco de crédito.

§ 2º A transparência da política de coleta e utilização de dados pessoais de que trata o § 1º deste artigo deve ser objeto de verificação, na forma de regulamentação a ser expedida pelo Poder Executivo.

Art. 8º São obrigações das fontes:

I – *Revogado pela LC 166/2019.*

> *Inciso I com redação pela LC 166/2019.*

II – *Revogado pela LC 166/2019.*

> *Inciso II com redação pela LC 166/2019.*

III – verificar e confirmar, ou corrigir, em prazo não superior a 2 (dois) dias úteis, informação impugnada, sempre que solicitado por gestor de banco de dados ou diretamente pelo cadastrado;

IV – atualizar e corrigir informações enviadas aos gestores, em prazo não superior a 10 (dez) dias;

> *Inciso IV com redação pela LC 166/2019.*

V – manter os registros adequados para verificar informações enviadas aos gestores de bancos de dados; e

VI – fornecer informações sobre o cadastrado, em bases não discriminatórias, a todos os gestores de bancos de dados que as solicitarem, no mesmo formato e contendo as mesmas informações fornecidas a outros bancos de dados.

Parágrafo único. É vedado às fontes estabelecer políticas ou realizar operações que impeçam, limitem ou dificultem a transmissão a banco de dados de informações de cadastrados.

> *Parágrafo único com redação pela LC 166/2019.*

Art. 9º O compartilhamento de informações de adimplemento entre gestores é permitido na forma do inciso III do caput do art. 4º desta Lei.

> *Artigo com redação pela LC 166/2019.*

§ 1º O gestor que receber informação por meio de compartilhamento equipara-se, para todos os efeitos desta Lei, ao gestor que anotou originariamente a informação, inclusive quanto à responsabilidade por eventuais prejuízos a que der causa e ao dever de receber e processar impugnações ou cancelamentos e realizar retificações.

> *§ 1º com redação pela LC 166/2019.*

§ 2º O gestor originário é responsável por manter atualizadas as informações cadastrais nos demais bancos de dados com os quais compartilhou informações, sem nenhum ônus para o cadastrado.

> *§ 2º com redação pela LC 166/2019.*

§ 3º *Revogado pela LC 166/2019.*

> *§ 3º com redação pela LC 166/2019.*

§ 4º O gestor deverá assegurar, sob pena de responsabilidade, a identificação da pessoa que promover qualquer inscrição ou atualização de dados relacionados com o cadastrado, registrando a data desta ocorrência, bem como a identificação exata da fonte, do nome do agente que a efetuou e do equipamento ou terminal a partir do qual foi processada tal ocorrência.

Art. 10. É proibido ao gestor exigir exclusividade das fontes de informações.

Art. 11. *Revogado pela LC 166/2019.*

Parágrafo único. *Revogado pela LC 166/2019.*

Art. 12. As instituições autorizadas a funcionar pelo Banco Central do Brasil fornecerão as informações relativas a suas operações de crédito, de arrendamento mercantil e de autofinanciamento realizadas por meio de grupos de consórcio e a outras operações com características de concessão de crédito somente aos gestores registrados no Banco Central do Brasil.

> *Caput com redação pela LC 166/2019.*

§ 1º *Revogado pela LC 166/2019.*

§ 2º *Revogado pela LC 166/2019.*

§ 3º O Conselho Monetário Nacional adotará as medidas e normas complementares necessárias para a aplicação do disposto neste artigo.

§ 4º O compartilhamento de que trata o inciso III do *caput* do art. 4º desta Lei, quando referente a informações provenientes de instituições autorizadas a funcionar pelo Banco Central do Brasil, deverá ocorrer apenas entre gestores registrados na forma deste artigo.

> *§ 4º acrescido pela LC 166/2019.*

§ 5º As infrações à regulamentação de que trata o § 3º deste artigo sujeitam o gestor ao cancelamento do seu registro no Banco Central do Brasil, assegurado o devido processo legal, na forma da Lei 9.784, de 29 de janeiro de 1999.

> *§ 5º acrescido pela LC 166/2019.*

§ 6º O órgão administrativo competente poderá requerer aos gestores, na forma e no prazo que estabelecer, as informações necessárias para o desempenho das atribuições de que trata este artigo.

> *§ 6º acrescido pela LC 166/2019.*

§ 7º Os gestores não se sujeitam à legislação aplicável às instituições financeiras e às demais instituições autorizadas a funcionar pelo Banco Central do Brasil, inclusive quanto às disposições sobre processo administrativo sancionador, regime de administração especial temporária, intervenção e liquidação extrajudicial.

> *§ 7º acrescido pela LC 166/2019.*

§ 8º O disposto neste artigo não afasta a aplicação pelos órgãos integrantes do Sistema Nacional de Defesa do Consumidor (SNDC), na forma do art. 17 desta Lei, das penalidades cabíveis por violação das normas de proteção do consumidor.

> *§ 8º acrescido pela LC 166/2019.*

Art. 13. O Poder Executivo regulamentará o disposto nesta Lei, em especial quanto:

> *Artigo com redação pela LC 166/2019.*

I – ao uso, à guarda, ao escopo e ao compartilhamento das informações recebidas por bancos de dados;

II – aos procedimentos aplicáveis aos gestores de banco de dados na hipótese de vazamento de informações dos cadastrados, inclusive com relação à comunicação aos órgãos responsáveis pela sua fiscalização, nos termos do § 1º do art. 17 desta Lei; e

III – ao disposto nos arts. 5º e 7º-A desta Lei.

> *Incisos I a III acrescidos pela LC 166/2019.*

Art. 14. As informações de adimplemento não poderão constar de bancos de dados por período superior a 15 (quinze) anos.

Art. 15. As informações sobre o cadastrado constantes dos bancos de dados somente poderão ser acessadas por consulentes que com ele mantiverem ou pretenderem manter relação comercial ou creditícia.

Art. 16. O banco de dados, a fonte e o consulente são responsáveis, objetiva e solidariamente, pelos danos materiais e morais que causarem ao cadastrado, nos termos da Lei 8.078, de 11 de setembro de 1990 (Código de Proteção e Defesa do Consumidor).

> *Artigo com redação pela LC 166/2019.*

Art. 17. Nas situações em que o cadastrado for consumidor, caracterizado conforme a Lei 8.078, de 11 de setembro de 1990 – Código de Proteção e Defesa do

Consumidor, aplicam-se as sanções e penas nela previstas e o disposto no § 2º.

> *Art. 2º da Lei 8.078/1990 (Código de Defesa do Consumidor – CDC).*

§ 1º Nos casos previstos no *caput*, a fiscalização e a aplicação das sanções serão exercidas concorrentemente pelos órgãos de proteção e defesa do consumidor da União, dos Estados, do Distrito Federal e dos Municípios, nas respectivas áreas de atuação administrativa.

§ 2º Sem prejuízo do disposto no caput e no § 1º deste artigo, os órgãos de proteção e defesa do consumidor poderão aplicar medidas corretivas e estabelecer aos bancos de dados que descumprirem o previsto nesta Lei a obrigação de excluir do cadastro informações incorretas, no prazo de 10 (dez) dias, bem como de cancelar os cadastros de pessoas que solicitaram o cancelamento, conforme disposto no inciso I do *caput* do art. 5º desta Lei.

> *§ 2º com redação pela LC 166/2019.*

> *Súmula 385 do STJ.*

Art. 17-A. A quebra do sigilo previsto na Lei Complementar 105, de 10 de janeiro de 2001, sujeita os responsáveis às penalidades previstas no art. 10 da referida Lei, sem prejuízo do disposto na Lei 8.078, de 11 de setembro de 1990 (Código de Proteção e Defesa do Consumidor).

> *Artigo acrescido pela LC 166/2019.*

Art. 18. Esta Lei entra em vigor na data de sua publicação.

Brasília, 9 de junho de 2011; 190º da Independência e 123º da República.

Dilma Rousseff

LEI 12.485, DE 12 DE SETEMBRO DE 2011

Dispõe sobre a comunicação audiovisual de acesso condicionado; altera a Medida Provisória 2.228-1, de 6 de setembro de 2001, e as Leis 11.437, de 28 de dezembro de 2006, 5.070, de 7 de julho de 1966, 8.977, de 6 de janeiro de 1995, e 9.472, de 16 de julho de 1997; e dá outras providências.

DOU de 13.09.2011.

A Presidenta da República. Faço saber que o Congresso Nacional decreta e eu sanciono a seguinte Lei:

CAPÍTULO I
Do objeto e das definições

Art. 1º Esta Lei dispõe sobre a comunicação audiovisual de acesso condicionado.

Parágrafo único. Excluem-se do campo de aplicação desta Lei os serviços de radiodifusão sonora e de sons e imagens, ressalvados os dispositivos previstos nesta Lei que expressamente façam menção a esses serviços ou a suas prestadoras.

Art. 2º Para os efeitos desta Lei, considera-se:

I – Assinante: contratante do serviço de acesso condicionado;

II – Canal de Espaço Qualificado: canal de programação que, no horário nobre, veicule majoritariamente conteúdos audiovisuais que constituam espaço qualificado;

III – Canal Brasileiro de Espaço Qualificado: canal de espaço qualificado que cumpra os seguintes requisitos, cumulativamente:

a) ser programado por programadora brasileira;

b) veicular majoritariamente, no horário nobre, conteúdos audiovisuais brasileiros que constituam espaço qualificado, sendo metade desses conteúdos produzidos por produtora brasileira independente;

c) não ser objeto de acordo de exclusividade que impeça sua programadora de comercializar, para qualquer empacotadora interessada, os direitos de sua exibição ou veiculação;

IV –Canal de Programação: resultado da atividade de programação que consiste no arranjo de conteúdos audiovisuais organizados em sequência linear temporal com horários predeterminados;

V – Coligada: pessoa natural ou jurídica que detiver, direta ou indiretamente, pelo menos 20% (vinte por cento) de participação no capital votante de outra pessoa ou se o capital votante de ambas for detido, direta ou indiretamente, em pelo menos 20% (vinte por cento) por uma mesma pessoa natural ou jurídica, nos termos da regulamentação editada pela Agência Nacional de Telecomunicações – Anatel;

VI – Comunicação Audiovisual de Acesso Condicionado: complexo de atividades que permite a emissão, transmissão e recepção, por meios eletrônicos quaisquer, de imagens, acompanhadas ou não de sons, que resulta na entrega de conteúdo audiovisual exclusivamente a assinantes;

VII – Conteúdo Audiovisual: resultado da atividade de produção que consiste na fixação ou transmissão de imagens, acompanhadas ou não de som, que tenha a finalidade de criar a impressão de movimento, independentemente dos processos de captação, do suporte utilizado inicial ou posteriormente para fixá-las ou transmiti-las, ou dos meios utilizados para sua veiculação, reprodução, transmissão ou difusão;

VIII – Conteúdo Brasileiro: conteúdo audiovisual produzido em conformidade com os critérios estabelecidos no inciso V do art. 1º da Medida Provisória 2.228-1, de 6 de setembro de 2001;

IX – Conteúdo Jornalístico: telejornais, debates, entrevistas, reportagens e outros programas que visem a noticiar ou a comentar eventos;

X – Distribuição: atividades de entrega, transmissão, veiculação, difusão ou provimento de pacotes ou conteúdos audiovisuais a assinantes por intermédio de meios eletrônicos quaisquer, próprios ou de terceiros, cabendo ao distribuidor a responsabilidade final pelas atividades complementares de comercialização, atendimento ao assinante, faturamento, cobrança, instalação e manutenção de dispositivos, entre outras;

XI – Empacotamento: atividade de organização, em última instância, de canais de programação, inclusive nas modalidades avulsa de programação e avulsa de conteúdo programado, a serem distribuídos para o assinante;

XII – Espaço Qualificado: espaço total do canal de programação, excluindo-se conteúdos religiosos ou políticos, manifestações e eventos esportivos, concursos, publicidade, televendas, infomerciais, jogos eletrônicos, propaganda política obrigatória, conteúdo audiovisual veiculado em horário eleitoral gratuito, conteúdos jornalísticos e programas de auditório ancorados por apresentador;

XIII – Eventos de Interesse Nacional: acontecimentos públicos de natureza cultural, artística, esportiva, religiosa ou política que despertem significativo interesse da população brasileira, notadamente aqueles em que participem, de forma preponderante, brasileiros, equipes brasileiras ou seleções brasileiras;

XIV – Modalidade Avulsa de Conteúdo Programado ou Modalidade de Vídeo por Demanda Programado: modalidade de conteúdos audiovisuais organizados em canais de programação e em horário previamente definido pela programadora para aquisição avulsa por parte do assinante;

XV – Modalidade Avulsa de Programação, ou Modalidade de Canais de Venda Avulsa: modalidade de canais de programação organizados para aquisição avulsa por parte do assinante;

XVI – Pacote: agrupamento de canais de programação ofertados pelas empacotadoras às distribuidoras, e por estas aos assinantes, excluídos os canais de distribuição obrigatória de que trata o art. 32;

XVII – Produção: atividade de elaboração, composição, constituição ou criação de conteúdos audiovisuais em qualquer meio de suporte;

(...)

XX – Programação: atividade de seleção, organização ou formatação de conteúdos audiovisuais apresentados na forma de canais de programação, inclusive nas modalidades avulsa de programação e avulsa de conteúdo programado;

XXI – Programadora Brasileira: empresa programadora que execute suas atividades de programação no território brasileiro e que atenda, cumulativamente, as condições previstas nas alíneas "a" a "c" do inciso XVIII deste artigo e cuja gestão, responsabilidade editorial e seleção dos conteúdos do canal de programação sejam privativas de brasileiros natos ou naturalizados há mais de 10 (dez) anos;

XXII – Programadora Brasileira Independente: programadora brasileira que atenda os seguintes requisitos, cumulativamente:

a) não ser controladora, controlada ou coligada a empacotadora ou distribuidora;

b) não manter vínculo de exclusividade que a impeça de comercializar, para qualquer empacotadora, os direitos de exibição ou veiculação associados aos seus canais de programação;

XXIII – Serviço de Acesso Condicionado: serviço de telecomunicações de interesse coletivo prestado no regime privado, cuja recepção é condicionada à contratação remunerada por assinantes e destinado à distribuição de conteúdos audiovisuais na forma de pacotes, de canais nas modalidades avulsa de programação e avulsa de conteúdo programado e de canais de distribuição obrigatória, por meio de tecnologias, processos, meios eletrônicos e protocolos de comunicação quaisquer.

(...)

CAPÍTULO VIII
Dos assinantes do serviço de acesso condicionado

Art. 33. São direitos do assinante do serviço de acesso condicionado, sem prejuízo do disposto na Lei 8.078, de 11 de setembro de 1990 (Código de Defesa do Consumidor), e nas demais normas aplicáveis às relações de consumo e aos serviços de telecomunicações:

I – conhecer, previamente, o tipo de programação a ser exibida;

II – contratar com a distribuidora do serviço de acesso condicionado os serviços de instalação e manutenção dos equipamentos necessários à recepção dos sinais;

III – *Vetado*;

IV – relacionar-se apenas com a prestadora do serviço de acesso condicionado da qual é assinante;

V – receber cópia impressa ou em meio eletrônico dos contratos assim que formalizados;

VI – ter a opção de contratar exclusivamente, de forma onerosa, os canais de distribuição obrigatória de que trata o art. 32.

VII – ter a opção de cancelar os serviços contratados por via telefônica ou pela internet.

> *Inciso com redação pela Lei 13.828/2019.*

Art. 34. As prestadoras do serviço de acesso condicionado deverão atender os usuários em bases não discriminatórias, exceto se a discriminação for necessária para o alcance de objetivos sociais relevantes suportados por políticas públicas que a justifiquem.

CAPÍTULO IX
Das sanções e penalidades

Art. 35. O não cumprimento do disposto nesta Lei por prestadora do serviço de acesso condicionado implicará a aplicação das penalidades previstas na Lei 9.472, de 16 de julho de 1997.

Art. 36. A empresa no exercício das atividades de programação ou empacotamento da comunicação audiovisual de acesso condicionado que descumprir quaisquer das obrigações dispostas nesta Lei sujeitar-se-á às seguintes sanções aplicáveis pela Ancine, sem prejuízo de outras previstas em lei, inclusive as de natureza civil e penal:

I – advertência;

II – multa, inclusive diária;

III – suspensão temporária do credenciamento;

IV – cancelamento do credenciamento.

§ 1º Na aplicação de sanções, serão considerados a natureza e a gravidade da infração, os danos dela resultantes para os assinantes, a vantagem auferida pelo infrator, as circunstâncias agravantes, os antecedentes do infrator e a reincidência específica, entendida como a repetição de falta de igual natureza após decisão administrativa anterior.

§ 2º Nas infrações praticadas por pessoa jurídica, também serão punidos com a sanção de multa seus administradores ou controladores, quando tiverem agido de má-fé.

§ 3º A existência de sanção anterior será considerada como agravante na aplicação de outra sanção.

§ 4º A multa poderá ser imposta isoladamente ou em conjunto com outra sanção, não devendo ser inferior a R$ 2.000,00 (dois mil reais) nem superior a R$ 5.000.000,00 (cinco milhões de reais) para cada infração cometida.

§ 5º Na aplicação de multa, serão considerados a condição econômica do infrator e o princípio da proporcionalidade entre a gravidade da falta e a intensidade da sanção.

§ 6º A suspensão temporária do credenciamento, que não será superior a 30 (trinta) dias, será imposta em caso de infração grave cujas circunstâncias não justifiquem o cancelamento do credenciamento.

(...)

Art. 43. Esta Lei entra em vigor na data de sua publicação.

Brasília, 12 de setembro de 2011; 190º da Independência e 123º da República.

Dilma Rousseff

LEI 12.529, DE 30 DE NOVEMBRO DE 2011

Estrutura o Sistema Brasileiro de Defesa da Concorrência; dispõe sobre a prevenção e repressão às infrações contra a ordem econômica; altera a Lei 8.137, de 27 de dezembro de 1990, o Decreto-Lei 3.689, de 3 de outubro de 1941 – Código de Processo Penal, e a Lei 7.347, de 24 de julho de 1985; revoga dispositivos da Lei 8.884, de 11 de junho de 1994, e a Lei 9.781, de 19 de janeiro de 1999; e dá outras providências.

DOU de 1º.11.2011. Retificado 02.12.2011.

A Presidenta da República. Faço saber que o Congresso Nacional decreta e eu sanciono a seguinte Lei:

TÍTULO I DISPOSIÇÕES GERAIS

CAPÍTULO I Da finalidade

Art. 1º Esta Lei estrutura o Sistema Brasileiro de Defesa da Concorrência – SBDC e dispõe sobre a prevenção e a repressão às infrações contra a ordem econômica, orientada pelos ditames constitucionais de liberdade de iniciativa, livre concorrência, função social da propriedade, defesa dos consumidores e repressão ao abuso do poder econômico.

Parágrafo único. A coletividade é a titular dos bens jurídicos protegidos por esta Lei.

(...)

TÍTULO II DO SISTEMA BRASILEIRO DE DEFESA DA CONCORRÊNCIA

(...)

CAPÍTULO III Da Secretaria de Acompanhamento Econômico

Art. 19. Compete à Secretaria de Acompanhamento Econômico promover a concorrência em órgãos de governo e perante a sociedade cabendo-lhe, especialmente, o seguinte:

I – opinar, nos aspectos referentes à promoção da concorrência, sobre propostas de alterações de atos normativos de interesse geral dos agentes econômicos, de consumidores ou usuários dos serviços prestados submetidos a consulta pública pelas agências reguladoras e, quando entender pertinente, sobre os pedidos de revisão de tarifas e as minutas;

(...)

IV – elaborar estudos avaliando a situação concorrencial de setores específicos da atividade econômica nacional, de ofício ou quando solicitada pelo Cade, pela Câmara de Comércio Exterior ou pelo Departamento de Proteção e Defesa do Consumidor do Ministério da Justiça ou órgão que vier a sucedê-lo;

(...)

TÍTULO V
DAS INFRAÇÕES DA ORDEM ECONÔMICA

(...)

CAPÍTULO II
Das infrações

Art. 36. Constituem infração da ordem econômica, independentemente de culpa, os atos sob qualquer forma manifestados, que tenham por objeto ou possam produzir os seguintes efeitos, ainda que não sejam alcançados:

(...)

XVI – reter bens de produção ou de consumo, exceto para garantir a cobertura dos custos de produção;

(...)

CAPÍTULO III
Das penas

(...)

Art. 38. Sem prejuízo das penas cominadas no art. 37 desta Lei, quando assim exigir a gravidade dos fatos ou o interesse público geral, poderão ser impostas as seguintes penas, isolada ou cumulativamente:

(...)

III – a inscrição do infrator no Cadastro Nacional de Defesa do Consumidor;

(...)

Art. 45. Na aplicação das penas estabelecidas nesta Lei, levar-se-á em consideração:

I – a gravidade da infração;

II – a boa-fé do infrator;

III – a vantagem auferida ou pretendida pelo infrator;

IV – a consumação ou não da infração;

V – o grau de lesão, ou perigo de lesão, à livre concorrência, à economia nacional, aos consumidores, ou a terceiros;

VI – os efeitos econômicos negativos produzidos no mercado;

VII – a situação econômica do infrator; e

VIII – a reincidência.

CAPÍTULO IV
Da Prescrição

Art. 46. Prescrevem em 5 (cinco) anos as ações punitivas da administração pública federal, direta e indireta, objetivando apurar infrações da ordem econômica, contados da data da prática do ilícito ou, no caso de infração permanente ou continuada, do dia em que tiver cessada a prática do ilícito.

§ 1º Interrompe a prescrição qualquer ato administrativo ou judicial que tenha por objeto a apuração da infração contra a ordem econômica mencionada no *caput* deste artigo, bem como a notificação ou a intimação da investigada.

§ 2º Suspende-se a prescrição durante a vigência do compromisso de cessação ou do acordo em controle de concentrações.

§ 3º Incide a prescrição no procedimento administrativo paralisado por mais de 3 (três) anos, pendente de julgamento ou despacho, cujos autos serão arquivados de ofício ou mediante requerimento da parte interessada, sem prejuízo da apuração da responsabilidade funcional decorrente da paralisação, se for o caso.

§ 4º Quando o fato objeto da ação punitiva da administração também constituir crime, a prescrição reger-se-á pelo prazo previsto na lei penal.

Art. 46-A. Quando a ação de indenização por perdas e danos originar-se do direito previsto no art. 47 desta Lei, não correrá a prescrição durante o curso do inquérito ou do processo administrativo no âmbito do Cade.

> Artigo acrescido pela Lei 14.470/2022.

§ 1º Prescreve em 5 (cinco) anos a pretensão à reparação pelos danos causados pelas infrações à ordem econômica previstas no art. 36 desta Lei, iniciando-se sua contagem a partir da ciência inequívoca do ilícito.

§ 2º Considera-se ocorrida a ciência inequívoca do ilícito por ocasião da publicação do julgamento final do processo administrativo pelo Cade.

CAPÍTULO V
Do Direito de Ação

Art. 47. Os prejudicados, por si ou pelos legitimados referidos no art. 82 da Lei nº 8.078, de 11 de setembro de 1990, poderão ingressar em juízo para, em defesa de seus interesses individuais ou individuais homogêneos, obter a cessação de práticas que constituam infração da ordem econômica, bem como o recebimento de indenização por perdas e danos sofridos, independentemente do inquérito ou processo administrativo, que não será suspenso em virtude do ajuizamento de ação.

§ 1º Os prejudicados terão direito a ressarcimento em dobro pelos prejuízos sofridos em razão de infrações à ordem econômica previstas nos incisos I e II do § 3º do art. 36 desta Lei, sem prejuízo das sanções aplicadas nas esferas administrativa e penal.

§ 2º Não se aplica o disposto no § 1º deste artigo aos coautores de infração à ordem econômica que tenham celebrado acordo de leniência ou termo de compromisso de cessação de prática cujo cumprimento tenha sido declarado pelo Cade, os quais responderão somente pelos prejuízos causados aos prejudicados.

§ 3º Os signatários do acordo de leniência e do termo de compromisso de cessação de prática são responsáveis apenas pelo dano que causaram aos prejudicados, não incidindo sobre eles responsabilidade solidária pelos danos causados pelos demais autores da infração à ordem econômica.

§ 4º Não se presume o repasse de sobrepreço nos casos das infrações à ordem econômica previstas nos incisos I e II do § 3º do art. 36 desta Lei, cabendo a prova ao réu que o alegar.

> §§ 1º a 4º acrescidos pela Lei 14.470/2022.

Art. 47-A. A decisão do Plenário do Tribunal referida no art. 93 desta Lei é apta a fundamentar a concessão de tutela da evidência, permitindo ao juiz decidir liminarmente nas ações previstas no art. 47 desta Lei.

> Artigo acrescido pela Lei 14.470/2022.

(...)

TÍTULO VII
DO CONTROLE DE CONCENTRAÇÕES

CAPÍTULO I
Dos atos de concentração

Art. 88. Serão submetidos ao Cade pelas partes envolvidas na operação os atos de concentração econômica em que, cumulativamente:

I – pelo menos um dos grupos envolvidos na operação tenha registrado, no último balanço, faturamento bruto anual ou volume de negócios total no País, no ano anterior à operação, equivalente ou superior a R$ 400.000.000,00 (quatrocentos milhões de reais); e

II – pelo menos um outro grupo envolvido na operação tenha registrado, no último balanço, faturamento bruto anual ou volume de negócios total no País, no ano anterior à operação, equivalente ou superior a R$ 30.000.000,00 (trinta milhões de reais).

(...)

§ 5º Serão proibidos os atos de concentração que impliquem eliminação da concorrência em parte substancial de mercado relevante, que possam criar ou reforçar uma posição dominante ou que possam resultar na dominação de mercado relevante de bens ou serviços, ressalvado o disposto no § 6º deste artigo.

§ 6º Os atos a que se refere o § 5º deste artigo poderão ser autorizados, desde que sejam observados os limites estritamente necessários para atingir os seguintes objetivos:

I – cumulada ou alternativamente:

a) aumentar a produtividade ou a competitividade;

b) melhorar a qualidade de bens ou serviços; ou

c) propiciar a eficiência e o desenvolvimento tecnológico ou econômico; e

II – sejam repassados aos consumidores parte relevante dos benefícios decorrentes.

(...)

Art. 128. Esta Lei entra em vigor após decorridos 180 (cento e oitenta) dias de sua publicação oficial.

Brasília, 30 de novembro de 2011; 190º da Independência e 123º da República.

Dilma Rousseff

LEI 12.741, DE 8 DE DEZEMBRO DE 2012

Dispõe sobre as medidas de esclarecimento ao consumidor, de que trata o § 5º do artigo 150 da Constituição Federal; altera o inciso III do art. 6º e o inciso IV do art. 106 da Lei 8.078, de 11 de setembro de 1990 – Código de Defesa do Consumidor.

DOU de 10.12.2012.

A Presidenta da República. Faço saber que o Congresso Nacional decreta e eu sanciono a seguinte Lei:

Art. 1º Emitidos por ocasião da venda ao consumidor de mercadorias e serviços, em todo território nacional, deverá constar, dos documentos fiscais ou equivalentes, a informação do valor aproximado correspondente à totalidade dos tributos federais, estaduais e municipais, cuja incidência influi na formação dos respectivos preços de venda.

§ 1º A apuração do valor dos tributos incidentes deverá ser feita em relação a cada mercadoria ou serviço, separadamente, inclusive nas hipóteses de regimes jurídicos tributários diferenciados dos respectivos fabricantes, varejistas e prestadores de serviços, quando couber.

§ 2º A informação de que trata este artigo poderá constar de painel afixado em local visível do estabelecimento, ou por qualquer outro meio eletrônico ou impresso, de forma a demonstrar o valor ou percentual, ambos aproximados, dos tributos incidentes sobre todas as mercadorias ou serviços postos à venda.

§ 3º Na hipótese do § 2º, as informações a serem prestadas serão elaboradas em termos de percentuais sobre o preço a ser pago, quando se tratar de tributo com alíquota *ad valorem*, ou em valores monetários (no caso de alíquota específica); no caso de se utilizar meio eletrônico, este deverá estar disponível ao consumidor no âmbito do estabelecimento comercial.

§ 4º *Vetado.*

> O texto vetado dispunha:

"§ 4º Devido ao seu caráter informativo, do valor aproximado a que se refere o caput deste artigo, não serão excluídas parcelas de tributos que estejam sob discussão judicial ou administrativa, instauradas entre contribuintes e qualquer das entidades políticas tributantes, não podendo, ademais, o referido valor constituir confissão de dívida ou afetar as relações jurídico-tributárias entre tais entidades e os contribuintes, de direito ou de fato."

§ 5º Os tributos que deverão ser computados são os seguintes:

I – Imposto sobre Operações relativas a Circulação de Mercadorias e sobre Prestações de Serviços de Transporte Interestadual e Intermunicipal e de Comunicação (ICMS);

II – Imposto sobre Serviços de Qualquer Natureza (ISS);

III – Imposto sobre Produtos Industrializados (IPI);

IV – Imposto sobre Operações de Crédito, Câmbio e Seguro, ou Relativas a Títulos ou Valores Mobiliários (IOF);

V – *Vetado*;

> O texto vetado dispunha:

"V – Imposto sobre a Renda e Proventos de Qualquer Natureza (IR);"

VI – *Vetado*;

> O texto vetado dispunha:

"VI – Contribuição Social sobre o Lucro Líquido (CSLL);"

VII – Contribuição Social para o Programa de Integração Social (PIS) e para o

Programa de Formação do Patrimônio do Servidor Público (Pasep) – (PIS/Pasep);

VIII – Contribuição para o Financiamento da Seguridade Social (Cofins);

IX – Contribuição de Intervenção no Domínio Econômico, incidente sobre a importação e a comercialização de petróleo e seus derivados, gás natural e seus derivados, e álcool etílico combustível (Cide).

§ 6º Serão informados ainda os valores referentes ao imposto de importação, PIS/Pasep/Importação e Cofins/Importação, na hipótese de produtos cujos insumos ou componentes sejam oriundos de operações de comércio exterior e representem percentual superior a 20% (vinte por cento) do preço de venda.

§ 7º Na hipótese de incidência do imposto sobre a importação, nos termos do § 6º, bem como da incidência do Imposto sobre Produtos Industrializados – IPI, todos os fornecedores constantes das diversas cadeias produtivas deverão fornecer aos adquirentes, em meio magnético, os valores dos 2 (dois) tributos individualizados por item comercializado.

§ 8º Em relação aos serviços de natureza financeira, quando não seja legalmente prevista a emissão de documento fiscal, as informações de que trata este artigo deverão ser feitas em tabelas afixadas nos respectivos estabelecimentos.

§ 9º *Vetado.*

> O texto vetado dispunha:

"§ 9º O imposto de renda a que se refere o inciso V do § 5º deverá ser apurado, exclusivamente para efeito da divulgação de que trata esta Lei, como se incidisse sobre o lucro presumido."

§ 10. A indicação relativa ao IOF (prevista no inciso IV do § 5º) restringe-se aos produtos financeiros sobre os quais incida diretamente aquele tributo.

§ 11. A indicação relativa ao PIS e à Cofins (incisos VII e VIII do § 5º), limitar-se-á à tributação incidente sobre a operação de venda ao consumidor.

§ 12. Sempre que o pagamento de pessoal constituir item de custo direto do serviço ou produto fornecido ao consumidor, deve ser divulgada, ainda, a contribuição previdenciária dos empregados e dos empregadores incidente, alocada ao serviço ou produto.

Art. 2º Os valores aproximados de que trata o art. 1º serão apurados sobre cada operação, e poderão, a critério das empresas vendedoras, ser calculados e fornecidos, semestralmente, por instituição de âmbito nacional reconhecidamente idônea, voltada primordialmente à apuração e análise de dados econômicos.

Art. 3º O inciso III do art 6º da Lei 8.078, de 11 de setembro de 1990, passa a vigorar com a seguinte redação:

> "Art. 6º

III – a informação adequada e clara sobre os diferentes produtos e serviços, com especificação correta de quantidade, características, composição, qualidade, tributos incidentes e preço, bem como sobre os riscos que apresentem;"

.... *(NR)*

Art. 4º *Vetado.*

> O texto vetado dispunha:

"Art. 4º O inciso IV do art 106 da Lei 8.078, de 1990, passa a vigorar com a seguinte redação:

'Art. 106. ....'

IV – informar, conscientizar e motivar o consumidor através dos diferentes meios de comunicação, bem como indicar a entidade responsável pela apuração, cálculo e informação do montante dos tributos incidentes sobre mercadorias e serviços, nos termos da legislação específica;

....................................' (NR)"

Art. 5º Decorrido o prazo de 12 (doze) meses, contado do início de vigência desta Lei, o descumprimento de suas disposições sujeitará o infrator às sanções previstas no Capítulo VII do Título I da Lei nº 8.078, de 11 de setembro de 1990.

> Artigo com redação pela Lei 12.868/2013.

Art. 6º Esta Lei entra em vigor 6 (seis) meses após a data de sua publicação.

Brasília, 8 de dezembro de 2012; 191º da Independência e 124º da República.

Dilma Rousseff

DECRETO 7.962, DE 15 DE MARÇO DE 2013

Regulamenta a Lei 8.078, de 11 de setembro de 1990, para dispor sobre a contratação no comércio eletrônico.

DOU de 15.03.2013. Edição extra.

A Presidenta da República, no uso da atribuição que lhe confere o art. 84, *caput*, inciso IV, da Constituição, e tendo em vista o disposto na Lei 8.078, de 11 de setembro de 1990, DECRETA:

Art. 1º Este Decreto regulamenta a Lei 8.078, de 11 de setembro de 1990, para dispor sobre a contratação no comércio eletrônico, abrangendo os seguintes aspectos:

I – informações claras a respeito do produto, serviço e do fornecedor;

II – atendimento facilitado ao consumidor; e

III – respeito ao direito de arrependimento.

Art. 2º Os sítios eletrônicos ou demais meios eletrônicos utilizados para oferta ou conclusão de contrato de consumo devem disponibilizar, em local de destaque e de fácil visualização, as seguintes informações:

I – nome empresarial e número de inscrição do fornecedor, quando houver, no Cadastro Nacional de Pessoas Físicas ou no Cadastro Nacional de Pessoas Jurídicas do Ministério da Fazenda;

II – endereço físico e eletrônico, e demais informações necessárias para sua localização e contato;

III – características essenciais do produto ou do serviço, incluídos os riscos à saúde e à segurança dos consumidores;

IV – discriminação, no preço, de quaisquer despesas adicionais ou acessórias, tais como as de entrega ou seguros;

V – condições integrais da oferta, incluídas modalidades de pagamento, disponibilidade, forma e prazo da execução do serviço ou da entrega ou disponibilização do produto; e

VI – informações claras e ostensivas a respeito de quaisquer restrições à fruição da oferta.

Art. 3º Os sítios eletrônicos ou demais meios eletrônicos utilizados para ofertas de compras coletivas ou modalidades análogas de contratação deverão conter, além das informações previstas no art. 2º, as seguintes:

I – quantidade mínima de consumidores para a efetivação do contrato;

II – prazo para utilização da oferta pelo consumidor; e

III – identificação do fornecedor responsável pelo sítio eletrônico e do fornecedor do produto ou serviço ofertado, nos termos dos incisos I e II do art. 2º.

Art. 4º Para garantir o atendimento facilitado ao consumidor no comércio eletrônico, o fornecedor deverá:

I – apresentar sumário do contrato antes da contratação, com as informações necessárias ao pleno exercício do direito de escolha do consumidor, enfatizadas as cláusulas que limitem direitos;

II – fornecer ferramentas eficazes ao consumidor para identificação e correção imediata de erros ocorridos nas etapas anteriores à finalização da contratação;

III – confirmar imediatamente o recebimento da aceitação da oferta;

IV – disponibilizar o contrato ao consumidor em meio que permita sua conservação e reprodução, imediatamente após a contratação;

V – manter serviço adequado e eficaz de atendimento em meio eletrônico, que possibilite ao consumidor a resolução de demandas referentes a informação, dúvida, reclamação, suspensão ou cancelamento do contrato;

VI – confirmar imediatamente o recebimento das demandas do consumidor referidas no inciso, pelo mesmo meio empregado pelo consumidor; e

VII – utilizar mecanismos de segurança eficazes para pagamento e para tratamento de dados do consumidor.

Parágrafo único. A manifestação do fornecedor às demandas previstas no inciso V do *caput* será encaminhada em até cinco dias ao consumidor.

Art. 5º O fornecedor deve informar, de forma clara e ostensiva, os meios adequados e eficazes para o exercício do direito de arrependimento pelo consumidor.

§ 1º O consumidor poderá exercer seu direito de arrependimento pela mesma ferramenta utilizada para a contratação, sem prejuízo de outros meios disponibilizados.

§ 2º O exercício do direito de arrependimento implica a rescisão dos contratos acessórios, sem qualquer ônus para o consumidor.

§ 3º O exercício do direito de arrependimento será comunicado imediatamente pelo fornecedor à instituição financeira ou à administradora do cartão de crédito ou similar, para que:

I – a transação não seja lançada na fatura do consumidor; ou

II – seja efetivado o estorno do valor, caso o lançamento na fatura já tenha sido realizado.

§ 4º O fornecedor deve enviar ao consumidor confirmação imediata do recebimento da manifestação de arrependimento.

Art. 6º As contratações no comércio eletrônico deverão observar o cumprimento das condições da oferta, com a entrega dos produtos e serviços contratados, observados prazos, quantidade, qualidade e adequação.

Art. 7º A inobservância das condutas descritas neste Decreto ensejará aplicação das sanções previstas no art. 56 da Lei 8.078, de 1990.

Art. 8º O Decreto 5.903, de 20 de setembro de 2006, passa a vigorar com as seguintes alterações:

Art. 9º Este Decreto entra em vigor sessenta dias após a data de sua publicação.

Brasília, 15 de março de 2013; 192º da Independência e 125º da República.

Dilma Rousseff

PORTARIA INTERMINISTERIAL 3.082, DE 24 DE SETEMBRO DE 2013

Institui o Sistema de Informações de Acidentes de Consumo – SIAC.

DOU de 26.09.2013.

Os Ministros de Estado da Justiça e da Saúde, no uso da atribuição que lhes conferem o art. 87, parágrafo único, incisos I e II, da Constituição, o Decreto 6.061, de 15 de março de 2007, e o Decreto 8.065, de 7 de agosto de 2013, tendo em vista o disposto no art. 5º, inciso XXXII, e art. 6º da Constituição, no art. 4º, inciso II, alínea "d", art. 6º, inciso I e III, e art. 10, § 3º, da Lei 8.078, de 11 de setembro de 1990, no art. 16, inciso VIII, da Lei 8.080, de 19 de setembro de 1990, na Portaria 104, de 25 de janeiro de 2011, do Ministério da Saúde, e no Decreto 7.963, de 15 de março de 2013; e

Considerando que a criação de um banco de dados sobre acidentes de consumo constituir-se-á em instrumento fundamental para a identificação de riscos em produtos e serviços no mercado, permitindo uma rápida atuação de diferentes órgãos públicos competentes para a minimização de riscos à saúde e à segurança dos consumidores, resolvem:

Art. 1º Fica instituído o Sistema de Informações de Acidentes de Consumo – SIAC, para armazenar registros e informações sobre acidentes de consumo e subsidiar ações voltadas à proteção da saúde e segurança do consumidor.

§ 1º O SIAC será implantado por ação conjunta e articulada do Ministério da Justiça – MJ e do Ministério da Saúde – MS.

§ 2º O SIAC será mantido e administrado pelo MJ, por meio da Secretaria Nacional do Consumidor – Senacon.

§ 3º O SIAC receberá informações provenientes de notificação compulsória, reportada pelo serviço de saúde, em casos de acidentes graves e fatais, mediante ato a ser definido por ambos os Ministérios.

Art. 2º A consolidação e envio dos registros e informações sobre acidentes de consumo serão de responsabilidade da Senacon, a qual promoverá a articulação e a atuação conjunta dos respectivos órgãos reguladores e certificadores, em especial junto à Agência Nacional de Vigilância Sanitária, ao Instituto Nacional de Metrologia, Qualidade e Tecnologia, ao Ministério da Agricultura, Pecuária e Abastecimento e ao Departamento Nacional de Trânsito.

Art. 3º Caberá ao MS, por intermédio da Secretaria de Vigilância em Saúde e da Agência Nacional de Vigilância Sanitária, com o auxílio do MJ, por intermédio da Secretaria Nacional do Consumidor, a criação de fichas de registro, a definição de fluxos, a capacitação de multiplicadores e a divulgação do Sistema junto aos profissionais de saúde e respectivos conselhos, bem como o estabelecimento de medidas necessárias para assegurar a implementação do SIAC nas unidades de saúde.

Art. 4º A divulgação de dados e outras informações de interesse da população serão disponibilizadas ao público em geral, devendo o MJ e MS estabelecerem, oportunamente, entre si e com outros órgãos ou instituições envolvidas, os procedimentos correspondentes.

Art. 5º O SIAC entrará em funcionamento no prazo de cento e vinte dias a contar da publicação desta Portaria.

Art. 6º Esta Portaria entra em vigor na data de sua publicação.

José Eduardo Cardozo

Ministro de Estado da Justiça

Alexandre Rocha Santos Padilha

Ministro de Estado da Saúde

PORTARIA 3.083, DE 25 DE SETEMBRO DE 2013

Disciplina o direito do consumidor à informação sobre a segurança dos estabelecimentos de lazer, cultura e entretenimento.

DOU de 26.09.2013.

O Ministro de Estado da Justiça, no uso das atribuições que lhe conferem o art. 87, parágrafo único, inciso II, da Constituição, e o art. 1º, incisos I e V, do Anexo I do Decreto 6.061, de 15 de março de 2007, tendo em vista o disposto nos arts. 6º, 9º, 31, 55 e 106 da Lei 8.078, de 11 de setembro de 1990, no art. 3º do Decreto 2.181, de 20 de março de 1997, e nos arts. 17 e 19 do Anexo I do Decreto 6.061, de 2007, e:

Considerando o direito básico do consumidor à proteção da vida, saúde e segurança contra os riscos provocados por práticas no fornecimento de produtos e serviços identificados como nocivos ou perigosos;

Considerando a relação de consumo existente entre o fornecedor de serviços de lazer, cultura e entretenimento; e

Considerando a necessidade de assegurar requisitos mínimos de segurança, assegurando-se aos consumidores informações corretas, claras, precisas, ostensivas sobre os riscos que produtos e serviços apresentam à sua saúde e segurança, resolve:

Art. 1º Esta Portaria disciplina o direito do consumidor à informação sobre a segurança dos estabelecimentos de lazer, cultura e entretenimento.

Art. 2º Nos materiais de oferta ou publicidade e nos anúncios publicitários de serviços de lazer, cultura e entretenimento, o fornecedor deverá informar ao consumidor, de forma clara e inequívoca, a existência de alvará de funcionamento e de alvará de prevenção e proteção contra incêndios do estabelecimento, ou de autorização equivalente, bem como suas respectivas datas de validade.

Art. 3º Os bilhetes e ingressos para eventos de lazer, cultura e entretenimento deverão conter informações ostensivas e adequadas sobre a existência de alvará de funcionamento e de alvará de prevenção e proteção contra incêndios do estabelecimento, ou de autorização equivalente, bem como suas respectivas datas de validade.

Art. 4º O fornecedor de serviços de lazer, cultura e entretenimento deverá afixar cartaz ou instrumento equivalente na entrada do estabelecimento com informações sobre sua capacidade máxima, sobre a existência de alvará de funcionamento, de alvará de prevenção e proteção contra incêndios do estabelecimento ou autorização equivalente, bem como suas respectivas datas de validade, sem prejuízo da observância de demais regras dispostas em legislação específica.

Art. 5º O não cumprimento às determinações desta Portaria sujeitará o fornecedor às sanções previstas na Lei 8.078, de 1990 e no Decreto 2.181, de 20 de março de 1997.

Art. 6º Esta Portaria entra em vigor noventa dias após sua publicação.

José Eduardo Cardozo

LEI 12.921, DE 26 DE DEZEMBRO DE 2013

Proíbe a fabricação, a comercialização, a distribuição e a propaganda de produtos nacionais e importados, de qualquer natureza, bem como embalagens, destinados ao público infantojuvenil, reproduzindo a forma de cigarros e similares.

DOU de 27.12.2013.

A Presidenta da República. Faço saber que o Congresso Nacional decreta e eu sanciono a seguinte Lei:

Art. 1º Fica proibida a fabricação, a importação, a comercialização, a distribuição e a propaganda, em todo o território nacional, de produtos de qualquer natureza, bem como embalagens, destinados ao público infantojuvenil, reproduzindo a forma de cigarros ou similares.

Art. 2º O descumprimento ao disposto nesta Lei, sujeita o infrator às seguintes penas, sem prejuízo das demais cominações legais:

I – apreensão do produto;

II – multa de R$ 10,00 (dez reais) por embalagem apreendida, a ser corrigida anualmente de acordo com a variação do índice de preços nacional utilizado para verificação do cumprimento das metas inflacionárias.

Parágrafo único. A multa pecuniária prevista no inciso II do *caput* deste artigo será duplicada a cada reincidência.

Art. 3º Esta Lei entra em vigor 180 (cento e oitenta) dias após a data de sua publicação.

Brasília, 26 de dezembro de 2013; 192º da Independência e 125º da República.

Dilma Rousseff

LEI 12.933, DE 26 DE DEZEMBRO DE 2013

Dispõe sobre o benefício do pagamento de meia-entrada para estudantes, idosos, pessoas com deficiência e jovens de 15 a 29 anos comprovadamente carentes em espetáculos artístico-culturais e esportivos, e revoga a Medida Provisória 2.208, de 17 de agosto de 2001.

> Decreto 8.537/2015 *(Regulamenta a Lei 12.852/2013, e a Lei 12.933/2013, para dispor sobre o benefício da meia-entrada para acesso a eventos artístico-culturais e esportivos e para estabelecer os procedimentos e os critérios para a reserva de vagas a jovens de baixa renda nos veículos do sistema de transporte coletivo interestadual)*

DOU de 27.12.2013.

A Presidenta da República. Faço saber que o Congresso Nacional decreta e eu sanciono a seguinte Lei:

Art. 1º É assegurado aos estudantes o acesso a salas de cinema, cineclubes, teatros, espetáculos musicais e circenses e eventos educativos, esportivos, de lazer e de entretenimento, em todo o território nacional, promovidos por quaisquer entidades e realizados em estabelecimentos públicos ou particulares, mediante pagamento da metade do preço do ingresso efetivamente cobrado do público em geral.

§ 1º O benefício previsto no *caput* não será cumulativo com quaisquer outras promoções e convênios e, também, não se aplica ao valor dos serviços adicionais eventualmente oferecidos em camarotes, áreas e cadeiras especiais.

§ 2º Terão direito ao benefício os estudantes regularmente matriculados nos níveis e modalidades de educação e ensino previstos no Título V da Lei 9.394, de 20 de dezembro de 1996, que comprovem sua condição de discente, mediante a apresentação, no momento da aquisição do ingresso e na portaria do local de realização do evento, da Carteira de Identificação Estudantil (CIE), emitida pela Associação Nacional de Pós-Graduandos (ANPG), pela União Nacional dos Estudantes (UNE), pela União Brasileira dos Estudantes Secundaristas (Ubes), pelas entidades estaduais e municipais filiadas àquelas, pelos Diretórios Centrais dos Estudantes (DCEs) e pelos Centros e Diretórios Acadêmicos, com prazo de validade renovável a cada ano, conforme modelo único nacionalmente padronizado e publicamente disponibilizado pelas entidades nacionais antes referidas e pelo Instituto Nacional de Tecnologia da Informação (ITI), com certificação digital deste, podendo a carteira de identificação estudantil ter 50% (cinquenta por cento) de características locais.

> O STF, na ADIN 5.108, julgou parcialmente procedente o pedido formulado na ação direta, para: "1) declarar a inconstitucionalidade, com redução de texto, da expressão 'filiadas àquelas', constante dos §§ 2º e 4º do art. 1º e do § 2º do art. 2º, todos da Lei nº 12.933, de 26 de dezembro de 2013 e conferir interpretação conforme à Constituição à expressão 'entidades estaduais e municipais', contida também nos §§ 2º e 4º do art. 1º e § 2º do art. 2º, para fixar o entendimento de que as entidades estaduais e municipais referidas nesses preceitos são entidades de representação estudantil; 2) não acolher o pleito de declaração de inconstitucionalidade por arrastamento da expressão 'pelas entidades nacionais antes referidas', mas fixar interpretação conforme à Constituição à expressão, no sentido de que as entidades nacionais responsáveis pela definição do modelo único nacionalmente padronizado da Carteira de Identificação Estudantil (CIE) devem fixar parâmetros razoáveis para o modelo, os quais não podem obstar o acesso a este pelas entidades às quais a própria lei reconheceu a prerrogativa de emissão do documento, assegurando-se, ainda, a observância da previsão legal de que o documento poderá ter 50% (cinquenta por cento) de características locais (art. 1º, § 2º, da Lei nº 12.933, de 26 de dezembro de 2013, parte final), nos termos do voto do Relator (...)" (*DOU 31.03.2022*).

§ 3º *Vetado.*

§ 4º A Associação Nacional de Pós-Graduandos, a União Nacional dos Estudantes, a União Brasileira dos Estudantes Secundaristas e as entidades estudantis estaduais e municipais filiadas àquelas deverão disponibilizar um banco de dados contendo o nome e o número de registro dos estudantes portadores da Carteira de Identificação Estudantil (CIE), expedida nos termos desta Lei, aos estabelecimentos referidos no *caput* deste artigo e ao Poder Público.

> O STF, na ADIN 5.108, julgou parcialmente procedente o pedido formulado na ação direta, para: "1) declarar a inconstitucionalidade, com redução de texto, da expressão 'filiadas àquelas', constante dos §§ 2º e 4º do art. 1º e do § 2º do art. 2º, todos da Lei nº 12.933, de 26 de dezembro de 2013 e conferir interpretação conforme à Constituição à expressão 'entidades estaduais e municipais', contida também nos §§ 2º e 4º do art. 1º e § 2º do art. 2º, para fixar o entendimento de que as entidades estaduais e municipais referidas nesses preceitos são entidades de representação estudantil; 2) não acolher o pleito de declaração de inconstitucionalidade por arrastamento da expressão 'pelas entidades nacionais antes referidas', mas fixar interpretação conforme à Constituição à expressão, no sentido de que as entidades nacionais responsáveis pela definição do modelo único nacionalmente padronizado da Carteira de Identificação Estudantil (CIE) devem fixar parâmetros razoáveis para o modelo, os quais não podem obstar o acesso a este pelas entidades às quais a própria lei reconheceu a prerrogativa de emissão do documento, assegurando-se, ainda, a observância da previsão legal de que o documento poderá ter 50% (cinquenta por cento) de características locais (art. 1º, § 2º, da Lei nº 12.933, de 26 de dezembro de 2013, parte final), nos termos do voto do Relator. (...)" (*DOU 31.03.2022*).

§ 5º A representação estudantil é obrigada a manter o documento comprobatório do vínculo do aluno com o estabelecimento escolar, pelo mesmo prazo de validade da respectiva Carteira de Identificação Estudantil (CIE).

§ 6º A Carteira de Identificação Estudantil (CIE) será válida da data de sua expedição até o dia 31 de março do ano subsequente.

§ 7º *Vetado.*

§ 8º Também farão jus ao benefício da meia-entrada as pessoas com deficiência, inclusive seu acompanhante quando necessário, sendo que este terá idêntico benefício no evento em que comprove estar nesta condição, na forma do regulamento.

§ 9º Também farão jus ao benefício da meia-entrada os jovens de 15 a 29 anos de idade de baixa renda, inscritos no Cadastro Único para Programas Sociais do Governo Federal (CadÚnico) e cuja renda familiar mensal seja de até 2 (dois) salários mínimos, na forma do regulamento.

§ 10. A concessão do direito ao benefício da meia-entrada é assegurada em 40% (quarenta por cento) do total dos ingressos disponíveis para cada evento.

§ 11. As normas desta Lei não se aplicam aos eventos Copa do Mundo FIFA de 2014 e Olimpíadas do Rio de Janeiro de 2016.

Art. 2º O cumprimento do percentual de que trata o § 10 do art. 1º será aferido por meio de instrumento de controle que faculte ao público o acesso a informações atualizadas referentes ao quantitativo de ingressos de meia-entrada disponíveis para cada sessão.

§ 1º As produtoras dos eventos deverão disponibilizar:

I – o número total de ingressos e o número de ingressos disponíveis aos usuários da meia-entrada, em todos os pontos de venda de ingressos, de forma visível e clara;

II – o aviso de que houve o esgotamento dos ingressos disponíveis aos usuários da meia-entrada em pontos de venda de ingressos, de forma visível e clara, quando for o caso.

§ 2º Os estabelecimentos referidos no *caput* do art. 1º deverão disponibilizar o relatório da venda de ingressos de cada evento à Associação Nacional de Pós-Graduandos, à União Nacional dos Estudantes, à União Brasileira dos Estudantes Secundaristas, a entidades estudantis estaduais e municipais filiadas àquelas e ao Poder Público, interessados em consultar o cumprimento do disposto no § 10 do art. 1º.

> O STF, na ADIN 5.108, julgou parcialmente procedente o pedido formulado na ação direta, para: "1) declarar a inconstitucionalidade, com redução de texto, da expressão 'filiadas àquelas', constante dos §§ 2º e 4º do art. 1º e do § 2º do art. 2º, todos da Lei nº 12.933, de 26 de dezembro de 2013 e conferir interpretação conforme à Constituição à expressão 'entidades estaduais e municipais', contida também nos §§ 2º e 4º do art. 1º e § 2º do art. 2º, para fixar o entendimento de que as entidades estaduais e municipais referidas nesses preceitos são entidades de representação estudantil; (...) nos termos do voto do Relator (...)" (*DOU 31.03.2022*).

Art. 3º Caberá aos órgãos públicos competentes federais, estaduais e municipais a fiscalização do cumprimento desta Lei.

Parágrafo único. A comprovação da emissão irregular ou fraudulenta de carteiras estudantis acarretará à entidade emissora, conforme o caso, sem prejuízo das sanções administrativas e penais aplicáveis aos responsáveis pela irregularidade ou fraude:

I – multa;

II – suspensão temporária da autorização para emissão de carteiras estudantis; e

III – *Vetado.*

Art. 4º Os estabelecimentos referidos no *caput* do art. 1º deverão afixar cartazes, em local visível da bilheteria e da portaria, de que constem as condições estabelecidas para o gozo da meia-entrada, com os telefones dos órgãos de fiscalização.

Art. 5º Revoga-se a Medida Provisória 2.208, de 17 de agosto de 2001.

Art. 6º Esta Lei entra em vigor na data de sua publicação, gerando efeitos a partir da edição de sua norma regulamentadora.

Brasília, 26 de dezembro de 2013; 192º da Independência e 125º da República.

Dilma Rousseff

LEI 12.965, DE 23 DE ABRIL DE 2014

Estabelece princípios, garantias, direitos e deveres para o uso da Internet no Brasil.

DOU de 24.04.2014.

> *Dec. 8.771/2016 (Regulamenta a Lei 12.965/2014).*

A Presidenta da República. Faço saber que o Congresso Nacional decreta e eu sanciono a seguinte Lei:

CAPÍTULO I
Disposições preliminares

Art. 1º Esta Lei estabelece princípios, garantias, direitos e deveres para o uso da internet no Brasil e determina as diretrizes para atuação da União, dos Estados, do Distrito Federal e dos Municípios em relação à matéria.

Art. 2º A disciplina do uso da internet no Brasil tem como fundamento o respeito à liberdade de expressão, bem como:

(...)

V – a livre-iniciativa, a livre concorrência e a defesa do consumidor; e

(...)

Art. 5º Para os efeitos desta Lei, considera-se:

I – internet: o sistema constituído do conjunto de protocolos lógicos, estruturado em escala mundial para uso público e irrestrito, com a finalidade de possibilitar a comunicação de dados entre terminais por meio de diferentes redes;

II – terminal: o computador ou qualquer dispositivo que se conecte à internet;

III – endereço de protocolo de internet (endereço IP): o código atribuído a um terminal de uma rede para permitir sua identificação, definido segundo parâmetros internacionais;

IV – administrador de sistema autônomo: a pessoa física ou jurídica que administra blocos de endereço IP específicos e o respectivo sistema autônomo de roteamento, devidamente cadastrada no ente nacional responsável pelo registro e distribuição de endereços IP geograficamente referentes ao País;

V – conexão à internet: a habilitação de um terminal para envio e recebimento de pacotes de dados pela internet, mediante a atribuição ou autenticação de um endereço IP;

VI – registro de conexão: o conjunto de informações referentes à data e hora de início e término de uma conexão à internet, sua duração e o endereço IP utilizado pelo terminal para o envio e recebimento de pacotes de dados;

VII – aplicações de internet: o conjunto de funcionalidades que podem ser acessadas por meio de um terminal conectado à internet; e

VIII – registros de acesso a aplicações de internet: o conjunto de informações referentes à data e hora de uso de uma determinada aplicação de internet a partir de um determinado endereço IP.

(...)

CAPÍTULO II

Dos direitos e garantias dos usuários

Art. 7º O acesso à internet é essencial ao exercício da cidadania, e ao usuário são assegurados os seguintes direitos:

I – inviolabilidade da intimidade e da vida privada, sua proteção e indenização pelo dano material ou moral decorrente de sua violação;

II – inviolabilidade e sigilo do fluxo de suas comunicações pela internet, salvo por ordem judicial, na forma da lei;

III – inviolabilidade e sigilo de suas comunicações privadas armazenadas, salvo por ordem judicial;

IV – não suspensão da conexão à internet, salvo por débito diretamente decorrente de sua utilização;

V – manutenção da qualidade contratada da conexão à internet;

VI – informações claras e completas constantes dos contratos de prestação de serviços, com detalhamento sobre o regime de proteção aos registros de conexão e aos registros de acesso a aplicações de internet, bem como sobre práticas de gerenciamento da rede que possam afetar sua qualidade;

VII – não fornecimento a terceiros de seus dados pessoais, inclusive registros de conexão, e de acesso a aplicações de internet, salvo mediante consentimento livre, expresso e informado ou nas hipóteses previstas em lei;

VIII – informações claras e completas sobre coleta, uso, armazenamento, tratamento e proteção de seus dados pessoais, que somente poderão ser utilizados para finalidades que:

a) justifiquem sua coleta;

b) não sejam vedadas pela legislação; e

c) estejam especificadas nos contratos de prestação de serviços ou em termos de uso de aplicações de internet;

IX – consentimento expresso sobre coleta, uso, armazenamento e tratamento de dados pessoais, que deverá ocorrer de forma destacada das demais cláusulas contratuais;

X – exclusão definitiva dos dados pessoais que tiver fornecido a determinada aplicação de internet, a seu requerimento, ao término da relação entre as partes, ressalvadas as hipóteses de guarda obrigatória de registros previstas nesta Lei e na que dispõe sobre a proteção de dados pessoais;

> *Inciso X com redação pela Lei 13.709/2018.*

XI – publicidade e clareza de eventuais políticas de uso dos provedores de conexão à internet e de aplicações de internet;

XII – acessibilidade, consideradas as características físico-motoras, perceptivas, sensoriais, intelectuais e mentais do usuário, nos termos da lei; e

XIII – aplicação das normas de proteção e defesa do consumidor nas relações de consumo realizadas na internet.

Art. 8º A garantia do direito à privacidade e à liberdade de expressão nas comunicações é condição para o pleno exercício do direito de acesso à internet.

Parágrafo único. São nulas de pleno direito as cláusulas contratuais que violem o disposto no *caput*, tais como aquelas que:

I – impliquem ofensa à inviolabilidade e ao sigilo das comunicações privadas, pela internet; ou

II – em contrato de adesão, não ofereçam como alternativa ao contratante a adoção do foro brasileiro para solução de controvérsias decorrentes de serviços prestados no Brasil.

(...)

CAPÍTULO III
Da provisão de conexão e de aplicações de internet

(...)

Seção II
Da Proteção aos Registros, aos Dados Pessoais e às Comunicações Privadas

Art. 10. A guarda e a disponibilização dos registros de conexão e de acesso a aplicações de internet de que trata esta Lei, bem como de dados pessoais e do conteúdo de comunicações privadas, devem atender à preservação da intimidade, da vida privada, da honra e da imagem das partes direta ou indiretamente envolvidas.

§ 1º O provedor responsável pela guarda somente será obrigado a disponibilizar os registros mencionados no *caput*, de forma autônoma ou associados a dados pessoais ou a outras informações que possam contribuir para a identificação do usuário ou do terminal, mediante ordem judicial, na forma do disposto na Seção IV deste Capítulo, respeitado o disposto no art. 7º.

§ 2º O conteúdo das comunicações privadas somente poderá ser disponibilizado mediante ordem judicial, nas hipóteses e na forma que a lei estabelecer, respeitado o disposto nos incisos II e III do art. 7º.

§ 3º O disposto no *caput* não impede o acesso aos dados cadastrais que informem qualificação pessoal, filiação e endereço, na forma da lei, pelas autoridades administrativas que detenham competência legal para a sua requisição.

§ 4º As medidas e os procedimentos de segurança e de sigilo devem ser informados pelo responsável pela provisão de serviços de forma clara e atender a padrões definidos em regulamento, respeitado seu direito de confidencialidade quanto a segredos empresariais.

Art. 11. Em qualquer operação de coleta, armazenamento, guarda e tratamento de registros, de dados pessoais ou de comunicações por provedores de conexão e de aplicações de internet em que pelo menos um desses atos ocorra em território nacional, deverão ser obrigatoriamente respeitados a legislação brasileira e os direitos à privacidade, à proteção dos dados pessoais e ao sigilo das comunicações privadas e dos registros.

§ 1º O disposto no *caput* aplica-se aos dados coletados em território nacional e ao conteúdo das comunicações, desde que pelo menos um dos terminais esteja localizado no Brasil.

§ 2º O disposto no *caput* aplica-se mesmo que as atividades sejam realizadas por pessoa jurídica sediada no exterior, desde que oferte serviço ao público brasileiro ou pelo menos uma integrante do mesmo grupo econômico possua estabelecimento no Brasil.

§ 3º Os provedores de conexão e de aplicações de internet deverão prestar, na forma da regulamentação, informações que permitam a verificação quanto ao cumprimento da legislação brasileira referente à coleta, à guarda, ao armazenamento ou ao tratamento de dados, bem como quanto ao respeito à privacidade e ao sigilo de comunicações.

§ 4º Decreto regulamentará o procedimento para apuração de infrações ao disposto neste artigo.

Art. 12. Sem prejuízo das demais sanções cíveis, criminais ou administrativas, as infrações às normas previstas nos arts. 10 e 11 ficam sujeitas, conforme o caso, às seguintes sanções, aplicadas de forma isolada ou cumulativa:

I – advertência, com indicação de prazo para adoção de medidas corretivas;

II – multa de até 10% (dez por cento) do faturamento do grupo econômico no Brasil no seu último exercício, excluídos os tributos, considerados a condição econômica do infrator e o princípio da proporcionalidade entre a gravidade da falta e a intensidade da sanção;

III – suspensão temporária das atividades que envolvam os atos previstos no art. 11; ou

IV – proibição de exercício das atividades que envolvam os atos previstos no art. 11.

Parágrafo único. Tratando-se de empresa estrangeira, responde solidariamente pelo pagamento da multa de que trata o *caput* sua filial, sucursal, escritório ou estabelecimento situado no País.

(...)

CAPÍTULO V
Disposições finais

Art. 29. O usuário terá a opção de livre escolha na utilização de programa de computador em seu terminal para exercício do controle parental de conteúdo entendido por ele como impróprio a seus filhos menores, desde que respeitados os princípios desta Lei e da Lei 8.069, de 13 de julho de 1990 – Estatuto da Criança e do Adolescente.

Parágrafo único. Cabe ao poder público, em conjunto com os provedores de conexão e de aplicações de internet e a sociedade civil, promover a educação e fornecer informações sobre o uso dos programas de computador previstos no *caput*, bem como para a definição de boas práticas para a inclusão digital de crianças e adolescentes.

Art. 30. A defesa dos interesses e dos direitos estabelecidos nesta Lei poderá ser exercida em juízo, individual ou coletivamente, na forma da lei.

(...)

Art. 32. Esta Lei entra em vigor após decorridos 60 (sessenta) dias de sua publicação oficial.

Brasília, 23 de abril de 2014; 193º da Independência e 126º da República.

Dilma Rousseff

LEI 13.111, DE 25 DE MARÇO DE 2015

Dispõe sobre a obrigatoriedade de os empresários que comercializam veículos automotores informarem ao comprador o valor dos tributos incidentes sobre a venda e a situação de regularidade do veículo quanto a furto, multas, taxas anuais, débitos de impostos, alienação fiduciária ou quaisquer outros registros que limitem ou impeçam a circulação do veículo.

DOU de 26.03.2015.

A Presidenta da República. Faço saber que o Congresso Nacional decreta e eu sanciono a seguinte Lei:

Art. 1º Esta Lei dispõe sobre a obrigatoriedade de os empresários que comercializam veículos automotores, novos ou usados, informarem ao comprador:

I – o valor dos tributos incidentes sobre a comercialização do veículo;

II – a situação de regularidade do veículo quanto a:

a) furto;

b) multas e taxas anuais legalmente devidas;

c) débitos de impostos;

d) alienação fiduciária; ou

e) quaisquer outros registros que limitem ou impeçam a circulação do veículo.

Art. 2º Os empresários que comercializam veículos automotores, novos ou usados, são obrigados a informar ao comprador a situação de regularidade do veículo junto às autoridades policiais, de trânsito e fazendária das unidades da Federação onde o veículo for registrado e estiver sendo comercializado, relativa a:

I – furto;

II – multas e taxas anuais legalmente devidas;

III – débitos quanto ao pagamento de impostos;

IV – alienação fiduciária; ou

V – quaisquer outros registros que limitem ou impeçam a circulação do veículo.

Parágrafo único. No contrato de compra e venda assinado entre vendedor e comprador devem constar cláusulas contendo informações sobre a natureza e o valor dos tributos incidentes sobre a comercialização do veículo, bem como sobre a situação de regularidade em que se encontra o bem quanto às eventuais restrições previstas no *caput*.

Art. 3º O descumprimento do disposto nesta Lei implica a obrigação de os empresários que comercializam veículos automotores, novos ou usados, arcarem com:

I – o pagamento do valor correspondente ao montante dos tributos, taxas, emolumentos e multas incidentes sobre o veículo e existentes até o momento da aquisição do bem pelo comprador; II – a restituição do valor integral pago pelo comprador, no caso de o veículo ter sido objeto de furto.

Parágrafo único. As sanções previstas neste artigo serão aplicadas sem prejuízo das demais sanções previstas na Lei 8.078, de 11 de setembro de 1990.

Art. 4º Esta Lei entra em vigor após decorridos 60 (sessenta) dias de sua publicação oficial.

Brasília, 25 de março de 2015; 194º da Independência e 127º da República.

Dilma Rousseff

LEI 13.146, DE 6 DE JULHO DE 2015

Institui a Lei Brasileira de Inclusão da Pessoa com Deficiência (Estatuto da Pessoa com Deficiência).

DOU de 07.07.2015.

A Presidenta da República. Faço saber que o Congresso Nacional Decreta e eu sanciono a seguinte Lei:

LIVRO I
PARTE GERAL

(...)

TÍTULO III
DA ACESSIBILIDADE

CAPÍTULO I
Disposições gerais

(...)

CAPÍTULO II
Do acesso à informação e à comunicação

(...)

Art. 69. O poder público deve assegurar a disponibilidade de informações corretas e claras sobre os diferentes produtos e serviços ofertados, por quaisquer meios de comunicação empregados, inclusive em ambiente virtual, contendo a especificação correta de quantidade, qualidade, características, composição e preço, bem como sobre os eventuais riscos à saúde e à segurança do consumidor com deficiência, em caso de sua utilização, aplicando-se, no que couber, os arts. 30 a 41 da Lei 8.078, de 11 de setembro de 1990.

§ 1º Os canais de comercialização virtual e os anúncios publicitários veiculados na imprensa escrita, na internet, no rádio, na televisão e nos demais veículos de comunicação abertos ou por assinatura devem disponibilizar, conforme a compatibilidade do meio, os recursos de acessibilidade de que trata o art. 67 desta Lei, a expensas do fornecedor do produto ou do serviço, sem prejuízo da observância do disposto nos arts. 36 a 38 da Lei 8.078, de 11 de setembro de 1990.

(...)

Dilma Rousseff

LEI 13.179, DE 22 DE OUTUBRO DE 2015

Obriga o fornecedor de ingresso para evento cultural pela internet a tornar disponível a venda de meia-entrada por esse veículo.

DOU de 23.10.2015.

A Presidenta da República. Faço saber que o Congresso Nacional decreta e eu sanciono a seguinte Lei:

Art. 1º O fornecedor de ingresso para evento cultural pela internet é obrigado a tornar disponível a venda de meia-entrada por esse veículo.

Art. 2º A comprovação da situação de beneficiário da meia-entrada dar-se-á por ocasião do ingresso ao evento cultural, mediante a apresentação da documentação exigida.

§ 1º O fornecedor deverá informar, de forma clara e inequívoca, antes de consumada a venda, quais documentos serão reconhecidos para comprovação do direito ao benefício da meia-entrada.

§ 2º As informações previstas no § 1º também deverão ser afixadas em local visível, na entrada do evento.

§ 3º A impossibilidade de comprovação do direito ao benefício, de acordo com as informações divulgadas na forma dos §§ 1º e 2º, implica a perda do ingresso pelo consumidor, resguardado seu direito de complementar o pagamento do ingresso em seu valor integral.

§ 4º Na falta das informações anunciadas na forma dos §§ 1º e 2º, o consumidor prejudicado terá direito à devolução imediata do valor pago, sem prejuízo de eventual indenização por perdas e danos.

Art. 3º A desobediência ao disposto nesta Lei sujeita o infrator às sanções previstas na Lei 8.078, de 11 de setembro de 1990, que dispõe sobre a proteção do consumidor e dá outras providências.

Art. 4º Esta Lei entra em vigor na data de sua publicação.

Brasília, 22 de outubro de 2015; 194º da Independência e 127º da República.

Dilma Rousseff

DECRETO 8.573, DE 19 DE NOVEMBRO DE 2015

Dispõe sobre o Consumidor.gov.br, sistema alternativo de solução de conflitos de consumo, e dá outras providências.

DOU de 20.11.2015.

A Presidenta da República, no uso das atribuições que lhe conferem o art. 84, *caput*, incisos IV e VI, alínea "a", da Constituição, e tendo em vista o disposto no art. 4º, *caput*, incisos III e V, da Lei 8.078, de 11 de setembro de 1990, Decreta:

Art. 1º Este Decreto dispõe sobre o Consumidor.gov.br, sistema alternativo de solução de conflitos de consumo, de natureza gratuita e alcance nacional, na forma de sítio na internet, com a finalidade de estimular a autocomposição entre consumidores e fornecedores para solução de demandas de consumo.

Art. 1º-A. O Consumidor.gov.br é a plataforma digital oficial da administração pública federal direta, autárquica e fundacional para a autocomposição nas controvérsias em relações de consumo.

> *Artigo acrescido pelo Dec. 10.197/2020.*

§ 1º Os órgãos e as entidades que possuam plataformas próprias para solução de conflitos de consumo migrarão os seus serviços para o Consumidor.gov.br até 31 de dezembro de 2020.

§ 2º Poderão manter plataformas próprias os órgãos e entidades que possuam canais de atendimento cuja escala e especificidade assim se justifique.

§ 3º Na hipótese do § 2º, a plataforma será adequada para atender aos parâmetros de experiência do usuário e de interoperabilidade de dados com a plataforma digital Consumidor.gov.br.

§ 4º Os órgãos e as entidades da administração pública federal direta, autárquica e fundacional terão acesso às manifestações cadastradas no Consumidor.gov.br relativas à sua área de atuação para fins de formulação, monitoramento e avaliação de suas ações.

§ 5º Ato conjunto do Secretário Nacional do Consumidor do Ministério da Justiça e Segurança Pública e do Secretário de Governo Digital da Secretaria Especial de Desburocratização, Gestão e Governo Digital do Ministério da Economia poderá regular o disposto neste artigo.

Art. 2º São objetivos do Consumidor.gov.br:

I – ampliar o atendimento ao consumidor;

II – prevenir condutas que violem os direitos do consumidor;

III – promover a transparência nas relações de consumo;

IV – contribuir na elaboração e implementação de políticas públicas de defesa do consumidor;

V – estimular a harmonização das relações entre consumidores e fornecedores; e

VI – incentivar a competitividade por meio da melhoria da qualidade do atendimento ao consumidor.

Art. 3º A Secretaria Nacional do Consumidor do Ministério da Justiça e Segurança Pública prestará o apoio administrativo e os meios necessários para o funcionamento do Consumidor.gov.br.

> *Artigo com redação pelo Decreto 9.882/2019.*

Art. 4º Fica instituído o Comitê Gestor do Consumidor.gov.br no âmbito do Ministério da Justiça e Segurança Pública, com o objetivo de definir ações e coordenar a gestão e a manutenção da plataforma Consumidor.gov.br.

> *Caput com redação pelo Decreto 9.882/2019.*

§ 1º O Comitê Gestor será composto por:

I – um representante da Secretaria Nacional do Consumidor do Ministério da Justiça e Segurança Pública, que o presidirá;

> *Inciso I com redação pelo Decreto 9.882/2019.*

II – um representante da Secretária-Executiva do Ministério da Justiça e Segurança Pública;

> *Inciso II com redação pelo Decreto 9.882/2019.*

III – quatro representantes do Sistema Nacional de Defesa do Consumidor; e

IV – quatro representantes do setor produtivo.

§ 2º Cada membro do Comitê Gestor do Consumidor.gov.br terá um suplente, que o substituirá em suas ausências e impedimentos.

> *§ 2º com redação pelo Decreto 9.882/2019.*

§ 3º Os órgãos de que tratam os incisos I e II do § 1º indicarão seus representantes e respectivos suplentes.

> *§ 3º com redação pelo Decreto 9.882/2019.*

§ 4º Os representantes e respectivos suplentes de que tratam os incisos III e IV do § 1º serão indicados, na forma disposta em ato do Ministro de Estado da Justiça e Segurança Pública, para mandato de dois anos, permitida a recondução.

> *§ 4º acrescido pelo Decreto 9.882/2019.*

§ 5º Os membros, titulares e suplentes do Comitê Gestor serão designados pelo Ministro de Estado da Justiça e Segurança Pública.

> *§ 5º acrescido pelo Decreto 9.882/2019.*

§ 6º O Comitê Gestor poderá convidar especialistas ou representantes de órgãos ou entidades, públicas ou privadas, inclusive organizações da sociedade civil, para acompanhar ou participar de suas reuniões, sem direito a voto.

> *§ 6º acrescido pelo Decreto 9.882/2019.*

§ 7º O Comitê Gestor se reunirá em caráter ordinário quadrimestralmente e em caráter extraordinário sempre que convocado por seu Presidente, de ofício ou a pedido de um de seus membros.

> *§ 7º acrescido pelo Decreto 9.882/2019.*

§ 8º As reuniões serão realizadas por videoconferência e, excepcionalmente, poderão ser realizadas presencialmente, mediante motivação e atestada a disponibilidade orçamentária e financeira.

> *§ 8º acrescido pelo Decreto 9.882/2019.*

Art. 5º Compete ao Comitê Gestor do Consumidor.gov.br:

I – apoiar a Senacon na gestão do sistema e no aprimoramento das políticas e diretrizes de atendimento aos consumidores;

II – promover o Consumidor.gov.br por meio da elaboração de ações específicas;

III – propor mecanismos para o financiamento, a manutenção e o aprimoramento do Consumidor.gov.br; e

IV – elaborar seu regimento interno, que deverá ser aprovado por maioria simples de seus membros.

Art. 6º A participação no Comitê Gestor do Consumidor.gov.br será considerada prestação de serviço público relevante, não remunerada.

Art. 6º-A. O Ministério da Justiça e Segurança Pública integrará, até 31 de dezembro de 2020, o Consumidor.gov.br ao portal único "gov.br", de que trata o Decreto 9.756, de 11 de abril de 2019.

> *Artigo acrescido pelo Dec. 10.197/2020.*

Art. 7º Este Decreto entra em vigor na data de sua publicação.

Brasília, 19 de novembro de 2015; 194º da Independência e 127º da República.

Dilma Rousseff

LEI 13.233, DE 29 DE DEZEMBRO DE 2015

Obriga, nas hipóteses que especifica, a veiculação de mensagem de advertência sobre o risco de escassez e de incentivo ao consumo moderado de água.

DOU de 30.12.2015.

A Presidenta da República. Faço saber que o Congresso Nacional decreta e eu sanciono a seguinte Lei:

Art. 1º As embalagens e rótulos dos equipamentos e produtos de limpeza cujo uso implicar consumo de água conterão mensagem de advertência sobre o risco de escassez e de incentivo ao consumo moderado de água.

§ 1º A mensagem a que se refere o *caput* será inserida em destaque e de forma legível nas embalagens e rótulos, utilizando-se a expressão «Água: pode faltar. Não desperdice.».

§ 2º Para todos os efeitos, a mensagem deverá ainda respeitar o tamanho mínimo de letra e quaisquer outros critérios definidos nos regulamentos técnicos que disponham sobre as características das embalagens e rótulos dos equipamentos e produtos de limpeza abrangidos por esta Lei.

Art. 2º O descumprimento do disposto nesta Lei sujeita os responsáveis às punições previstas no art. 56 da Lei 8.078, de 11 de setembro de 1990 – Código de Defesa do Consumidor.

Art. 3º Esta Lei entra em vigor após decorridos trezentos e sessenta e cinco dias de sua publicação oficial.

Brasília, 29 de dezembro de 2015; 194º da Independência e 127º da República.

Dilma Rousseff

LEI 13.294, DE 6 DE JUNHO DE 2016

Dispõe sobre o prazo para emissão de recibo de quitação integral de débitos de qualquer natureza pelas instituições integrantes do Sistema Financeiro Nacional, nos termos da Lei 4.595, de 31 de dezembro de 1964.

DOU de 07.06.2016.

O Vice-Presidente da República, no exercício do cargo de Presidente da República.

Faço saber que o Congresso Nacional decreta e eu sanciono a seguinte Lei:

Art. 1º As instituições integrantes do Sistema Financeiro Nacional, nos termos da Lei 4.595, de 31 de dezembro de 1964, são obrigadas a emitir recibo de quitação integral de débitos de qualquer natureza, quando requerido pelo interessado, no prazo de dez dias úteis, contado da comprovação de liquidação integral do débito, por meios próprios ou por demonstração efetuada pelo interessado.

§ 1º O disposto no *caput* não se aplica às hipóteses em que a lei haja determinado procedimentos e prazos específicos, devendo a instituição financeira esclarecer tais situações excepcionais no documento ou protocolo que fornecer em resposta ao requerimento do interessado.

§ 2º No caso de contratos de financiamento imobiliário, a instituição financeira fornecerá o termo de quitação no prazo de trinta dias a contar da data de liquidação da dívida.

Art. 2º *Vetado.*

Art. 3º Esta Lei entra em vigor após decorridos noventa dias de sua publicação oficial.

Brasília, 6 de junho de 2016; 195º da Independência e 128º da República.

Michel Temer

LEI 13.455, DE 26 DE JUNHO DE 2017

Dispõe sobre a diferenciação de preços de bens e serviços oferecidos ao público em função do prazo ou do instrumento de pagamento utilizado, e altera a Lei 10.962, de 11 de outubro de 2004.

DOU de 27.06.2017.

O Presidente da República. Faço saber que o Congresso Nacional decreta e eu sanciono a seguinte Lei:

Art. 1º Fica autorizada a diferenciação de preços de bens e serviços oferecidos ao público em função do prazo ou do instrumento de pagamento utilizado.

Parágrafo único. É nula a cláusula contratual, estabelecida no âmbito de arranjos de pagamento ou de outros acordos para prestação de serviço de pagamento, que proíba ou restrinja a diferenciação de preços facultada no *caput* deste artigo.

Art. 2º A Lei 10.962, de 11 de outubro de 2004, passa a vigorar acrescida do seguinte art. 5º-A:

> *Alterações incorporadas no texto da referida Lei.*

Art. 3º Esta Lei entra em vigor na data de sua publicação.

Brasília, 26 de junho de 2017; 196º da Independência e 129º da República.

Michel Temer

LEI 13.460, DE 26 DE JUNHO DE 2017

Dispõe sobre participação, proteção e defesa dos direitos do usuário dos serviços públicos da administração pública.

DOU de 27.06.2017.

> *Dec. 9.492/2018 (Regulamenta a Lei 13.460/2017).*

Faço saber que o Congresso Nacional decreta e eu sanciono a seguinte Lei:

CAPÍTULO I
Disposições preliminares

Art. 1º Esta Lei estabelece normas básicas para participação, proteção e defesa dos direitos do usuário dos serviços públicos prestados direta ou indiretamente pela administração pública.

§ 1º O disposto nesta Lei aplica-se à administração pública direta e indireta da União, dos Estados, do Distrito Federal e dos Municípios, nos termos do inciso I do § 3º do art. 37 da Constituição Federal.

§ 2º A aplicação desta Lei não afasta a necessidade de cumprimento do disposto:

I – em normas regulamentadoras específicas, quando se tratar de serviço ou atividade sujeitos a regulação ou supervisão; e

II – na Lei 8.078, de 11 de setembro de 1990, quando caracterizada relação de consumo.

§ 3º Aplica-se subsidiariamente o disposto nesta Lei aos serviços públicos prestados por particular.

Art. 2º Para os fins desta Lei, consideram-se:

I – usuário – pessoa física ou jurídica que se beneficia ou utiliza, efetiva ou potencialmente, de serviço público;

II – serviço público – atividade administrativa ou de prestação direta ou indireta de bens ou serviços à população, exercida por órgão ou entidade da administração pública;

III – administração pública – órgão ou entidade integrante da administração pública de qualquer dos Poderes da União, dos Estados, do Distrito Federal e dos Municípios, a Advocacia Pública e a Defensoria Pública;

IV – agente público – quem exerce cargo, emprego ou função pública, de natureza civil ou militar, ainda que transitoriamente ou sem remuneração; e

V – manifestações – reclamações, denúncias, sugestões, elogios e demais pronunciamentos de usuários que tenham como objeto a prestação de serviços públicos e a conduta de agentes públicos na prestação e fiscalização de tais serviços.

Parágrafo único. O acesso do usuário a informações será regido pelos termos da Lei 12.527, de 18 de novembro de 2011.

Art. 3º Com periodicidade mínima anual, cada Poder e esfera de Governo publicará quadro geral dos serviços públicos prestados, que especificará os órgãos ou entidades responsáveis por sua realização e a autoridade administrativa a quem estão subordinados ou vinculados.

Art. 4º Os serviços públicos e o atendimento do usuário serão realizados de forma adequada, observados os princípios da regularidade, continuidade, efetividade, segurança, atualidade, generalidade, transparência e cortesia.

CAPÍTULO II
Dos direitos básicos e deveres dos usuários

Art. 5º O usuário de serviço público tem direito à adequada prestação dos serviços, devendo os agentes públicos e prestadores de serviços públicos observar as seguintes diretrizes:

I – urbanidade, respeito, acessibilidade e cortesia no atendimento aos usuários;

II – presunção de boa-fé do usuário;

III – atendimento por ordem de chegada, ressalvados casos de urgência e aqueles em que houver possibilidade de agendamento, asseguradas as prioridades legais às pessoas com deficiência, aos idosos, às gestantes, às lactantes e às pessoas acompanhadas por crianças de colo;

IV – adequação entre meios e fins, vedada a imposição de exigências, obrigações, restrições e sanções não previstas na legislação;

V – igualdade no tratamento aos usuários, vedado qualquer tipo de discriminação;

VI – cumprimento de prazos e normas procedimentais;

VII – definição, publicidade e observância de horários e normas compatíveis com o bom atendimento ao usuário;

VIII – adoção de medidas visando a proteção à saúde e a segurança dos usuários;

IX – autenticação de documentos pelo próprio agente público, à vista dos originais apresentados pelo usuário, vedada a exigência de reconhecimento de firma, salvo em caso de dúvida de autenticidade;

X – manutenção de instalações salubres, seguras, sinalizadas, acessíveis e adequadas ao serviço e ao atendimento;

XI – eliminação de formalidades e de exigências cujo custo econômico ou social seja superior ao risco envolvido;

XII – observância dos códigos de ética ou de conduta aplicáveis às várias categorias de agentes públicos;

XIII – aplicação de soluções tecnológicas que visem a simplificar processos e procedimentos de atendimento ao usuário e a propiciar melhores condições para o compartilhamento das informações;

XIV – utilização de linguagem simples e compreensível, evitando o uso de siglas, jargões e estrangeirismos; e

XV – vedação da exigência de nova prova sobre fato já comprovado em documentação válida apresentada.

XVI – comunicação prévia ao consumidor de que o serviço será desligado em virtude de inadimplemento, bem como do dia a partir do qual será realizado o desligamento, necessariamente durante horário comercial.

> *Inciso XVI acrescido pela Lei 14.015/2020.*

Parágrafo único. A taxa de religação de serviços não será devida se houver descumprimento da exigência de notificação prévia ao consumidor prevista no inciso XVI do *caput* deste artigo, o que ensejará a aplicação de multa à concessionária, conforme regulamentação.

> *Parágrafo único acrescido pela Lei 14.015/2020.*

Art. 6º São direitos básicos do usuário:

I – participação no acompanhamento da prestação e na avaliação dos serviços;

II – obtenção e utilização dos serviços com liberdade de escolha entre os meios oferecidos e sem discriminação;

III – acesso e obtenção de informações relativas à sua pessoa constantes de registros ou bancos de dados, observado o disposto no inciso X do *caput* do art. 5º da Constituição Federal e na Lei 12.527, de 18 de novembro de 2011;

IV – proteção de suas informações pessoais, nos termos da Lei 12.527, de 18 de novembro de 2011;

V – atuação integrada e sistêmica na expedição de atestados, certidões e documentos comprobatórios de regularidade; e

VI – obtenção de informações precisas e de fácil acesso nos locais de prestação do serviço, assim como sua disponibilização na internet, especialmente sobre:

a) horário de funcionamento das unidades administrativas;

b) serviços prestados pelo órgão ou entidade, sua localização exata e a indicação do setor responsável pelo atendimento ao público;

c) acesso ao agente público ou ao órgão encarregado de receber manifestações;

d) situação da tramitação dos processos administrativos em que figure como interessado; e

e) valor das taxas e tarifas cobradas pela prestação dos serviços, contendo informações para a compreensão exata da extensão do serviço prestado.

VII – comunicação prévia da suspensão da prestação de serviço.

> *Inciso VII acrescido pela Lei 14.015/2020.*

Parágrafo único. É vedada a suspensão da prestação de serviço em virtude de inadimplemento por parte do usuário que se inicie na sexta-feira, no sábado ou no domingo, bem como em feriado ou no dia anterior a feriado.

> *Parágrafo único acrescido pela Lei 14.015/2020.*

Art. 7º Os órgãos e entidades abrangidos por esta Lei divulgarão Carta de Serviços ao Usuário.

§ 1º A Carta de Serviços ao Usuário tem por objetivo informar o usuário sobre os serviços prestados pelo órgão ou entidade, as formas de acesso a esses serviços e seus compromissos e padrões de qualidade de atendimento ao público.

§ 2º A Carta de Serviços ao Usuário deverá trazer informações claras e precisas em relação a cada um dos serviços prestados, apresentando, no mínimo, informações relacionadas a:

I – serviços oferecidos;

II – requisitos, documentos, formas e informações necessárias para acessar o serviço;

III – principais etapas para processamento do serviço;

IV – previsão do prazo máximo para a prestação do serviço;

V – forma de prestação do serviço; e

VI – locais e formas para o usuário apresentar eventual manifestação sobre a prestação do serviço.

§ 3º Além das informações descritas no § 2º, a Carta de Serviços ao Usuário deverá detalhar os compromissos e padrões de qualidade do atendimento relativos, no mínimo, aos seguintes aspectos:

I – prioridades de atendimento;

II – previsão de tempo de espera para atendimento;

III – mecanismos de comunicação com os usuários;

IV – procedimentos para receber e responder as manifestações dos usuários; e

V – mecanismos de consulta, por parte dos usuários, acerca do andamento do serviço solicitado e de eventual manifestação.

§ 4º A Carta de Serviços ao Usuário será objeto de atualização periódica e de permanente divulgação mediante publicação em sítio eletrônico do órgão ou entidade na internet.

§ 5º Regulamento específico de cada Poder e esfera de Governo disporá sobre a operacionalização da Carta de Serviços ao Usuário.

§ 6º Compete a cada ente federado disponibilizar as informações dos serviços prestados, conforme disposto nas suas Cartas de Serviços ao Usuário, na Base Nacional de Serviços Públicos, mantida pelo Poder Executivo federal, em formato aberto e interoperável, nos termos do regulamento do Poder Executivo federal.

> § 6º acrescido pela Lei 14.129/2021, em vigor 90, 120 e 180 dias da publicação, respectivamente, para a União, Estados e Municípios (*DOU 30.03.2021*).

Art. 8º São deveres do usuário:

I – utilizar adequadamente os serviços, procedendo com urbanidade e boa-fé;

II – prestar as informações pertinentes ao serviço prestado quando solicitadas;

III – colaborar para a adequada prestação do serviço; e

IV – preservar as condições dos bens públicos por meio dos quais lhe são prestados os serviços de que trata esta Lei.

CAPÍTULO III
Das manifestações dos usuários de serviços públicos

Art. 9º Para garantir seus direitos, o usuário poderá apresentar manifestações perante a administração pública acerca da prestação de serviços públicos.

Art. 10. A manifestação será dirigida à ouvidoria do órgão ou entidade responsável e conterá a identificação do requerente.

§ 1º A identificação do requerente não conterá exigências que inviabilizem sua manifestação.

§ 2º São vedadas quaisquer exigências relativas aos motivos determinantes da apresentação de manifestações perante a ouvidoria.

§ 3º Caso não haja ouvidoria, o usuário poderá apresentar manifestações diretamente ao órgão ou entidade responsável pela execução do serviço e ao órgão ou entidade a que se subordinem ou se vinculem.

§ 4º A manifestação poderá ser feita por meio eletrônico, ou correspondência convencional, ou verbalmente, hipótese em que deverá ser reduzida a termo.

§ 5º No caso de manifestação por meio eletrônico, prevista no § 4º, respeitada a legislação específica de sigilo e proteção de dados, poderá a administração pública ou sua ouvidoria requerer meio de certificação da identidade do usuário.

§ 6º Os órgãos e entidades públicos abrangidos por esta Lei deverão colocar à disposição do usuário formulários simplificados e de fácil compreensão para a apresentação do requerimento previsto no *caput*, facultada ao usuário sua utilização.

§ 7º A identificação do requerente é informação pessoal protegida com restrição de acesso nos termos da Lei 12.527, de 18 de novembro de 2011.

Art. 10-A. Para fins de acesso a informações e serviços, de exercício de direitos e obrigações ou de obtenção de benefícios perante os órgãos e as entidades federais, estaduais, distritais e municipais ou os serviços públicos delegados, a apresentação de documento de identificação com fé pública em que conste o número de inscrição no Cadastro de Pessoas Físicas (CPF) será suficiente para identificação do cidadão, dispensada a apresentação de qualquer outro documento.

> Artigo acrescido pela Lei 14.129/2021, em vigor 90, 120 e 180 dias da publicação, respectivamente, para a União, Estados e Municípios (*DOU 30.03.2021*).

§ 1º Os cadastros, os formulários, os sistemas e outros instrumentos exigidos dos usuários para a prestação de serviço público deverão disponibilizar campo para registro do número de inscrição no CPF, de preenchimento obrigatório, que será suficiente para sua identificação, vedada a exigência de apresentação de qualquer outro número para esse fim.

> § 1º com redação pela Lei 14.534/2023.

§ 2º O número de inscrição no CPF poderá ser declarado pelo usuário do serviço público, desde que acompanhado de documento de identificação com fé pública, nos termos da lei.

§ 3º Ato de cada ente federativo ou Poder poderá dispor sobre casos excepcionais ao previsto no *caput* deste artigo.

Art. 11. Em nenhuma hipótese, será recusado o recebimento de manifestações formuladas nos termos desta Lei, sob pena de responsabilidade do agente público.

Art. 12. Os procedimentos administrativos relativos à análise das manifestações observarão os princípios da eficiência e da celeridade, visando a sua efetiva resolução.

Parágrafo único. A efetiva resolução das manifestações dos usuários compreende:

I – recepção da manifestação no canal de atendimento adequado;

II – emissão de comprovante de recebimento da manifestação;

III – análise e obtenção de informações, quando necessário;

IV – decisão administrativa final; e

V – ciência ao usuário.

CAPÍTULO IV
Das ouvidorias

Art. 13. As ouvidorias terão como atribuições precípuas, sem prejuízo de outras estabelecidas em regulamento específico:

I – promover a participação do usuário na administração pública, em cooperação com outras entidades de defesa do usuário;

II – acompanhar a prestação dos serviços, visando a garantir a sua efetividade;

III – propor aperfeiçoamentos na prestação dos serviços;

IV – auxiliar na prevenção e correção dos atos e procedimentos incompatíveis com os princípios estabelecidos nesta Lei;

V – propor a adoção de medidas para a defesa dos direitos do usuário, em observância às determinações desta Lei;

VI – receber, analisar e encaminhar às autoridades competentes as manifestações, acompanhando o tratamento e a efetiva conclusão das manifestações de usuário perante órgão ou entidade a que se vincula; e

VII – promover a adoção de mediação e conciliação entre o usuário e o órgão ou a entidade pública, sem prejuízo de outros órgãos competentes.

Art. 14. Com vistas à realização de seus objetivos, as ouvidorias deverão:

I – receber, analisar e responder, por meio de mecanismos proativos e reativos, as manifestações encaminhadas por usuários de serviços públicos; e

II – elaborar, anualmente, relatório de gestão, que deverá consolidar as informações mencionadas no inciso I, e, com base nelas, apontar falhas e sugerir melhorias na prestação de serviços públicos.

Art. 15. O relatório de gestão de que trata o inciso II do *caput* do art. 14 deverá indicar, ao menos:

I – o número de manifestações recebidas no ano anterior;

II – os motivos das manifestações;

III – a análise dos pontos recorrentes; e

IV – as providências adotadas pela administração pública nas soluções apresentadas.

Parágrafo único. O relatório de gestão será:

I – encaminhado à autoridade máxima do órgão a que pertence a unidade de ouvidoria; e

II – disponibilizado integralmente na internet.

Art. 16. A ouvidoria encaminhará a decisão administrativa final ao usuário, observado o prazo de trinta dias, prorrogável de forma justificada uma única vez, por igual período.

Parágrafo único. Observado o prazo previsto no *caput*, a ouvidoria poderá solicitar informações e esclarecimentos diretamente a agentes públicos do órgão ou entidade a que se vincula, e as solicitações devem ser respondidas no prazo de vinte dias, prorrogável de forma justificada uma única vez, por igual período.

Art. 17. Atos normativos específicos de cada Poder e esfera de Governo disporão sobre a organização e o funcionamento de suas ouvidorias.

CAPÍTULO V
Dos conselhos de usuários

Art. 18. Sem prejuízo de outras formas previstas na legislação, a participação dos usuários no acompanhamento da prestação e na avaliação dos serviços públicos será feita por meio de conselhos de usuários.

Parágrafo único. Os conselhos de usuários são órgãos consultivos dotados das seguintes atribuições:

I – acompanhar a prestação dos serviços;

II – participar na avaliação dos serviços;

III – propor melhorias na prestação dos serviços;

IV – contribuir na definição de diretrizes para o adequado atendimento ao usuário; e

V – acompanhar e avaliar a atuação do ouvidor.

Art. 19. A composição dos conselhos deve observar os critérios de representatividade e pluralidade das partes interessadas, com vistas ao equilíbrio em sua representação.

Parágrafo único. A escolha dos representantes será feita em processo aberto ao público e diferenciado por tipo de usuário a ser representado.

Art. 20. O conselho de usuários poderá ser consultado quanto à indicação do ouvidor.

Art. 21. A participação do usuário no conselho será considerada serviço relevante e sem remuneração.

Art. 22. Regulamento específico de cada Poder e esfera de Governo disporá sobre a organização e funcionamento dos conselhos de usuários.

CAPÍTULO VI
Da avaliação continuada dos serviços públicos

Art. 23. Os órgãos e entidades públicos abrangidos por esta Lei deverão avaliar os serviços prestados, nos seguintes aspectos:

I – satisfação do usuário com o serviço prestado;

II – qualidade do atendimento prestado ao usuário;

III – cumprimento dos compromissos e prazos definidos para a prestação dos serviços;

IV – quantidade de manifestações de usuários; e

V – medidas adotadas pela administração pública para melhoria e aperfeiçoamento da prestação do serviço.

§ 1º A avaliação será realizada por pesquisa de satisfação feita, no mínimo, a cada um ano, ou por qualquer outro meio que garanta significância estatística aos resultados.

§ 2º O resultado da avaliação deverá ser integralmente publicado no sítio do órgão ou entidade, incluindo o ranking das entidades com maior incidência de reclamação dos usuários na periodicidade a que se refere o § 1º, e servirá de subsídio para reorientar e ajustar os serviços prestados, em especial quanto ao cumprimento dos compromissos e dos padrões de qualidade de atendimento divulgados na Carta de Serviços ao Usuário.

Art. 24. Regulamento específico de cada Poder e esfera de Governo disporá sobre a avaliação da efetividade e dos níveis de satisfação dos usuários.

CAPÍTULO VII
Disposições finais e transitórias

Art. 25. Esta Lei entra em vigor, a contar da sua publicação, em:

I – trezentos e sessenta dias para a União, os Estados, o Distrito Federal e os Municípios com mais de quinhentos mil habitantes;

II – quinhentos e quarenta dias para os Municípios entre cem mil e quinhentos mil habitantes; e

III – setecentos e vinte dias para os Municípios com menos de cem mil habitantes.

Brasília, 26 de junho de 2017; 196º da Independência e 129º da República.

Michel Temer

LEI 13.709, DE 14 DE AGOSTO DE 2018

Lei Geral de Proteção de Dados Pessoais (LGPD).

> *Ementa com redação pela Lei 13.853/2019.*

DOU de 15.08.2018.

O Presidente da República:

Faço saber que o Congresso Nacional decreta e eu sanciono a seguinte Lei:

CAPÍTULO I
Disposições preliminares

Art. 1º Esta Lei dispõe sobre o tratamento de dados pessoais, inclusive nos meios digitais, por pessoa natural ou por pessoa jurídica de direito público ou privado, com o objetivo de proteger os direitos fundamentais de liberdade e de privacidade e o livre desenvolvimento da personalidade da pessoa natural.

Parágrafo único. As normas gerais contidas nesta Lei são de interesse nacional e devem ser observadas pela União, Estados, Distrito Federal e Municípios.

> *Parágrafo único acrescido pela Lei 13.853/2019.*

Art. 2º A disciplina da proteção de dados pessoais tem como fundamentos:

I – o respeito à privacidade;

II – a autodeterminação informativa;

III – a liberdade de expressão, de informação, de comunicação e de opinião;

IV – a inviolabilidade da intimidade, da honra e da imagem;

V – o desenvolvimento econômico e tecnológico e a inovação;

VI – a livre-iniciativa, a livre concorrência e a defesa do consumidor; e

VII – os direitos humanos, o livre desenvolvimento da personalidade, a dignidade e o exercício da cidadania pelas pessoas naturais.

Art. 3º Esta Lei aplica-se a qualquer operação de tratamento realizada por pessoa natural ou por pessoa jurídica de direito público ou privado, independentemente do meio, do país de sua sede ou do país onde estejam localizados os dados, desde que:

I – a operação de tratamento seja realizada no território nacional;

II – a atividade de tratamento tenha por objetivo a oferta ou o fornecimento de bens ou serviços ou o tratamento de dados de indivíduos localizados no território nacional; ou

> *Inciso II com redação pela Lei 13.853/2019.*

III – os dados pessoais objeto do tratamento tenham sido coletados no território nacional.

§ 1º Consideram-se coletados no território nacional os dados pessoais cujo titular nele se encontre no momento da coleta.

§ 2º Excetua-se do disposto no inciso I deste artigo o tratamento de dados previsto no inciso IV do *caput* do art. 4º desta Lei.

Art. 4º Esta Lei não se aplica ao tratamento de dados pessoais:

I – realizado por pessoa natural para fins exclusivamente particulares e não econômicos;

II – realizado para fins exclusivamente:

a) jornalístico e artísticos; ou

b) acadêmicos, aplicando-se a esta hipótese os arts. 7º e 11 desta Lei;

III – realizado para fins exclusivos de:

a) segurança pública;

b) defesa nacional;

c) segurança do Estado; ou

d) atividades de investigação e repressão de infrações penais; ou

IV – provenientes de fora do território nacional e que não sejam objeto de comunicação, uso compartilhado de dados com agentes de tratamento brasileiros ou objeto de transferência internacional de dados com outro país que não o de proveniência, desde que o país de proveniência proporcione grau de proteção de dados pessoais adequado ao previsto nesta Lei.

§ 1º O tratamento de dados pessoais previsto no inciso III será regido por legislação específica, que deverá prever medidas proporcionais e estritamente necessárias ao atendimento do interesse público, observados o devido processo legal, os princípios gerais de proteção e os direitos do titular previstos nesta Lei.

§ 2º É vedado o tratamento dos dados a que se refere o inciso III do *caput* deste artigo por pessoa de direito privado, exceto em procedimentos sob tutela de pessoa jurídica de direito público, que serão objeto de informe específico à autoridade nacional e que deverão observar a limitação imposta no § 4º deste artigo.

§ 3º A autoridade nacional emitirá opiniões técnicas ou recomendações referentes às exceções previstas no inciso III do *caput* deste artigo e deverá solicitar aos responsáveis relatórios de impacto à proteção de dados pessoais.

§ 4º Em nenhum caso a totalidade dos dados pessoais de banco de dados de que trata o inciso III do *caput* deste artigo poderá ser tratada por pessoa de direito privado, salvo por aquela que possua capital integralmente constituído pelo poder público.

> *§ 4º com redação pela Lei 13.853/2019.*

Art. 5º Para os fins desta Lei, considera-se:

I – dado pessoal: informação relacionada a pessoa natural identificada ou identificável;

II – dado pessoal sensível: dado pessoal sobre origem racial ou étnica, convicção religiosa, opinião política, filiação a sindicato ou a organização de caráter religioso, filosófico ou político, dado referente à saúde ou à vida sexual, dado genético ou biométrico, quando vinculado a uma pessoa natural;

III – dado anonimizado: dado relativo a titular que não possa ser identificado, considerando a utilização de meios técnicos razoáveis e disponíveis na ocasião de seu tratamento;

IV – banco de dados: conjunto estruturado de dados pessoais, estabelecido em um ou em vários locais, em suporte eletrônico ou físico;

V – titular: pessoa natural a quem se referem os dados pessoais que são objeto de tratamento;

VI – controlador: pessoa natural ou jurídica, de direito público ou privado, a quem competem as decisões referentes ao tratamento de dados pessoais;

VII – operador: pessoa natural ou jurídica, de direito público ou privado, que realiza o tratamento de dados pessoais em nome do controlador;

VIII – encarregado: pessoa indicada pelo controlador e operador para atuar como canal de comunicação entre o controlador, os titulares dos dados e a Autoridade Nacional de Proteção de Dados (ANPD);

> *Inciso VIII com redação pela Lei 13.853/2019.*

IX – agentes de tratamento: o controlador e o operador;

X – tratamento: toda operação realizada com dados pessoais, como as que se referem a coleta, produção, recepção, classificação, utilização, acesso, reprodução, transmissão, distribuição, processamento, arquivamento, armazenamento, eliminação, avaliação ou controle da informação, modificação, comunicação, transferência, difusão ou extração;

XI – anonimização: utilização de meios técnicos razoáveis e disponíveis no momento do tratamento, por meio dos quais um dado perde a possibilidade de associação, direta ou indireta, a um indivíduo;

XII – consentimento: manifestação livre, informada e inequívoca pela qual o titular concorda com o tratamento de seus dados pessoais para uma finalidade determinada;

XIII – bloqueio: suspensão temporária de qualquer operação de tratamento, mediante guarda do dado pessoal ou do banco de dados;

XIV – eliminação: exclusão de dado ou de conjunto de dados armazenados em banco de dados, independentemente do procedimento empregado;

XV – transferência internacional de dados: transferência de dados pessoais para país estrangeiro ou organismo internacional do qual o país seja membro;

XVI – uso compartilhado de dados: comunicação, difusão, transferência internacional, interconexão de dados pessoais ou tratamento compartilhado de bancos de dados pessoais por órgãos e entidades públicos no cumprimento de suas competências legais, ou entre esses e entes privados, reciprocamente, com autorização específica, para uma ou mais modalidades de tratamento permitidas por esses entes públicos, ou entre entes privados;

XVII – relatório de impacto à proteção de dados pessoais: documentação do controlador que contém a descrição dos processos de tratamento de dados pessoais que podem gerar riscos às liberdades civis e aos direitos fundamentais, bem como medidas, salvaguardas e mecanismos de mitigação de risco;

XVIII – órgão de pesquisa: órgão ou entidade da administração pública direta ou indireta ou pessoa jurídica de direito privado sem fins lucrativos legalmente constituída sob as leis brasileiras, com sede e foro no País, que inclua em sua missão institucional ou em seu objetivo social ou estatutário a pesquisa básica ou aplicada de caráter histórico, científico, tecnológico ou estatístico; e

> *Inciso XVIII com redação pela Lei 13.853/2019.*

XIX – autoridade nacional: órgão da administração pública responsável por zelar, implementar e fiscalizar o cumprimento desta Lei em todo o território nacional.

> *Inciso XIX com redação pela Lei 13.853/2019.*

Art. 6º As atividades de tratamento de dados pessoais deverão observar a boa-fé e os seguintes princípios:

I – finalidade: realização do tratamento para propósitos legítimos, específicos, explícitos e informados ao titular, sem possibilidade de tratamento posterior de forma incompatível com essas finalidades;

II – adequação: compatibilidade do tratamento com as finalidades informadas ao titular, de acordo com o contexto do tratamento;

III – necessidade: limitação do tratamento ao mínimo necessário para a realização de suas finalidades, com abrangência dos dados pertinentes, proporcionais e não excessivos em relação às finalidades do tratamento de dados;

IV – livre acesso: garantia, aos titulares, de consulta facilitada e gratuita sobre a forma e a duração do tratamento, bem como sobre a integralidade de seus dados pessoais;

V – qualidade dos dados: garantia, aos titulares, de exatidão, clareza, relevância e atualização dos dados, de acordo com a necessidade e para o cumprimento da finalidade de seu tratamento;

VI – transparência: garantia, aos titulares, de informações claras, precisas e facilmente acessíveis sobre a realização do tratamento e os respectivos agentes de tratamento, observados os segredos comercial e industrial;

VII – segurança: utilização de medidas técnicas e administrativas aptas a proteger os dados pessoais de acessos não autorizados e de situações acidentais ou ilícitas de destruição, perda, alteração, comunicação ou difusão;

VIII – prevenção: adoção de medidas para prevenir a ocorrência de danos em virtude do tratamento de dados pessoais;

IX – não discriminação: impossibilidade de realização do tratamento para fins discriminatórios ilícitos ou abusivos;

X – responsabilização e prestação de contas: demonstração, pelo agente, da adoção de medidas eficazes e capazes de comprovar a observância e o cumprimento das normas de proteção de dados pessoais e, inclusive, da eficácia dessas medidas.

CAPÍTULO II
Do tratamento de dados pessoais

Seção I
Dos requisitos para o tratamento de dados pessoais

Art. 7º O tratamento de dados pessoais somente poderá ser realizado nas seguintes hipóteses:

I – mediante o fornecimento de consentimento pelo titular;

II – para o cumprimento de obrigação legal ou regulatória pelo controlador;

III – pela administração pública, para o tratamento e uso compartilhado de dados necessários à execução de políticas públicas previstas em leis e regulamentos ou respaldadas em contratos, convênios ou instrumentos congêneres, observadas as disposições do Capítulo IV desta Lei;

IV – para a realização de estudos por órgão de pesquisa, garantida, sempre que possível, a anonimização dos dados pessoais;

V – quando necessário para a execução de contrato ou de procedimentos preliminares relacionados a contrato do qual seja parte o titular, a pedido do titular dos dados;

VI – para o exercício regular de direitos em processo judicial, administrativo ou arbitral, esse último nos termos da Lei 9.307, de 23 de setembro de 1996 (Lei de Arbitragem);

VII – para a proteção da vida ou da incolumidade física do titular ou de terceiro;

VIII – para a tutela da saúde, exclusivamente, em procedimento realizado por profissionais de saúde, serviços de saúde ou autoridade sanitária;

> *Inciso VIII com redação pela Lei 13.853/2019.*

IX – quando necessário para atender aos interesses legítimos do controlador ou de terceiro, exceto no caso de prevalecerem direitos e liberdades fundamentais do titular que exijam a proteção dos dados pessoais; ou

X – para a proteção do crédito, inclusive quanto ao disposto na legislação pertinente.

§§ 1º e 2º *Revogados pela Lei 13.853/2019.*

§ 3º O tratamento de dados pessoais cujo acesso é público deve considerar a finalidade, a boa-fé e o interesse público que justificaram sua disponibilização.

§ 4º É dispensada a exigência do consentimento previsto no *caput* deste artigo para os dados tornados manifestamente públicos pelo titular, resguardados os direitos do titular e os princípios previstos nesta Lei.

§ 5º O controlador que obteve o consentimento referido no inciso I do *caput* deste artigo que necessitar comunicar ou compartilhar dados pessoais com outros controladores deverá obter consentimento específico do titular para esse fim, ressalvadas as hipóteses de dispensa do consentimento previstas nesta Lei.

§ 6º A eventual dispensa da exigência do consentimento não desobriga os agentes de tratamento das demais obrigações previstas nesta Lei, especialmente da observância dos princípios gerais e da garantia dos direitos do titular.

§ 7º O tratamento posterior dos dados pessoais a que se referem os §§ 3º e 4º deste artigo poderá ser realizado para novas finalidades, desde que observados os propósitos legítimos e específicos para o novo tratamento e a preservação dos direitos do titular, assim como os fundamentos e os princípios previstos nesta Lei.

> *§ 7º acrescido pela Lei 13.853/2019.*

Art. 8º O consentimento previsto no inciso I do art. 7º desta Lei deverá ser fornecido por escrito ou por outro meio que demonstre a manifestação de vontade do titular.

§ 1º Caso o consentimento seja fornecido por escrito, esse deverá constar de cláusula destacada das demais cláusulas contratuais.

§ 2º Cabe ao controlador o ônus da prova de que o consentimento foi obtido em conformidade com o disposto nesta Lei.

§ 3º É vedado o tratamento de dados pessoais mediante vício de consentimento.

§ 4º O consentimento deverá referir-se a finalidades determinadas, e as autorizações genéricas para o tratamento de dados pessoais serão nulas.

§ 5º O consentimento pode ser revogado a qualquer momento mediante manifestação expressa do titular, por procedimento gratuito e facilitado, ratificados os tratamentos realizados sob amparo do consentimento anteriormente manifestado enquanto não houver requerimento de eliminação, nos termos do inciso VI do *caput* do art. 18 desta Lei.

§ 6º Em caso de alteração de informação referida nos incisos I, II, III ou V do art. 9º desta Lei, o controlador deverá informar ao titular, com destaque de forma específica do teor das alterações, podendo o titular, nos casos em que o seu consentimento é exigido, revogá-lo caso discorde da alteração.

Art. 9º O titular tem direito ao acesso facilitado às informações sobre o tratamento de seus dados, que deverão ser disponibilizadas de forma clara, adequada e ostensiva acerca de, entre outras características previstas em regulamentação para o atendimento do princípio do livre acesso:

I – finalidade específica do tratamento;

II – forma e duração do tratamento, observados os segredos comercial e industrial;

III – identificação do controlador;

IV – informações de contato do controlador;

V – informações acerca do uso compartilhado de dados pelo controlador e a finalidade;

VI – responsabilidades dos agentes que realizarão o tratamento; e

VII – direitos do titular, com menção explícita aos direitos contidos no art. 18 desta Lei.

§ 1º Na hipótese em que o consentimento é requerido, esse será considerado nulo caso as informações fornecidas ao titular tenham conteúdo enganoso ou abusivo ou não tenham sido apresentadas previamente com transparência, de forma clara e inequívoca.

§ 2º Na hipótese em que o consentimento é requerido, se houver mudanças da finalidade para o tratamento de dados pessoais não compatíveis com o consentimento original, o controlador deverá informar previamente o titular sobre as mudanças de finalidade, podendo o titular revogar o consentimento, caso discorde das alterações.

§ 3º Quando o tratamento de dados pessoais for condição para o fornecimento de produto ou de serviço ou para o exercício de direito, o titular será informado com destaque sobre esse fato e sobre os meios pelos quais poderá exercer os direitos do titular elencados no art. 18 desta Lei.

Art. 10. O legítimo interesse do controlador somente poderá fundamentar tratamento de dados pessoais para finalidades legítimas, consideradas a partir de situações concretas, que incluem, mas não se limitam a:

I – apoio e promoção de atividades do controlador; e

II – proteção, em relação ao titular, do exercício regular de seus direitos ou prestação de serviços que o beneficiem, respeitadas as legítimas expectativas dele e os direitos e liberdades fundamentais, nos termos desta Lei.

§ 1º Quando o tratamento for baseado no legítimo interesse do controlador, somente os dados pessoais estritamente necessários para a finalidade pretendida poderão ser tratados.

§ 2º O controlador deverá adotar medidas para garantir a transparência do tratamento de dados baseado em seu legítimo interesse.

§ 3º A autoridade nacional poderá solicitar ao controlador relatório de impacto à proteção de dados pessoais, quando o tratamento tiver como fundamento seu interesse legítimo, observados os segredos comercial e industrial.

Seção II
Do tratamento de dados pessoais sensíveis

Art. 11. O tratamento de dados pessoais sensíveis somente poderá ocorrer nas seguintes hipóteses:

I – quando o titular ou seu responsável legal consentir, de forma específica e destacada, para finalidades específicas;

II – sem fornecimento de consentimento do titular, nas hipóteses em que for indispensável para:

a) cumprimento de obrigação legal ou regulatória pelo controlador;

b) tratamento compartilhado de dados necessários à execução, pela administração pública, de políticas públicas previstas em leis ou regulamentos;

c) realização de estudos por órgão de pesquisa, garantida, sempre que possível, a anonimização dos dados pessoais sensíveis;

d) exercício regular de direitos, inclusive em contrato e em processo judicial, administrativo e arbitral, este último nos termos da Lei 9.307, de 23 de setembro de 1996 (Lei de Arbitragem);

e) proteção da vida ou da incolumidade física do titular ou de terceiro;

f) tutela da saúde, exclusivamente, em procedimento realizado por profissionais de saúde, serviços de saúde ou autoridade sanitária; ou

> *Alínea f com redação pela Lei 13.853/2019.*

g) garantia da prevenção à fraude e à segurança do titular, nos processos de identificação e autenticação de cadastro em sistemas eletrônicos, resguardados os direitos mencionados no art. 9º desta Lei e exceto no caso de prevalecerem direitos e liberdades fundamentais do titular que exijam a proteção dos dados pessoais.

§ 1º Aplica-se o disposto neste artigo a qualquer tratamento de dados pessoais que revele dados pessoais sensíveis e que possa causar dano ao titular, ressalvado o disposto em legislação específica.

§ 2º Nos casos de aplicação do disposto nas alíneas "a" e "b" do inciso II do *caput* deste artigo pelos órgãos e pelas entidades públicas, será dada publicidade à referida dispensa de consentimento, nos termos do inciso I do *caput* do art. 23 desta Lei.

§ 3º A comunicação ou o uso compartilhado de dados pessoais sensíveis entre controladores com objetivo de obter vantagem econômica poderá ser objeto de vedação ou de regulamentação por parte da autoridade nacional, ouvidos os órgãos setoriais do Poder Público, no âmbito de suas competências.

§ 4º É vedada a comunicação ou o uso compartilhado entre controladores de dados pessoais sensíveis referentes à saúde com objetivo de obter vantagem econômica, exceto nas hipóteses relativas a prestação de serviços de saúde, de assistência farmacêutica e de assistência à saúde, desde que observado o § 5º deste artigo, incluídos os serviços auxiliares de diagnose e terapia, em benefício dos interesses dos titulares de dados, e para permitir:

> *§ 4º com redação pela Lei 13.853/2019.*

I – a portabilidade de dados quando solicitada pelo titular; ou

> *Inciso I acrescido pela Lei 13.853/2019.*

II – as transações financeiras e administrativas resultantes do uso e da prestação dos serviços de que trata este parágrafo.

> *Inciso II acrescido pela Lei 13.853/2019.*

§ 5º É vedado às operadoras de planos privados de assistência à saúde o tratamento de dados de saúde para a prática de seleção de riscos na contratação de qualquer modalidade, assim como na contratação e exclusão de beneficiários.

> *§ 5º acrescido pela Lei 13.853/2019.*

Art. 12. Os dados anonimizados não serão considerados dados pessoais para os fins desta Lei, salvo quando o processo de anonimização ao qual foram submetidos for revertido, utilizando exclusivamente meios próprios, ou quando, com esforços razoáveis, puder ser revertido.

§ 1º A determinação do que seja razoável deve levar em consideração fatores objetivos, tais como custo e tempo necessários para reverter o processo de anonimização, de acordo com as tecnologias disponíveis, e a utilização exclusiva de meios próprios.

§ 2º Poderão ser igualmente considerados como dados pessoais, para os fins desta Lei, aqueles utilizados para formação do perfil comportamental de determinada pessoa natural, se identificada.

§ 3º A autoridade nacional poderá dispor sobre padrões e técnicas utilizados em processos de anonimização e realizar verificações acerca de sua segurança, ouvido o Conselho Nacional de Proteção de Dados Pessoais.

Art. 13. Na realização de estudos em saúde pública, os órgãos de pesquisa poderão ter acesso a bases de dados pessoais, que serão tratados exclusivamente dentro do órgão e estritamente para a finalidade de realização de estudos e pesquisas e mantidos em ambiente controlado e seguro, conforme práticas de segurança previstas em regulamento específico e que incluam, sempre que possível, a anonimização ou pseudonimização dos dados, bem como considerem os devidos padrões éticos relacionados a estudos e pesquisas.

§ 1º A divulgação dos resultados ou de qualquer excerto do estudo ou da pesquisa de que trata o *caput* deste artigo em nenhuma hipótese poderá revelar dados pessoais.

§ 2º O órgão de pesquisa será o responsável pela segurança da informação prevista no *caput* deste artigo, não permitida, em circunstância alguma, a transferência dos dados a terceiro.

§ 3º O acesso aos dados de que trata este artigo será objeto de regulamentação por parte da autoridade nacional e das autoridades da área de saúde e sanitárias, no âmbito de suas competências.

§ 4º Para os efeitos deste artigo, a pseudonimização é o tratamento por meio do qual um dado perde a possibilidade de associação, direta ou indireta, a um indivíduo, senão pelo uso de informação adicional mantida separadamente pelo controlador em ambiente controlado e seguro.

Seção III
Do tratamento de dados pessoais de crianças e de adolescentes

Art. 14. O tratamento de dados pessoais de crianças e de adolescentes deverá ser realizado em seu melhor interesse, nos termos deste artigo e da legislação pertinente.

§ 1º O tratamento de dados pessoais de crianças deverá ser realizado com o consentimento específico e em destaque dado por pelo menos um dos pais ou pelo responsável legal.

§ 2º No tratamento de dados de que trata o § 1º deste artigo, os controladores deverão manter pública a informação sobre os tipos de dados coletados, a forma de sua utilização e os procedimentos para o exercício dos direitos a que se refere o art. 18 desta Lei.

§ 3º Poderão ser coletados dados pessoais de crianças sem o consentimento a que se refere o § 1º deste artigo quando a coleta for necessária para contatar os pais ou o responsável legal, utilizados uma única vez e sem armazenamento, ou para sua proteção, e em nenhum caso poderão ser repassados a terceiro sem o consentimento de que trata o § 1º deste artigo.

§ 4º Os controladores não deverão condicionar a participação dos titulares de que trata o § 1º deste artigo em jogos, aplicações de internet ou outras atividades ao fornecimento de informações pessoais além das estritamente necessárias à atividade.

§ 5º O controlador deve realizar todos os esforços razoáveis para verificar que o consentimento a que se refere o § 1º deste artigo foi dado pelo responsável pela criança, consideradas as tecnologias disponíveis.

§ 6º As informações sobre o tratamento de dados referidas neste artigo deverão ser fornecidas de maneira simples, clara e acessível, consideradas as características físico-motoras, perceptivas, sensoriais, intelectuais e mentais do usuário, com uso de recursos audiovisuais quando adequado, de forma a proporcionar a informação necessária aos pais ou ao responsável legal e adequada ao entendimento da criança.

Seção IV
Do término do tratamento de dados

Art. 15. O término do tratamento de dados pessoais ocorrerá nas seguintes hipóteses:

I – verificação de que a finalidade foi alcançada ou de que os dados deixaram de ser necessários ou pertinentes ao alcance da finalidade específica almejada;

II – fim do período de tratamento;

III – comunicação do titular, inclusive no exercício de seu direito de revogação do consentimento conforme disposto no § 5º do art. 8º desta Lei, resguardado o interesse público; ou

IV – determinação da autoridade nacional, quando houver violação ao disposto nesta Lei.

Art. 16. Os dados pessoais serão eliminados após o término de seu tratamento, no âmbito e nos limites técnicos das atividades, autorizada a conservação para as seguintes finalidades:

I – cumprimento de obrigação legal ou regulatória pelo controlador;

II – estudo por órgão de pesquisa, garantida, sempre que possível, a anonimização dos dados pessoais;

III – transferência a terceiro, desde que respeitados os requisitos de tratamento de dados dispostos nesta Lei; ou

IV – uso exclusivo do controlador, vedado seu acesso por terceiro, e desde que anonimizados os dados.

CAPÍTULO III
Dos direitos do titular

Art. 17. Toda pessoa natural tem assegurada a titularidade de seus dados pessoais e garantidos os direitos fundamentais de liberdade, de intimidade e de privacidade, nos termos desta Lei.

Art. 18. O titular dos dados pessoais tem direito a obter do controlador, em relação aos dados do titular por ele tratados, a qualquer momento e mediante requisição:

I – confirmação da existência de tratamento;

II – acesso aos dados;

III – correção de dados incompletos, inexatos ou desatualizados;

IV – anonimização, bloqueio ou eliminação de dados desnecessários, excessivos ou tratados em desconformidade com o disposto nesta Lei;

V – portabilidade dos dados a outro fornecedor de serviço ou produto, mediante requisição expressa, de acordo com a regulamentação da autoridade nacional, observados os segredos comercial e industrial;

> *Inciso V com redação pela Lei 13.853/2019.*

VI – eliminação dos dados pessoais tratados com o consentimento do titular, exceto nas hipóteses previstas no art. 16 desta Lei;

VII – informação das entidades públicas e privadas com as quais o controlador realizou uso compartilhado de dados;

VIII – informação sobre a possibilidade de não fornecer consentimento e sobre as consequências da negativa;

IX – revogação do consentimento, nos termos do § 5º do art. 8º desta Lei.

§ 1º O titular dos dados pessoais tem o direito de peticionar em relação aos seus dados contra o controlador perante a autoridade nacional.

§ 2º O titular pode opor-se a tratamento realizado com fundamento em uma das hipóteses de dispensa de consentimento, em caso de descumprimento ao disposto nesta Lei.

§ 3º Os direitos previstos neste artigo serão exercidos mediante requerimento expresso do titular ou de representante legalmente constituído, a agente de tratamento.

§ 4º Em caso de impossibilidade de adoção imediata da providência de que trata o § 3º deste artigo, o controlador enviará ao titular resposta em que poderá:

I – comunicar que não é agente de tratamento dos dados e indicar, sempre que possível, o agente; ou

II – indicar as razões de fato ou de direito que impedem a adoção imediata da providência.

§ 5º O requerimento referido no § 3º deste artigo será atendido sem custos para o titular, nos prazos e nos termos previstos em regulamento.

§ 6º O responsável deverá informar, de maneira imediata, aos agentes de tratamento com os quais tenha realizado uso compartilhado de dados a correção, a eliminação, a anonimização ou o bloqueio dos dados, para que repitam idêntico procedimento, exceto nos casos em que esta comunicação seja comprovadamente impossível ou implique esforço desproporcional.

> *§ 6º com redação pela Lei 13.853/2019.*

§ 7º A portabilidade dos dados pessoais a que se refere o inciso V do *caput* deste artigo não inclui dados que já tenham sido anonimizados pelo controlador.

§ 8º O direito a que se refere o § 1º deste artigo também poderá ser exercido perante os organismos de defesa do consumidor.

Art. 19. A confirmação de existência ou o acesso a dados pessoais serão providenciados, mediante requisição do titular:

I – em formato simplificado, imediatamente; ou

II – por meio de declaração clara e completa, que indique a origem dos dados, a inexistência de registro, os critérios utilizados e a finalidade do tratamento, observados os segredos comercial e industrial, fornecida no prazo de até 15 (quinze) dias, contado da data do requerimento do titular.

§ 1º Os dados pessoais serão armazenados em formato que favoreça o exercício do direito de acesso.

§ 2º As informações e os dados poderão ser fornecidos, a critério do titular:

I – por meio eletrônico, seguro e idôneo para esse fim; ou

II – sob forma impressa.

§ 3º Quando o tratamento tiver origem no consentimento do titular ou em contrato, o titular poderá solicitar cópia eletrônica integral de seus dados pessoais, observados os segredos comercial e industrial, nos termos de regulamentação da autoridade nacional, em formato que permita a sua utilização subsequente, inclusive em outras operações de tratamento.

§ 4º A autoridade nacional poderá dispor de forma diferenciada acerca dos prazos previstos nos incisos I e II do *caput* deste artigo para os setores específicos.

Art. 20. O titular dos dados tem direito a solicitar a revisão de decisões tomadas unicamente com base em tratamento automatizado de dados pessoais que afetem seus interesses, incluídas as decisões destinadas a definir o seu perfil pessoal, profissional, de consumo e de crédito ou os aspectos de sua personalidade.

> *Caput com redação pela Lei 13.853/2019.*

§ 1º O controlador deverá fornecer, sempre que solicitadas, informações claras e adequadas a respeito dos critérios e dos procedimentos utilizados para a decisão automatizada, observados os segredos comercial e industrial.

§ 2º Em caso de não oferecimento de informações de que trata o § 1º deste artigo baseado na observância de segredo comercial e industrial, a autoridade nacional poderá realizar auditoria para verificação de aspectos discriminatórios em tratamento automatizado de dados pessoais.

Art. 21. Os dados pessoais referentes ao exercício regular de direitos pelo titular não podem ser utilizados em seu prejuízo.

Art. 22. A defesa dos interesses e dos direitos dos titulares de dados poderá ser exercida em juízo, individual ou coletivamente, na forma do disposto na legislação pertinente, acerca dos instrumentos de tutela individual e coletiva.

CAPÍTULO IV
Do tratamento de dados pessoais pelo Poder Público

Seção I
Das regras

Art. 23. O tratamento de dados pessoais pelas pessoas jurídicas de direito público referidas no parágrafo único do art. 1º da Lei 12.527, de 18 de novembro de 2011 (Lei de Acesso à Informação), deverá ser realizado para o atendimento de sua finalidade pública, na persecução do interesse público, com o objetivo de executar as competências legais ou cumprir as atribuições legais do serviço público, desde que:

I – sejam informadas as hipóteses em que, no exercício de suas competências, realizam o tratamento de dados pessoais, fornecendo informações claras e atualizadas sobre a previsão legal, a finalidade, os procedimentos e as práticas utilizadas para a execução dessas atividades, em veículos de fácil acesso, preferencialmente em seus sítios eletrônicos;

II – *Vetado*; e

III – seja indicado um encarregado quando realizarem operações de tratamento de dados pessoais, nos termos do art. 39 desta Lei; e

> *Inciso III com redação pela Lei 13.853/2019.*

§ 1º A autoridade nacional poderá dispor sobre as formas de publicidade das operações de tratamento.

§ 2º O disposto nesta Lei não dispensa as pessoas jurídicas mencionadas no *caput* deste artigo de instituir as autoridades de que trata a Lei 12.527, de 18 de novembro de 2011 (Lei de Acesso à Informação).

§ 3º Os prazos e procedimentos para exercício dos direitos do titular perante o Poder Público observarão o disposto em legislação específica, em especial as disposições constantes da Lei 9.507, de 12 de novembro de 1997 (Lei do Habeas Data), da Lei 9.784, de 29 de janeiro de 1999 (Lei Geral do Processo Administrativo), e da Lei 12.527, de 18 de novembro de 2011 (Lei de Acesso à Informação).

§ 4º Os serviços notariais e de registro exercidos em caráter privado, por delegação do Poder Público, terão o mesmo tratamento dispensado às pessoas jurídicas referidas no *caput* deste artigo, nos termos desta Lei.

§ 5º Os órgãos notariais e de registro devem fornecer acesso aos dados por meio eletrônico para a administração pública, tendo em vista as finalidades de que trata o *caput* deste artigo.

Art. 24. As empresas públicas e as sociedades de economia mista que atuam em regime de concorrência, sujeitas ao disposto no art. 173 da Constituição Federal, terão o mesmo tratamento dispensado às pessoas jurídicas de direito privado particulares, nos termos desta Lei.

Parágrafo único. As empresas públicas e as sociedades de economia mista, quando estiverem operacionalizando políticas públicas e no âmbito da execução delas, terão o mesmo tratamento dispensado aos órgãos e às entidades do Poder Público, nos termos deste Capítulo.

Art. 25. Os dados deverão ser mantidos em formato interoperável e estruturado para o uso compartilhado, com vistas à execução de políticas públicas, à prestação de serviços públicos, à descentralização da atividade pública e à disseminação e ao acesso das informações pelo público em geral.

Art. 26. O uso compartilhado de dados pessoais pelo Poder Público deve atender a finalidades específicas de execução de políticas públicas e atribuição legal pelos órgãos e pelas entidades públicas, respeitados os princípios de proteção de dados pessoais elencados no art. 6º desta Lei.

§ 1º É vedado ao Poder Público transferir a entidades privadas dados pessoais constantes de bases de dados a que tenha acesso, exceto:

I – em casos de execução descentralizada de atividade pública que exija a transferência, exclusivamente para esse fim específico e determinado, observado o disposto na Lei 12.527, de 18 de novembro de 2011 (Lei de Acesso à Informação);

II – *Vetado*;

III – nos casos em que os dados forem acessíveis publicamente, observadas as disposições desta Lei;

IV – quando houver previsão legal ou a transferência for respaldada em contratos, convênios ou instrumentos congêneres; ou

> *Inciso IV acrescido pela Lei 13.853/2019.*

V – na hipótese de a transferência dos dados objetivar exclusivamente a prevenção de fraudes e irregularidades, ou proteger e resguardar a segurança e a integridade do titular dos dados, desde que vedado o tratamento para outras finalidades.

> *Inciso V acrescido pela Lei 13.853/2019.*

§ 2º Os contratos e convênios de que trata o § 1º deste artigo deverão ser comunicados à autoridade nacional.

Art. 27. A comunicação ou o uso compartilhado de dados pessoais de pessoa jurídica de direito público a pessoa de direito privado será informado à autoridade nacional e dependerá de consentimento do titular, exceto:

I – nas hipóteses de dispensa de consentimento previstas nesta Lei;

II – nos casos de uso compartilhado de dados, em que será dada publicidade nos termos do inciso I do *caput* do art. 23 desta Lei; ou

III – nas exceções constantes do § 1º do art. 26 desta Lei.

Parágrafo único. A informação à autoridade nacional de que trata o *caput* deste artigo será objeto de regulamentação.

> *Parágrafo único acrescido pela Lei 13.853/2019.*

Art. 28. *Vetado.*

Art. 29. A autoridade nacional poderá solicitar, a qualquer momento, aos órgãos e às entidades do poder público a realização de operações de tratamento de dados pessoais, informações específicas sobre o âmbito e a natureza dos dados e outros detalhes do tratamento realizado e poderá emitir parecer técnico complementar para garantir o cumprimento desta Lei.

> *Artigo com redação pela Lei 13.853/2019.*

Art. 30. A autoridade nacional poderá estabelecer normas complementares para as atividades de comunicação e de uso compartilhado de dados pessoais.

Seção II
Da responsabilidade

Art. 31. Quando houver infração a esta Lei em decorrência do tratamento de dados pessoais por órgãos públicos, a autoridade nacional poderá enviar informe com medidas cabíveis para fazer cessar a violação.

Art. 32. A autoridade nacional poderá solicitar a agentes do Poder Público a publicação de relatórios de impacto à proteção de dados pessoais e sugerir a adoção de padrões e de boas práticas para os tratamentos de dados pessoais pelo Poder Público.

CAPÍTULO V
Da transferência internacional de dados

Art. 33. A transferência internacional de dados pessoais somente é permitida nos seguintes casos:

I – para países ou organismos internacionais que proporcionem grau de proteção de dados pessoais adequado ao previsto nesta Lei;

II – quando o controlador oferecer e comprovar garantias de cumprimento dos princípios, dos direitos do titular e do regime de proteção de dados previstos nesta Lei, na forma de:

a) cláusulas contratuais específicas para determinada transferência;

b) cláusulas-padrão contratuais;

c) normas corporativas globais;

d) selos, certificados e códigos de conduta regularmente emitidos;

III – quando a transferência for necessária para a cooperação jurídica internacional entre órgãos públicos de inteligência, de investigação e de persecução, de acordo com os instrumentos de direito internacional;

IV – quando a transferência for necessária para a proteção da vida ou da incolumidade física do titular ou de terceiro;

V – quando a autoridade nacional autorizar a transferência;

VI – quando a transferência resultar em compromisso assumido em acordo de cooperação internacional;

VII – quando a transferência for necessária para a execução de política pública ou atribuição legal do serviço público, sendo dada publicidade nos termos do inciso I do *caput* do art. 23 desta Lei;

VIII – quando o titular tiver fornecido o seu consentimento específico e em destaque para a transferência, com informação prévia sobre o caráter internacional da operação, distinguindo claramente esta de outras finalidades; ou

IX – quando necessário para atender as hipóteses previstas nos incisos II, V e VI do art. 7º desta Lei.

Parágrafo único. Para os fins do inciso I deste artigo, as pessoas jurídicas de direito público referidas no parágrafo único do art. 1º da Lei 12.527, de 18 de novembro de 2011 (Lei de Acesso à Informação), no âmbito de suas competências legais, e responsáveis, no âmbito de suas atividades, poderão requerer à autoridade nacional a avaliação do nível de proteção a dados pessoais conferido por país ou organismo internacional.

Art. 34. O nível de proteção de dados do país estrangeiro ou do organismo internacional mencionado no inciso I do *caput* do art. 33 desta Lei será avaliado pela autoridade nacional, que levará em consideração:

I – as normas gerais e setoriais da legislação em vigor no país de destino ou no organismo internacional;

II – a natureza dos dados;

III – a observância dos princípios gerais de proteção de dados pessoais e direitos dos titulares previstos nesta Lei;

IV – a adoção de medidas de segurança previstas em regulamento;

V – a existência de garantias judiciais e institucionais para o respeito aos direitos de proteção de dados pessoais; e

VI – outras circunstâncias específicas relativas à transferência.

Art. 35. A definição do conteúdo de cláusulas-padrão contratuais, bem como a verificação de cláusulas contratuais específicas para uma determinada transferência, normas corporativas globais ou selos, certificados e códigos de conduta, a que se refere o inciso II do *caput* do art. 33 desta Lei, será realizada pela autoridade nacional.

§ 1º Para a verificação do disposto no *caput* deste artigo, deverão ser considerados os requisitos, as condições e as garantias mínimas para a transferência que observem os direitos, as garantias e os princípios desta Lei.

§ 2º Na análise de cláusulas contratuais, de documentos ou de normas corporativas globais submetidas à aprovação da autoridade nacional, poderão ser requeridas informações suplementares ou realizadas diligências de verificação quanto às operações de tratamento, quando necessário.

§ 3º A autoridade nacional poderá designar organismos de certificação para a realização do previsto no *caput* deste artigo, que permanecerão sob sua fiscalização nos termos definidos em regulamento.

§ 4º Os atos realizados por organismo de certificação poderão ser revistos pela autoridade nacional e, caso em desconformidade com esta Lei, submetidos a revisão ou anulados.

§ 5º As garantias suficientes de observância dos princípios gerais de proteção e dos direitos do titular referidas no *caput* deste artigo serão também analisadas de acordo com as medidas técnicas e organizacionais adotadas pelo operador, de acordo com o previsto nos §§ 1º e 2º do art. 46 desta Lei.

Art. 36. As alterações nas garantias apresentadas como suficientes de observância dos princípios gerais de proteção e dos direitos do titular referidas no inciso II do art. 33 desta Lei deverão ser comunicadas à autoridade nacional.

CAPÍTULO VI
Dos agentes de tratamento de dados pessoais

Seção I
Do controlador e do operador

Art. 37. O controlador e o operador devem manter registro das operações de tratamento de dados pessoais que realizarem, especialmente quando baseado no legítimo interesse.

Art. 38. A autoridade nacional poderá determinar ao controlador que elabore relatório de impacto à proteção de dados pessoais, inclusive de dados sensíveis, referente a suas operações de tratamento de dados, nos termos de regulamento, observados os segredos comercial e industrial.

Parágrafo único. Observado o disposto no *caput* deste artigo, o relatório deverá conter, no mínimo, a descrição dos tipos de dados coletados, a metodologia utilizada para a coleta e para a garantia da segurança das informações e a análise do controlador com relação a medidas, salvaguardas e mecanismos de mitigação de risco adotados.

Art. 39. O operador deverá realizar o tratamento segundo as instruções fornecidas pelo controlador, que verificará a observância das próprias instruções e das normas sobre a matéria.

Art. 40. A autoridade nacional poderá dispor sobre padrões de interoperabilidade para fins de portabilidade, livre acesso aos dados e segurança, assim como sobre o tempo de guarda dos registros, tendo em vista especialmente a necessidade e a transparência.

Seção II
Do encarregado pelo tratamento de dados pessoais

Art. 41. O controlador deverá indicar encarregado pelo tratamento de dados pessoais.

§ 1º A identidade e as informações de contato do encarregado deverão ser divulgadas publicamente, de forma clara e objetiva, preferencialmente no sítio eletrônico do controlador.

§ 2º As atividades do encarregado consistem em:

I – aceitar reclamações e comunicações dos titulares, prestar esclarecimentos e adotar providências;

II – receber comunicações da autoridade nacional e adotar providências;

III – orientar os funcionários e os contratados da entidade a respeito das práticas a serem tomadas em relação à proteção de dados pessoais; e

IV – executar as demais atribuições determinadas pelo controlador ou estabelecidas em normas complementares.

§ 3º A autoridade nacional poderá estabelecer normas complementares sobre a definição e as atribuições do encarregado, inclusive hipóteses de dispensa da necessidade de sua indicação, conforme a natureza e o porte da entidade ou o volume de operações de tratamento de dados.

Seção III
Da responsabilidade e do ressarcimento de danos

Art. 42. O controlador ou o operador que, em razão do exercício de atividade de tratamento de dados pessoais, causar a outrem dano patrimonial, moral, individual ou coletivo, em violação à legislação de proteção de dados pessoais, é obrigado a repará-lo.

§ 1º A fim de assegurar a efetiva indenização ao titular dos dados:

I – o operador responde solidariamente pelos danos causados pelo tratamento quando descumprir as obrigações da legislação de proteção de dados ou quando não tiver seguido as instruções lícitas do controlador, hipótese em que o operador equipara-se ao controlador, salvo nos casos de exclusão previstos no art. 43 desta Lei;

II – os controladores que estiverem diretamente envolvidos no tratamento do qual decorreram danos ao titular dos dados respondem solidariamente, salvo nos casos de exclusão previstos no art. 43 desta Lei.

§ 2º O juiz, no processo civil, poderá inverter o ônus da prova a favor do titular dos dados quando, a seu juízo, for verossímil a alegação, houver hipossuficiência para fins de produção de prova ou quando a produção de prova pelo titular resultar-lhe excessivamente onerosa.

§ 3º As ações de reparação por danos coletivos que tenham por objeto a responsabilização nos termos do *caput* deste artigo podem ser exercidas coletivamente em juízo, observado o disposto na legislação pertinente.

§ 4º Aquele que reparar o dano ao titular tem direito de regresso contra os demais responsáveis, na medida de sua participação no evento danoso.

Art. 43. Os agentes de tratamento só não serão responsabilizados quando provarem:

I – que não realizaram o tratamento de dados pessoais que lhes é atribuído;

II – que, embora tenham realizado o tratamento de dados pessoais que lhes é atribuído, não houve violação à legislação de proteção de dados; ou

III – que o dano é decorrente de culpa exclusiva do titular dos dados ou de terceiro.

Art. 44. O tratamento de dados pessoais será irregular quando deixar de observar a legislação ou quando não fornecer a segurança que o titular dele pode esperar, consideradas as circunstâncias relevantes, entre as quais:

I – o modo pelo qual é realizado;

II – o resultado e os riscos que razoavelmente dele se esperam;

III – as técnicas de tratamento de dados pessoais disponíveis à época em que foi realizado.

Parágrafo único. Responde pelos danos decorrentes da violação da segurança dos dados o controlador ou o operador que, ao deixar de adotar as medidas de segurança previstas no art. 46 desta Lei, der causa ao dano.

Art. 45. As hipóteses de violação do direito do titular no âmbito das relações de consumo permanecem sujeitas às regras de responsabilidade previstas na legislação pertinente.

CAPÍTULO VII
Da segurança e das boas práticas

Seção I
Da segurança e do sigilo de dados

Art. 46. Os agentes de tratamento devem adotar medidas de segurança, técnicas e administrativas aptas a proteger os dados pessoais de acessos não autorizados e de situações acidentais ou ilícitas de destruição, perda, alteração, comunicação ou qualquer forma de tratamento inadequado ou ilícito.

§ 1º A autoridade nacional poderá dispor sobre padrões técnicos mínimos para tornar aplicável o disposto no *caput* deste artigo, considerados a natureza das informações tratadas, as características específicas do tratamento e o estado atual da tecnologia, especialmente no caso de dados pessoais sensíveis, assim como os princípios previstos no *caput* do art. 6º desta Lei.

§ 2º As medidas de que trata o *caput* deste artigo deverão ser observadas desde a fase de concepção do produto ou do serviço até a sua execução.

Art. 47. Os agentes de tratamento ou qualquer outra pessoa que intervenha em uma das fases do tratamento obriga-se a garantir a segurança da informação prevista nesta Lei em relação aos dados pessoais, mesmo após o seu término.

Art. 48. O controlador deverá comunicar à autoridade nacional e ao titular a ocorrência de incidente de segurança que possa acarretar risco ou dano relevante aos titulares.

§ 1º A comunicação será feita em prazo razoável, conforme definido pela autoridade nacional, e deverá mencionar, no mínimo:

I – a descrição da natureza dos dados pessoais afetados;

II – as informações sobre os titulares envolvidos;

III – a indicação das medidas técnicas e de segurança utilizadas para a proteção dos dados, observados os segredos comercial e industrial;

IV – os riscos relacionados ao incidente;

V – os motivos da demora, no caso de a comunicação não ter sido imediata; e

VI – as medidas que foram ou que serão adotadas para reverter ou mitigar os efeitos do prejuízo.

§ 2º A autoridade nacional verificará a gravidade do incidente e poderá, caso necessário para a salvaguarda dos direitos dos titulares, determinar ao controlador a adoção de providências, tais como:

I – ampla divulgação do fato em meios de comunicação; e

II – medidas para reverter ou mitigar os efeitos do incidente.

§ 3º No juízo de gravidade do incidente, será avaliada eventual comprovação de que foram adotadas medidas técnicas adequadas que tornem os dados pessoais afetados ininteligíveis, no âmbito e nos limites técnicos de seus serviços, para terceiros não autorizados a acessá-los.

Art. 49. Os sistemas utilizados para o tratamento de dados pessoais devem ser estruturados de forma a atender aos requisitos de segurança, aos padrões de boas práticas e de governança e aos princípios gerais previstos nesta Lei e às demais normas regulamentares.

Seção II
Das boas práticas e da governança

Art. 50. Os controladores e operadores, no âmbito de suas competências, pelo tratamento de dados pessoais, individualmente ou por meio de associações, poderão formular regras de boas práticas e de governança que estabeleçam as condições de organização, o regime de funcionamento, os procedimentos, incluindo reclamações e petições de titulares, as normas de segurança, os padrões técnicos, as obrigações específicas para os diversos envolvidos no tratamento, as ações educativas, os mecanismos internos de supervisão e de mitigação de riscos e outros aspectos relacionados ao tratamento de dados pessoais.

§ 1º Ao estabelecer regras de boas práticas, o controlador e o operador levarão em consideração, em relação ao tratamento e aos dados, a natureza, o escopo, a finalidade e a probabilidade e a gravidade dos riscos e dos benefícios decorrentes de tratamento de dados do titular.

§ 2º Na aplicação dos princípios indicados nos incisos VII e VIII do *caput* do art. 6º desta Lei, o controlador, observados a estrutura, a escala e o volume de suas operações, bem como a sensibilidade dos dados tratados e a probabilidade e a gravidade dos danos para os titulares dos dados, poderá:

I – implementar programa de governança em privacidade que, no mínimo:

a) demonstre o comprometimento do controlador em adotar processos e políticas internas que assegurem o cumprimento, de forma abrangente, de normas e boas práticas relativas à proteção de dados pessoais;

b) seja aplicável a todo o conjunto de dados pessoais que estejam sob seu controle, independentemente do modo como se realizou sua coleta;

c) seja adaptado à estrutura, à escala e ao volume de suas operações, bem como à sensibilidade dos dados tratados;

d) estabeleça políticas e salvaguardas adequadas com base em processo de avaliação sistemática de impactos e riscos à privacidade;

e) tenha o objetivo de estabelecer relação de confiança com o titular, por meio de atuação transparente e que assegure mecanismos de participação do titular;

f) esteja integrado a sua estrutura geral de governança e estabeleça e aplique mecanismos de supervisão internos e externos;

g) conte com planos de resposta a incidentes e remediação; e

h) seja atualizado constantemente com base em informações obtidas a partir de monitoramento contínuo e avaliações periódicas;

II – demonstrar a efetividade de seu programa de governança em privacidade quando apropriado e, em especial, a pedido da autoridade nacional ou de outra entidade responsável por promover o cumprimento de boas práticas ou códigos de conduta, os quais, de forma independente, promovam o cumprimento desta Lei.

§ 3º As regras de boas práticas e de governança deverão ser publicadas e atualizadas periodicamente e poderão ser reconhecidas e divulgadas pela autoridade nacional.

Art. 51. A autoridade nacional estimulará a adoção de padrões técnicos que facilitem o controle pelos titulares dos seus dados pessoais.

CAPÍTULO VIII
Da fiscalização

Seção I
Das sanções administrativas

Art. 52. Os agentes de tratamento de dados, em razão das infrações cometidas às normas previstas nesta Lei, ficam sujeitos às seguintes sanções administrativas aplicáveis pela autoridade nacional:

> *Artigo retificado no DOU de 15.08.2018 – Edição Extra.*

I – advertência, com indicação de prazo para adoção de medidas corretivas;

II – multa simples, de até 2% (dois por cento) do faturamento da pessoa jurídica de direito privado, grupo ou conglomerado no Brasil no seu último exercício, excluídos os tributos, limitada, no total, a R$ 50.000.000,00 (cinquenta milhões de reais) por infração;

III – multa diária, observado o limite total a que se refere o inciso II;

IV – publicização da infração após devidamente apurada e confirmada a sua ocorrência;

V – bloqueio dos dados pessoais a que se refere a infração até a sua regularização;

VI – eliminação dos dados pessoais a que se refere a infração;

VII – *Vetado*;

VIII – *Vetado*;

IX – *Vetado*.

§ 1º As sanções serão aplicadas após procedimento administrativo que possibilite a oportunidade da ampla defesa, de forma gradativa, isolada ou cumulativa, de acordo com as peculiaridades do caso concreto e considerados os seguintes parâmetros e critérios:

I – a gravidade e a natureza das infrações e dos direitos pessoais afetados;

II – a boa-fé do infrator;

III – a vantagem auferida ou pretendida pelo infrator;

IV – a condição econômica do infrator;

V – a reincidência;

VI – o grau do dano;

VII – a cooperação do infrator;

VIII – a adoção reiterada e demonstrada de mecanismos e procedimentos internos capazes de minimizar o dano, voltados ao tratamento seguro e adequado de dados, em consonância com o disposto no inciso II do § 2º do art. 48 desta Lei;

IX – a adoção de política de boas práticas e governança;

X – a pronta adoção de medidas corretivas; e

XI – a proporcionalidade entre a gravidade da falta e a intensidade da sanção.

§ 2º O disposto neste artigo não substitui a aplicação de sanções administrativas, civis ou penais definidas na Lei 8.078, de 11 de setembro de 1990, e em legislação específica.

> *§ 2º com redação pela Lei 13.853/2019.*

§ 3º O disposto nos incisos I, IV, V, VI, VII, VIII e IX do *caput* deste artigo poderá ser aplicado às entidades e aos órgãos públicos, sem prejuízo do disposto na Lei 8.112, de 11 de dezembro de 1990 (Estatuto do Servidor Público Federal), na Lei 8.429, de 2 de junho de 1992 (Lei de Improbidade Administrativa), e na Lei 12.527, de 18 de novembro de 2011 (Lei de Acesso à Informação).

§ 4º No cálculo do valor da multa de que trata o inciso II do *caput* deste artigo, a autoridade nacional poderá considerar o faturamento total da empresa ou grupo de empresas, quando não dispuser do valor do faturamento no ramo de atividade empresarial em que ocorreu a infração, definido pela autoridade nacional, ou quando o valor for apresentado de forma incompleta ou não for demonstrado de forma inequívoca e idônea.

§ 5º O produto da arrecadação das multas aplicadas pela ANPD, inscritas ou não em dívida ativa, será destinado ao Fundo de Defesa de Direitos Difusos de que tratam o art. 13 da Lei 7.347, de 24 de julho de 1985, e a Lei 9.008, de 21 de março de 1995.

> *§ 5º acrescido pela Lei 13.853/2019.*

§ 6º *Vetado*.

> *§ 6º acrescido pela Lei 13.853/2019.*

§ 7º Os vazamentos individuais ou os acessos não autorizados de que trata o *caput* do art. 46 desta Lei poderão ser objeto de conciliação direta entre controlador e titular e, caso não haja acordo, o controlador estará sujeito à aplicação das penalidades de que trata este artigo.

> *§ 7º acrescido pela Lei 13.853/2019.*

Art. 53. A autoridade nacional definirá, por meio de regulamento próprio sobre sanções administrativas a infrações a esta Lei, que deverá ser objeto de consulta pública, as metodologias que orientarão o cálculo do valor-base das sanções de multa.

§ 1º As metodologias a que se refere o *caput* deste artigo devem ser previamente publicadas, para ciência dos agentes de tratamento, e devem apresentar objetivamente as formas e dosimetrias para o cálculo do valor-base das sanções de multa, que deverão conter fundamentação detalhada de todos os seus elementos, demonstrando a observância dos critérios previstos nesta Lei.

§ 2º O regulamento de sanções e metodologias correspondentes deve estabelecer as circunstâncias e as condições para a adoção de multa simples ou diária.

Art. 54. O valor da sanção de multa diária aplicável às infrações a esta Lei deve observar a gravidade da falta e a extensão do dano ou prejuízo causado e ser fundamentado pela autoridade nacional.

Parágrafo único. A intimação da sanção de multa diária deverá conter, no mínimo, a descrição da obrigação imposta, o prazo razoável e estipulado pelo órgão para o seu cumprimento e o valor da multa diária a ser aplicada pelo seu descumprimento.

(...)

CAPÍTULO X
Disposições finais e transitórias

Art. 60. A Lei 12.965, de 23 de abril de 2014 (Marco Civil da Internet), passa a vigorar com as seguintes alterações:

> *Alterações incorporadas no texto da referida Lei.*

Art. 61. A empresa estrangeira será notificada e intimada de todos os atos processuais previstos nesta Lei, independentemente de procuração ou de disposição contratual ou estatutária, na pessoa do agente ou representante ou pessoa responsável por sua filial, agência, sucursal, estabelecimento ou escritório instalado no Brasil.

Art. 62. A autoridade nacional e o Instituto Nacional de Estudos e Pesquisas Educacionais Anísio Teixeira (Inep), no âmbito de suas competências, editarão regulamentos específicos para o acesso a dados tratados pela União para o cumprimento do disposto no § 2º do art. 9º da Lei 9.394, de 20 de dezembro de 1996 (Lei de Diretrizes e Bases da Educação Nacional), e aos referentes ao Sistema Nacional de Avaliação da Educação Superior (Sinaes), de que trata a Lei 10.861, de 14 de abril de 2004.

Art. 63. A autoridade nacional estabelecerá normas sobre a adequação progressiva de bancos de dados constituídos até a data de entrada em vigor desta Lei, consideradas a complexidade das operações de tratamento e a natureza dos dados.

Art. 64. Os direitos e princípios expressos nesta Lei não excluem outros previstos no ordenamento jurídico pátrio relacionados à matéria ou nos tratados internacionais em que a República Federativa do Brasil seja parte.

Art. 65. Esta Lei entra em vigor:

> *Caput com redação pela Lei 13.853/2019.*

I – dia 28 de dezembro de 2018, quanto aos arts. 55-A, 55-B, 55-C, 55-D, 55-E, 55-F, 55-G, 55-H, 55-I, 55-J, 55-K, 55-L, 58-A e 58-B; e

> *Inciso I acrescido pela Lei 13.853/2019.*

I-A – dia 1º de agosto de 2021, quanto aos arts. 52, 53 e 54;

> *Inciso I-A acrescido pela Lei 14.010/2020.*

II – 24 (vinte e quatro) meses após a data de sua publicação, quanto aos demais artigos.

> *Inciso II acrescido pela Lei 13.853/2019.*

Brasília, 14 de agosto de 2018; 197º da Independência e 130º da República.

Michel Temer

LEI COMPLEMENTAR 166, DE 8 DE ABRIL DE 2019

Altera a Lei Complementar 105, de 10 de janeiro de 2001, e a Lei 12.414, de 9 de junho de 2011, para dispor sobre os cadastros positivos de crédito e regular a responsabilidade civil dos operadores.

DOU de 09.04.2019.

O Presidente da República. Faço saber que o Congresso Nacional decreta e eu sanciono a seguinte Lei Complementar:

Art. 1º O art. 1º da Lei Complementar 105, de 10 de janeiro de 2001, passa a vigorar com as seguintes alterações:

> *Alterações incorporadas no texto da referida Lei.*

Art. 2º A Lei 12.414, de 9 de junho de 2011, passa a vigorar com as seguintes alterações:

> *Alterações incorporadas no texto da referida Lei.*

Art. 3º Até 90 (noventa) dias após a data de publicação desta Lei Complementar, as instituições autorizadas a funcionar pelo Banco Central do Brasil fornecerão, quando solicitado pelo cliente, observadas as disposições da Lei 12.414, de 9 de junho de 2011, e de sua regulamentação, as informações relativas às suas operações de crédito aos bancos de dados em funcionamento, independentemente de registro do gestor no Banco Central do Brasil.

Art. 4º Até 90 (noventa) dias após a data de publicação desta Lei Complementar, os gestores de bancos de dados deverão realizar ampla divulgação das normas que disciplinam a inclusão no cadastro positivo, bem como da possibilidade e formas de cancelamento prévio previsto no § 7º do art. 5º da Lei 12.414, de 9 de junho de 2011.

Art. 5º O Banco Central do Brasil deverá encaminhar ao Congresso Nacional, no prazo de até 24 (vinte e quatro) meses, contado da data de publicação desta Lei Complementar, relatório sobre os resultados alcançados com as alterações no cadastro positivo, com ênfase na ocorrência de redução ou aumento no *spread* bancário, para fins de reavaliação legislativa.

Art. 6º Ficam revogados os seguintes dispositivos da Lei 12.414, de 9 de junho de 2011:

I – §§ 1º e 2º do art. 4º;

II – incisos I e II do *caput* do art. 8º;

III – § 3º do art. 9º;

IV – art. 11; e

V – §§ 1º e 2º do art. 12.

Art. 7º Esta Lei Complementar entra em vigor:

I – na data de sua publicação, quanto ao disposto:

a) no *caput* e no § 6º do art. 12 da Lei 12.414, de 9 de junho de 2011, com redação dada pelo art. 2º desta Lei Complementar; e

b) nos arts. 3º e 5º;

II – após decorridos 91 (noventa e um) dias de sua publicação oficial, quanto aos demais dispositivos.

Brasília, 8 de abril de 2019; 198º da Independência e 131º da República.

Jair Messias Bolsonaro

PORTARIA 16, DE 24 DE JUNHO DE 2019

Especifica tipo de prática abusiva contra o consumidor, em consonância com o disposto no inciso IV, art. 39, da Lei 8.078, de 11 de setembro de 1990 – Código de Defesa do Consumidor.

DOU de 28.06.2019.

O Secretário Nacional do Consumidor do Ministério da Justiça e Segurança Pública no uso das atribuições previstas na Portaria do Ministério da Justiça e Segurança Pública 905, de 24 de outubro de 2017, e

CONSIDERANDO que o rol de práticas abusivas previstas no art. 39, do Código de Defesa do Consumidor, não é exaustivo;

CONSIDERANDO que o inc. IV, do art. 39, trata de prática abusiva o fornecimento de serviço que se prevaleça de fraqueza ou ignorância do consumidor em vista de sua idade;

CONSIDERANDO diversos casos relatados pelo Sistema Nacional de Defesa do Consumidor (SNDC) de assédio que idosos vêm sofrendo para contraírem empréstimos consPignados imediatamente após a concessão de benefícios pelo INSS; e

CONSIDERANDO a Instrução Normativa 100, de 28 de dezembro de 2018, do INSS, ou outra que vier a substituí-la; resolve:

Art. 1º Configura prática abusiva contra o consumidor qualquer atividade de marketing ativo, oferta comercial, proposta, publicidade direcionada a beneficiário específico ou qualquer tipo de atividade tendente a convencer o beneficiário do INSS a celebrar contratos de empréstimo pessoal e cartão de crédito, com pagamento mediante consignação em benefício, antes do decurso de 180 (cento e oitenta) dias contatos a partir da respectiva data de despacho do benefício.

Art. 2º A plataforma digital Consumidor.gov.br juntamente com todos os órgãos integrantes do SNDC são canais para o cidadão registrar a prática descrita no art. 1º, ficando o infrator sujeito aos procedimentos e sanções previstos no Código de Defesa do Consumidor.

Art. 3º A presente Portaria entra em vigor na data de sua publicação.

Luciano Benetti Timm

PORTARIA 618, DE 1º DE JULHO DE 2019

Disciplina o procedimento de comunicação da nocividade ou periculosidade de produtos e serviços após sua colocação no mercado de consumo, previsto nos parágrafos 1º e 2º do art. 10 da Lei 8.078, de 11 de setembro de 1990.

DOU de 02.07.2019.

O Ministro de Estado da Justiça e Segurança Pública, no uso das atribuições previstas no art. 87, parágrafo único, inciso II, da Constituição, e tendo em vista o disposto nos parágrafos 1º e 2º do art. 10, no art. 55 e no art. 106 da Lei 8.078, de 11 de setembro de 1990, no art. 3º do Decreto 2.181, de 20 de março de 1997, e no art. 17 do Anexo I do Decreto 9.662, de 1º de janeiro de 2019, resolve:

Art. 1º Esta Portaria disciplina o procedimento de comunicação da nocividade ou periculosidade de produtos e serviços após sua colocação no mercado de consumo, previsto nos parágrafos 1º e 2º do art. 10 da Lei 8.078, de 11 de setembro de 1990, doravante denominado campanha de chamamento ou recall.

Art. 2º O fornecedor, conforme conceituação do art. 3º da Lei 8.078, de 1990, que tomar conhecimento da possibilidade de que tenham sido introduzidos, no mercado de consumo brasileiro, produtos ou serviços que apresentem nocividade ou periculosidade, deverá, no prazo de vinte e quatro horas, comunicar à Secretaria Nacional do Consumidor sobre o início das investigações.

§ 1º A investigação do fornecedor de produtos e serviços, para determinar a comunicação de que trata o art. 3º desta Portaria não deve ultrapassar o prazo de dez dias úteis, a menos que o fornecedor demonstre circunstanciadamente que a extensão do prazo é necessária para a conclusão dos trabalhos.

§ 2º Concluída a investigação de que trata o *caput*, o fornecedor de produtos e serviços deverá apresentar o comunicado que trata o art. 3º ou os motivos pelos quais não será necessário iniciar campanha de chamamento.

Art. 3º O fornecedor que, posteriormente à introdução do produto ou serviço no mercado de consumo, tiver conhecimento da sua nocividade ou periculosidade, deverá comunicar o fato, no prazo de dois dias úteis, contados da decisão de realizar o chamamento, à Secretaria Nacional do Consumidor e ao órgão normativo ou regulador competente.

§ 1º A comunicação de que trata o *caput* deverá ser realizada, preferencialmente, por meio do Sistema Eletrônico de Informações – SEI, ou por outro sistema que tenha sido designado para tanto pela Secretaria Nacional do Consumidor, contendo as seguintes informações:

I – identificação do fornecedor do produto ou serviço, através do fornecimento dos seguintes dados:

razão social;

nome de fantasia;

atividades econômicas desenvolvidas;

número de inscrição no Cadastro Nacional da Pessoa Jurídica – CNPJ ou no Cadastro de Pessoas Físicas – CPF;

endereço da sede do estabelecimento;

telefone e endereço eletrônico para recebimento de comunicações;

nome de procuradores que venham a representar o fornecedor nos processos administrativos ou judiciais relativos ao procedimento de chamamento; e

existência, se houver, de representação nos Estados Partes do MERCOSUL, indicando sua identificação e dados para contato;

II – descrição pormenorizada do produto ou serviço e do componente defeituoso, com características necessárias à sua identificação, em especial:

marca;

modelo;

lote, quando aplicável;

série, quando aplicável;

chassi, quando aplicável;

data inicial e final de fabricação; e

foto;

III – descrição pormenorizada do defeito, acompanhada de informações técnicas necessárias ao esclarecimento dos fatos, bem como data, com especificação do dia, mês e ano, e modo pelo qual a nocividade ou periculosidade foi detectada;

IV – descrição pormenorizada dos riscos e suas implicações, de forma clara e ostensiva;

V – quantidade de produtos ou serviços sujeitos ao defeito, inclusive os que ainda estiverem em estoque, e número de consumidores atingidos;

VI – distribuição geográfica dos produtos e serviços sujeitos ao defeito, colocados no mercado, por estado da Federação, e os países para os quais os produtos foram exportados ou para os quais os serviços tenham sido prestados;

VII – indicação das providências já adotadas e medidas propostas para resolver o defeito e sanar o risco;

VIII – descrição dos acidentes relacionados ao defeito do produto ou serviço, quando cabível, com as seguintes informações:

local e data do acidente;

identificação das vítimas;

danos materiais e físicos causados;

dados dos processos judiciais relacionados ao acidente, especificando as ações interpostas, o nome dos autores e dos réus, as Comarcas e Varas em que tramitam e os números de autuação de cada um dos processos; e

providências adotadas em relação às vítimas;

IX – plano de mídia para informação dos consumidores afetados, nos termos do art. 4º;

X – plano de atendimento ao consumidor, nos termos do art. 5º; e

XI – modelo do aviso de risco ao consumidor, nos termos do art. 6º.

§ 2º A Secretaria Nacional do Consumidor e o órgão normativo ou regulador poderão, a qualquer tempo, expedir notificação solicitando informações adicionais ou complementares às descritas no § 1º deste artigo, a fim de verificar a eficácia do chamamento.

§ 3º As comunicações referidas neste artigo serão registradas por meio eletrônico, em procedimento a ser definido pela Secretaria Nacional do Consumidor, preferencialmente com a utilização de documentos originariamente digitais, em formato aberto, processáveis por máquina, nos termos do inciso IV do art. 2º do Decreto 8.777, de 11 de maio de 2016.

§ 4º Sem prejuízo do prazo estabelecido no *caput* deste artigo, poderá o fornecedor requerer, justificadamente, que seja autorizada a juntada posterior de informações da campanha de chamamento.

§ 5º Deferido o pedido previsto no § 4º deste artigo, a Secretaria Nacional do Consumidor estabelecerá prazo de até 15 quinze dias úteis, contados da data em que o comunicante protocolou a campanha de chamamento, para juntada das informações restantes.

§ 6º Recebida a documentação, a Secretaria Nacional do Consumidor manifestar-se-á no prazo máximo de cinco dias úteis.

Art. 4º O plano de mídia de que trata o art. 3º, § 1º, inciso IX, deverá conter as seguintes informações:

I – data de início e fim da veiculação publicitária;

II – meios de comunicação a serem utilizados, horários e frequência de veiculação, considerando a necessidade de se atingir a maior parte dos interessados;

III – modelo do aviso de risco de acidente ao consumidor a ser veiculado na campanha, permitindo a compreensão da extensão do risco por todos os consumidores, inclusive leigos;

IV – custos de veiculação, apresentados de forma discriminada por estrutura empregada, respeitado o sigilo quanto às respectivas informações; e

V – justificativa de escolha dos meios, nos termos do § 2º deste artigo.

§ 1º Para fins de observância ao disposto no § 2º do art. 10 da Lei 8.078, de 1990, as mensagens a que se referem o *caput* deste artigo deverão ser veiculadas em meio escrito, por transmissão de sons e por transmissão de sons e imagens, admitidos como aptos quaisquer um dos seguintes meios de veiculação, considerada sempre a necessidade de se atingir o maior número possível de interessados:

I – mídia escrita impressa, além da veiculação no site da empresa;

II – radiodifusão de sons;

III – radiodifusão de sons e imagens;

IV – mídia digital escrita na internet, além da veiculação no site da empresa;

V – transmissão de sons pela internet; e

VI – transmissão de sons e imagens pela internet.

§ 2º O emprego dos meios escolhidos deverá ser devidamente justificado dentre as alternativas que garantam a maior efetividade de alcance da mensagem para o público alvo que a campanha visa atingir.

§ 3º O fornecedor deverá escolher, pelo menos, uma estrutura de veiculação escrita, uma estrutura de veiculação de sons e uma estrutura de veiculação de sons e imagens.

§ 4º A veiculação no site da empresa deverá ser feita de forma a permitir a visualização do Aviso de Risco em até dois clicks e deverá ficar disponível ao consumidor pelo prazo de cinco anos, podendo ser estendido a critério da Secretaria Nacional do Consumidor, conforme art. 9º desta Portaria.

§ 5º Caso o fornecedor esteja impossibilitado de realizar o efetivo reparo do produto ou serviço, o plano de mídia deverá apresentar previsão de nova veiculação, quando da possibilidade do reparo.

Art. 5º O plano de atendimento ao consumidor de que trata o art. 3º, § 1º, inciso X, deverá levar em conta as melhores práticas nacionais e internacionais e conter as seguintes informações:

I – formas de atendimento disponíveis ao consumidor, preferencialmente com a previsão de atendimento pela plataforma consumidor.gov.br para a resolução de eventuais conflitos;

II – locais e horários de atendimento;

III – duração média do atendimento;

IV – data do início do atendimento; e

V – plano de contingência e estimativa de prazo para adequação completa de todos os produtos ou serviços afetados.

Parágrafo único. As diretrizes e outros documentos e estudos do Grupo de Trabalho sobre Segurança de Bens de Consumo da Organização para a Cooperação e Desenvolvimento Econômico, notadamente as relacionadas a aplicação de indutores (insights) comportamentais ao consumidor, deverão ser levadas em consideração pelos fornecedores quando da elaboração da documentação referente ao plano de atendimento.

Art. 6º O fornecedor deverá, além da comunicação de que trata o art. 3º, informar imediatamente aos consumidores sobre a nocividade ou periculosidade do produto ou serviço por ele colocado no mercado, por meio de aviso de risco de acidente ao consumidor, observado o disposto no art. 10, § 2º, da Lei 8.078, de 1990.

§ 1º O aviso de risco ao consumidor deverá conter informações claras e precisas sobre:

I – produto ou serviço afetado e sobre o componente defeituoso, contendo as informações necessárias à sua identificação, em especial:

a) marca;

b) modelo;

c) lote, quando aplicável;

d) série, quando aplicável;

e) chassi, quando aplicável;

f) data inicial e final de fabricação; e

g) foto.

II – data do início do atendimento;

III – defeito apresentado, riscos e suas implicações, de forma clara e ostensiva, permitindo a compreensão da extensão do risco por qualquer consumidor;

IV – medidas preventivas e corretivas que o consumidor deve tomar, quando cabíveis;

V – medidas a serem adotadas pelo fornecedor;

VI – informações para contato e locais de atendimento ao consumidor;

VII – informação de que o chamamento não representa qualquer custo ao consumidor; e

VIII – demais informações que visem resguardar a segurança dos consumidores do produto ou serviço, observado o disposto nos arts. 12 a 17 da Lei 8.078, de 1990.

§ 2º O aviso de risco ao consumidor deve ser dimensionado de forma suficiente a garantir a informação e compreensão da coletividade de consumidores acerca da nocividade ou periculosidade oferecida pelo produto ou serviço objeto da campanha de chamamento.

§ 3º A comunicação individual direta aos consumidores não afasta a obrigação da comunicação coletiva a toda a sociedade acerca da nocividade ou periculosidade de produtos e serviços introduzidos no mercado.

Art. 7º O fornecedor deverá fornecer ao consumidor, por meio físico ou eletrônico, certificado de atendimento ao chamamento, com indicação do local, data, horário e duração do atendimento e da medida adotada.

Art. 8º O fornecedor deverá apresentar à Secretaria Nacional do Consumidor:

I – relatórios de atendimento, que serão exigíveis até o último dia útil do mês seguinte ao período de referência e informarão a quantidade de produtos ou serviços efetivamente recolhidos ou reparados, inclusive os em estoque, e sua distribuição pelas respectivas unidades federativas; e

II – relatório final do chamamento, informando quantidade de consumidores atingidos em número e percentual, em termos globais e por unidade federativa, justificativa e medidas a serem adotadas em relação ao percentual de produtos ou serviços não recolhidos nem reparados, e identificação da forma pela qual os consumidores tomaram conhecimento do aviso de risco.

§ 1º Os relatórios periódicos de atendimento serão apresentados quadrimestralmente.

§ 2º A Secretaria Nacional do Consumidor poderá solicitar a apresentação de relatório em periodicidade inferior à estipulada neste artigo.

§ 3º A critério do fornecedor interessado, poderão ser apresentados relatórios parciais antes do encerramento do período de referência respectivo.

§ 4º Após o encerramento do quinto ano da campanha de chamamento, o fornecedor poderá requerer a dispensa ou a dilação do prazo para a apresentação dos relatórios periódicos.

§ 5º O pedido a que se refere o § 4º deste artigo será analisado tendo em vista as peculiaridades da campanha de chamamento, o número de consumidores que tomaram conhecimento da campanha, o índice de comparecimento, além de outros fatores que a Secretaria Nacional do Consumidor considerar relevantes para o caso.

§ 6º Em caso de deferimento do pedido de dispensa de relatório, o fornecedor deverá apresentar o relatório final de chamamento referido no inciso II do *caput* deste artigo.

§ 7º O relatório final de chamamento também será exigível quando a campanha alcançar cem por cento de atendimento ou quando for o caso de seu arquivamento por perda de objeto.

Art. 9º A Secretaria Nacional do Consumidor poderá determinar, isolada ou cumulativamente, a prorrogação ou ampliação do chamamento, às expensas do fornecedor, caso fique demonstrado que os resultados não foram satisfatórios.

Art. 10. O fornecedor não se desobriga da reparação ou substituição gratuita do produto ou serviço abrangido pela campanha de chamamento, mesmo com a dispensa da apresentação de relatório de atendimento pela Secretaria Nacional do Consumidor.

Art. 11. Fica mantido o sistema de comunicação de avisos de risco ao consumidor que podem ensejar providências pelos órgãos normativos ou reguladores competentes pelo registro, controle e monitoramento da qualidade e segurança de produtos e serviços colocados no mercado de consumo.

Art. 12. A Secretaria Nacional do Consumidor dará conhecimento da abertura de campanhas de chamamento aos Procons estaduais e aos municipais localizados em capitais dos estados da federação, por meio físico ou eletrônico.

Art. 13. O fornecedor de produtos ou serviços que, posteriormente à comunicação da campanha de chamamento, tiver conhecimento de acidentes relacionados ao defeito do produto ou serviço, deverá prestar as mesmas informações exigíveis no art. 3º, § 1º, inciso VIII, desta Portaria.

Art. 14. O não cumprimento às determinações desta Portaria sujeitará o fornecedor às sanções previstas na Lei 8.078, de 1990, e no Decreto 2.181, de 20 de março de 1997.

Art. 15. Fica revogada a Portaria 487, de 15 de março de 2012, do Ministério da Justiça.

Art. 16. Esta Portaria entra em vigor na data da sua publicação.

Sergio Moro

PORTARIA CONJUNTA 3, DE 1º DE JULHO DE 2019

Disciplina o procedimento de chamamento dos consumidores – recall, para substituição ou reparo de veículos que forem considerados nocivos ou perigosos após a sua introdução no mercado de consumo.

DOU de 02.07.2019.

O Ministro de Estado da Infraestrutura, no uso das atribuições legais que lhe conferem os incisos X e XI do parágrafo único do art. 35 da Lei 13.844, de 18 de junho de 2019, e o Ministro de Estado da Justiça e Segurança Pública, no uso da atribuição que lhe confere o inciso VI do art. 37 da Lei 13.844, de 18 de junho de 2019, resolvem:

Art. 1º Esta Portaria disciplina o procedimento de chamamento dos consumidores – recall, para substituição ou reparo de veículos que forem considerados nocivos ou perigosos após a sua introdução no mercado de consumo, nos termos do art. 10 da Lei 8.078, de 11 de setembro de 1990, e de sua regulamentação.

Art. 2º O fornecedor de veículos automotores, elétricos, reboques e semirreboques que, posteriormente à sua introdução no mercado de consumo, tiver conhecimento da periculosidade ou nocividade que apresenta, deverá comunicar imediatamente o fato, por meio eletrônico, ao Departamento Nacional de Trânsito, de acordo com o manual para registro de recall no Sistema "Registro Nacional de Veículos Automotores" – RENAVAM, sem prejuízo das demais comunicações previstas em lei ou regulamento vigente.

§ 1º Para fins desta Portaria, o fornecedor compreende as empresas fabricantes, montadoras, importadoras, encarroçadoras ou transformadoras de veículos automotores, elétricos, reboques e semirreboques.

§ 2º O Departamento Nacional de Trânsito disponibilizará serviço, integrado ao RENAVAM, que permitirá que os fornecedores de veículos realizem os eventos referentes ao processo de recall, quais sejam, os registros, as consultas, as notificações ao proprietário e as baixas de recall, mediante ressarcimento de custos e despesas inerentes, nos termos dos normativos que disciplinam o acesso aos Sistemas e Subsistemas informatizados desse Departamento.

§ 3º Os fornecedores de veículos poderão solicitar ao Departamento Nacional de Trânsito informações relativas aos veículos de sua marca, oriundos de importação independente para fins de batimento e possível início de chamamento para campanhas de recall.

Art. 3º O Departamento Nacional de Trânsito disponibilizará serviço de notificação de recall de veículos, garantido o sigilo de informações pessoais, com a finalidade de envio de comunicação individual de início de recall ao atual proprietário do veículo, acompanhada do Aviso de Risco.

§ 1º O Aviso de Risco deverá atender ao disposto em regulamentação própria do Ministério da Justiça e Segurança Pública.

§ 2º A comunicação individual do início do recall, conterá sinais distintivos do Departamento Nacional de Trânsito e da Secretaria Nacional do Consumidor, será acompanhada do Aviso de Risco e expedida para o atual proprietário do veículo, preferencialmente de forma eletrônica, por meio de solução tecnológica disponibilizada pelo Departamento Nacional de Trânsito.

§ 3º Caso o atual proprietário do veículo não tenha aderido à solução tecnológica disponibilizada pelo Departamento Nacional de Trânsito, a comunicação individual do início do recall, acompanhada do Aviso de Risco, será expedida por remessa postal às expensas dos fornecedores.

§ 4º O serviço de notificação de recall de veículos disponibilizará aos fornecedores, ao Departamento Nacional de Trânsito e à Secretaria Nacional do Consumidor, relatórios mensais com a relação de notificações enviadas e confirmação de recebimento da comunicação do recall ao atual proprietário do veículo, nos termos do manual para registro de recall no Sistema RENAVAM.

§ 5º A comunicação individual direta por meio do serviço de notificação de recall de veículos não afasta a obrigação das comunicações gerais a toda a sociedade, acerca da nocividade ou periculosidade do veículo introduzido no mercado, previstas no § 2º do art. 10 da Lei 8.078, de 11 de setembro de 1990, que instituiu o Código de Defesa do Consumidor.

§ 6º Os fornecedores deverão armazenar, em meio físico ou eletrônico, de acordo com a forma de divulgação, os comprovantes de comunicação individual direta de recall de veículos enquanto a totalidade de veículos não tiver atendido a campanha.

§ 7º Tanto o Departamento Nacional de Trânsito quanto a Secretaria Nacional do Consumidor, de forma independente, poderão requisitar, a qualquer momento, a apresentação dos comprovantes de comunicação individual aos fornecedores.

Art. 4º Os fornecedores de veículos devem emitir e entregar ao consumidor o certificado de atendimento ao chamamento, contendo a identificação do recall, a indicação do local, data, horário e duração do atendimento, da medida adotada e a garantia dos serviços.

§ 1º O certificado de que trata o *caput* poderá ser enviado em arquivo com extensão PDF, por meio da solução tecnológica disponibilizada pelo Departamento Nacional de Trânsito e para endereço eletrônico do atual proprietário do veículo, caso seja por ele informado no momento da realização do serviço.

§ 2º Os fornecedores devem oferecer em seu sítio eletrônico a possibilidade de impressão do documento que comprove o atendimento do recallde que trata o *caput*, a qualquer tempo.

Art. 5º Após a comunicação do início do recall ao Departamento Nacional de Trânsito e à Secretaria Nacional do Consumidor, os fornecedores de veículos devem apresentar, no máximo a cada quinze dias, informação quanto ao universo atualizado de veículos atendidos, de acordo com os termos do manual para registro de recall no Sistema RENAVAM.

§ 1º Todo o processo do recall deve ser informado à Secretaria Nacional do Consumidor para acompanhamento, em especial, se houver acidente de consumo em decorrência do defeito do produto.

§ 2º Após o recebimento do relatório eletrônico de atendimento ao recall, o Departamento Nacional de Trânsito processará imediatamente a atualização das informações no Sistema RENAVAM.

Art. 6º As informações referentes às campanhas de recall não atendidas no prazo de um ano, a contar da data de sua comunicação, deverão constar no Certificado de Registro e Licenciamento de Veículo (CRLV).

§ 1º Os fornecedores de veículos deverão enviar informação ao Sistema RENAVAM referente ao atendimento ao recall em até quinze dias após a realização do serviço.

§ 2º Após a informação do atendimento ao recall, o CRLV será expedido no próximo licenciamento do veículo, obrigatoriamente, sem a anotação da informação de recall não atendido.

§ 3º Caso o proprietário do veículo necessite do CRLV antes do próximo licenciamento do veículo, sem anotação do recall, deverá arcar com os possíveis custos e despesas para essa nova emissão.

§ 4º No caso de CRLV eletrônico, a informação de que trata o § 2º poderá ser inserida por meio de atualização do aplicativo pelo Departamento Nacional de Trânsito.

Art. 7º As informações sobre recall contidas nas bases de dados do Departamento Nacional de Trânsito são de inteira responsabilidade dos fornecedores de veículos, que respondem por eventual dano causado ao cidadão ou à sociedade em decorrência dessas informações, nos termos do art. 43 do Código de Defesa do Consumidor.

Art. 8º No caso de denúncias ou reclamações a respeito de possível nocividade ou periculosidade, poderá ser requerida do fornecedor a análise do veículo ou de seu componente, a ser realizada em órgão ou entidade credenciada ou indicada pelo Departamento Nacional de Trânsito, com as despesas custeadas pelo fornecedor, a fim de ser verificada a necessidade de recall.

§ 1º O Departamento Nacional de Trânsito poderá requisitar do fornecedor amostras dos lotes de veículos ou componentes, nacionais ou importados, além de todas as informações de projeto necessárias para esclarecimento e avaliação do problema denunciado ou reclamado.

§ 2º Caberá ao fornecedor apresentar as amostras requeridas e disponibilizá-las em local previamente definido pelo Departamento Nacional de Trânsito.

§ 3º Caso o fornecedor não apresente as amostras ou informações solicitadas, na forma determinada pelo Departamento Nacional de Trânsito, poderá ser suspenso o Certificado de Adequação à Legislação de Trânsito (CAT) do veículo pelo referido órgão até o cumprimento da determinação.

Art. 9º O não cumprimento às determinações desta Portaria sujeitará os fornecedores de veículos às sanções previstas no Código de Defesa do Consumidor e no Decreto 2.181, de 20 de março de 1997, bem como ao cancelamento do CAT do veículo pelo Departamento Nacional de Trânsito, observado o devido processo legal.

Art. 10. Fica revogada a Portaria Conjunta 69, de 15 de dezembro de 2010.

Art. 11. Esta Portaria entra em vigor noventa dias após a data de sua publicação.

Tarcísio Gomes de Freitas
Ministro de Estado da Infraestrutura

Sergio Moro
Ministro de Estado da Justiça e Segurança Pública

DECRETO 9.936, DE 24 DE JULHO DE 2019

Regulamenta a Lei 12.414, de 9 de junho de 2011, que disciplina a formação e a consulta a bancos de dados com informações de adimplemento, de pessoas naturais ou de pessoas jurídicas, para formação de histórico de crédito.

DOU de 25.07.2019 e retificado em 01.08.2019.

O Presidente da República, no uso das atribuições que lhe confere o art. 84, *caput*, incisos IV e VI, alínea "a", da Constituição, e tendo em vista o disposto na Lei 12.414, de 9 de junho de 2011, DECRETA:

Art. 1º Este Decreto regulamenta a Lei 12.414, de 9 de junho de 2011 , que disciplina a formação e a consulta a bancos de dados com informações de adimplemento, de pessoas naturais ou de pessoas jurídicas, para formação de histórico de crédito.

CAPÍTULO I
Das condições para funcionamento dos gestores de bancos de dados

Art. 2º O funcionamento dos gestores de bancos de dados e o compartilhamento de informações autorizados pela Lei 12.414, de 2011 , deverão atender aos seguintes requisitos mínimos:

I – aspectos econômico-financeiros: patrimônio líquido mínimo de R$ 100.000.000,00 (cem milhões de reais), detido pelo gestor de banco de dados, comprovado por meio de demonstração financeira relativa ao exercício mais recente auditada por auditor independente registrado na Comissão de Valores Mobiliários;

II – aspectos técnico-operacionais:

a) certificação técnica emitida por empresa qualificada independente, renovada, no mínimo, a cada três anos, e revisada anualmente, que:

1. ateste a disponibilidade de plataforma tecnológica apta a preservar a integridade e o sigilo dos dados armazenados; e

2. indique que as estruturas tecnológicas envolvidas no fornecimento do serviço de cadastro seguem as melhores práticas de segurança da informação, inclusive quanto a plano de recuperação em caso de desastre, com infraestrutura de cópia de segurança para o armazenamento dos dados dos cadastrados, das autorizações e das solicitações de cancelamento e de reabertura de cadastro;

b) certificação técnica emitida por empresa qualificada independente, renovada, no mínimo, a cada três anos, e revisada anualmente, que ateste a adequabilidade da política de segurança da informação sobre a criação, a guarda, a utilização e o descarte de informações no âmbito interno e externo, inclusive quanto à transferência ou à utilização de informações por outras empresas prestadoras de serviço contratadas;

c) certificação técnica emitida por empresa qualificada independente, renovada, no mínimo, a cada três anos, com revisão anual, que ateste a adequabilidade da política de estabelecimento da responsabilidade, principalmente quanto aos quesitos de sigilo e proteção das informações, de privacidade de dados dos clientes e de prevenção e tratamento de fraudes;

d) implementação e manutenção de programa de gestão de vulnerabilidades, programa de prevenção de vazamentos de dados e controles de acesso privilegiado;

e) asseguração de procedimentos de segurança e realização de testes periódicos de firewalls , de vulnerabilidade e penetração, por entidade independente; e

f) implementação e manutenção de programa de gestão de fornecedores que os classifique de acordo com a criticidade, com a adoção de regras de verificações de acordo com sua relevância, de modo a assegurar o cumprimento dos requisitos estabelecidos na política de segurança do gestor de banco de dados;

III – aspectos relacionados à governança:

a) aprovação e manutenção de estatuto ou contrato social com o desenho e as regras relativas à estrutura administrativa do gestor de banco de dados;

b) disponibilização dos procedimentos operacionais do desempenho da atividade e dos controles de risco disponíveis;

c) disponibilização mensal das informações relevantes relacionadas ao seu funcionamento no período que atestem a plena operação do gestor de banco de dados, tais como:

1. desempenho econômico-financeiro;

2. quantitativo de operações registradas;

3. quantitativo de consultas realizadas;

4. quantitativo de cadastrados;

5. quantitativo de consulentes cadastrados;

6. quantitativo de fontes ativas;

7. relatório de erros ocorridos;

8. quantitativo de ocorrências registradas no serviço de atendimento ao consumidor; e

9. ouvidoria;

d) designação pelo conselho de administração ou, se inexistente, pela diretoria da entidade, de diretores responsáveis técnicos pela gestão do banco de dados e pela política de segurança da informação; e

e) asseguração da política de transparência de uso e coleta de dados por empresa de auditoria independente registrada na Comissão de Valores Mobiliários; e

IV – aspectos relacionais:

a) disponibilização de canais de acesso, inclusive em sítio eletrônico, que assegurem ao cadastrado a possibilidade de exercer os seus direitos, de forma simples e segura, em especial aqueles de que tratam os art. 5º e art. 6º da Lei 12.414, de 2011 ;

b) manutenção de serviço gratuito de atendimento ao consumidor que atenda aos requisitos estabelecidos no Decreto 6.523, de 31 de julho de 2008, ou em ato normativo que venha a substituí-lo;

c) constituição e manutenção de componente organizacional de ouvidoria, com a atribuição de atuar como canal de comunicação entre os gestores de bancos de dados e os cadastrados, inclusive na mediação de conflitos;

d) divulgação ampla dos serviços prestados pelo serviço de atendimento ao consumidor e pelo componente de ouvidoria, de que tratam as alíneas "b" e "c" do inciso IV do *caput*, com informações completas acerca das suas finalidades, suas formas de acesso e sua utilização; e

e) disponibilização aos cadastrados de formas de acesso gratuito ao serviço de atendimento ao consumidor e ao componente de ouvidoria por telefone, pelo sítio eletrônico da entidade e pelos demais canais de comunicação, inclusive nos extratos e nos comprovantes fornecidos ao cadastrado.

§ 1º O ato constitutivo da pessoa jurídica, as suas eventuais alterações, a ata de eleição de administradores, quando aplicável, e os documentos comprobatórios dos aspectos a que se refere o *caput* serão disponibilizados aos órgãos públicos sempre que solicitado.

§ 2º Os documentos referidos nos incisos II e III do *caput* serão atualizados e disponibilizados, de forma pública e de fácil acesso, no sítio eletrônico da entidade.

§ 3º O serviço gratuito de atendimento ao consumidor deverá prestar esclarecimentos aos cadastrados sobre os principais elementos e critérios considerados para a composição da nota ou da pontuação de crédito, exceto quanto às informações consideradas sigilosas em decorrência de sigilo empresarial.

§ 4º Compete ao órgão de ouvidoria, no mínimo:

I – receber, registrar, instruir, analisar e dar tratamento formal e adequado às reclamações dos cadastrados não solucionadas no prazo de cinco dias úteis pelos demais canais de atendimento;

II – prestar esclarecimentos e informar os reclamantes sobre o andamento de suas reclamações e das providências adotadas, conforme número de protocolo, observado o prazo de dez dias úteis para resposta, contado da data de registro da reclamação; e

III – propor ao gestor do banco de dados medidas corretivas ou de aprimoramento relativas aos procedimentos e às rotinas, em decorrência da análise das reclamações recebidas.

§ 5º Para o gestor de banco de dados em operação na data da entrada em vigor deste Decreto, poderá ser considerado, para fins de cumprimento da exigência de que trata o inciso I do *caput* , o patrimônio líquido de pessoas jurídicas controladoras ou associadas que assumam, contratual ou estatutariamente, responsabilidade solidária pelo cumprimento das obrigações financeiras do gestor.

§ 6º O patrimônio líquido dos controladores e associados que, nos termos do disposto no § 5º, vier a ser considerado na composição do valor previsto no inciso I do *caput* não será superior a:

I – sessenta por cento do valor, até 31 de dezembro de 2020;

II – cinquenta por cento do valor, até 31 de dezembro de 2022;

III – quarenta por cento do valor, até 31 de dezembro de 2023;

IV – trinta por cento do valor, até 31 de dezembro de 2024;

V – vinte por cento do valor, até 31 de dezembro de 2025; e

VI – dez por cento do valor, até 31 de dezembro de 2026.

§ 7º A responsabilidade a ser estabelecida, contratual ou estatutariamente, na forma prevista no § 5º, abrangerá, no mínimo, os valores correspondentes aos percentuais de que trata o § 6º.

§ 8º Na hipótese em que a responsabilidade pela gestão de banco de dados que esteja em operação na data da entrada em vigor deste Decreto seja transferida para outra pessoa jurídica:

I – as certificações e as asseguracões emitidas e os testes realizados antes da transferência da responsabilidade pela gestão de banco de dados que ainda estejam em vigor podem ser considerados para fins de cumprimento dos requisitos de funcionamento de que trata o inciso II do *caput* pela pessoa jurídica que venha a assumir essa responsabilidade; e

II – o disposto nos § 5º ao § 7º se aplica à pessoa jurídica que venha a assumir essa responsabilidade.

§ 9º Os responsáveis técnicos pela gestão do banco de dados e pela política de segurança da informação:

I – devem ocupar os cargos de diretor estatutário, administrador ou sócio gerente da entidade; e

II – podem acumular as atribuições de que trata o inciso I e o *caput* e exercer outras atividades na entidade, desde que não gerem conflito de interesses.

CAPÍTULO II
Do histórico de crédito

Art. 3º O histórico de crédito do cadastrado é composto pelo conjunto de dados financeiros e de pagamentos relativos às operações de crédito e obrigações de pagamento adimplidas ou em andamento realizadas por pessoa natural ou jurídica.

Art. 4º Para fins do disposto neste Decreto, o conjunto de dados financeiros e de pagamentos é composto por:

I – data da concessão do crédito ou da assunção da obrigação de pagamento;

II – valor do crédito concedido ou da obrigação de pagamento assumida;

III – valores devidos das prestações ou das obrigações, com indicação das datas de vencimento e de pagamento; e

IV – valores pagos, integral ou parcialmente, das prestações ou obrigações, com indicação das datas de pagamento.

Art. 5º Os bancos de dados apresentarão, para fins de composição do histórico de crédito, informações objetivas, claras, verdadeiras e de fácil compreensão, que sejam necessárias para a avaliação da situação econômico-financeira do cadastrado e da composição de sua nota de crédito.

Art. 6º O gestor de banco de dados deverá disponibilizar ao cadastrado, por meio físico e eletrônico, acesso ao sistema de registro e acompanhamento de solicitação de correção de erro nas informações relativas ao histórico de crédito do cadastrado.

CAPÍTULO III
Da autorização para disponibilização de histórico de crédito a consulentes

Art. 7º A disponibilização a consulentes do histórico de crédito do cadastrado, pelo gestor de banco de dados, fica condicionada à autorização, prévia e específica, do cadastrado.

Parágrafo único. A autorização de que trata o *caput* também se aplica aos bancos de dados em funcionamento em 9 de julho de 2019, conforme o disposto no inciso II do *caput* do art. 7º da Lei Complementar 166, de 8 de abril de 2019.

Art. 8º A autorização para disponibilização de histórico de crédito a consulentes será concedida pelo cadastrado a gestor de banco de dados, em formato físico ou eletrônico, diretamente ou por meio de consulente, conforme o modelo apresentado no Anexo.

§ 1º A autorização de que trata o *caput* será concedida:

I – para cada acesso pelo consulente autorizado; ou

II – para acesso pelo consulente autorizado por prazo fixo:

a) de até três meses, na hipótese de autorização concedida por pessoa natural; ou

b) de até doze meses, na hipótese de autorização concedida por pessoa jurídica.

§ 2º Na hipótese de o consulente ser instituição autorizada a funcionar pelo Banco Central do Brasil, a autorização de que trata o *caput* poderá ser concedida por prazo indeterminado, limitado ao período de duração do relacionamento contratual entre a instituição e o cadastrado.

§ 3º O cadastrado poderá revogar a autorização concedida por prazo fixo ou indeterminado, unilateralmente, a qualquer tempo, perante o gestor de bancos de dados.

§ 4º A autorização de que trata o *caput* será extensiva a todos os gestores de bancos de dados.

CAPÍTULO IV
Da consulta ao banco de dados

Art. 9º As informações sobre o cadastrado constantes dos bancos de dados somente poderão ser acessadas por consulentes que com ele mantiverem ou pretenderem manter relação comercial ou creditícia.

Parágrafo único. O gestor do banco de dados manterá políticas e controles para garantir que as informações sobre o cadastrado sejam acessadas somente por consulente que atender ao disposto neste artigo.

CAPÍTULO V
Dos deveres e das responsabilidades do gestor de banco de dados

Art. 10. O gestor do banco de dados deverá:

I – indicar, em cada resposta a consulta, a data da última atualização das informações enviadas ao banco de dados;

II – adotar as cautelas necessárias à preservação do sigilo das informações que lhe forem enviadas e divulgá-las apenas para as finalidades previstas na Lei 12.414, de 2011 ;

III – manter sistemas de guarda e acesso com requisitos de segurança que protejam as informações de acesso por terceiros não autorizados e de uso em desacordo com as finalidades previstas na Lei 12.414, de 201 ;

IV – dotar os sistemas de guarda e acesso das informações de características de rastreabilidade passíveis de serem auditadas;

V – disponibilizar, em seus sítios eletrônicos, para consulta do cadastrado, com acesso formalizado, de maneira segura e gratuita:

a) as informações sobre o cadastrado constantes do banco de dados no momento da solicitação;

b) a indicação das fontes que encaminharam informações sobre o cadastrado, com endereço e telefone para contato;

c) a indicação dos gestores dos bancos de dados com os quais as informações sobre o cadastrado tenham sido compartilhadas; e

d) a indicação clara dos consulentes que tiveram acesso ao histórico de crédito e à nota de crédito do cadastrado nos seis meses anteriores à data da solicitação;

VI – informar claramente os direitos do cadastrado definidos em lei e em normas infralegais pertinentes à sua relação com as fontes e os gestores de bancos de dados, inclusive em seu sítio eletrônico;

VII – disponibilizar, em seu sítio eletrônico, a relação de órgãos governamentais aos quais o cadastrado poderá recorrer em caso de violação de dados; e

VIII – manter por, no mínimo, quinze anos os dados sobre as autorizações concedidas, os pedidos de cancelamento e a reabertura de cadastro, exclusão, revogação e correção de anotação.

Parágrafo único. As informações de que trata o inciso V do *caput* serão gratuitamente disponibilizadas ao cadastrado também por telefone.

Art. 11. O gestor do banco de dados não poderá informar aos consulentes as fontes individuais das informações.

Art. 12. O gestor de banco de dados manterá em arquivo, exclusivamente para fins de auditoria, os dados, as autorizações concedidas, os pedidos de cancelamento e a reabertura de cadastro, exclusão, revogação e correção de anotação, pelo prazo mínimo de quinze anos, contado da data do cancelamento do cadastro.

CAPÍTULO VI
Do cancelamento ou da reabertura do cadastro e da suspensão de acesso

Art. 13. O cadastrado poderá requerer a gestor de banco de dados, a qualquer tempo, o cancelamento e a reabertura do seu cadastro e a suspensão do acesso à sua nota de crédito por consulentes.

§ 1º O gestor que receber a solicitação de suspensão de acesso à nota de crédito deverá, no prazo de dois dias úteis, contado da data de sua solicitação:

I – suspender, por prazo indeterminado, o acesso à nota de crédito por consulentes; e

II – transmitir a solicitação aos demais gestores, que deverão atendê-la no prazo de dois dias úteis, contado da data do recebimento da comunicação.

§ 2º O direito de acesso do cadastrado à sua própria nota de crédito será mantido durante o período de suspensão de que trata o *caput*.

Art. 14. As solicitações de cancelamento ou de reabertura do cadastro e de suspensão de acesso à nota de crédito do cadastrado serão realizadas de forma expressa e poderão ser feitas por meio eletrônico.

§ 1º Não será admitido pedido de exclusão parcial de informações registradas em banco de dados, exceto se houverem sido indevidamente registradas.

§ 2º O gestor de banco de dados não poderá anotar informações de adimplemento de cadastrado que tenha solicitado o cancelamento do seu cadastro após o prazo de dois dias úteis, contado da data de sua solicitação.

§ 3º O gestor de banco de dados manterá disponível ao cadastrado, por meio telefônico e eletrônico, sistema de registro e acompanhamento de solicitação de cancelamento ou reabertura do cadastro e de suspensão de acesso à nota de crédito do cadastrado.

CAPÍTULO VII
Do envio de informações pela fonte

Art. 15. As fontes fornecerão aos gestores de bancos de dados o conjunto de dados financeiros e de pagamentos e os dados pessoais do cadastrado, mesmo na hipótese de o termo inicial desse período ser anterior a 9 de julho de 2019, conforme o inciso II do *caput* do art. 7º da Lei Complementar 166, de 2019.

§ 1º Os dados pessoais deverão ser fornecidos pelas fontes aos gestores de bancos de dados para a abertura do cadastro e sempre que houver alteração no conteúdo dessas informações.

§ 2º As informações de adimplemento prestadas pelas fontes compreenderão, no mínimo, o período de doze meses anteriores à data de prestação da informação.

Art. 16. O envio das informações pelas fontes aos gestores de bancos de dados será realizado por mecanismos que preservem a integridade e o sigilo dos dados enviados.

Parágrafo único. Os gestores de bancos de dados poderão fornecer às fontes os mecanismos de envio das informações, observado o disposto no art. 10 da Lei 12.414, de 2011 .

Art. 17. Serão definidos em comum acordo entre as fontes e os gestores de bancos de dados o padrão e o leiaute para o envio das seguintes informações:

I – dados da fonte:

a) nome da fonte; e

b) CNPJ/CPF da fonte;

II – dados do cadastrado:

a) nome do cadastrado;

b) CPF/CNPJ do cadastrado;

c) endereço residencial ou comercial do cadastrado;

d) endereço eletrônico do cadastrado, quando houver; e

e) telefone do cadastrado;

III – informações de adimplemento:

a) natureza da relação:

1. creditícia;

2. comercial;

3. de serviço continuado; ou

4. outra a ser definida;

b) data de início da concessão do crédito ou da assunção da obrigação de pagamento;

c) valor do crédito concedido ou, quando for possível definir, da obrigação assumida;

d) datas de pagamentos a vencer;

e) valores de pagamentos a vencer;

f) datas de vencimento pretéritas;

g) valores devidos nas datas de vencimento pretéritas;

h) datas dos pagamentos realizados, mesmo que parciais; e

i) valores dos pagamentos realizados, mesmo que parciais.

Parágrafo único. Os reguladores das fontes poderão, no âmbito de suas competências legais, editar atos normativos complementares sobre o padrão e o leiaute de que trata o *caput*.

CAPÍTULO VIII
Dos procedimentos na hipótese de vazamento de informações

Art. 18. Na ocorrência de vazamento de informações de cadastrados ou de outro incidente de segurança que possa acarretar risco ou prejuízo relevante a cadastrados, o gestor de banco de dados comunicará o fato:

I – à Autoridade Nacional de Proteção de Dados, na hipótese de ocorrência que envolva o fornecimento de dados de pessoas naturais;

II – ao Banco Central do Brasil, na hipótese de ocorrência que envolva o fornecimento de dados prestados por instituições autorizadas a funcionar pelo Banco Central do Brasil; e

III – à Secretaria Nacional do Consumidor do Ministério da Justiça e Segurança Pública, na hipótese de ocorrência que envolva o fornecimento de dados de consumidores.

§ 1º A comunicação de que trata o *caput* será feita no prazo de dois dias úteis, contado da data do conhecimento do incidente, e mencionará, no mínimo:

I – a descrição da natureza dos dados pessoais afetados;

II – as informações sobre os cadastrados envolvidos;

III – a indicação das medidas de segurança utilizadas para a proteção dos dados, inclusive os procedimentos de encriptação;

IV – os riscos relacionados ao incidente; e

V – as medidas que foram ou que serão adotadas para reverter ou mitigar os efeitos do prejuízo.

§ 2º No juízo de gravidade do incidente de que trata o *caput*, será avaliada eventual comprovação de que foram adotadas medidas técnicas adequadas que tornem os dados pessoais afetados ininteligíveis para terceiros não autorizados a acessá-los.

§ 3º Será obrigatória a pronta comunicação aos cadastrados afetados pelo incidente de segurança de que trata este artigo.

CAPÍTULO IX
Disposições finais

Art. 19. Na hipótese de decisão baseada em consulta ao banco de dados e realizada exclusivamente por meios automatizados, caso o cadastrado solicite ao consulente a revisão da decisão, o consulente apresentará o resultado no prazo de sete dias úteis, contado da data do requerimento de revisão.

Art. 20. Não poderá ser registrada pelo gestor do banco de dados como informação negativa a ausência de comunicação pela fonte sobre a situação de adimplência do cadastrado.

Art. 21. Compete exclusivamente ao Banco Central do Brasil requerer aos gestores de banco de dados, na forma e no prazo que estabelecer, as informações necessárias para o desempenho das atribuições de que trata o § 6º do art. 12 da Lei 12.414, de 2011.

Art. 22. Fica revogado o Decreto 7.829, de 17 de outubro de 2012.

Art. 23. Este Decreto entra em vigor na data de sua publicação.

Brasília, 24 de julho de 2019; 198º da Independência e 131º da República.

Jair Messias Bolsonaro

ANEXO
MODELO DE AUTORIZAÇÃO PARA DISPONIBILIZAÇÃO DE HISTÓRICO DE CRÉDITO A CONSULENTES

1. Autorizo os gestores de banco de dados de que trata a Lei 12.414, de 9 de junho de 2011, a disponibilizar a(o) ______________________________________, CNPJ ______________________, o meu histórico de crédito, o qual abrangerá os dados financeiros e de pagamentos relativos às operações de crédito e obrigações de pagamento adimplidas em seus respectivos vencimentos, e aquelas a vencer, constantes de banco(s) de dados, com a finalidade única e exclusiva de subsidiar a análise e a eventual concessão de crédito, a venda a prazo ou outras transações comerciais e empresariais que impliquem risco financeiro.

2. Esta autorização tem validade:

( ) para uma consulta nesta data;

( ) até ___/___/___; ou

( ) por tempo indeterminado (somente no caso dos consulentes de que trata o § 2º do art. 8º do Decreto 9.936, de 24 de julho de 2019).

3. Estou ciente de que poderei revogar, a qualquer tempo, esta autorização, perante o gestor de banco de dados.

Local e data:

Nome:

CPF/CNPJ:

RG.:

Assinatura (ou certificação eletrônica):

LEI 13.979, DE 6 DE FEVEREIRO DE 2020

Dispõe sobre as medidas para enfrentamento da emergência de saúde pública de importância internacional decorrente do coronavírus responsável pelo surto de 2019.

DOU 07.02.2020

O PRESIDENTE DA REPÚBLICA Faço saber que o Congresso Nacional decreta e eu sanciono a seguinte Lei:

Art. 1º Esta Lei dispõe sobre as medidas que poderão ser adotadas para enfrentamento da emergência de saúde pública de importância internacional decorrente do coronavírus responsável pelo surto de 2019.

§ 1º As medidas estabelecidas nesta Lei objetivam a proteção da coletividade.

§ 2º Ato do Ministro de Estado da Saúde disporá sobre a duração da situação de emergência de saúde pública de que trata esta Lei.

§ 3º O prazo de que trata o § 2º deste artigo não poderá ser superior ao declarado pela Organização Mundial de Saúde.

Art. 2º Para fins do disposto nesta Lei, considera-se:

I – isolamento: separação de pessoas doentes ou contaminadas, ou de bagagens, meios de transporte, mercadorias ou encomendas postais afetadas, de outros, de maneira a evitar a contaminação ou a propagação do coronavírus; e

II – quarentena: restrição de atividades ou separação de pessoas suspeitas de contaminação das pessoas que não estejam doentes, ou de bagagens, contêineres, animais, meios de transporte ou mercadorias suspeitos de contaminação, de maneira a evitar a possível contaminação ou a propagação do coronavírus.

Parágrafo único. As definições estabelecidas pelo Artigo 1 do Regulamento Sanitário Internacional, constante do Anexo ao Decreto nº 10.212, de 30 de janeiro de

2020, aplicam-se ao disposto nesta Lei, no que couber.

Art. 3º Para enfrentamento da emergência de saúde pública de importância internacional de que trata esta Lei, as autoridades poderão adotar, no âmbito de suas competências, entre outras, as seguintes medidas:

> *Caput* com redação pela Lei 14.035/2020.

I – isolamento;

II – quarentena;

III – determinação de realização compulsória de:

a) exames médicos;

b) testes laboratoriais;

c) coleta de amostras clínicas;

d) vacinação e outras medidas profiláticas; ou

> *O STF, por maioria, julgou parcialmente procedentes as ADINs 6.586 e 6.587 para conferir interpretação conforme à CF a esta alínea: "(i) A vacinação compulsória não significa vacinação forçada, porquanto facultada sempre a recusa do usuário, podendo, contudo, ser implementada por meio de medidas indiretas, as quais compreendem, dentre outras, a restrição ao exercício de certas atividades ou à frequência de determinados lugares, desde que previstas em lei, ou dela decorrentes, e (i) tenham como base evidências científicas e análises estratégicas pertinentes, (ii) venham acompanhadas de ampla informação sobre a eficácia, segurança e contraindicações dos imunizantes, (iii) respeitem a dignidade humana e os direitos fundamentais das pessoas, (iv) atendam aos critérios de razoabilidade e proporcionalidade e (v) sejam as vacinas distribuídas universal e gratuitamente; e (II) tais medidas, com as limitações acima expostas, podem ser implementadas tanto pela União como pelos Estados, Distrito Federal e Municípios, respeitadas as respectivas esferas de competência". (DOU 08.02.2021)*

e) tratamentos médicos específicos;

III-A – uso obrigatório de máscaras de proteção individual;

> *Inciso III-A acrescido pela Lei 14.019/2020.*

IV – estudo ou investigação epidemiológica;

V – exumação, necropsia, cremação e manejo de cadáver;

VI – restrição excepcional e temporária, por rodovias, portos ou aeroportos, de:

> Inciso VI com redação pela Lei 14.035/2020.

a) entrada e saída do País; e

b) locomoção interestadual e intermunicipal;

> Alíneas *a* e *b* acrescidas pela Lei 14.035/2020.

VII – requisição de bens e serviços de pessoas naturais e jurídicas, hipótese em que será garantido o pagamento posterior de indenização justa; e

VIII – autorização excepcional e temporária para a importação e distribuição de quaisquer materiais, medicamentos, equipamentos e insumos da área de saúde sujeitos à vigilância sanitária sem registro na Anvisa considerados essenciais para auxiliar no combate à pandemia do coronavírus, desde que:

> *Inciso VIII com redação pela Lei 14.006/2020.*

a) registrados por pelo menos 1 (uma) das seguintes autoridades sanitárias estrangeiras e autorizados à distribuição comercial em seus respectivos países:

> *Alínea "a" com redação pela Lei 14.006/2020.*

1. Food and Drug Administration (FDA);

2. European Medicines Agency (EMA);

3. Pharmaceuticals and Medical Devices Agency (PMDA);

4. National Medical Products Administration (NMPA);

> *Itens 1 a 4 acrescidos pela Lei 14.006/2020.*

b) Revogada pela Lei 14.006/2020.

§ 1º As medidas previstas neste artigo somente poderão ser determinadas com base em evidências científicas e em análises sobre as informações estratégicas em saúde e deverão ser limitadas no tempo e no espaço ao mínimo indispensável à promoção e à preservação da saúde pública.

§ 2º Ficam assegurados às pessoas afetadas pelas medidas previstas neste artigo:

I – o direito de serem informadas permanentemente sobre o seu estado de saúde e a assistência à família conforme regulamento;

II – o direito de receberem tratamento gratuito;

III – o pleno respeito à dignidade, aos direitos humanos e às liberdades fundamentais das pessoas, conforme preconiza o Artigo 3 do Regulamento Sanitário Internacional, constante do Anexo ao Decreto nº 10.212, de 30 de janeiro de 2020.

§ 3º Será considerado falta justificada ao serviço público ou à atividade laboral privada o período de ausência decorrente das medidas previstas neste artigo.

§ 4º As pessoas deverão sujeitar-se ao cumprimento das medidas previstas neste artigo, e o descumprimento delas acarretará responsabilização, nos termos previstos em lei.

§ 5º Ato do Ministro de Estado da Saúde:

I – disporá sobre as condições e os prazos aplicáveis às medidas previstas nos incisos I e II do *caput* deste artigo; e

II – Revogado pela Lei 14.006/2020.

§ 6º Ato conjunto dos Ministros de Estado da Saúde, da Justiça e Segurança Pública e da Infraestrutura disporá sobre as medidas previstas no inciso VI do *caput* deste artigo, observado o disposto no inciso I do § 6º-B deste artigo.

> § 6º com redação pela Lei 14.035/2020.

§ 6º-B. As medidas previstas no inciso VI do *caput* deste artigo deverão ser precedidas de recomendação técnica e fundamentada:

> § 6º-B acrescido pela Lei 14.035/2020.

I – da Agência Nacional de Vigilância Sanitária (Anvisa), em relação à entrada e saída do País e à locomoção interestadual; ou

II – do respectivo órgão estadual de vigilância sanitária, em relação à locomoção intermunicipal.

§ 6º-C. *Vetado.*

§ 6º-D. *Vetado*

§ 7º As medidas previstas neste artigo poderão ser adotadas:

I – pelo Ministério da Saúde, exceto a constante do inciso VIII do *caput* deste artigo;

> *Inciso I com redação pela Lei 14.006/2020.*

II – pelos gestores locais de saúde, desde que autorizados pelo Ministério da Saúde, nas hipóteses dos incisos I, II, III-A, V e VI do *caput* deste artigo;

> *Inciso II com redação pela Lei 14.035/2020.*

III – pelos gestores locais de saúde, nas hipóteses dos incisos III, IV e VII do *caput* deste artigo.

IV – pela Anvisa, na hipótese do inciso VIII do *caput* deste artigo.

> *Inciso IV acrescido pela Lei 14.006/2020.*

§ 7º-A. A autorização de que trata o inciso VIII do *caput* deste artigo deverá ser concedida pela Anvisa em até 72 (setenta e duas) horas após a submissão do pedido à Agência, dispensada a autorização de qualquer outro órgão da administração pública direta ou indireta para os produtos que especifica, sendo concedida automaticamente caso esgotado o prazo sem manifestação.

> *§ 7º-A acrescido pela Lei 14.006/2020, vetado pelo Presidente da República e rejeitado o veto pelo Congresso Nacional.*

§ 7º-B. O médico que prescrever ou ministrar medicamento cuja importação ou distribuição tenha sido autorizada na forma do inciso VIII do *caput* deste artigo deverá informar ao paciente ou ao seu representante legal que o produto ainda não tem registro na Anvisa e foi liberado por ter sido registrado por autoridade sanitária estrangeira.

> *§ 7º-B acrescido pela Lei 14.006/2020.*

§ 7º-C. Os serviços públicos e atividades essenciais, cujo funcionamento deverá ser resguardado quando adotadas as medidas previstas neste artigo, incluem os relacionados ao atendimento a mulheres em situação de violência doméstica e familiar, nos termos da Lei 11.340, de 7 de agosto de 2006, a crianças, a adolescentes, a pessoas idosas e a pessoas com deficiência vítimas de crimes tipificados na Lei 8.069, de 13 de julho de 1990 (Estatuto da Criança e do Adolescente), na Lei 10.741, de 1º de outubro de 2003 (Estatuto do Idoso), na Lei 13.146, de 6 de julho de 2015 (Estatuto da Pessoa com Deficiência), e no Decreto-Lei 2.848, de 7 de dezembro de 1940 (Código Penal).

> *§ 7º-C acrescido pela Lei 14.022/2020*

§ 8º Na ausência da adoção de medidas de que trata o inciso II do § 7º deste artigo, ou até sua superveniência, prevalecerão as determinações:

I – do Ministério da Saúde em relação aos incisos I, II, III, IV, V e VII do *caput* deste artigo; e

II – do ato conjunto de que trata o § 6º em relação às medidas previstas no inciso VI do *caput* deste artigo.

§ 9º A adoção das medidas previstas neste artigo deverá resguardar o abastecimento de produtos e o exercício e o funcionamento de serviços públicos e de atividades essenciais, assim definidos em decreto da respectiva autoridade federativa.

§ 10. As medidas a que se referem os incisos I, II e VI do *caput*, observado o disposto nos incisos I e II do § 6º-B deste artigo, quando afetarem a execução de serviços públicos e de atividades essenciais, inclusive os regulados, concedidos ou autorizados, somente poderão ser adotadas em ato específico e desde que haja articulação prévia com o órgão regulador ou o poder concedente ou autorizador.

§ 11. É vedada a restrição à ação de trabalhadores que possa afetar o funcionamento de serviços públicos e de atividades essenciais, definidos conforme previsto no § 9º deste artigo, e as cargas de qualquer espécie que possam acarretar desabastecimento de gêneros necessários à população.

> §§ 8º a 11 acrescidos pela Lei 14.035/2020.

Art. 3º-A. É obrigatório manter boca e nariz cobertos por máscara de proteção individual, conforme a legislação sanitária e na forma de regulamentação estabelecida pelo Poder Executivo federal, para circulação em espaços públicos e privados acessíveis ao público, em vias públicas e em transportes públicos coletivos, bem como em:

> *Artigo acrescido pela Lei 14.019/2020.*

I – veículos de transporte remunerado privado individual de passageiros por aplicativo ou por meio de táxis;

II – ônibus, aeronaves ou embarcações de uso coletivo fretados;

III – estabelecimentos comerciais e industriais, templos religiosos, estabelecimentos de ensino e demais locais fechados em que haja reunião de pessoas.

> *Inciso acrescido pela Lei 14.019/2020, vetado pelo Presidente da República e rejeitado o veto pelo Congresso Nacional..*

§ 1º O descumprimento da obrigação prevista nocaputdeste artigo acarretará a imposição de multa definida e regulamentada pelo ente federado competente, devendo ser consideradas como circunstâncias agravantes na gradação da penalidade:

> § 1º acrescido pela Lei 14.019/2020, *vetado pelo Presidente da República e rejeitado o veto pelo Congresso Nacional.*

I – ser o infrator reincidente;

II – ter a infração ocorrido em ambiente fechado**.**

§ 2º A definição e a regulamentação referidas no § 1º deste artigo serão efetuadas por decreto ou por ato administrativo do respectivo Poder Executivo, que estabelecerá as autoridades responsáveis pela fiscalização da obrigação prevista no *caput* e pelo recolhimento da multa prevista no § 1º deste artigo.

> § 2º acrescido pela Lei 14.019/2020, *vetado pelo Presidente da República e rejeitado o veto pelo Congresso Nacional.*

§ 3º a 5º Vetados.

> *§§ 3º a 5º acrescidos pela Lei 14.019/2020.*

§ 6º Em nenhuma hipótese será exigível a cobrança da multa pelo descumprimento da obrigação prevista nocaputdeste artigo às populações vulneráveis economicamente.

> § 6º acrescido pela Lei 14.019/2020, *vetado pelo Presidente da República e rejeitado o veto pelo Congresso Nacional.*

§ 7º A obrigação prevista no *caput* deste artigo será dispensada no caso de pessoas com transtorno do espectro autista, com deficiência intelectual, com deficiências sensoriais ou com quaisquer outras deficiências que as impeçam de fazer o uso adequado de máscara de proteção facial, conforme declaração médica, que poderá ser obtida por meio digital, bem como no caso de crianças com menos de 3 (três) anos de idade.

> *§ 7º acrescido pela Lei 14.019/2020.*

§ 8º As máscaras a que se refere o *caput* deste artigo podem ser artesanais ou industriais.

> *§ 8º acrescido pela Lei 14.019/2020.*

Art. 3º-B. Os estabelecimentos em funcionamento durante a pandemia da Covid-19 são obrigados a fornecer gratuitamente a seus funcionários e colaboradores máscaras de proteção individual, ainda que de fabricação artesanal, sem prejuízo de outros equipamentos de proteção individual estabelecidos pelas normas de segurança e saúde do trabalho.

> *Artigo acrescido pela Lei 14.019/2020, vetado pelo Presidente da República e rejeitado o veto pelo Congresso Nacional.*

§ 1º O descumprimento da obrigação prevista no caput deste artigo acarretará a imposição de multa definida e regulamentada pelos entes federados, observadas na gradação da penalidade:

I – a reincidência do infrator;

II – a ocorrência da infração em ambiente fechado, hipótese que será considerada como circunstância agravante;

III – a capacidade econômica do infrator.

§ 2º O disposto no § 1º deste artigo será regulamentado por decreto ou por ato administrativo do respectivo Poder Executivo, que estabelecerá as autoridades responsáveis pela fiscalização da obrigação prevista no *caput* e pelo recolhimento da multa prevista no § 1º deste artigo.

§§ 3º e 4º Vetados.

§ 5º Os órgãos, entidades e estabelecimentos a que se refere este artigo deverão afixar cartazes informativos sobre a forma de uso correto de máscaras e o número máximo de pessoas permitidas ao mesmo tempo dentro do estabelecimento, nos termos de regulamento.

> *§ 5º acrescido pela Lei 14.019/2020.*

> *O STF, por unanimidade, julgou procedente as ADPFs 714, 715 e 718 "a fim de que seja restabelecida a plena vigência normativa do § 5º do art. 3º-B e do art. 3º-F da Lei 13.979/2020, na redação conferida pela Lei 14.019, de 2 de julho de 2020". (DOU 23.02.2021)*

§ 6º *Vetado.*

> *§ 6º acrescido pela Lei 14.019/2020.*

Art. 3º-C. As multas previstas no § 1º do art. 3º-A e no § 1º do art. 3º-B desta Lei somente serão aplicadas na ausência de normas estaduais ou municipais que estabeleçam multa com hipótese de incidência igual ou semelhante.

> *Artigo acrescido pela Lei 14.019/2020, vetado pelo Presidente da República e rejeitado o veto pelo Congresso Nacional.*

Art. 3º-D. Os valores recolhidos das multas previstas no § 1º do art. 3º-A e no § 1º do art. 3º-B desta Lei deverão ser utilizados obrigatoriamente em ações e serviços de saúde.

> *Artigo acrescido pela Lei 14.019/2020, vetado pelo Presidente da República e rejeitado o veto pelo Congresso Nacional.*

Parágrafo único. Os valores recolhidos deverão ser informados em portais de transparência ou, na falta destes, em outro meio de publicidade, para fins de prestação de contas.

Art. 3º-E. É garantido o atendimento preferencial em estabelecimentos de saúde aos profissionais de saúde e aos profissionais da segurança pública, integrantes dos órgãos previstos no art. 144 da Constituição Federal, diagnosticados com a Covid-19, respeitados os protocolos nacionais de atendimento médico.

> *Artigo acrescido pela Lei 14.019/2020.*

Art. 3º-F. É obrigatório o uso de máscaras de proteção individual nos estabelecimentos prisionais e nos estabelecimentos de cumprimento de medidas socioeducativas, observado o disposto no *caput* do art. 3º-B desta Lei.

> *Artigo acrescido pela Lei 14.019/2020.*

> *O STF, por unanimidade, julgou procedente as ADPFs 714, 715 e 718 "a fim de que seja restabelecida a plena vigência normativa do § 5º do art. 3º-B e do art. 3º-F da Lei 13.979/2020, na redação conferida pela Lei 14.019, de 2 de julho de 2020". (DOU 23.02.2021)*

Art. 3º-G. As concessionárias e empresas de transporte público deverão atuar em colaboração com o poder público na fiscalização do cumprimento das normas de utilização obrigatória de máscaras de proteção individual, podendo inclusive vedar, nos terminais e meios de transporte por elas operados, a entrada de passageiros em desacordo com as normas estabelecidas pelo respectivo poder concedente.

> *Artigo acrescido pela Lei 14.019/2020.*

Parágrafo único. O poder público concedente regulamentará o disposto neste artigo, inclusive em relação ao estabelecimento de multas pelo seu descumprimento.

Art. 3º-H. Os órgãos e entidades públicos, por si, por suas empresas, concessionárias ou permissionárias ou por qualquer outra forma de empreendimento, bem como o setor privado de bens e serviços, deverão adotar medidas de prevenção à proliferação de doenças, como a assepsia de locais de circulação de pessoas e do interior de veículos de toda natureza usados em serviço e a disponibilização aos usuários de produtos higienizantes e saneantes.

> *Artigo acrescido pela Lei 14.019/2020.*

Parágrafo único. Incorrerá em multa, a ser definida e regulamentada pelo Poder Executivo do ente federado competente, o estabelecimento autorizado a funcionar durante a pandemia da Covid-19 que deixar de disponibilizar álcool em gel a 70% (setenta por cento) em locais próximos a suas entradas, elevadores e escadas rolantes.

> *Parágrafo único acrescido pela Lei 14.019/2020, vetado pelo Presidente da República e rejeitado o veto pelo Congresso Nacional.*

Art. 3º-I. *Vetado.*

> *Artigo acrescido pela Lei 14.019/2020.*

Art. 3º-J. Durante a emergência de saúde pública decorrente do coronavírus responsável pelo surto de 2019, o poder público e os empregadores ou contratantes adotarão, imediatamente, medidas para preservar a saúde e a vida de todos os profissionais considerados essenciais ao controle de doenças e à manutenção da ordem pública.

> *Artigo acrescido pela Lei 14.023/2020.*

§ 1º Para efeitos do disposto no *caput* deste artigo, são considerados profissionais essenciais ao controle de doenças e à manutenção da ordem pública:

I – médicos;

II – enfermeiros;

III – fisioterapeutas, terapeutas ocupacionais, fonoaudiólogos e profissionais envolvidos nos processos de habilitação e reabilitação;

IV – psicólogos;

V – assistentes sociais;

VI – policiais federais, civis, militares, penais, rodoviários e ferroviários e membros das Forças Armadas;

VII – agentes socioeducativos, agentes de segurança de trânsito e agentes de segurança privada;

VIII – brigadistas e bombeiros civis e militares;

IX – vigilantes que trabalham em unidades públicas e privadas de saúde;

X – assistentes administrativos que atuam no cadastro de pacientes em unidades de saúde;

XI – agentes de fiscalização;

XII – agentes comunitários de saúde;

XIII – agentes de combate às endemias;

XIV – técnicos e auxiliares de enfermagem;

XV – técnicos, tecnólogos e auxiliares em radiologia e operadores de aparelhos de tomografia computadorizada e de ressonância nuclear magnética;

XVI – maqueiros, maqueiros de ambulância e padioleiros;

XVII – cuidadores e atendentes de pessoas com deficiência, de pessoas idosas ou de pessoas com doenças raras;

XVIII – biólogos, biomédicos e técnicos em análises clínicas;

XIX – médicos-veterinários;

XX – coveiros, atendentes funerários, motoristas funerários, auxiliares funerários e demais trabalhadores de serviços funerários e de autópsias;

XXI – profissionais de limpeza;

XXII – profissionais que trabalham na cadeia de produção de alimentos e bebidas, incluídos os insumos;

XXIII – farmacêuticos, bioquímicos e técnicos em farmácia;

XXIV – cirurgiões-dentistas, técnicos em saúde bucal e auxiliares em saúde bucal;

XXV – aeronautas, aeroviários e controladores de voo;

XXVI – motoristas de ambulância;

XXVII – guardas municipais;

XXVIII – profissionais dos Centros de Referência de Assistência Social (Cras) e dos Centros de Referência Especializados de Assistência Social (Creas);

XXIX – servidores públicos que trabalham na área da saúde, inclusive em funções administrativas;

XXX – outros profissionais que trabalhem ou sejam convocados a trabalhar nas unidades de saúde durante o período de isolamento social ou que tenham contato com pessoas ou com materiais que ofereçam risco de contaminação pelo novo coronavírus.

§ 2º O poder público e os empregadores ou contratantes fornecerão, gratuitamente, os equipamentos de proteção individual (EPIs) recomendados pela Anvisa aos profissionais relacionados no § 1º deste artigo que estiverem em atividade e em contato direto com portadores ou possíveis portadores do novo coronavírus, considerados os protocolos indicados para cada situação.

§ 3º Os profissionais essenciais ao controle de doenças e à manutenção da ordem pública que estiverem em contato direto com portadores ou possíveis portadores do novo coronavírus terão prioridade para fazer testes de diagnóstico da Covid-19 e serão tempestivamente tratados e orientados sobre sua condição de saúde e sobre sua aptidão para retornar ao trabalho.

Art. 4º É dispensável a licitação para aquisição ou contratação de bens, serviços, inclusive de engenharia, e insumos destinados ao enfrentamento da emergência de saúde pública de importância internacional de que trata esta Lei.

> *Caput* com redação pela Lei 14.035/2020.

§ 1º A dispensa de licitação a que se refere o *caput* deste artigo é temporária e aplica-se apenas enquanto perdurar a emergência de saúde pública de importância internacional decorrente do coronavírus.

§ 2º Todas as aquisições ou contratações realizadas com base nesta Lei serão disponibilizadas, no prazo máximo de 5 (cinco) dias úteis, contado da realização do ato, em site oficial específico na internet, observados, no que couber, os requisitos previstos no § 3º do art. 8º da Lei nº 12.527, de 18 de novembro de 2011, com o nome do contratado, o número de sua inscrição na Secretaria da Receita Federal do Brasil, o prazo contratual, o valor e o respectivo processo de aquisição ou contratação, além das seguintes informações:

> § 2º com redação pela Lei 14.035/2020.

I – o ato que autoriza a contratação direta ou o extrato decorrente do contrato;

II – a discriminação do bem adquirido ou do serviço contratado e o local de entrega ou de prestação;

III – o valor global do contrato, as parcelas do objeto, os montantes pagos e o saldo disponível ou bloqueado, caso exista;

IV – as informações sobre eventuais aditivos contratuais;

V – a quantidade entregue em cada unidade da Federação durante a execução do contrato, nas contratações de bens e serviços.

VI –as atas de registros de preços das quais a contratação se origine.

> Inciso VI acrescido pela Lei 14.065/2020.

§ 3º Na situação excepcional de, comprovadamente, haver uma única fornecedora do bem ou prestadora do serviço, será possível a sua contratação, independentemente da existência de sanção de impedimento ou de suspensão de contratar com o poder público.

> § 3º acrescido pela Lei 14.035/2020.

§ 3º-A. No caso de que trata o § 3º deste artigo, é obrigatória a prestação de garantia nas modalidades previstas no art. 56 da Lei 8.666, de 21 de junho de 1993, que não poderá exceder a 10% (dez por cento) do valor do contrato.

> § 3º-A acrescido pela Lei 14.035/2020.

§ 4º Na hipótese de dispensa de licitação a que se refere o caput deste artigo, quando se tratar de compra ou de contratação por mais de um órgão ou entidade, poderá ser utilizado o sistema de registro de preços, previsto no inciso II do caput do art. 15 da Lei 8.666, de 21 de junho de 1993.

§ 5º Nas situações abrangidas pelo § 4º deste artigo, o ente federativo poderá aplicar o regulamento federal sobre registro de preços se não houver regulamento que lhe seja especificamente aplicável.

§ 6º O órgão ou entidade gerenciador da compra estabelecerá prazo entre 2 (dois) e 8 (oito) dias úteis, contado da data de divulgação da intenção de registro de preço, para que outros órgãos e entidades manifestem interesse em participar do sistema de registro de preços realizado nos termos dos §§ 4º e 5º deste artigo.

§ 7º O disposto nos §§ 2º e 3º do art. 4º-E desta Lei não se aplica a sistema de registro de preços fundamentado nesta Lei.

§ 8º Nas contratações celebradas após 30 (trinta) dias da assinatura da ata de registro de preços, a estimativa de preços será refeita, com o intuito de verificar se os preços registrados permanecem compatíveis com os praticados no âmbito dos órgãos e entidades da administração pública, nos termos do inciso VI do § 1º do art. 4º-E desta Lei.

> §§ 4º a 8º acrescidos pela Lei 14.065/2020.

Art. 4º-A. A aquisição ou contratação de bens e serviços, inclusive de engenharia, a que se refere o *caput* do art. 4º desta Lei, não se restringe a equipamentos novos, desde que o fornecedor se responsabilize pelas plenas condições de uso e de funcionamento do objeto contratado.

> Artigo acrescido pela Lei 14.035/2020.

Art. 4º-B. Nas dispensas de licitação decorrentes do disposto nesta Lei, presumem-se comprovadas as condições de:

> Artigo acrescido pela Lei 14.035/2020.

I – ocorrência de situação de emergência;

II – necessidade de pronto atendimento da situação de emergência;

III – existência de risco à segurança de pessoas, de obras, de prestação de serviços, de equipamentos e de outros bens, públicos ou particulares; e

IV – limitação da contratação à parcela necessária ao atendimento da situação de emergência.

Art. 4º-C. Para a aquisição ou contratação de bens, serviços, inclusive de engenharia, e insumos necessários ao enfrentamento da emergência de saúde pública de que trata esta Lei, não será exigida a elaboração de estudos preliminares quando se tratar de bens e de serviços comuns.

> Artigo acrescido pela Lei 14.035/2020.

Art. 4º-D. O gerenciamento de riscos da contratação somente será exigível durante a gestão do contrato.

> Artigo acrescido pela Lei 14.035/2020.

Art. 4º-E. Nas aquisições ou contratações de bens, serviços e insumos necessários ao enfrentamento da emergência de saúde pública de importância internacional de que trata esta Lei, será admitida a apresentação de termo de referência simplificado ou de projeto básico simplificado.

> Artigo acrescido pela Lei 14.035/2020.

§ 1º O termo de referência simplificado ou o projeto básico simplificado referidos no *caput* deste artigo conterá:

I – declaração do objeto;

II – fundamentação simplificada da contratação;

III – descrição resumida da solução apresentada;

IV – requisitos da contratação;

V – critérios de medição e de pagamento;

VI – estimativa de preços obtida por meio de, no mínimo, 1 (um) dos seguintes parâmetros:

a) Portal de Compras do Governo Federal;

b) pesquisa publicada em mídia especializada;

c) sites especializados ou de domínio amplo;

d) contratações similares de outros entes públicos; ou

e) pesquisa realizada com os potenciais fornecedores;

VII – adequação orçamentária.

§ 2º Excepcionalmente, mediante justificativa da autoridade competente, será dispensada a estimativa de preços de que trata o inciso VI do § 1º deste artigo.

§ 3º Os preços obtidos a partir da estimativa de que trata o inciso VI do § 1º deste artigo não impedem a contratação pelo poder público por valores superiores decorrentes de oscilações ocasionadas pela variação de preços, desde que observadas as seguintes condições:

I – negociação prévia com os demais fornecedores, segundo a ordem de classificação, para obtenção de condições mais vantajosas; e

II – efetiva fundamentação, nos autos da contratação correspondente, da variação de preços praticados no mercado por motivo superveniente.

Art. 4º-F. Na hipótese de haver restrição de fornecedores ou de prestadores de serviço, a autoridade competente, excepcionalmente e mediante justificativa, poderá dispensar a apresentação de documentação relativa à regularidade fiscal ou, ainda, o cumprimento de 1 (um) ou mais requisitos de habilitação, ressalvados a exigência de apresentação de prova de regularidade trabalhista e o cumprimento do disposto no inciso XXXIII do caput do art. 7º da Constituição Federal.

> Artigo acrescido pela Lei 14.035/2020.

Art. 4º-G. Nos casos de licitação na modalidade pregão, eletrônico ou presencial, cujo objeto seja a aquisição ou contratação de bens, serviços e insumos necessários ao enfrentamento da emergência de saúde pública de importância internacional de que trata esta Lei, os prazos dos procedimentos licitatórios serão reduzidos pela metade.

> Artigo acrescido pela Lei 14.035/2020.

§ 1º Quando o prazo original de que trata o *caput* deste artigo for número ímpar, este será arredondado para o número inteiro antecedente.

§ 2º Os recursos dos procedimentos licitatórios somente terão efeito devolutivo.

§ 3º Fica dispensada a realização de audiência pública a que se refere o art. 39 da Lei 8.666, de 21 de junho de 1993, para as licitações de que trata o caput deste artigo.

§ 4º As licitações de que trata o *caput* deste artigo realizadas por meio de sistema de registro de preços serão consideradas compras nacionais e observarão o disposto em regulamento editado pelo Poder Executivo federal, observado o prazo estabelecido no § 6º do art. 4º desta Lei.

> § 4º acrescido pela Lei 14.065/2020.

Art. 4º-H. Os contratos regidos por esta Lei terão prazo de duração de até 6 (seis) meses e poderão ser prorrogados por períodos sucessivos, enquanto vigorar o Decreto Legislativo 6, de 20 de março de 2020, respeitados os prazos pactuados.

> Artigo acrescido pela Lei 14.035/2020.

Art. 4º-I. Para os contratos decorrentes dos procedimentos previstos nesta Lei, a administração pública poderá prever que os contratados fiquem obrigados a aceitar, nas mesmas condições contratuais, acréscimos ou supressões ao objeto contratado de até 50% (cinquenta por cento) do valor inicial atualizado do contrato.

> Artigo acrescido pela Lei 14.035/2020.

Art. 4º-J. Os órgãos e entidades da administração pública federal poderão aderir a ata de registro de preços gerenciada por órgão ou entidade estadual, distrital ou municipal em procedimentos realizados nos termos desta Lei, até o limite, por órgão ou entidade, de 50% (cinquenta por cento) dos quantitativos dos itens do instrumento convocatório e registrados na ata de registro de preços para o órgão gerenciador e para os órgãos participantes.

> Artigo acrescido pela Lei 14.065/2020.

Parágrafo único. As contratações decorrentes das adesões à ata de registro de preços de que trata o caput deste artigo não poderão exceder, na totalidade, ao dobro do quantitativo de cada item registrado na ata de registro de preços para o órgão gerenciador e para os órgãos participantes, independentemente do número de órgãos não participantes que aderirem.

Art. 4º-K. Os órgãos de controle interno e externo priorizarão a análise e a manifestação quanto à legalidade, à legitimidade e à economicidade das despesas decorrentes dos contratos ou das aquisições realizadas com fundamento nesta Lei.

> Artigo acrescido pela Lei 14.065/2020.

Parágrafo único. Os tribunais de contas devem atuar para aumentar a segurança jurídica na aplicação das normas desta Lei, inclusive por meio de respostas a consultas.

Art. 5º Toda pessoa colaborará com as autoridades sanitárias na comunicação imediata de:

I – possíveis contatos com agentes infecciosos do coronavírus;

II – circulação em áreas consideradas como regiões de contaminação pelo coronavírus.

Art. 5º-A. Enquanto perdurar o estado de emergência de saúde internacional decorrente do coronavírus responsável pelo surto de 2019:

> *Artigo acrescido pela Lei 14.022/2020.*

I – os prazos processuais, a apreciação de matérias, o atendimento às partes e a concessão de medidas protetivas que tenham relação com atos de violência doméstica e familiar cometidos contra mulheres, crianças, adolescentes, pessoas idosas e pessoas com deficiência serão mantidos, sem suspensão;

II – o registro da ocorrência de violência doméstica e familiar contra a mulher e de crimes cometidos contra criança, adolescente, pessoa idosa ou pessoa com deficiência poderá ser realizado por meio eletrônico ou por meio de número de telefone de emergência designado para tal fim pelos órgãos de segurança pública;

Parágrafo único. Os processos de que trata o inciso I do caput deste artigo serão considerados de natureza urgente.

Art. 5º-B. O receituário médico ou odontológico de medicamentos sujeitos a prescrição e de uso contínuo será válido pelo menos enquanto perdurarem as medidas de isolamento para contenção do surto da Covid-19.

> Artigo acrescido pela Lei 14.028/2020.

§ 1º O disposto no caput não se aplica ao receituário de medicamentos sujeitos ao controle sanitário especial, que seguirá a regulamentação da Anvisa.

§ 2º *Vetado*.

Art. 6º É obrigatório o compartilhamento entre órgãos e entidades da administração pública federal, estadual, distrital e municipal de dados essenciais à identificação de pessoas infectadas ou com suspeita de infecção pelo coronavírus, com a finalidade exclusiva de evitar a sua propagação.

§ 1º A obrigação a que se refere o *caput* deste artigo estende-se às pessoas jurídicas de direito privado quando os dados forem solicitados por autoridade sanitária.

§ 2º O Ministério da Saúde manterá dados públicos e atualizados sobre os casos confirmados, suspeitos e em investigação, relativos à situação de emergência pública sanitária, resguardando o direito ao sigilo das informações pessoais.

Art. 6º-A. Para a concessão de suprimento de fundos e por item de despesa, e para as aquisições e as contratações a que se refere o caput do art. 4º desta Lei, quando a movimentação for realizada por meio de Cartão de Pagamento do Governo, ficam estabelecidos os seguintes limites:

> Artigo acrescido pela Lei 14.035/2020.

I – na execução de serviços de engenharia, o valor estabelecido na alínea "a" do inciso I do *caput* do art. 23 da Lei 8.666, de 21 de junho de 1993; e

II – nas compras em geral e em outros serviços, o valor estabelecido na alínea "a" do inciso II do *caput* do art. 23 da Lei 8.666, de 21 de junho de 1993.

Art. 7º O Ministério da Saúde editará os atos necessários à regulamentação e operacionalização do disposto nesta Lei.

Art. 8º Esta Lei vigorará enquanto estiver vigente o Decreto Legislativo 6, de 20 de março de 2020, observado o disposto no art. 4º-H desta Lei.

> Artigo com redação pela Lei 14.035/2020.

> *O STF, por maioria, referendou a concessão parcial de cautelar na ADIN 6.625 para conferir interpretação conforme a CF a este artigo, "a fim de excluir de seu âmbito de aplicação as medidas extraordinárias previstas nos arts. 3º, 3º-A, 3º-B, 3º-C, 3º-D, 3º-E, 3º-F, 3º- G, 3º-H e 3º-J, inclusive dos respectivos parágrafos, incisos e alíneas (...)" (DOU 16.03.2021).*

Art. 9º Esta Lei entra em vigor na data de sua publicação.

Brasília, 6 de fevereiro de 2020; 199º da Independência e 132º da República.

Jair Messias Bolsonaro

DECRETO LEGISLATIVO 6, DE 20 DE MARÇO DE 2020

Reconhece, para os fins do art. 65 da Lei Complementar 101, de 4 de maio de 2000, a ocorrência do estado de calamidade pública, nos termos da solicitação do Presidente da República encaminhada por meio da Mensagem 93, de 18 de março de 2020.

DOU 20.3.2020 – extra C

O Congresso Nacional decreta:

Art. 1º Fica reconhecida, exclusivamente para os fins do art. 65 da Lei Complementar 101, de 4 de maio de 2000, notadamente para as dispensas do atingimento dos resultados fiscais previstos no art. 2º da Lei 13.898, de 11 de novembro de 2019, e da limitação de empenho de que trata o art. 9º da Lei Complementar 101, de 4 de maio de 2000, a ocorrência do estado de calamidade pública, com efeitos até 31 de dezembro de 2020, nos termos da solicitação do Presidente da República encaminhada por meio da Mensagem 93, de 18 de março de 2020.

Art. 2º Fica constituída Comissão Mista no âmbito do Congresso Nacional, composta por 6 (seis) deputados e 6 (seis) senadores, com igual número de suplentes, com o objetivo de acompanhar a situação fiscal e a execução orçamentária e financeira das medidas relacionadas à emergência de saúde pública de importância internacional relacionada ao coronavírus (Covid-19).

§ 1º Os trabalhos poderão ser desenvolvidos por meio virtual, nos termos definidos pela Presidência da Comissão.

§ 2º A Comissão realizará, mensalmente, reunião com o Ministério da Economia, para avaliar a situação fiscal e a execução orçamentária e financeira das medidas relacionadas à emergência de saúde pública de importância internacional relacionada ao coronavírus (Covid-19).

§ 3º Bimestralmente, a Comissão realizará audiência pública com a presença do Ministro da Economia, para apresentação e avaliação de relatório circunstanciado da situação fiscal e da execução orçamentária e financeira das medidas relacionadas à emergência de saúde pública de importância internacional relacionada ao coronavírus (Covid-19), que deverá ser publicado pelo Poder Executivo antes da referida audiência.

Art. 3º Este Decreto Legislativo entra em vigor na data de sua publicação.

Senado Federal, em 20 de março de 2020.

Senador Antonio Anastasia

PORTARIA 14, DE 19 DE MARÇO DE 2020

Disciplina a incidência de fator de redução no pagamento de multas aplicadas pelas Secretaria Nacional do Consumidor em caso de renúncia, pelo infrator, ao direito de recorrer da decisão administrativa de que trata o art. 46 do Decreto 2.181, de 20 de março de 1997

DOU 23.03.2020

O SECRETÁRIO NACIONAL DO CONSUMIDOR, no uso das atribuições que lhe foram conferidas pelo art. 106 da Lei 8.078, de 11 de setembro de 1990, e pelo art. 17, inciso VIII, do Anexo I do Decreto 9.662, de 1º de janeiro de 2019, resolve:

Art. 1º Esta Portaria disciplina a incidência de fator de redução no pagamento de multas aplicadas pela Secretaria Nacional do Consumidor em caso de renúncia, pelo infrator, ao direito de recorrer da decisão administrativa de que trata o art. 46 do Decreto 2.181, de 20 de março de 1997.

Art. 2º O fornecedor que, no prazo recursal, renunciar expressamente ao direito de recorrer administrativa e judicialmente da decisão de que trata o art. 46 do Decreto nº 2.181, de 1997, fará jus a um fator de redução de vinte cinco por cento no valor da multa aplicada.1º Na hipótese do caput, o recolhimento dos valores deverá ser feito no prazo de trinta dias, a contar da data de apresentação nos autos da manifestação de renúncia, conforme art. 55 do Decreto 2.181, de 1997.2º A aplicação do fator de redução no pagamento de multas não implicará imposição de pena de multa abaixo do mínimo legal.

Art. 3º A opção referida no art. 2º poderá, em caráter transitório, ser exercida nos processos administrativos que se encontrem com recursos pendentes de decisão no âmbito da Secretaria Nacional do Consumidor, na data de publicação desta Portaria. Parágrafo único. A opção de que trata o *caput* dependerá: I – de manifestação, no prazo de dez dias, a contar da data de publicação desta Portaria, que indique: a) a desistência expressa do recurso interposto; b) a renúncia expressa a qualquer pretensão recursal no âmbito administrativo; e c) a renúncia ao direito de ação que vise a desconstituir a decisão administrativa recorrida .II – do recolhimento dos valores no prazo de trinta dias, na forma do art. 55 do Decreto nº 2.181, de 1997.

Art. 4º Esta Portaria entra em vigor no dia de sua publicação.

Luciano Benetti Timm

LEI 14.010, DE 10 DE JUNHO DE 2020

Dispõe sobre o Regime Jurídico Emergencial e Transitório das relações jurídicas de Direito Privado (RJET) no período da pandemia do coronavírus (Covid-19).

DOU 12.06.2020

O PRESIDENTE DA REPÚBLICA Faço saber que o Congresso Nacional decreta e eu sanciono a seguinte Lei:

CAPÍTULO I
DISPOSIÇÕES GERAIS

Art. 1º Esta Lei institui normas de caráter transitório e emergencial para a regulação de relações jurídicas de Direito Privado em virtude da pandemia do coronavírus (Covid-19).

Parágrafo único. Para os fins desta Lei, considera-se 20 de março de 2020, data da publicação do Decreto Legislativo nº 6, como termo inicial dos eventos derivados da pandemia do coronavírus (Covid-19).

Art. 2º A suspensão da aplicação das normas referidas nesta Lei não implica sua revogação ou alteração.

CAPÍTULO II
DA PRESCRIÇÃO E DECADÊNCIA

Art. 3º Os prazos prescricionais consideram-se impedidos ou suspensos, conforme o caso, a partir da entrada em vigor desta Lei até 30 de outubro de 2020.

§ 1º Este artigo não se aplica enquanto perdurarem as hipóteses específicas de impedimento, suspensão e interrupção dos prazos prescricionais previstas no ordenamento jurídico nacional.

§ 2º Este artigo aplica-se à decadência, conforme ressalva prevista no art. 207 da Lei nº 10.406, de 10 de janeiro de 2002 (Código Civil).

CAPÍTULO III
DAS PESSOAS JURÍDICAS DE DIREITO PRIVADO

Art. 4º As pessoas jurídicas de direito privado referidas nos incisos I a III do art. 44 do Código Civil deverão observar as restrições à realização de reuniões e assembleias presenciais até 30 de outubro de 2020, durante a vigência desta Lei, observadas as determinações sanitárias das autoridades locais.

> Artigo vetado pelo presidente da República e rejeitado o veto pelo Congresso Nacional.

Art. 5º A assembleia geral, inclusive para os fins do art. 59 do Código Civil, até 30 de outubro de 2020, poderá ser realizada por meios eletrônicos, independentemente de previsão nos atos constitutivos da pessoa jurídica.

Parágrafo único. A manifestação dos participantes poderá ocorrer por qualquer meio eletrônico indicado pelo administrador, que assegure a identificação do participante e a segurança do voto, e produzirá todos os efeitos legais de uma assinatura presencial.

CAPÍTULO IV
DA RESILIÇÃO, RESOLUÇÃO E REVISÃO DOS CONTRATOS

Art. 6º As consequências decorrentes da pandemia do coronavírus (Covid-19) nas execuções dos contratos, incluídas as previstas no art. 393 do Código Civil, não terão efeitos jurídicos retroativos.

> Artigo vetado pelo presidente da República e rejeitado o veto pelo Congresso Nacional.

Art. 7º Não se consideram fatos imprevisíveis, para os fins exclusivos dos arts. 317, 478, 479 e 480 do Código Civil, o aumento da inflação, a variação cambial, a desvalorização ou a substituição do padrão monetário.

> Artigo vetado pelo presidente da República e rejeitado o veto pelo Congresso Nacional.

§ 1º As regras sobre revisão contratual previstas na Lei nº 8.078, de 11 de setembro de 1990 (Código de Defesa do Consumidor), e na Lei nº 8.245, de 18 de outubro de 1991, não se sujeitam ao disposto no *caput* deste artigo.

§ 2º Para os fins desta Lei, as normas de proteção ao consumidor não se aplicam às relações contratuais subordinadas ao Código Civil, incluindo aquelas estabelecidas exclusivamente entre empresas ou empresários.

CAPÍTULO V
DAS RELAÇÕES DE CONSUMO

Art. 8º Até 30 de outubro de 2020, fica suspensa a aplicação do art. 49 do Código de Defesa do Consumidor na hipótese de entrega domiciliar (delivery) de produtos perecíveis ou de consumo imediato e de medicamentos.

CAPÍTULO VI
DAS LOCAÇÕES DE IMÓVEIS URBANOS

Art. 9º Não se concederá liminar para desocupação de imóvel urbano nas ações de despejo, a que se refere o art. 59, § 1º, incisos I, II, V, VII, VIII e IX, da Lei nº 8.245, de 18 de outubro de 1991, até 30 de outubro de 2020.

> Artigo vetado pelo presidente da República e rejeitado o veto pelo Congresso Nacional.

CAPÍTULO VII
DA USUCAPIÃO

Art. 10. Suspendem-se os prazos de aquisição para a propriedade imobiliária ou mobiliária, nas diversas espécies de usucapião, a partir da entrada em vigor desta Lei até 30 de outubro de 2020.

CAPÍTULO VIII
DOS CONDOMÍNIOS EDILÍCIOS

Art. 11. *Vetado.*

Art. 12. A assembleia condominial, inclusive para os fins dos arts. 1.349 e 1.350 do Código Civil, e a respectiva votação poderão ocorrer, em caráter emergencial, até 30 de outubro de 2020, por meios virtuais, caso em que a manifestação de vontade de cada condômino será equiparada, para todos os efeitos jurídicos, à sua assinatura presencial.

Parágrafo único. Não sendo possível a realização de assembleia condominial na forma prevista no *caput*, os mandatos de síndico vencidos a partir de 20 de março de 2020 ficam prorrogados até 30 de outubro de 2020.

Art. 13. É obrigatória, sob pena de destituição do síndico, a prestação de contas regular de seus atos de administração.

CAPÍTULO IX DO REGIME CONCORRENCIAL

Art. 14. Ficam sem eficácia os incisos XV e XVII do § 3º do art. 36 e o inciso IV do art. 90 da Lei nº 12.529, de 30 de novembro de 2011, em relação a todos os atos praticados e com vigência de 20 de março de 2020 até 30 de outubro de 2020 ou enquanto durar o estado de calamidade pública reconhecido pelo Decreto Legislativo nº 6, de 20 de março de 2020.

§ 1º Na apreciação, pelo órgão competente, das demais infrações previstas no art. 36 da Lei nº 12.529, de 30 de novembro de 2011, caso praticadas a partir de 20 de março de 2020, e enquanto durar o estado de calamidade pública reconhecido pelo Decreto Legislativo nº 6, de 20 de março de 2020, deverão ser consideradas as circunstâncias extraordinárias decorrentes da pandemia do coronavírus (Covid-19).

§ 2º A suspensão da aplicação do inciso IV do art. 90 da Lei nº 12.529, de 30 de novembro de 2011, referida no caput, não afasta a possibilidade de análise posterior do ato de concentração ou de apuração de infração à ordem econômica, na forma do art. 36 da Lei nº 12.529, de 2011, dos acordos que não forem necessários ao combate ou à mitigação das consequências decorrentes da pandemia do coronavírus (Covid-19).

CAPÍTULO X DO DIREITO DE FAMÍLIA E SUCESSÕES

Art. 15. Até 30 de outubro de 2020, a prisão civil por dívida alimentícia, prevista no art. 528, § 3º e seguintes da Lei nº 13.105, de 16 de março de 2015 (Código de Processo Civil), deverá ser cumprida exclusivamente sob a modalidade domiciliar, sem prejuízo da exigibilidade das respectivas obrigações.

Art. 16. O prazo do art. 611 do Código de Processo Civil para sucessões abertas a partir de 1º de fevereiro de 2020 terá seu termo inicial dilatado para 30 de outubro de 2020.

Parágrafo único. O prazo de 12 (doze) meses do art. 611 do Código de Processo Civil, para que seja ultimado o processo de inventário e de partilha, caso iniciado antes de 1º de fevereiro de 2020, ficará suspenso a partir da entrada em vigor desta Lei até 30 de outubro de 2020.

CAPÍTULO XI

Art. 17. *Vetado.*

Art. 18. *Vetado.*

CAPÍTULO XII DISPOSIÇÕES FINAIS

Art. 19. *Vetado.*

Art. 20. O *caput* do art. 65 da Lei 13.709, de 14 de agosto de 2018, passa a vigorar acrescido do seguinte inciso I-A:

> Alterações inseridas no texto da referida Lei.

Art. 21. Esta Lei entra em vigor na data de sua publicação.

Brasília, 10 de junho de 2020; 199 da Independência e 132 da República.

Jair Messias Bolsonaro

DECRETO 10.417, DE 7 DE JULHO DE 2020

Institui o Conselho Nacional de Defesa do Consumidor.

DOU 08.07.2020

O PRESIDENTE DA REPÚBLICA, no uso das atribuições que lhe confere o art. 84, *caput*, incisos IV e VI, alínea "a", da Constituição, e tendo em vista o disposto no art. 4º e art. 106, parágrafo único, da Lei 8.078, de 11 de setembro de 1990, decreta:

Art. 1º Fica instituído o Conselho Nacional de Defesa do Consumidor, com a finalidade de assessorar o Ministro de Estado da Justiça e Segurança Pública na formulação e na condução da Política Nacional de Defesa do Consumidor, e, ainda, formular e propor recomendações aos órgãos integrantes do Sistema Nacional de Defesa do Consumidor para adequação das políticas públicas de defesa do consumidor.

Art. 2º Ao Conselho Nacional de Defesa do Consumidor compete:

I – propor aos órgãos integrantes do Sistema Nacional de Defesa do Consumidor:

a) medidas para a prestação adequada da defesa dos interesses e direitos do consumidor, da livre iniciativa e do aprimoramento e da harmonização das relações de consumo;

b) adequação das políticas públicas de defesa do consumidor às práticas defendidas por organismos internacionais, tais como a Organização para Cooperação e Desenvolvimento Econômico – OCDE e a Conferência das Nações Unidas sobre Comércio e Desenvolvimento;

c) medidas para coibir fraudes e abusos contra o consumidor;

d) aperfeiçoamento, consolidação e revogação de atos normativos relativos às relações de consumo; e

e) interpretações da legislação consumerista que garantam segurança jurídica e previsibilidade, destinadas a orientar, em caráter não vinculante, os diversos órgãos de defesa do consumidor em âmbito federal, estadual, distrital e municipal;

II – promover programas de apoio aos consumidores menos favorecidos;

III – propor medidas de educação do consumidor sobre seus direitos e suas obrigações decorrentes da legislação consumerista;

IV – opinar:

a) nos conflitos de competência decorrentes da instauração de mais de um processo administrativo por pessoas jurídicas de direito público distintas, para apuração de infração decorrente de fato imputado ao mesmo fornecedor, de acordo com o disposto no parágrafo único do art. 5º do Decreto 2.181, de 20 de março de 1997; e

b) nas medidas de avocação de processos administrativos em trâmite em mais de um Estado, que envolvam interesses difusos ou coletivos, de acordo com o disposto no art. 16 do Decreto 2.181, de 1997;

V – requerer a qualquer órgão público a colaboração e a observância às normas que, direta ou indiretamente, promovam a livre iniciativa; e

VI – sugerir e incentivar a adoção de mecanismos de negociação, de mediação e de arbitragem para pequenos litígios referentes às relações de consumo ou para convenção coletiva de consumo.

Art. 3º O Conselho Nacional de Defesa do Consumidor é composto:

I – pelo Secretário Nacional do Consumidor do Ministério da Justiça e Segurança Pública, que o presidirá;

II – por um representante indicado pelo Ministério da Economia;

III – por um representante indicado pelo Conselho Administrativo de Defesa Econômica – Cade;

IV – por um representante indicado pelo Banco Central do Brasil;

V – por quatro representantes de agências reguladoras, dos quais:

a) um indicado pela Agência Nacional de Aviação Civil;

b) um indicado pela Agência Nacional de Telecomunicações;

c) um indicado pela Agência Nacional de Energia Elétrica; e

d) um indicado pela Agência Nacional de Petróleo;

VI – por três representantes de entidades públicas estaduais ou distritais destinadas à defesa do consumidor de três regiões diferentes do País;

VII – por um representante de entidades públicas municipais destinadas à defesa do consumidor;

VIII – por um representante de associações destinadas à defesa do consumidor com conhecimento e capacidade técnica para realizar análises de impacto regulatório;

IX – por um representante dos fornecedores com conhecimento e capacidade técnica para realizar análises de impacto regulatório; e

X – por um jurista de notório saber e reconhecida atuação em direito econômico, do consumidor ou de regulação.

§ 1º Cada membro do Conselho Nacional de Defesa do Consumidor terá um suplente, que o substituirá em suas ausências e impedimentos.

§ 2º O membro de que trata o inciso II docapute respectivo suplente será indicado pelo Ministro de Estado da Economia.

§ 3º Os membros de que tratam os incisos III ao V docapute respectivos suplentes serão indicados pela autoridade máxima das entidades que representam.

§ 4º Os membros de que tratam os incisos VI ao X docapute respectivos suplentes serão indicados pelo Ministro de Estado da Justiça e Segurança Pública, após chamamento público, conforme normas definidas em ato do Ministro de Estado da Justiça e Segurança Pública, e terão mandato de dois anos, permitida uma recondução.

§ 5º Na ausência do Presidente, as reuniões do Conselho Nacional de Defesa do Consumidor serão presididas por seu substituto no cargo.

Art. 4º O quórum de reunião do Conselho Nacional de Defesa do Consumidor será de dois terços dos membros e o quórum de aprovação será de maioria simples dos membros.

Parágrafo único. Além do voto ordinário, o Presidente do Conselho Nacional de Defesa do Consumidor terá o voto de qualidade em caso de empate.

Art. 5º O Conselho Nacional de Defesa do Consumidor se reunirá em caráter ordinário, no mínimo, quatro vezes ao ano, na cidade de Brasília, Distrito Federal, e em caráter extraordinário a pedido de seu Presidente ou por solicitação de, no mínimo, um quarto de seus membros.

Art. 6º Serão convidados a compor o Conselho Nacional de Defesa do Consumidor, sem direito a voto:

I – um membro de Ministério Público Estadual, indicado pelo Conselho Nacional de Procuradores-Gerais;

II – um membro do Ministério Público Federal, indicado pelo Procurador-Geral da República; e

III – um membro da Defensoria Pública, indicado pelo Colégio Nacional dos Defensores Públicos Gerais.

Art. 7º O Conselho Nacional de Defesa do Consumidor poderá convidar autoridades, técnicos e representantes de órgãos públicos ou privados para prestar esclarecimentos, informações e participar de suas reuniões, sem direito a voto.

Art. 8º A Secretaria Nacional do Consumidor do Ministério da Justiça e Segurança Pública exercerá a função de Secretaria-Executiva do Conselho Nacional de Defesa do Consumidor.

Art. 9º O Conselho Nacional de Defesa do Consumidor poderá instituir comissões especiais com a finalidade de realizar tarefas e estudos específicos destinados à defesa do consumidor na ordem econômica constitucional brasileira.

Art. 10. As comissões especiais:

I – serão compostas na forma de ato do Conselho Nacional de Defesa do Consumidor;

II – não poderão ter mais de sete membros;

III – terão caráter temporário e duração não superior a um ano; e

IV – estarão limitadas a três operando simultaneamente.

Art. 11. Os membros do Conselho Nacional de Defesa do Consumidor e das comissões especiais que se encontrarem no Distrito Federal se reunirão presencialmente ou por videoconferência e os membros que se encontrem em outros entes federativos participarão da reunião por meio de videoconferência.

Art. 12. É vedado aos membros a divulgação de discussões em curso no Conselho Nacional de Defesa do Consumidor sem a prévia anuência de seu Presidente.

Art. 13. A participação no Conselho Nacional de Defesa do Consumidor e nas comissões especiais será considerada prestação de serviço público relevante, não remunerada.

Art. 14. O Decreto 2.181, de 1997, passa a vigorar com as seguintes alterações:

> *Alterações inseridas no referido Decreto.*

Art. 15. Ficam revogados:

I – o Decreto de 28 de setembro de 1995, que cria a Comissão Nacional Permanente de Defesa do Consumidor; e

II – o Decreto de 11 de janeiro de 1996, que acrescenta inciso ao art. 2º do Decreto de 28 de setembro de 1995, que cria a Comissão Nacional Permanente de Defesa do Consumidor.

Art. 16. Este Decreto entra em vigor na data de sua publicação.

Brasília, 7 de julho de 2020; 199º da Independência e 132º da República.

Jair Messias Bolsonaro

LEI 14.034, DE 5 DE AGOSTO DE 2020

Dispõe sobre medidas emergenciais para a aviação civil brasileira em razão da pandemia da Covid-19; e altera as Leis nºs 7.565, de 19 de dezembro de 1986, 6.009, de 26 de dezembro de 1973, 12.462, de 4 de agosto de 2011, 13.319, de 25 de julho de 2016, 13.499, de 26 de outubro de 2017, e 9.825, de 23 de agosto de 1999.

DOU 06.08.2020

O PRESIDENTE DA REPÚBLICA Faço saber que o Congresso Nacional decreta e eu sanciono a seguinte Lei:

Art. 1º Esta Lei prevê medidas emergenciais para atenuar os efeitos da crise decorrente da pandemia da Covid-19 na aviação civil brasileira.

Art. 2º As contribuições fixas e variáveis com vencimento no ano de 2020 previstas em contratos de concessão de aeroportos firmados pelo governo federal poderão ser pagas até o dia 18 de dezembro de 2020, com atualização monetária calculada com base no Índice Nacional de Preços ao Consumidor (INPC).

Parágrafo único. É vedado ao governo federal promover o reequilíbrio econômico-financeiro dos contratos referidos no *caput* deste artigo em decorrência exclusivamente do adiamento dos pagamentos de que trata este artigo.

Art. 3º O reembolso do valor da passagem aérea devido ao consumidor por cancelamento de voo no período compreendido entre 19 de março de 2020 e 31 de dezembro de 2021 será realizado pelo transportador no prazo de 12 (doze) meses, contado da data do voo cancelado, observadas a atualização monetária calculada com base no INPC e, quando cabível, a prestação de assistência material, nos termos da regulamentação vigente.

> § 3º com redação pela Lei 14.174/2021.

§ 1º Em substituição ao reembolso na forma prevista no *caput* deste artigo, poderá ser concedida ao consumidor a opção de receber crédito de valor maior ou igual ao da passagem aérea, a ser utilizado, em nome próprio ou de terceiro, para a aquisição de produtos ou serviços oferecidos pelo transportador, em até 18 (dezoito) meses, contados de seu recebimento.

§ 2º Se houver cancelamento de voo, o transportador deve oferecer ao consumidor, sempre que possível, como alternativa ao reembolso, as opções de reacomodação em outro voo, próprio ou de terceiro, e de remarcação da passagem aérea, sem ônus, mantidas as condições aplicáveis ao serviço contratado.

§ 3º O consumidor que desistir de voo com data de início no período entre 19 de março de 2020 e 31 de dezembro de 2021 poderá optar por receber reembolso, na forma e no prazo previstos no caput deste artigo, sujeito ao pagamento de eventuais penalidades contratuais, ou por obter crédito, perante o transportador, de valor correspondente ao da passagem aérea, sem incidência de quaisquer penalidades contratuais, o qual poderá ser utilizado na forma do § 1º deste artigo.

> § 3º com redação pela Lei 14.174/2021.

§ 4º O crédito a que se referem os §§ 1º e 3º deste artigo deverá ser concedido no prazo máximo de 7 (sete) dias, contado de sua solicitação pelo passageiro.

§ 5º O disposto neste artigo aplica-se também às hipóteses de atraso e de interrupção previstas nos arts. 230 e 231 da Lei nº 7.565, de 19 de dezembro de 1986.

§ 6º O disposto no § 3º deste artigo não se aplica ao consumidor que desistir da passagem aérea adquirida com antecedência igual ou superior a 7 (sete) dias em relação à data de embarque, desde que o faça no prazo de 24 (vinte e quatro) horas, contado do recebimento do comprovante de aquisição do bilhete de passagem, caso em que prevalecerá o disposto nas condições gerais aplicáveis ao transporte aéreo regular de passageiros, doméstico e internacional, estabelecidas em ato normativo da autoridade de aviação civil.

§ 7º O direito ao reembolso, ao crédito, à reacomodação ou à remarcação do voo previsto neste artigo independe do meio de pagamento utilizado para a compra da passagem, que pode ter sido efetuada em pecúnia, crédito, pontos ou milhas, e o reembolso, o crédito, a reacomodação ou a remarcação do voo são negociados entre consumidor e transportador nos termos deste artigo.

> § 7º com redação pela Lei 14.174/2021.

§ 8º Em caso de cancelamento do voo, o transportador, por solicitação do consumidor, deve adotar as providências necessárias perante a instituição emissora do cartão de crédito ou de outros instrumentos de pagamento utilizados para aquisição do bilhete de passagem, com vistas à imediata interrupção da cobrança de eventuais parcelas que ainda não tenham sido debitadas, sem prejuízo da restituição de valores já pagos, na forma do *caput* e do § 1º deste artigo.

§ 9º *Revogado pela Lei 14.174/2021.*

Art. 4º A Lei 7.565, de 19 de dezembro de 1986, passa a vigorar com as seguintes alterações:

> Referida Lei não faz parte desta obra.

Art. 5º *Vetado.*

Art. 6º A Lei 6.009, de 26 de dezembro de 1973, passa a vigorar com as seguintes alterações:

> Referida Lei não faz parte desta obra.

Art. 7º O art. 63 da Lei 12.462, de 4 de agosto de 2011, passa a vigorar com a seguinte redação:

> Referida Lei não faz parte desta obra.

Art. 8º O art. 6º da Lei 13.319, de 25 de julho de 2016, passa a vigorar acrescido do seguinte parágrafo único:

> Referida Lei não faz parte desta obra.

Art. 9º O art. 2º da Lei nº 13.499, de 26 de outubro de 2017, passa a vigorar com a seguinte redação:

> Referida Lei não faz parte desta obra.

Art. 10. Será extinta, em 1º de janeiro de 2021, a cobrança da parcela correspondente ao aumento concedido pela Portaria nº 861/GM-2, de 9 de dezembro de 1997, do Ministério da Aeronáutica, às tarifas de embarque internacional vigentes naquela data.

Art. 11. Até que o disposto no art. 12, inciso II, desta Lei produza efeitos, o inciso II do parágrafo único do art. 1º da Lei nº 9.825, de 23 de agosto de 1999, vigorará com a seguinte redação:

> Referida Lei não faz parte desta obra.

Art. 12. Revogam-se:

I – as alíneas "a" e "b" do § 1º do art. 256 da Lei 7.565, de 19 de dezembro de 1986;

II – a Lei 9.825, de 23 de agosto de 1999;

III – o inciso II do § 1º do art. 63 da Lei 12.462, de 4 de agosto de 2011; e

IV – os incisos III e V do caput do art. 2º da Lei 13.499, de 26 de outubro de 2017.

Art. 13. Esta Lei entra em vigor na data de sua publicação e produzirá efeitos, quanto ao § 5º do art. 63 da Lei 12.462, de 4 de agosto de 2011, alterado pelo art. 7º desta Lei, e quanto aos incisos II e III do *caput* do art. 12 desta Lei, em 1º de janeiro de 2021.

Brasília, 5 de agosto de 2020; 199º da Independência e 132º da República.

Jair Messias Bolsonaro

LEI 14.046, DE 24 DE AGOSTO DE 2020

Dispõe sobre medidas emergenciais para atenuar os efeitos da crise decorrente da pandemia da covid-19 nos setores de turismo e de cultura.

> *Ementa com redação pela Lei 14.186/2021.*

DOU 25.08.2020

O PRESIDENTE DA REPÚBLICA Faço saber que o Congresso Nacional decreta e eu sanciono a seguinte Lei:

Art. 1º Esta Lei dispõe sobre medidas emergenciais para atenuar os efeitos da crise decorrente da pandemia da covid-19 nos setores de turismo e de cultura.

> *Artigo com redação pela Lei 14.186/2021.*

Art. 2º Na hipótese de adiamento ou de cancelamento de serviços, de reservas e de eventos, incluídos shows e espetáculos, de 1º de janeiro de 2020 a 31 de dezembro de 2022, em decorrência da pandemia da covid-19, o prestador de serviços ou a sociedade empresária não serão obrigados a reembolsar os valores pagos pelo consumidor, desde que assegurem:

> *Caput com redação pela Lei 14.390/2022.*

I – a remarcação dos serviços, das reservas e dos eventos adiados; ou

II – a disponibilização de crédito para uso ou abatimento na compra de outros serviços, reservas e eventos disponíveis nas respectivas empresas.

§ 1º As operações de que trata o *caput* deste artigo ocorrerão sem custo adicional, taxa ou multa ao consumidor, em qualquer data a partir de 1º de janeiro de 2020, e estender-se-ão pelo prazo de 120 (cento e vinte) dias, contado da comunicação do adiamento ou do cancelamento dos serviços, ou 30 (trinta) dias antes da realização do evento, o que ocorrer antes.

§ 2º Se o consumidor não fizer a solicitação a que se refere o § 1º deste artigo no prazo assinalado de 120 (cento e vinte) dias, por motivo de falecimento, de internação ou de força maior, o prazo será restituído em proveito da parte, do herdeiro ou do sucessor, a contar da data de ocorrência do fato impeditivo da solicitação.

§ 3º O fornecedor fica desobrigado de qualquer forma de ressarcimento se o consumidor não fizer a solicitação no prazo estipulado no § 1º ou não estiver enquadrado em uma das hipóteses previstas no § 2º deste artigo.

> *§ 3º vetado pelo presidente da República e rejeitado o veto pelo Congresso Nacional.*

§ 4º O crédito a que se refere o inciso II do *caput* deste artigo poderá ser utilizado pelo consumidor até 31 de dezembro de 2023.

> *§ 4º com redação pela Lei 14.390/2022.*

§ 5º Na hipótese prevista no inciso I do caput deste artigo, serão respeitados:

I – os valores e as condições dos serviços originalmente contratados; e

II – a data-limite de 31 de dezembro de 2023, para ocorrer a remarcação dos serviços, das reservas e dos eventos adiados.

> *Inciso II com redação pela Lei 14.390/2022.*

§ 6º O prestador de serviço ou a sociedade empresária deverão restituir o valor recebido ao consumidor somente na hipótese de ficarem impossibilitados de oferecer a remarcação dos serviços ou a disponibilização de crédito a que se referem os incisos I e II do *caput* deste artigo nos seguintes prazos:

> *§ 6º com redação pela Lei 14.390/2022.*

I – até 31 de dezembro de 2022, para os cancelamentos realizados até 31 de dezembro de 2021; e

II – até 31 de dezembro de 2023, para os cancelamentos realizados de 1º de janeiro a 31 de dezembro de 2022.

§ 7º Os valores referentes aos serviços de agenciamento e de intermediação já prestados, tais como taxa de conveniência e/ou de entrega, serão deduzidos do crédito a ser disponibilizado ao consumidor, nos termos do inciso II do *caput* deste artigo, ou do valor a que se refere o § 6º deste artigo.

§ 8º As regras para adiamento da prestação do serviço, para disponibilização de crédito ou, na impossibilidade de oferecimento da remarcação dos serviços ou da disponibilização de crédito referidas nos incisos I e II do *caput* deste artigo, para reembolso aos consumidores, aplicar-se-ão ao prestador de serviço ou à sociedade empresária que tiverem recursos a serem devolvidos por produtores culturais ou por artistas.

§ 9º O disposto neste artigo aplica-se aos casos em que o serviço, a reserva ou o evento adiado tiver que ser novamente adiado, em razão de não terem cessado os efeitos da pandemia da covid-19 referida no art. 1º desta Lei na data da remarcação originária, e aplica-se aos novos eventos lançados no decorrer do período sob os efeitos da pandemia da covid-19 que não puderem ser realizados pelo mesmo motivo.

> *§ 9º com redação pela Lei 14.186/2021.*

§ 10. Na hipótese de o consumidor ter adquirido o crédito de que trata o inciso II do *caput* deste artigo até a data de publicação da Medida Provisória nº 1.101, de 21 de fevereiro de 2022, o referido crédito poderá ser usufruído até 31 de dezembro de 2023.

> *§ 10 com redação pela Lei 14.390/2022.*

Art. 3º O disposto no art. 2º desta Lei aplica-se a:

I – prestadores de serviços turísticos e sociedades empresárias a que se refere o art. 21 da Lei nº 11.771, de 17 de setembro de 2008; e

II – cinemas, teatros e plataformas digitais de vendas de ingressos pela internet.

Art. 4º Os artistas, os palestrantes ou outros profissionais detentores do conteúdo contratados de 1º de janeiro de 2020 a 31 de dezembro de 2022 que forem impactados por adiamentos ou por cancelamentos de eventos em decorrência da pandemia da covid-19, incluídos shows, rodeios e espetáculos musicais e de artes cênicas, e os profissionais contratados para a realização desses eventos não terão obrigação de reembolsar imediatamente os valores dos serviços ou cachês, desde que o evento seja remarcado, observada a data-limite de 31 de dezembro de 2023 para a sua realização.

> *Caput com redação pela Lei 14.390/2022.*

§ 1º Na hipótese de os artistas, os palestrantes ou outros profissionais detentores do conteúdo e os demais profissionais contratados para a realização dos eventos de que trata o *caput* deste artigo não prestarem os serviços contratados no prazo previsto, o valor recebido será restituído, atualizado monetariamente pelo Índice Nacional de Preços ao Consumidor Amplo Especial (IPCA-E), até 31 de dezembro de 2022, para os cancelamentos realizados até 31 de dezembro de 2021, e até 31 de dezembro de 2023, para os cancelamentos realizados de 1º de janeiro a 31 de dezembro de 2022, observadas as seguintes disposições:

> *Caput do § 1º com redação pela Lei 14.390/2022.*

I – o valor deve ser imediatamente restituído, na ausência de nova data pactuada de comum acordo entre as partes; e

II – a correção monetária prevista neste parágrafo deve ser aplicada de imediato nos casos delimitados no inciso I deste parágrafo em que não for feita a restituição imediata.

§ 2º Serão anuladas as multas por cancelamentos dos contratos de que trata este artigo que tenham sido emitidas até 31 de dezembro de 2022, na hipótese de os cancelamentos decorrerem das medidas de isolamento social adotadas para o combate à pandemia da covid-19.

> *§ 2º com redação pela Lei 14.390/2022.*

Art. 5º Eventuais cancelamentos ou adiamentos dos contratos de natureza consumerista regidos por esta Lei caracterizam hipótese de caso fortuito ou de força maior, e não são cabíveis reparação por danos morais, aplicação de multas ou imposição das penalidades previstas no art. 56 da Lei nº 8.078, de 11 de setembro de 1990, ressalvadas as situações previstas no § 7º do art. 2º e no § 1º do art. 4º desta Lei, desde que caracterizada má-fé do prestador de serviço ou da sociedade empresária.

Art. 6º Esta Lei entra em vigor na data de sua publicação.

Brasília, 24 de agosto de 2020; 199º da Independência e 132º da República.

Jair Messias Bolsonaro

DECRETO 10.634, DE 22 DE FEVEREIRO DE 2021

Dispõe sobre a divulgação de informações aos consumidores referentes aos preços dos combustíveis automotivos.

DOU 23.02.2021

O PRESIDENTE DA REPÚBLICA, no uso da atribuição que lhe confere o art. 84, *caput*, inciso IV, da Constituição, e tendo em vista o disposto na Lei 8.078, de 11 de setembro de 1990, na Lei 10.962, de 11 de outubro de 2004, e na Lei 12.741, de 8 de dezembro de 2012, DECRETA

Art. 1º Este Decreto dispõe sobre a divulgação de informações aos consumidores referentes aos preços dos combustíveis automotivos.

Parágrafo único. Os consumidores têm o direito de receber informações corretas, claras, precisas, ostensivas e legíveis sobre os preços dos combustíveis automotivos no território nacional.

Art. 2º Os postos revendedores de combustíveis automotivos deverão informar aos consumidores, na forma estabelecida no parágrafo único do art. 1º, os preços reais e promocionais dos combustíveis, nos termos do disposto no Decreto 5.903, de 20 de setembro de 2006.

§ 1º Na hipótese de concessão de descontos nos preços de forma vinculada ao uso de aplicativos de fidelização pelos postos revendedores de combustíveis automotivos, deverão ser informados ao consumidor:

I – o preço real, de forma destacada;

II – o preço promocional, vinculado ao uso do aplicativo de fidelização; e

III – o valor do desconto.

§ 2º Observado o disposto no inciso III do § 1º, a divulgação do desconto poderá ocorrer pelo valor real ou percentual.

§ 3º Quando a utilização do aplicativo de fidelização proporcionar a devolução de dinheiro ao consumidor, o valor e a forma da devolução deverão ser informados de forma correta, clara, precisa, ostensiva e legível aos consumidores.

Art. 3º Os postos revendedores de combustíveis automotivos ficam obrigados a informar os valores estimados de tributos das mercadorias e dos serviços oferecidos por meio de painel afixado em local visível do estabelecimento.

Art. 4º O painel afixado dos componentes do preço do combustível automotivo nos postos revendedores a que se refere o art. 3º deverá conter:

I – o valor médio regional no produtor ou no importador;

II – o preço de referência para o Imposto sobre Operações relativas à Circulação de Mercadorias e Prestação de Serviços de Transporte Interestadual e Intermunicipal e de Comunicação – ICMS;

III – o valor do ICMS;

IV – o valor da Contribuição para os Programas de Integração Social e de Formação do Patrimônio do Servidor Público – Contribuição para o PIS/Pasep e da Contribuição para o Financiamento da Seguridade Social – Cofins; e

V – o valor da Contribuição de Intervenção no Domínio Econômico incidente sobre a importação e a comercialização de petróleo e seus derivados, gás natural e seus derivados, e álcool etílico combustível – CIDE-combustíveis.

Art. 5º Este Decreto entra em vigor trinta dias após a data de sua publicação.

Brasília, 22 de fevereiro de 2021; 200º da Independência e 133º da República.

Jair Messias Bolsonaro

PORTARIA 12, DE 5 DE ABRIL DE 2021

Determina o cadastro de empresas na plataforma consumidor.gov.br para viabilizar a mediação, via internet, pela Secretaria Nacional do Consumidor, dos conflitos de consumo notificados eletronicamente, nos termos do art. 34 do Decreto nº 2.181, de 20 de março de 1997.

DOU 08.04.2021

A SECRETÁRIA NACIONAL DO CONSUMIDOR DO MINISTÉRIO DA JUSTIÇA E SEGURANÇA PÚBLICA, no uso das competências que lhe conferem o art. 3º, II e X, e o art. 9º do Decreto nº 2.181, de 20 de março de 1997, e, tendo em vista o disposto nos arts. 4º e 44 da Lei nº 8.078, de 11 de setembro de 1990, e nos arts. 13 e 34 do Decreto 2.181, de 1997, resolve:

Art. 1º Esta Portaria determina o cadastro de empresas na plataforma consumidor.gov.br para viabilizar a negociação, via internet, dos conflitos de consumo notificados eletronicamente, nos termos do art. 34 do Decreto 2.181, de 20 de março de 1997.

Art. 2º Deverão cadastrar-se na plataforma consumidor.gov.br, até trinta dias contados da entrada em vigor desta Portaria, os seguintes fornecedores:

I – empresas com atuação nacional ou regional em setores que envolvam serviços públicos e atividades essenciais, conforme definidos pelo Decreto 10.282, de 20 de março de 2020;

II – plataformas digitais de atendimento pela internet dedicadas ao transporte individual ou coletivo de passageiros ou à entrega de alimentos;

III – plataformas digitais e marketplaces que realizem a promoção, oferta, venda ou intermediação de produtos próprios ou de terceiros, comercialização de anúncios, publicidade, bem como provedores de conexão, de aplicação, de conteúdo e demais redes sociais com fins lucrativos; e

IV – agentes econômicos listados entre as duzentas empresas mais reclamadas, anualmente, no Sistema Nacional de Informações de Defesa do Consumidor da Secretaria Nacional do Consumidor do Ministério da Justiça e Segurança Pública (Sindec), conforme levantamento da Coordenação-Geral do Sistema Nacional de Informações de Defesa do Consumidor.

§ 1º A obrigação de que trata o caput somente se aplica às empresas que, individualmente ou através de seus respectivos grupos econômicos:

I – tenham faturamento bruto de, no mínimo, cem milhões de reais no último ano fiscal;

II – tenham alcançado uma média mensal igual ou superior a mil reclamações em seus canais de atendimento ao consumidor no último ano fiscal; ou

III – sejam reclamados em mais de quinhentos processos judiciais que discutam relações de consumo até o último ano civil.

§ 2º A apuração quanto ao cumprimento desta Portaria ficará a cargo da Coordenação-Geral do Sistema Nacional de Informações de Defesa do Consumidor.

Art. 3º Na hipótese de falsidade ou enganosidade no preenchimento dos requisitos do art. 1º ou de descumprimento desta Portaria, o fornecedor poderá ser investigado por infração contra as normas de proteção e defesa do consumidor.

Art. 4º Fica revogada a Portaria GAB-SENACON 15, de 27 de março de 2020.

Art. 5º Esta Portaria entra em vigor na data de sua publicação.

Juliana Oliveira Domingues

LEI 14.181, DE 1º DE JULHO DE 2021

Altera a Lei 8.078, de 11 de setembro de 1990 (Código de Defesa do Consumidor), e a Lei 10.741, de 1º de outubro de 2003 (Estatuto do Idoso), para aperfeiçoar a disciplina do crédito ao consumidor e dispor sobre a prevenção e o tratamento do superendividamento.

DOU 02.07.2021

O PRESIDENTE DA REPÚBLICA

Faço saber que o Congresso Nacional decreta e eu sanciono a seguinte Lei:

Art. 1º A Lei 8.078, de 11 de setembro de 1990 (Código de Defesa do Consumidor), passa a vigorar com as seguintes alterações:

> *Alterações já inseridas no Código de Defesa do Consumidor.*

Art. 2º O art. 96 da Lei nº 10.741, de 1 0 de outubro de 2003 (Estatuto do Idoso), passa a vigorar acrescido do seguinte § 3º:

"Art. 96 (...) § 3º Não constitui crime a negativa de crédito motivada por superendividamento do idoso."

Art. 3º A validade dos negócios e dos demais atos jurídicos de crédito em curso constituídos antes da entrada em vigor desta Lei obedece ao disposto em lei anterior, mas os efeitos produzidos após a entrada em vigor desta Lei subordinam-se aos seus preceitos.

Art. 4º *Vetado.*

Art. 5º Esta Lei entra em vigor na data de sua publicação.

Jair Messias Bolsonaro

PORTARIA 392, DE 29 DE SETEMBRO DE 2021

Dispõe sobre a obrigatoriedade da informação ao consumidor em relação à ocorrência de alteração quantitativa de produto embalado posto à venda.

DOU 30.09.2021

> Esta portaria entra em vigor 180 dias após a sua publicação *(DOU 30.09.2021)*.

O Ministro de Estado da Justiça e Segurança Pública, no uso das atribuições previstas no inciso II do parágrafo único do art. 87 da Constituição, e no inciso IV do art. 37 da Lei nº 13.844, de 18 de junho de 2019, e tendo em vista o disposto nos incisos I e III do art. 4º, nos incisos III e IV do art. 6º, no art. 7º e no art. 55 da Lei nº 8.078, de 11 de setembro de 1990, no Decreto nº 2.181, de 20 de março de 1997, e o que consta do Processo Administrativo nº 08012.001274/2021-21, resolve:

Art. 1º Esta Portaria dispõe sobre a obrigatoriedade do fornecedor informar ao consumidor a alteração quantitativa de produto embalado posto à venda, sempre que esta ocorrer.

Art. 2º Fica o fornecedor obrigado a declarar, na rotulagem de produto embalado posto à venda, em caso de alteração quantitativa:

I – a ocorrência de alteração quantitativa promovida no produto;

II – a quantidade de produto existente na embalagem antes da alteração;

III – a quantidade de produto existente na embalagem depois da alteração; e

IV – a quantidade de produto aumentada ou diminuída, em termos absolutos e percentuais.

Art. 3º A declaração exigida no caput do art. 2º desta Portaria deve ser aposta no painel principal do rótulo da embalagem modificada, em local de fácil visualização, com caracteres legíveis e que atendam aos seguintes requisitos de formatação:

I – caixa alta;

II – negrito;

III – cor contrastante com o fundo do rótulo; e

IV – altura mínima de 2mm (dois milímetros), exceto para as embalagens com área de painel principal igual ou inferior a 100 cm^2 (cem centímetros quadrados), cuja altura mínima dos caracteres é de 1mm (um milímetro).

§ 1º É vedada a aposição das informações em locais encobertos e de difícil visualização como as áreas de selagem e de torção.

§ 2º Caso não exista espaço suficiente para a declaração em uma única superfície contínua da embalagem, o fornecedor poderá informar, apenas, a ocorrência da alteração da quantidade do produto.

§ 3º Na hipótese do § 2º deste artigo, a informação completa poderá ser declarada em embalagem secundária, se houver.

Art. 4º As informações de que trata esta Portaria deverão constar dos rótulos das embalagens dos produtos com o quantidade reduzida, pelo prazo mínimo de seis meses, a contar da data de sua alteração.

Art. 5º As informações detalhadas sobre a alteração quantitativa do produto em relação à sua versão anterior, devem ser disponibilizadas pelo Serviço de Atendimento do Consumidor (SAC), código QR ou por outros meios e tecnologias.

Art. 6º O atendimento das disposições desta Portaria não desobriga o fornecedor de adotar novas medidas que visem à integral informação ao consumidor sobre a alteração empreendida e outras determinações legais acerca dos direitos do consumidor.

Art. 7º O não cumprimento das determinações desta Portaria sujeita o fornecedor às sanções previstas na Lei nº 8.078, de 11 de setembro de 1990, e no Decreto nº 2.181, de 20 de março de 1997.

Art. 8º Os produtos fabricados até a entrada em vigor desta Portaria podem ser comercializados, independentemente do cumprimento das regras previstas nesta Portaria, enquanto estiverem no seu prazo de validade.

Art. 9º Aplica-se o disposto nesta Portaria ao comércio de produtos comercializados em meio eletrônico.

Art. 10. Fica revogada a Portaria MJ nº 81, de 23 de janeiro de 2002.

Art. 11. Esta Portaria entra em vigor cento e oitenta dias após sua publicação.

Anderson Gustavo Torres

RESOLUÇÃO CMN 4.949, DE 30 DE SETEMBRO DE 2021

Dispõe sobre princípios e procedimentos a serem adotados no relacionamento com clientes e usuários de produtos e de serviços.

DOU 04.10.2021

> Esta Resolução entra em vigor em 01.03.2022.

O Banco Central do Brasil, na forma do art. 9º da Lei nº 4.595, de 31 de dezembro de 1964, torna público que o Conselho Monetário Nacional, em sessão realizada em 30 de setembro de 2021, com base nos arts. 4º, inciso VIII, da referida Lei, 7º e 23, alínea "a", da Lei nº 6.099, de 12 de setembro de 1974, e 1º, § 1º, da Lei Complementar nº 130, de 17 de abril de 2009, resolveu:

CAPÍTULO I
DO OBJETO E DO ÂMBITO DE APLICAÇÃO

Art. 1º Esta Resolução dispõe sobre princípios e procedimentos a serem adotados no relacionamento com clientes e usuários de produtos e de serviços pelas instituições financeiras e demais instituições autorizadas a funcionar pelo Banco Central do Brasil.

§ 1º O disposto nesta Resolução não se aplica às administradoras de consórcio e às instituições de pagamento, que devem seguir as normas editadas pelo Banco Central do Brasil no exercício de sua competência legal.

§ 2º Para efeito desta Resolução, o relacionamento com clientes e usuários abrange as fases de pré-contratação, de contratação e de pós-contratação de produtos e de serviços.

CAPÍTULO II
DOS PRINCÍPIOS

Art. 2º As instituições de que trata o art. 1º, no relacionamento com clientes e usuários de produtos e de serviços, devem conduzir suas atividades com observância de princípios de ética, responsabilidade, transparência e diligência, propiciando a convergência de interesses e a consolidação de imagem institucional de credibilidade, segurança e competência.

Art. 3º A observância do disposto no art. 2º requer, entre outras, as seguintes ações:

I – promover cultura organizacional que incentive relacionamento cooperativo e equilibrado com clientes e usuários; e

II – dispensar tratamento justo e equitativo a clientes e usuários, considerando seus perfis de relacionamento e vulnerabilidades associadas.

CAPÍTULO III
DOS PROCEDIMENTOS

Seção I
Da Contratação e Da Prestação de Serviços

Art. 4º As instituições de que trata o art. 1º, na contratação de operações e na prestação de serviços, devem assegurar:

I – adequação dos produtos e serviços ofertados ou recomendados às necessidades, aos interesses e aos objetivos dos clientes e usuários;

II – integridade, conformidade, confiabilidade, segurança e sigilo das transações realizadas, bem como legitimidade das operações contratadas e dos serviços prestados;

III – prestaçao, de forma clara e precisa, das informações necessárias à livre escolha e à tomada de decisões por parte de clientes e usuários, explicitando, inclusive, direitos e deveres, responsabilidades, custos ou ônus, penalidades e eventuais riscos existentes na execução de operações e na prestação de serviços;

IV – utilização de redação clara, objetiva e adequada à natureza e à complexidade da operação ou do serviço, em contratos, recibos, extratos, comprovantes e documentos destinados ao público, de forma a permitir o entendimento do conteúdo e a identificação de prazos, valores, encargos, multas, datas, locais e demais condições;

V – identificação dos usuários finais beneficiários de pagamento ou transferência em demonstrativos e extratos de contas de depósitos e contas de pagamento pré-paga, inclusive nas situações em que o serviço de pagamento envolver instituições participantes de diferentes arranjos de pagamento;

VI – encaminhamento de instrumento de pagamento ao domicílio do cliente ou usuário ou a sua habilitação somente em decorrência de sua expressa solicitação ou autorização; e

VII – tempestividade e inexistência de barreiras, critérios ou procedimentos desarrazoados para:

a) o atendimento a demandas de clientes e usuários, incluindo o fornecimento de contratos, recibos, extratos, comprovantes e outros documentos e informações relativos a operações e a serviços;

b) a extinção da relação contratual relativa a produtos e serviços, incluindo o cancelamento de contratos; e

c) a transferência de relacionamento para outra instituição, se aplicável.

Seção II
Do Atendimento Presencial a Clientes ou Usuários

Art. 5º É vedado às instituições referidas no art. 1º impedir o acesso, recusar, dificultar ou impor restrição ao atendimento presencial em suas dependências, inclusive em guichês de caixa, a clientes ou usuários de produtos e de serviços, mesmo quando disponível o atendimento em outros canais.

§ 1º O disposto no *caput* não se aplica:

I – aos serviços de arrecadação ou de cobrança prestados a terceiros, quando:

a) não houver contrato ou convênio para a sua prestação celebrado entre a instituição financeira e o ente beneficiário; ou

b) o respectivo contrato ou convênio celebrado não contemple o recebimento em guichê de caixa das dependências da instituição;

II – ao recebimento de boletos de pagamento padronizado pela regulamentação do Banco Central do Brasil emitidos fora do padrão, das especificações ou dos requisitos vigentes para o instrumento;

III – ao recebimento de documentos mediante pagamento por meio de cheque;

IV – às instituições que não possuam dependências ou às dependências de instituições sem guichês de caixa;

V – aos postos de atendimento instalados em recinto de órgão ou de entidade da Administração Pública ou de empresa privada com guichês de caixa, nos quais sejam prestados serviços do exclusivo interesse do respectivo órgão ou entidade e de seus servidores ou da respectiva empresa e de seus empregados e administradores, conforme a regulamentação específica sobre dependências; e

VI – às situações excepcionais previstas na legislação ou na regulamentação específica.

§ 2º Para fins do disposto no *caput*, é vedada a imposição de restrições quanto à quantidade de documentos, de transações ou de operações por pessoa, bem como em relação a montante máximo ou mínimo a ser pago ou recebido ou ainda quanto à faculdade de o cliente ou o usuário optar por pagamentos em espécie, salvo as exceções previstas na legislação ou na regulamentação específica.

§ 3º As instituições de que trata o art. 1º devem divulgar em suas dependências e nas dependências dos correspondentes no País, em local visível e em formato legível, as situações de que tratam os incisos II, III e V do § 1º.

§ 4º O disposto neste artigo deve ser observado indistintamente em relação a clientes e a não clientes, exceto pelas cooperativas de crédito, que devem observar o disposto no § 5º.

§ 5º As cooperativas de crédito devem informar em suas dependências, em local visível e em formato legível, se realizam atendimento a não associados e quais os serviços disponibilizados, assegurando nesse caso as condições previstas neste artigo.

CAPÍTULO IV
DA POLÍTICA INSTITUCIONAL DE RELACIONAMENTO COM CLIENTES E USUÁRIOS

Seção I
Da Manutenção da Política Institucional de Relacionamento com Clientes e Usuários

Art. 6º As instituições de que trata o art. 1º devem manter política institucional de relacionamento com clientes e usuários que consolide diretrizes, objetivos estratégicos e valores organizacionais, de forma a nortear a condução de suas atividades em conformidade com o disposto no art. 2º.

§ 1º A política de que trata o *caput* deve:

I – ser aprovada pelo conselho de administração ou, caso inexistente, pela diretoria da instituição;

II – ser objeto de avaliação periódica;

III – definir papéis e responsabilidades no âmbito da instituição;

IV – ser compatível com a natureza da instituição e com o perfil de clientes e usuários, bem como com as demais políticas instituídas;

V – prever programa de treinamento de empregados e prestadores de serviços que desempenhem atividades afetas ao relacionamento com clientes e usuários;

VI – prever a disseminação interna de suas disposições; e

VII – ser formalizada em documento específico.

§ 2º Admite-se que a política de que trata o *caput* seja unificada por:

I – conglomerado; ou

II – sistema cooperativo de crédito.

§ 3º As instituições que não constituírem política própria em decorrência da faculdade prevista no § 2º devem formalizar a decisão em reunião do conselho de administração ou da diretoria.

§ 4º O documento de que trata o inciso VII do § 1º deve ser mantido à disposição do Banco Central do Brasil.

Seção II
Do Gerenciamento da Política Institucional de Relacionamento com Clientes e Usuários

Art. 7º As instituições de que trata o art. 1º devem assegurar a consistência de rotinas e de procedimentos operacionais afetos ao relacionamento com clientes e usuários, bem como sua adequação à política institucional de relacionamento de que trata o art. 6º, inclusive quanto aos seguintes aspectos:

I – identificação e qualificação de clientes e de usuários para fins de início e manutenção de relacionamento;

II – concepção de produtos e de serviços;

III – oferta, recomendação, contratação ou distribuição de produtos ou serviços;

IV – requisitos de segurança afetos a produtos e a serviços;

V – cobrança de tarifas em decorrência da prestação de serviços;

VI – divulgação e publicidade de produtos e de serviços;

VII – coleta, tratamento e manutenção de informações dos clientes em bases de dados;

VIII – gestão do atendimento prestado a clientes e usuários, inclusive o registro e o tratamento de demandas;

IX – mediação de conflitos;

X – sistemática de cobrança em caso de inadimplemento de obrigações contratadas;

XI – extinção da relação contratual relativa a produtos e serviços;

XII – liquidação antecipada de dívidas ou de obrigações; e

XIII – transferência de relacionamento para outra instituição.

§ 1º Com relação ao disposto nos incisos II e III do *caput*, e em observância ao art. 4º, inciso I, as instituições devem estabelecer o perfil dos clientes que compõem o público-alvo para os produtos e serviços disponibilizados, considerando suas características e complexidade.

§ 2º O perfil referido no § 1º deve incluir informações relevantes para cada produto ou serviço.

Art. 8º As instituições de que trata o art. 1º devem:

I – promover o equilíbrio das metas de resultados e de incentivos associadas ao desempenho de funcionários e de correspondentes no País com as diretrizes e os valores organizacionais previstos na política institucional de que trata o art. 6º; e

II – tratar adequadamente eventuais desvios relacionados ao contido no inciso I.

Art. 9º Em relação à política institucional de relacionamento com clientes e usuários, as instituições de que trata o art. 1º devem instituir mecanismos de acompanhamento, de controle e de mitigação de riscos com vistas a assegurar:

I – a implementação das suas disposições;

II – o monitoramento do seu cumprimento, inclusive por meio de métricas e indicadores adequados;

III – a avaliação da sua efetividade; e

IV – a identificação e a correção de eventuais deficiências.

§ 1º Os mecanismos de que trata o *caput* devem ser submetidos a testes periódicos pela auditoria interna, consistentes com os controles internos da instituição.

§ 2º Os dados, os registros e as informações relativas aos mecanismos de controle, processos, testes e trilhas de auditoria devem ser mantidos à disposição do Banco Central do Brasil pelo prazo mínimo de cinco anos.

CAPÍTULO V
DISPOSIÇÕES FINAIS

Art. 10. As instituições de que trata o art. 1º devem indicar ao Banco Central do Brasil diretor responsável pelo cumprimento das obrigações previstas nesta Resolução.

Art. 11. O Banco Central do Brasil poderá adotar medidas complementares necessárias à execução do disposto nesta Resolução.

Art. 12. Ficam revogados:

I – o art. 12 da Resolução nº 4.753, de 26 de setembro de 2019;

II – a Resolução nº 3.694, de 26 de março de 2009;

III – a Resolução nº 4.283, de 4 de novembro de 2013;

IV – a Resolução nº 4.479, de 25 de abril de 2016;

V – a Resolução nº 4.539, de 24 de novembro de 2016; e

VI – a Resolução nº 4.746, de 29 de agosto de 2019.

Art. 13. Esta Resolução entra em vigor em 1º de março de 2022.

Roberto de Oliveira Campos Neto

RESOLUÇÃO CNSP 436, DE 4 DE ABRIL DE 2022

Estabelece as diretrizes gerais aplicáveis à operação do seguro de garantia estendida.

DOU 07.04.2022

A Superintendência de Seguros Privados – SUSEP, no uso da atribuição que lhe confere o art. 34, inciso XI, do Decreto nº 60.459, de 13 de março de 1967, torna público que o Conselho Nacional de Seguros Privados – CNSP, em sessão ordinária realizada em 29 de março de 2022, tendo em vista o disposto nos incisos I e IV do art. 32 do Decreto-Lei nº 73, de 21 de novembro de 1966, e considerando o disposto no Decreto nº 10.139, de 28 de novembro de 2019, e o que consta do processo 15414.604579/2020-41, resolve:

Art. 1º Estabelecer as diretrizes gerais aplicáveis à operação do seguro de garantia estendida.

Parágrafo único. A operação a que se refere o *caput* restringe-se ao seguro de garantia estendida destinado ao consumidor final.

CAPÍTULO I DISPOSIÇÕES INICIAIS

Art. 2º O seguro de garantia estendida tem como objetivo propiciar ao segurado, facultativamente e mediante o pagamento de prêmio, a extensão temporal da garantia do fornecedor de um bem adquirido e, quando prevista, sua complementação.

§ 1º O segurado a que se refere o *caput* é o consumidor final que adquire um bem ou pessoa por ele indicada no documento contratual.

§ 2º Para os efeitos desta Resolução, entende-se por garantia do fornecedor a garantia legal e, se houver, a garantia contratual originalmente oferecida pelo fornecedor, nos termos definidos pela lei.

Art. 3º Além das disposições desta Resolução, as operações relativas ao seguro de garantia estendida deverão observar as regulamentações em vigor, em especial aquelas aplicáveis aos seguros de danos, quando não conflitarem com a presente norma.

CAPÍTULO II CONTRATAÇÃO

Art. 4º A contratação do seguro de garantia estendida pelo segurado é facultativa e poderá ser efetuada, somente durante a vigência da garantia do fornecedor do bem, pelos seguintes meios:

I – diretamente, junto à sociedade seguradora ou aos seus representantes de seguros; ou

II – por intermédio de corretor de seguros devidamente habilitado.

Art. 5º O plano de seguro de garantia estendida somente poderá ser contratado mediante emissão de apólice individual ou de bilhete, observadas as regulamentações específicas, não se admitindo, em nenhuma hipótese, contratação por meio de apólice coletiva.

Parágrafo único. Fica vedada a inclusão na apólice individual ou no bilhete de que trata o *caput* de coberturas pertencentes a outros ramos de seguro.

Art. 6º O seguro de garantia estendida deverá ser contratado, obrigatoriamente, a primeiro risco absoluto.

CAPÍTULO III
COBERTURAS

Art. 7º Os planos de seguro de garantia estendida deverão, obrigatoriamente, oferecer uma das seguintes coberturas básicas:

I – extensão de garantia original: cuja vigência inicia-se imediatamente após o término da garantia do fornecedor e que contempla as mesmas coberturas e exclusões oferecidas pela garantia do fornecedor;

II – extensão de garantia original ampliada: cuja vigência inicia-se imediatamente após o término da garantia do fornecedor e que contempla as mesmas coberturas oferecidas pela garantia do fornecedor, apresentando, adicionalmente, a inclusão de novas coberturas, desde que não enquadradas em outros ramos específicos de seguro; ou

III – extensão de garantia reduzida: cuja vigência inicia-se imediatamente após o término da garantia do fornecedor e que pode contemplar coberturas reduzidas comparativamente àquelas oferecidas pela garantia do fornecedor.

Parágrafo único. A cobertura a que se refere o inciso III aplica-se somente ao seguro de garantia estendida voltado para veículos automotores e para bens que possuem apenas garantia legal.

Art. 8º Os planos de seguro de garantia estendida poderão, facultativamente, oferecer a cobertura de "complementação de garantia", cuja vigência inicia-se simultaneamente com a garantia do fornecedor, contemplando coberturas não previstas ou excluídas pela garantia do fornecedor e desde que não enquadradas em outros ramos específicos de seguro.

Parágrafo único. A rescisão contratual que implique o cancelamento da cobertura básica, a que se refere o art. 7º, cancelará automaticamente a cobertura de "complementação de garantia".

CAPÍTULO IV
RISCOS EXCLUÍDOS

Art. 9º A relação de riscos excluídos constantes na apólice individual ou no bilhete do seguro de garantia estendida deverá apresentar, conforme o caso:

I – no máximo, a mesma relação de riscos excluídos da garantia do fornecedor do bem segurado, salvo no caso da cobertura de extensão de garantia reduzida; e

II – a informação de que os danos causados por atos ilícitos dolosos ou por culpa grave equiparável ao dolo, praticados pelo segurado, pelo beneficiário ou representante legal de um ou de outro, também estarão excluídos.

CAPÍTULO V
DISPOSIÇÕES FINAIS

Art. 10. A falta de cumprimento do disposto nesta Resolução sujeitará o infrator às penas previstas em lei e demais normas em vigor.

Art. 11. Fica a Susep autorizada a editar regulamentação e a adotar as medidas julgadas necessárias à execução do disposto nesta Resolução.

Art. 12. Ficam revogadas:

I – a Resolução CNSP nº 296, de 25 de outubro de 2013;

II – a Resolução CNSP nº 306, de 2 de abril de 2014;

III – a Resolução CNSP nº 309, de 16 de junho de 2014; e

IV – a Resolução CNSP nº 369, de 13 de dezembro de 2018.

Art. 13. Esta Resolução entra em vigor em 1º de maio de 2022.

Alexandre Milanese Camillo

DECRETO 11.034, DE 5 DE ABRIL DE 2022

Regulamenta a Lei 8.078, de 11 de setembro de 1990 – Código de Defesa do Consumidor, para estabelecer diretrizes e normas sobre o Serviço de Atendimento ao Consumidor.

DOU 06.04.2022

O Presidente da República, no uso da atribuição que lhe confere o art. 84, *caput*, inciso IV, da Constituição, e tendo em vista o disposto na Lei nº 8.078, de 11 de setembro de 1990 – Código de Defesa do Consumidor, Decreta:

CAPÍTULO I
DISPOSIÇÕES GERAIS

Art. 1º Este Decreto regulamenta a Lei nº 8.078, de 11 de setembro de 1990 – Código de Defesa do Consumidor, para estabelecer diretrizes e normas sobre o Serviço de Atendimento ao Consumidor – SAC, no âmbito dos fornecedores dos serviços regulados pelo Poder Executivo federal, com vistas a garantir o direito do consumidor:

I – à obtenção de informação adequada sobre os serviços contratados; e

II – ao tratamento de suas demandas.

Parágrafo único. Para fins do disposto neste Decreto, os órgãos ou as entidades reguladoras considerarão o porte do fornecedor do serviço regulado.

Art. 2º Para fins do disposto neste Decreto, considera-se Serviço de Atendimento ao Consumidor – SAC o serviço de atendimento realizado por diversos canais integrados dos fornecedores de serviços regulados com a finalidade de dar tratamento às demandas dos consumidores, tais como informação, dúvida, reclamação, contestação, suspensão ou cancelamento de contratos e de serviços.

Parágrafo único. O disposto neste Decreto não se aplica à oferta e à contratação de produtos e serviços.

CAPÍTULO II
DO ATENDIMENTO AO CONSUMIDOR

Art. 3º O acesso ao SAC será gratuito e o atendimento das demandas não acarretará ônus para o consumidor.

Art. 4º O acesso ao SAC estará disponível, ininterruptamente, durante vinte e quatro horas por dia, sete dias por semana.

§ 1º O acesso de que trata o *caput* será garantido por meio de, no mínimo, um dos canais de atendimento integrados, cujo funcionamento será amplamente divulgado.

§ 2º O acesso ao SAC prestado por atendimento telefônico será obrigatório, nos termos do disposto no art. 5º.

§ 3º Na hipótese de o serviço ofertado não estar disponível para fruição ou contratação nos termos do disposto no *caput*, o acesso ao SAC poderá ser interrompido, observada a regulamentação dos órgãos ou das entidades reguladoras competentes.

§ 4º O acesso inicial ao atendente não será condicionado ao fornecimento prévio de dados pelo consumidor.

§ 5º É vedada a veiculação de mensagens publicitárias durante o tempo de espera para o atendimento, exceto se houver consentimento prévio do consumidor.

§ 6º Sem prejuízo do disposto no § 5º, é admitida a veiculação de mensagens de caráter informativo durante o tempo de espera, desde que tratem dos direitos e deveres dos consumidores ou dos outros canais de atendimento disponíveis.

Art. 5º Os órgãos ou as entidades reguladoras competentes observarão as seguintes condições mínimas para o atendimento telefônico do consumidor:

I – horário de atendimento não inferior a oito horas diárias, com disponibilização de atendimento por humano;

II – opções mínimas constantes do primeiro menu, incluídas,

obrigatoriamente, as opções de reclamação e de cancelamento de contratos e serviços; e

III – tempo máximo de espera para:

a) o contato direto com o atendente, quando essa opção for selecionada; e

b) a transferência ao setor competente para atendimento definitivo da demanda, quando o primeiro atendente não tiver essa atribuição.

Parágrafo único. Os órgãos ou as entidades reguladoras competentes poderão estabelecer, para o setor regulado, horário de atendimento telefônico por humano superior ao previsto no inciso I do *caput*.

Art. 6º É obrigatória a acessibilidade em canais do SAC mantidos pelos fornecedores de que trata este Decreto, para uso da pessoa com deficiência, garantido o acesso pleno para atendimento de suas demandas.

Parágrafo único. Ato da Secretaria Nacional do Consumidor do Ministério da Justiça e Segurança Pública disporá sobre a acessibilidade de canais de SAC, consideradas as especificidades das deficiências.

Art. 7º As opções de acesso ao SAC constarão de maneira clara:

I – em todos os documentos e materiais impressos entregues ao consumidor na contratação do serviço e durante o seu fornecimento; e

II – nos canais eletrônicos do fornecedor.

CAPÍTULO III DA QUALIDADE DO TRATAMENTO DAS DEMANDAS

Art. 8º No tratamento das demandas, o SAC garantirá a:

I – tempestividade;

II – segurança;

III – privacidade; e

IV – resolutividade da demanda.

Parágrafo único. No tratamento das demandas serão observados ainda os princípios da:

I – dignidade;

II – boa-fé;

III – transparência;

IV – eficiência;

V – eficácia;

VI – celeridade; e

VII – cordialidade.

Art. 9º Os dados pessoais do consumidor serão coletados, armazenados, tratados, transferidos e utilizados exclusivamente nos termos do disposto na Lei nº 13.709, de 14 de agosto de 2018.

Art. 10. É vedado solicitar a repetição da demanda do consumidor após o seu registro no primeiro atendimento.

Art. 11. Caso a chamada telefônica seja finalizada pelo fornecedor antes da conclusão do atendimento, o fornecedor deverá:

I – retornar a chamada ao consumidor;

II – informar o registro numérico de que trata o art. 12; e

III – concluir o atendimento.

CAPÍTULO IV DO ACOMPANHAMENTO DAS DEMANDAS

Art. 12. É direito do consumidor acompanhar, nos diversos canais de atendimento integrados, todas as suas demandas, por meio de registro numérico ou outro tipo de procedimento eletrônico.

§ 1º O consumidor terá o direito de acesso ao histórico de suas demandas, sem ônus.

§ 2º O histórico das demandas a que se refere o § 1º:

I – será enviado ao consumidor, mediante solicitação, no prazo de cinco dias corridos, contado da data da solicitação, por correspondência ou por meio eletrônico, a critério do consumidor; e

II – conterá todas as informações relacionadas à demanda, incluído o conteúdo da resposta do fornecedor, observado o disposto no § 2º do art. 13.

§ 3º Quando se tratar de chamada telefônica, a manutenção da gravação da chamada efetuada para o SAC é obrigatória, pelo prazo mínimo de noventa dias, contado da data do atendimento.

§ 4º Durante o prazo de que trata o § 3º, o consumidor poderá requerer acesso ao conteúdo da chamada efetuada.

§ 5º O registro do atendimento será mantido à disposição do consumidor e do órgão ou da entidade fiscalizadora pelo prazo mínimo de dois anos, contado da data de resolução da demanda.

CAPÍTULO V
DO TRATAMENTO DAS DEMANDAS

Art. 13. As demandas do consumidor serão respondidas no prazo de sete dias corridos, contado da data de seu registro.

§ 1º O consumidor será informado sobre a conclusão do tratamento de sua demanda e, mediante solicitação, receberá do fornecedor a comprovação pertinente por correspondência ou por meio eletrônico, a critério do consumidor.

§ 2º A resposta do fornecedor:

I – será clara, objetiva e conclusiva; e

II – abordará todos os pontos da demanda do consumidor.

§ 3º Quando a demanda tratar de serviço não solicitado ou de cobrança indevida, o fornecedor adotará imediatamente as medidas necessárias à suspensão da cobrança.

§ 4º Os órgãos ou as entidades reguladoras competentes poderão estabelecer, no setor regulado, prazo para resolução das demandas no SAC.

Art. 14. O recebimento e o processamento imediato do pedido de cancelamento de serviço feito pelo consumidor, por meio do SAC, observará as seguintes diretrizes:

I – o pedido de cancelamento será permitido e assegurado ao consumidor por todos os meios disponíveis para a contratação do serviço, observadas as condições aplicáveis à rescisão e as multas decorrentes de cláusulas contratuais;

II – os efeitos do pedido de cancelamento serão imediatos,

independentemente do adimplemento contratual, exceto quando for necessário o processamento técnico da demanda;

III – será assegurada ao consumidor a informação sobre eventuais condições aplicáveis à rescisão e as multas incidentes por descumprimento de cláusulas contratuais de permanência mínima, quando cabíveis;

IV – o comprovante do pedido de cancelamento será encaminhado por correspondência ou por meio eletrônico, a critério do consumidor; e

V – poderá ser oferecida a opção para cancelamento programado, sujeita à anuência do consumidor.

Parágrafo único. Os órgãos ou as entidades reguladoras competentes fixarão prazo para a conclusão do processamento técnico da demanda de que trata o inciso II do *caput*.

CAPÍTULO VI
DA EFETIVIDADE

Art. 15. À Secretaria Nacional do Consumidor do Ministério da Justiça e Segurança Pública competirá desenvolver a metodologia e implementar a ferramenta de acompanhamento da efetividade dos SAC, ouvidos os órgãos e as entidades reguladoras, os integrantes do Sistema Nacional de Defesa do Consumidor e os representantes de prestadores de serviços de relacionamento com consumidores.

§ 1º No desenvolvimento da metodologia e na implementação da ferramenta de que trata o *caput*, serão considerados, no mínimo, os seguintes parâmetros:

I – quantidade de reclamações referentes ao SAC, ponderada por quantidade de clientes ou de unidades de produção;

II – taxa de resolução das demandas, sob a ótica do consumidor;

III – índice de reclamações junto aos órgãos de defesa do consumidor, principalmente no Sistema Nacional de Informações de Defesa do Consumidor e no sítio eletrônico do consumidor.gov.br, ou nas plataformas que venham a substituí-los;

IV – índice de reclamações no órgão ou na entidade reguladora setorial; e

V – grau de satisfação do consumidor.

§ 2º A Secretaria Nacional do Consumidor do Ministério da Justiça e Segurança Pública dará transparência à metodologia e à ferramenta de acompanhamento da efetividade dos SAC de que trata o *caput*, divulgados, no mínimo, uma vez ao ano, os resultados da implementação da ferramenta.

§ 3º A Secretaria Nacional do Consumidor do Ministério da Justiça e Segurança Pública poderá solicitar dados e informações aos fornecedores, observadas as hipóteses legais de sigilo, com vistas ao acompanhamento da efetividade dos SAC.

§ 4º Os dados e as informações de que trata o § 3º poderão ser compartilhados com os órgãos ou as entidades reguladoras competentes, nos termos do disposto no Decreto nº 10.046, de 9 de outubro de 2019.

§ 5º Com base na ferramenta de que trata o *caput*, a Secretaria Nacional do Consumidor do Ministério da Justiça e Segurança Pública poderá, ao averiguar a baixa efetividade dos SAC de determinados fornecedores, estabelecer horário de atendimento telefônico por humano superior ao previsto no inciso I do *caput* do art. 5º.

CAPÍTULO VII
DISPOSIÇÕES FINAIS

Art. 16. A inobservância ao disposto neste Decreto acarretará a aplicação das sanções estabelecidas no art. 56 da Lei 8.078, de 1990 – Código de Defesa do Consumidor, sem prejuízo da aplicação das sanções constantes dos regulamentos específicos dos órgãos e das entidades reguladoras.

Art. 17. Fica revogado o Decreto 6.523, de 31 de julho de 2008.

Art. 18. Este Decreto entra em vigor cento e oitenta dias após a data de sua publicação.

Brasília, 5 de abril de 2022; 201º da Independência e 134º da República.

Jair Messias Bolsonaro

RESOLUÇÃO CNSP 439, DE 4 DE JULHO DE 2022

Dispõe sobre as características gerais para operação das coberturas de risco de seguros de pessoas.

DOU 06.07.2022

A Superintendência de Seguros Privados – SUSEP, no uso da atribuição que lhe confere o art. 34, inciso XI, do Decreto nº 60.459, de 13 de março de 1967, torna público que o Conselho Nacional de Seguros Privados – CNSP, em sessão ordinária realizada em 30 de junho de 2022, tendo em vista o disposto nos incisos I e IV do art. 32 do Decreto-Lei nº 73, de 21 de novembro de 1966, e considerando o disposto no Decreto nº 10.139, de 28 de novembro de 2019, e o que consta do Processo Susep nº 15414.613980/2021-53, resolve:

Art. 1º Dispor sobre as características gerais para operação das coberturas de risco de seguros de pessoas.

Parágrafo único. As disposições desta Resolução se aplicam, no que couber, aos seguros comercializados por meio de bilhete.

CAPÍTULO I
DISPOSIÇÕES INICIAIS

Art. 2º Para fins desta Resolução, define-se:

I – acidente pessoal: evento com data caracterizada, exclusivo e diretamente externo, súbito, involuntário, violento, causador de lesão física, que, por si só e independentemente de toda e qualquer outra causa, tenha como consequência direta a morte, a invalidez permanente total ou parcial, a incapacidade temporária ou que torne necessário tratamento médico, observando-se, que o suicídio, ou sua tentativa, será equiparado, para fins de pagamento de indenização, a acidente pessoal;

II – apólice: documento emitido pela sociedade seguradora formalizando a aceitação da(s) cobertura(s) solicitada(s) pelo proponente, nos planos individuais, ou pelo estipulante, nos planos coletivos;

III – assistido: beneficiário em gozo do recebimento do capital segurado sob a forma de renda;

IV – beneficiário: pessoa física ou jurídica designada para receber a indenização, na hipótese de ocorrência do sinistro;

V – capital segurado: valor máximo para a cobertura contratada a ser pago pela sociedade seguradora na ocorrência do sinistro;

VI – carregamento: importância destinada a atender às despesas administrativas e de comercialização;

VII – certificado individual: documento destinado ao segurado, emitido pela sociedade seguradora no caso de contratação coletiva, quando da aceitação do proponente, da renovação do seguro ou da alteração de valores de capital segurado ou prêmio;

VIII – condições contratuais: conjunto de disposições que regem a contratação de um mesmo plano de seguro, também denominadas condições gerais e especiais;

IX – coberturas de risco: coberturas de seguro de pessoas cujo evento gerador não seja a sobrevivência do segurado a uma data pré-determinada;

X – consignante: pessoa jurídica responsável, exclusivamente, pela efetivação de descontos em folha de pagamento e pelo respectivo repasse em favor da sociedade seguradora, correspondentes aos prêmios devidos pelos segurados;

XI – grupo segurado: é a totalidade do grupo segurável efetivamente aceita e incluída na apólice coletiva;

XII – início de vigência: é a data a partir da qual as coberturas de risco propostas serão garantidas pela sociedade seguradora;

XIII – migração de apólices: substituição de apólice coletiva por nova apólice emitida por outra sociedade seguradora em período não coincidente com o término da respectiva vigência;

XIV – nota técnica atuarial: documento elaborado por atuário, que contem a estruturação técnica do plano de seguro, mantendo estreita relação com as condições contratuais;

XV – portabilidade: instituto que permite ao segurado, antes da ocorrência do sinistro, a movimentação de recursos da Provisão Matemática de Benefícios a Conceder;

XVI – prazo de carência: período, contado a partir da data de início de vigência do seguro ou do aumento do capital segurado ou da recondução, no caso de suspensão, durante o qual, na ocorrência do sinistro, o segurado ou os beneficiários não terão direito à percepção dos capitais segurados contratados;

XVII – prêmio: valor correspondente a cada um dos pagamentos destinados ao custeio do seguro;

XVIII – proponente: o interessado em contratar a cobertura (ou coberturas), ou aderir ao contrato, no caso de contratação coletiva;

XIX – proposta de adesão: documento com declaração dos elementos essenciais do interesse a ser garantido e do risco, em que o proponente, pessoa física, expressa a intenção de aderir à contratação coletiva, manifestando pleno conhecimento das condições contratuais;

XX – proposta de contratação: documento com a declaração dos elementos essenciais do interesse a ser garantido e do risco, em que o proponente, pessoa física ou jurídica, expressa a intenção de contratar uma cobertura (ou coberturas), manifestando pleno conhecimento das condições contratuais;

XXI – Provisão Matemática de Benefícios a Conceder (PMBaC): valor da Provisão Matemática de Benefícios a Conceder calculado conforme previsto na nota técnica atuarial do plano;

XXII – renda: série de pagamentos periódicos a que tem direito o assistido (ou assistidos), de acordo com a estrutura do plano;

XXIII – resgate: instituto que permite ao segurado, antes da ocorrência do sinistro, o resgate de recursos da Provisão Matemática de Benefícios a Conceder;

XXIV – saldamento: interrupção definitiva do pagamento dos prêmios, mantendo-se o direito à percepção proporcional do capital segurado contratado pela vigência original;

XXV – segurado: pessoa física sobre a qual se procederá a avaliação do risco e se estabelecerá o seguro;

XXVI – seguro prolongado: interrupção definitiva do pagamento dos prêmios, mantendo-se o mesmo capital segurado contratado com vigência reduzida proporcionalmente;

XXVII – sinistro: a ocorrência do risco coberto, durante o período de vigência do plano de seguro;

XXVIII – vesting: conjunto de cláusulas constantes do contrato coletivo que o segurado, tendo expresso e prévio conhecimento, é obrigado a cumprir para que lhe possam ser oferecidos e postos à disposição os recursos da provisão (ou provisões) decorrentes dos prêmios pagos pelo estipulante.

CAPÍTULO II
ASPECTOS GERAIS

Coberturas

Art. 3º As coberturas de que trata esta Resolução poderão ser contratadas de forma individual ou coletiva e deverão ser estruturadas na modalidade de benefício definido, segundo a qual os valores do capital segurado, pagável de uma única vez ou sob a forma de renda, e respectivos prêmios, são estabelecidos previamente, na proposta de contratação, em caso de planos individuais, ou na proposta de adesão, em caso de planos coletivos.

Parágrafo único. Quando o capital segurado for pago sob a forma de renda, no cálculo de fatores relacionados à sobrevivência deve ser observada a regulamentação específica sobre seguro de pessoas com cobertura por sobrevivência.

Art. 4º Serão admitidos os seguintes regimes financeiros:

I – capitalização: para capitais segurados pagáveis de uma única vez ou sob a forma de renda atuarial ou financeira;

II – repartição de capitais de cobertura: para capitais segurados pagáveis sob a forma de renda atuarial ou financeira; e

III – repartição simples: para capitais segurados pagáveis de uma única vez ou em parcelas.

Parágrafo único. É vedada a comercialização de seguro de pessoas em moeda estrangeira quando estruturado no regime financeiro de capitalização.

Art. 5º Exclusivamente para as coberturas estruturadas no regime financeiro de capitalização, antes da ocorrência do sinistro, e desde que expressamente previsto nas condições contratuais, será permitido ao segurado, observada a regulamentação específica:

I – resgatar os recursos da PMBaC;

II – portar os recursos da PMBaC para outro plano de seguro de pessoas estruturado no regime financeiro de capitalização;

III – optar pelo saldamento, que consiste na interrupção definitiva do pagamento dos prêmios, mantendo-se o direito à percepção proporcional do capital segurado contratado pela vigência original; e

IV – optar pelo seguro prolongado, que consiste na interrupção definitiva do pagamento dos prêmios, mantendo-se o mesmo capital segurado contratado com vigência reduzida proporcionalmente.

§ 1º Em caso de opção pelo saldamento ou seguro prolongado, deverão ser mantidas as características da cobertura originalmente contratada, conforme disposto nas condições contratuais.

§ 2º Em caso de portabilidade, os recursos financeiros deverão ser movimentados diretamente entre as sociedades seguradoras, ficando vedado que transitem, de qualquer forma, pelo segurado ou pelo estipulante e que haja a cobrança de quaisquer despesas, salvo as relativas a eventuais tarifas bancárias necessárias à portabilidade.

§ 3º A sociedade seguradora receptora dos recursos não poderá cobrar carregamento sobre o montante portado.

Art. 6º Para os menores de catorze anos é permitido, exclusivamente, seja na condição de segurado principal ou dependente, o oferecimento e a contratação de coberturas cuja indenização se dê sob a forma de reembolso de despesas ou prestação de serviços, desde que a despesa ou serviço estejam diretamente relacionados ao sinistro coberto.

Parágrafo único. A restrição de que trata o *caput* deste artigo não se aplica a coberturas de doenças graves não infecciosas ou doenças congênitas, desde que não sucetíveis a serem provocadas intencionalmente.

Art. 7º A recusa do risco pela razão única de o proponente ser pessoa com deficiência configurará discriminação e será, por consequência, passível de punição nos termos da regulamentação específica.

Art. 8º Quando houver previsão de pagamento do prêmio por meio de consignação em folha, as condições contratuais deverão prever que a ausência do repasse à sociedade seguradora dos prêmios recolhidos por consignante que não corresponda à figura de estipulante não poderá causar qualquer prejuízo aos segurados ou respectivos beneficiários no que se refere à cobertura e demais direitos oferecidos.

Art. 9º Deverão ser especificados na apólice, no certificado individual, no bilhete e nas propostas o início e o final da vigência das coberturas contratadas, observada a regulação em vigor.

Art. 10. Será estabelecido carregamento sobre o valor dos prêmios comerciais, para fazer face às despesas administrativas e de comercialização, ficando vedada a cobrança de inscrição ou quaisquer outros encargos ou comissões adicionais incidentes sobre o valor dos prêmios.

Parágrafo único. O carregamento estabelecido não poderá sofrer aumento durante a vigência da apólice, ficando sua redução a critério da sociedade seguradora.

Prazo de carência

Art. 11. O prazo de carência corresponde ao período contado a partir da data de início de vigência da cobertura ou da sua reabilitação, no caso de suspensão, durante o qual, na ocorrência do sinistro, o segurado ou os beneficiários não terão direito à percepção dos capitais segurados contratados, no todo ou em parte, conforme dispuserem as condições contratuais.

Parágrafo único. O prazo de carência poderá ser aplicado às solicitações de aumento de capital segurado efetuadas após o início de vigência, em relação à parte aumentada, desde que previsto nas condições contratuais.

Art. 12. O prazo de carência, exceto no caso de suicídio ou sua tentativa, não poderá exceder metade do prazo de vigência previsto pela apólice, no caso de contratação individual, ou pelo certificado individual, no caso de contratação coletiva.

Art. 13. Em caso de renovação de apólice, não será iniciado novo prazo de carência, exceto no caso previsto no parágrafo único do art. 11.

Art. 14. Para sinistros decorrentes de acidentes pessoais não será aplicável prazo de carência, exceto no caso de suicídio ou sua tentativa, quando o referido prazo corresponderá a dois anos ininterruptos.

Art. 15. Em caso de morte do segurado durante o prazo de carência, a PMBaC, se houver, deverá ser revertida aos beneficiários.

Pagamento de indenização

Art. 16. As condições contratuais poderão admitir, para fins de indenização, preferencialmente, as hipóteses de pagamento em dinheiro, no valor do capital segurado contratado ou sob a forma de reembolso, ou prestação de serviços, sem prejuízo de outras formas pactuadas entre as partes.

Art. 17. Para coberturas que prevejam o reembolso de despesas, é vedada a exigência de comunicação à sociedade seguradora previamente à efetivação de despesa relacionada a evento coberto pelo seguro.

Art. 18. É vedada a adoção de cláusula de concorrência de apólices, exceto no caso de coberturas que garantam o reembolso de despesas.

Art. 19. Nos seguros de pessoas, a sociedade seguradora não pode sub-rogar-se nos direitos e ações do segurado, ou do beneficiário, contra o causador do sinistro.

Art. 20. É vedada a inclusão de cláusula que fixe prazo máximo para a comunicação de sinistro.

Reversão de resultados financeiros

Art. 21. É facultada a previsão de reversão de resultados financeiros durante a concessão do capital segurado sob a forma de renda.

§ 1º Serão aplicáveis, durante o período de reversão de resultados financeiros, as normas que regulamentam o cálculo e a reversão de resultados financeiros, excedentes ou déficits, em planos de seguro que ofereçam cobertura por sobrevivência.

§ 2º Os critérios para apuração e reversão de resultados financeiros deverão constar nas condições contratuais.

Alteração contratual

Art. 22. Qualquer alteração no contrato de seguro em vigor somente poderá ser realizada com a concordância expressa do segurado ou de seu representante legal, observadas as particularidades aplicáveis aos seguros coletivos expressas em regulamentação específica.

Contratação coletiva

Art. 23. O plano coletivo é de adesão facultativa, exceto nos casos de contratação obrigatória previstos em Lei, e deverá estar disponível a todos os componentes do grupo que atendam às condições previstas para o ingresso, conforme estabelecido no contrato coletivo.

Art. 24. Nas hipóteses de perda de vínculo do segurado com o estipulante ou cancelamento de contrato coletivo, em plano estruturado no regime financeiro de capitalização, deverá ser garantido ao segurado acesso aos recursos de provisão originados de prêmios pagos por ele por, pelo menos, um dos institutos previstos no art. 5º, independentemente de eventual período de carência previsto no plano.

Art. 25. Nos planos estruturados no regime financeiro de capitalização em que haja pagamento de prêmio total ou parcialmente pelo estipulante, serão aplicáveis, no caso de perda de vínculo do segurado com o estipulante sem o cumprimento integral das cláusulas do contrato coletivo que regem o vesting ou no caso de extinção do contrato coletivo, as normas que regulamentam tais cláusulas em planos de seguro que ofereçam cobertura por sobrevivência.

Art. 26. É admitida a estruturação de planos de seguro de pessoas com capital global, no qual o valor do capital segurado referente a cada componente sofrerá variações decorrentes de mudanças na composição do grupo segurado.

§ 1º Não poderá ser estabelecido limite máximo para o capital segurado individual, o qual deverá ser apurado na data do evento coberto, sendo equivalente ao valor do capital segurado global dividido pelo número de segurados.

§ 2º O critério de definição do número de segurados deverá constar das condições contratuais.

§ 3º É vedado que o segurado seja responsável pelo custeio do prêmio, total ou parcialmente.

§ 4º O contrato coletivo poderá estabelecer critérios específicos relacionados à variação da quantidade de componentes do grupo segurado em relação à quantidade original que ensejem o dever de comunicação à seguradora para fins de avaliação de necessidade de repactuação do valor do capital segurado global.

§ 5º Na hipótese de eventual descumprimento do dever de comunicação que trata o § 4º deste artigo, na forma prevista contratualmente, é admitido que o contrato coletivo estabeleça que, em caso de ocorrência de sinistro, o capital segurado individual será apurado com base no número de segurados existente quando da última comunicação formal à seguradora quanto à quantidade efetiva de componentes do grupo segurado ou, na sua falta, com base no número de segurados existente à época do início de vigência da apólice.

§ 6º O preenchimento de proposta de adesão e a emissão do certificado individual não são obrigatórios para os seguros de que trata o *caput*.

Art. 27. É admitida a estruturação de seguro coletivo de acidentes pessoais que possua as seguintes características:

I – não conhecimento prévio da identidade das pessoas naturais expostas aos riscos segurados; e

II – vinculação das coberturas a riscos restritos ao período de permanência das pessoas naturais seguradas em um evento organizado e/ou em uma área delimitada, desde que devidamente identificados na apólice de seguro, inclusive no que se refere à localização geográfica.

§ 1º O seguro de que trata o *caput* deve ser não contributário, sendo dispensado o preenchimento de proposta de adesão por parte das pessoas de que trata o inciso I e o envio de certificado individual.

§ 2º No caso da cobertura de morte acidental, os beneficiários do seguro de que trata o *caput* serão aqueles especificados no Código Civil vigente.

Art. 28. Considera-se encampação a substituição de apólice coletiva ao fim de sua vigência por nova apólice emitida por outra sociedade seguradora.

§ 1º No caso de encampação de apólice de seguro não contributário estipulado por empregador em favor de seus empregados, é admitida a dispensa de proposta de adesão desde que não haja modificação na apólice que implique ônus ou dever para os segurados ou redução de seus direitos.

§ 2º A dispensa de que trata o §1º deste artigo não implica a dispensa de emissão e de envio e/ou disponibilização dos certificados individuais aos segurados, nos termos da regulamentação específica.

Art. 29. Considera-se migração a substituição de apólice coletiva por nova apólice emitida por outra sociedade seguradora em período não coincidente com o término da respectiva vigência.

§ 1º No caso de recepção de grupo de segurados e assistidos, originada em processo de migração de apólices, deverão ser admitidos todos os componentes do grupo cuja cobertura esteja em vigor.

§ 2º No caso de que trata o *caput*, deverá haver emissão e envio e/ou disponibilização dos certificados individuais aos segurados, nos termos da regulamentação específica, e não será reiniciada a contagem de prazo de carência para segurados já incluídos no seguro pela apólice anterior, em relação às coberturas e respectivos valores já contratados.

§ 3º É admitida a dispensa do recolhimento de anuência de três quartos do grupo segurado para migração de apólice coletiva em seguros não contributários estipulados por empregadores em favor de seus empregados desde que não haja modificação que implique ônus ou dever para os segurados ou redução de seus direitos.

§ 4º No caso de que trata o § 3º deste artigo, é admitida a dispensa da proposta de adesão à nova apólice coletiva.

CAPÍTULO III
SEGUROS ESPECÍFICOS

Seguro de vida para vigilantes

Art. 30. No seguro a que se refere o art. 19, inciso IV, da Lei nº 7.102, de 20 de junho de 1983, devem ser observadas as disposições desta Resolução e demais regulamentações aplicáveis aos seguros de pessoas coletivos, devendo ser contratada, no mínimo, a cobertura de morte por causas naturais e acidentais.

§ 1º O estipulante deverá observar os termos da convenção coletiva de trabalho da categoria profissional de vigilante para definição dos capitais segurados mínimos, por vigilante e por cobertura.

§ 2º Outras coberturas poderão ser incluídas no seguro, a critério das partes contratantes, observadas as regulamentações vigentes.

Seguro prestamista

Art. 31. O seguro prestamista tem por objetivo amortizar ou custear, total ou parcialmente, obrigação assumida pelo devedor, no caso de ocorrência de sinistro coberto, nos termos estabelecidos nas condições contratuais, até o limite do capital segurado contratado.

§ 1º As coberturas do seguro prestamista poderão estar relacionadas a quaisquer riscos de seguro de pessoas.

§ 2º O primeiro beneficiário do seguro prestamista é o credor, a quem deverá ser paga a indenização, no valor a que tem direito em decorrência da obrigação a que o seguro está atrelado, apurado na data da ocorrência do evento coberto, limitado ao capital segurado contratado.

§ 3º A diferença entre a parcela da indenização devida ao credor e o capital segurado apurado na data do evento coberto, se houver, deverá ser paga ao próprio segurado ou ao segundo beneficiário indicado, conforme dispuserem as condições contratuais.

§ 4º Na falta de indicação expressa de segundo beneficiário, ou se por qualquer motivo não prevalecer a que for feita, serão beneficiários aqueles indicados por lei.

§ 5º O prazo de vigência do seguro prestamista não poderá superar o prazo da obrigação a que está atrelado, quando esta possuir data prevista de término.

§ 6º Para fins do disposto neste artigo, entende-se por:

I – obrigação: dívida ou compromisso financeiro a que o seguro está atrelado, com vínculo contratual entre credor e devedor, que confere ao credor o direito de exigir do devedor o pagamento do valor correspondente.

II – credor: aquele a quem o segurado paga prestações periódicas em decorrência da dívida contraída ou do compromisso assumido.

Art. 32. O seguro prestamista poderá ser contratado para obrigações assumidas por pessoas jurídicas de direito privado, desde que haja relação direta entre os riscos cobertos e a capacidade de a pessoa jurídica honrar o pagamento do valor relacionado à obrigação em caso de sinistro.

§ 1º O seguro deve ser feito sobre a vida de um ou mais sócios, titulares, instituidores, administradores ou empresários.

§ 2º A formalização da inclusão de cada segurado deve ser realizada por meio do preenchimento de sua respectiva proposta.

Art. 33. É admitida a elaboração de seguro prestamista empresarial integral, no qual o valor do capital segurado referente a cada sócio sofrerá variações decorrentes de mudanças na composição societária do estipulante, desde que apresente, simultaneamente, as seguintes características:

I – seja seguro coletivo estipulado pela pessoa jurídica contratante da obrigação a que o seguro está atrelado, sem dispensa do preenchimento e assinatura de proposta de contratação; e

II – o capital segurado individual seja apurado na data do evento, proporcionalmente à participação do segurado sinistrado na composição societária do estipulante em relação ao capital segurado integral.

§ 1º As condições contratuais deverão prever as consequências da ocorrência de variação significativa na composição societária do estipulante em relação à composição existente no início da vigência do seguro.

§ 2º O preenchimento da proposta de adesão e a emissão do certificado individual não são obrigatórios para os seguros de que trata o *caput*.

Art. 34. Aplicam-se ao seguro de vida do produtor rural as disposições regulamentares aplicáveis ao seguro prestamista.

Acidentes pessoais de passageiros

Art. 35. É admitida a estruturação de cobertura de acidentes pessoais de passageiros que possua as seguintes características:

I – não identificação prévia da identidade das pessoas naturais expostas aos riscos segurados; e

II – vinculação das coberturas a riscos relacionados à utilização do meio de transporte indicado na apólice/certificado/bilhete de seguro pelas pessoas de que trata o inciso I deste artigo.

§ 1º No seguro de que trata o *caput* é dispensado o preenchimento de proposta por parte das pessoas de que trata o inciso I deste artigo devendo ser observados os requisitos de formalização da contratação do seguro.

§ 2º No caso da cobertura de morte acidental, os beneficiários do seguro de que trata o *caput* serão aqueles especificados no Código Civil vigente.

CAPÍTULO IV
DISPOSIÇÕES FINAIS

Art. 36. O descumprimento do disposto nesta Resolução sujeita as sociedades seguradoras e seus administradores às medidas e sanções legais e regulamentares previstas nas normas vigentes.

Art. 37. Os planos de seguros de pessoas registrados na Susep antes do início de vigência desta Resolução, e que não estejam em conformidade com suas disposições, deverão ser adaptados à presente norma em até duzentos e setenta dias após sua entrada em vigor, sob pena de aplicação das penalidades cabíveis.

Art. 38. Os planos de seguro de pessoas registrados ou alterados na Susep a partir do início de vigência desta Resolução deverão obedecer aos critérios nela definidos.

Art. 39. Fica a Susep autorizada a editar regulamentação e a adotar as medidas julgadas necessárias à execução do disposto nesta Resolução.

Art. 40. Ficam revogados:

I – a Resolução CNSP nº 05, de 10 de julho de 1984;

II – a Resolução CNSP nº 117, de 22 de dezembro de 2004;

III – a Resolução CNSP nº 129, de 6 de julho de 2005;

IV – a Resolução CNSP nº 130, de 17 de outubro de 2005

V – a Resolução CNSP nº 137, de 18 de novembro de 2005;

VI – a Resolução CNSP nº 315, de 29 de setembro de 2014;

VII – a Resolução CNSP nº 329, de 22 de setembro de 2015;

VIII – a Resolução CNSP nº 352, de 20 de dezembro de 2017;

IX – a Resolução CNSP nº 365, de 11 de outubro de 2018; e

X – o art. 1º da Resolução CNSP nº 362, de 21 de junho de 2018.

Art. 41. Esta Resolução entra em vigor em 1º de agosto de 2022.

Alexandre Milanese Camillo

DECRETO 11.150, DE 26 DE JULHO DE 2022

Regulamenta a preservação e o não comprometimento do mínimo existencial para fins de prevenção, tratamento e conciliação de situações de superendividamento em dívidas de consumo, nos termos do disposto na Lei 8.078, de 11 de setembro de 1990 – Código de Defesa do Consumidor.

DOU 27.07.2022

O Presidente da República, no uso das atribuições que lhe confere o art. 84, *caput*, incisos IV e VI, alínea "a", da Constituição, e tendo em vista o disposto nos art. 6º, *caput*, incisos XI e XII, art. 54-A, § 1º, art. 104-A, *caput*, e art. 104-C, § 1º, da Lei nº 8.078, de 11 de setembro de 1990 – Código de Defesa do Consumidor e nos art. 3º, *caput*, incisos IV e VII, e art. 4º, *caput*, incisos VI e VIII, da Lei nº 4.595, de 31 de dezembro de 1964, Decreta:

Art. 1º Este Decreto regulamenta a preservação e o não comprometimento do mínimo existencial para fins de prevenção, tratamento e conciliação, administrativa ou judicial, de situações de superendividamento em dívidas de consumo, nos termos do disposto na Lei nº 8.078, de 11 de setembro de 1990 – Código de Defesa do Consumidor.

Art. 2º Entende-se por superendividamento a impossibilidade manifesta de o consumidor pessoa natural, de boa-fé, pagar a totalidade de suas dívidas de consumo, exigíveis e vincendas, sem comprometer seu mínimo existencial.

Parágrafo único. Para fins do disposto neste Decreto, consideram-se dívidas de consumo os compromissos financeiros assumidos pelo consumidor pessoa natural para a aquisição ou a utilização de produto ou serviço como destinatário final.

Art. 3º No âmbito da prevenção, do tratamento e da conciliação administrativa ou judicial das situações de superendividamento, considera-se mínimo existencial a renda mensal do consumidor pessoa natural equivalente a R$ 600,00 (seiscentos reais).

> *Caput* com redação pelo Dec. 11.567/2023.

§ 1º A apuração da preservação ou do não comprometimento do mínimo existencial de que trata o *caput* será realizada considerando a base mensal, por meio da contraposição entre a renda total mensal do consumidor e as parcelas das suas dívidas vencidas e a vencer no mesmo mês.

§ 2º *Revogado pelo Dec. 11.567/2023.*

§ 3º Compete ao Conselho Monetário Nacional a atualização do valor de que trata o *caput*.

Art. 4º Não serão computados na aferição da preservação e do não comprometimento do mínimo existencial as dívidas e os limites de créditos não afetos ao consumo.

Parágrafo único. Excluem-se ainda da aferição da preservação e do não comprometimento do mínimo existencial:

I – as parcelas das dívidas:

a) relativas a financiamento e refinanciamento imobiliário;

b) decorrentes de empréstimos e financiamentos com garantias reais;

c) decorrentes de contratos de crédito garantidos por meio de fiança ou com aval;

d) decorrentes de operações de crédito rural;

e) contratadas para o financiamento da atividade empreendedora ou produtiva, inclusive aquelas subsidiadas pelo Banco Nacional de Desenvolvimento Econômico e Social – BNDES;

f) anteriormente renegociadas na forma do disposto no Capítulo V do Título III da Lei nº 8.078, de 1990;

g) de tributos e despesas condominiais vinculadas a imóveis e móveis de propriedade do consumidor;

h) decorrentes de operação de crédito consignado regido por lei específica; e

i) decorrentes de operações de crédito com antecipação, desconto e cessão, inclusive fiduciária, de saldos financeiros, de créditos e de direitos constituídos ou a constituir, inclusive por meio de endosso ou empenho de títulos ou outros instrumentos representativos;

II – os limites de crédito não utilizados associados a conta de pagamento pós-paga; e

III – os limites disponíveis não utilizados de cheque especial e de linhas de crédito pré-aprovadas.

Art. 5º A preservação ou o não comprometimento do mínimo existencial de que trata o *caput* do art. 3º não será considerado impedimento para a concessão de operação de crédito que tenha como objetivo substituir outra operação ou operações anteriormente contratadas, desde que se preste a melhorar as condições do consumidor.

§ 1º O disposto no *caput* se aplica à substituição das operações contratadas:

I – na mesma instituição financeira; ou

II – em outras instituições financeiras.

§ 2º As contratações em outras instituições financeiras de que trata o inciso II do § 1º ocorrerão exclusivamente por meio da sistemática da portabilidade de crédito regulamentada pelo Conselho Monetário Nacional.

Art. 6º No âmbito da conciliação administrativa ou judicial das situações de superendividamento em dívidas de consumo, a repactuação preservará as garantias e as formas de pagamento originariamente pactuadas, nos termos do disposto no *caput* do art. 104-A da Lei nº 8.078, de 1990.

Parágrafo único. Excluem-se do processo de repactuação de que trata o *caput*:

I – as dívidas oriundas de contratos celebrados dolosamente sem o propósito de realizar pagamento, ainda que decorrentes de relações de consumo; e

II – as dívidas provenientes de contratos de crédito com garantia real, de financiamentos imobiliários e de crédito rural.

Art. 7º O disposto neste Decreto não se aplica para fins de concessão de benefícios da assistência social.

Art. 8º Este Decreto entra em vigor sessenta dias após a data de sua publicação.

Brasília, 26 de julho de 2022; 201º da Independência e 134º da República.

Jair Messias Bolsonaro

LEI 14.597, DE 14 DE JUNHO DE 2023

Institui a Lei Geral do Esporte.

DOU 15.06.2023

O Presidente da República

Faço saber que o Congresso Nacional decreta e eu sanciono a seguinte Lei:

TÍTULO I
DO ORDENAMENTO ESPORTIVO NACIONAL

CAPÍTULO I
Da instituição da lei geral do esporte

Seção I
Disposições Preliminares

Art. 1º É instituída a Lei Geral do Esporte, que dispõe sobre o Sistema Nacional do Esporte (Sinesp) e o Sistema Nacional de Informações e Indicadores Esportivos (SNIIE), a ordem econômica esportiva, a integridade esportiva e o Plano Nacional pela Cultura de Paz no Esporte.

§ 1º Entende-se por esporte toda forma de atividade predominantemente física que, de modo informal ou organizado, tenha por objetivo a prática de atividades recreativas, a promoção da saúde, o alto rendimento esportivo ou o entretenimento.

§ 2º *Vetado.*

§ 3º *Vetado.*

Seção II
Dos Princípios Fundamentais

Art. 2º São princípios fundamentais do esporte:

I – autonomia;

II – democratização;

III – descentralização;

IV – diferenciação;

V – educação;

VI – eficiência;

VII – especificidade;

VIII – gestão democrática;

IX – identidade nacional;

X – inclusão;

XI – integridade;

XII – liberdade;

XIII – participação;

XIV – qualidade;

XV – saúde;

XVI – segurança.

Parágrafo único. Considerado o esporte como de alto interesse social, sua exploração e gestão sujeitam-se à observância dos seguintes princípios:

I – transparência financeira e administrativa e conformidade com as leis e os regulamentos externos e internos;

II – moralidade na gestão esportiva;

III – responsabilidade social de seus dirigentes.

(...)

TÍTULO II
DA ORDEM ECONÔMICA ESPORTIVA

(...)

CAPÍTULO IV
Das relações de consumo nos eventos esportivos

Seção I
Disposições Gerais

Art. 142. As relações de consumo em eventos esportivos regulam-se especialmente por esta Lei, sem prejuízo da aplicação das normas gerais de proteção ao consumidor.

§ 1º Para os efeitos desta Lei e para fins de aplicação do disposto na Lei nº 8.078, de 11 de setembro de 1990 (Código de Defesa do Consumidor), consideram-se consumidor o espectador do evento esportivo, torcedor ou não, que tenha adquirido o direito de ingressar no local onde se realiza o referido evento e fornecedora a organização esportiva responsável pela organização da competição em conjunto com a organização esportiva detentora do mando de campo, se pertinente, ou, alternativamente, as duas organizações esportivas competidoras, bem como as demais pessoas naturais ou jurídicas que detenham os direitos de realização da prova ou partida.

§ 2º As organizações esportivas que administram e regulam modalidade esportiva em âmbito nacional caracterizam-se como fornecedoras relativamente a eventos esportivos por elas organizados, ainda que o cumprimento das tarefas materiais locais a eles pertinentes seja incumbência de terceiros ou de outras organizações esportivas.

Seção II
Dos Direitos do Espectador

Subseção I
Dos Ingressos

Art. 143. É direito do espectador que os ingressos para as partidas integrantes de competições em que compitam atletas profissionais sejam colocados à venda até 48 (quarenta e oito) horas antes do início da partida correspondente.

§ 1º A venda deverá ser realizada por sistema que assegure a sua agilidade e o amplo acesso à informação.

§ 2º É assegurado ao espectador o fornecimento de comprovante de pagamento, logo após a aquisição dos ingressos.

§ 3º Não será exigida, em qualquer hipótese, a devolução do comprovante referido no § 2º deste artigo.

§ 4º Nas partidas que compõem as competições de âmbito nacional ou regional de primeira e segunda divisões, a venda de ingressos será realizada em, no mínimo, 5 (cinco) postos de venda localizados em distritos diferentes da cidade, exceto se a venda de ingressos pela internet suprir com eficiência a venda em locais físicos.

Art. 144. A organização esportiva que administra a competição e a organização de prática esportiva mandante da partida, prova ou equivalente, implementarão, na sistematização da emissão e venda de ingressos, sistema de segurança contra falsificações, fraudes e outras práticas que contribuam para a evasão da receita decorrente do evento esportivo.

Parágrafo único. *Vetado.*

Art. 145. São direitos do espectador do evento esportivo:

I – que todos os ingressos emitidos sejam numerados; e

II – ocupar o local correspondente ao número constante do ingresso.

§ 1º O disposto no inciso II do *caput* deste artigo não se aplica aos locais já existentes para assistência em pé, nas competições que o permitirem, limitando-se, nesses locais, o número de pessoas, de acordo com critérios de saúde, de segurança e de bem-estar.

§ 2º A emissão de ingressos e o acesso à arena esportiva nas provas ou nas partidas que reúnam mais de 20.000 (vinte mil) pessoas deverão ser realizados por meio de sistema eletrônico que viabilize a fiscalização e o controle da quantidade de público e do movimento financeiro da partida.

§ 3º É direito do espectador que conste do ingresso o preço pago por ele.

§ 4º Os valores estampados nos ingressos destinados a um mesmo setor da arena esportiva não podem ser diferentes entre si nem daqueles divulgados antes da prova ou partida pelos responsáveis pelo evento.

§ 5º O disposto no § 4º deste artigo não se aplica aos casos de venda antecipada de carnê para um conjunto de, no mínimo, 3 (três) partidas de uma mesma equipe, bem como de venda de ingresso com redução de preço decorrente de previsão legal.

Subseção II
Da Segurança nas Arenas Esportivas e do Transporte Público

Art. 146. O espectador tem direito a segurança nos locais onde são realizados os eventos esportivos antes, durante e após a realização das provas ou partidas.

Parágrafo único. Deve ser assegurada acessibilidade ao espectador com deficiência ou com mobilidade reduzida.

Art. 147. Os responsáveis pela organização da competição apresentarão à Autoridade Nacional para Prevenção e Combate à Violência e à Discriminação no Esporte (Anesporte) e ao Ministério Público dos Estados e do Distrito Federal, previamente à sua realização, os laudos técnicos expedidos pelos órgãos e pelas autoridades competentes pela vistoria das condições de segurança das arenas esportivas a serem utilizadas na competição.

§ 1º Os laudos atestarão a real capacidade de público das arenas esportivas, bem como suas condições de segurança.

§ 2º Será proibida de competir em arenas esportivas localizadas no mesmo Município de sua sede e na respectiva região metropolitana, por até 6 (seis) meses, sem prejuízo das demais sanções cabíveis, a organização esportiva que:

I – tenha colocado à venda número de ingressos maior do que a capacidade de público da arena esportiva;

II – tenha permitido o acesso de pessoas em número maior do que a capacidade de público da arena esportiva;

III – tenha disponibilizado locais de acesso à arena esportiva em número inferior ao recomendado pela autoridade pública.

Art. 148. O controle e a fiscalização do acesso do público a arena esportiva com capacidade para mais de 20.000 (vinte mil) pessoas deverão contar com meio de monitoramento por imagem das catracas e com identificação biométrica dos espectadores, assim como deverá haver central técnica de informações, com infraestrutura suficiente para viabilizar o monitoramento por imagem do público presente e o cadastramento biométrico dos espectadores.

Parágrafo único. O disposto no *caput* deste artigo deverá ser implementado no prazo máximo de até 2 (dois) anos a contar da entrada em vigor desta Lei.

Art. 149. Sem prejuízo do disposto nos arts. 12, 13 e 14 da Lei nº 8.078, de 11 de setembro de 1990 (Código de Defesa do Consumidor), a responsabilidade pela segurança do espectador em evento esportivo será da organização esportiva diretamente responsável pela realização do evento esportivo e de seus dirigentes, que deverão:

I – solicitar ao poder público competente a presença de agentes públicos de segurança, devidamente identificados, responsáveis pela segurança dos espectadores dentro e fora dos estádios e dos demais locais de realização de eventos esportivos;

II – informar imediatamente após a decisão acerca da realização da partida, entre outros, aos órgãos públicos de segurança, de transporte e de higiene os dados necessários à segurança do evento, especialmente:

a) o local;

b) o horário de abertura da arena esportiva;

c) a capacidade de público da arena esportiva;

d) a expectativa de público;

III – colocar à disposição do espectador orientadores e serviço de atendimento para que ele encaminhe suas reclamações no momento do evento, em local:

a) amplamente divulgado e de fácil acesso, especialmente pela internet; e

b) situado na arena;

IV – disponibilizar 1 (um) médico e 2 (dois) profissionais de enfermagem, devidamente registrados nos respectivos conselhos profissionais, para cada 10.000 (dez mil) torcedores presentes ao evento;

V – comunicar previamente à autoridade de saúde a realização do evento.

§ 1º O detentor do direito de arena ou similar deverá disponibilizar 1 (uma) ambulância para cada 10.000 (dez mil) torcedores presentes ao evento.

§ 2º A organização esportiva diretamente responsável pela promoção do evento deverá solucionar imediatamente, sempre que possível, as reclamações dirigidas ao serviço de atendimento referido no inciso III do *caput* deste artigo, bem como reportá-las ao ouvidor da competição, e, nos casos relacionados à violação de direitos e interesses de consumidores, aos órgãos de proteção e defesa do consumidor.

Art. 150. É dever da organização esportiva responsável pela organização da competição:

I – confirmar, com até 48 (quarenta e oito) horas de antecedência, o horário e o local da realização das provas ou das partidas para as quais a definição das equipes dependa de resultado anterior;

II – contratar seguro de acidentes pessoais, cujo beneficiário será o espectador portador de ingresso, válido a partir do momento em que ingressar no estádio.

III – aplicar as disposições dos arts. 5º a 9º da lei que cria o protocolo "Não é Não".

> Inciso III acrescido pela Lei 14.786/2023, em vigor após 180 dias da publicação (DOU 29.12.2023).

Art. 151. É direito do espectador a implementação de planos de ação referentes a segurança, a transporte e a contingências durante a realização de eventos esportivos com público superior a 20.000 (vinte mil) pessoas.

§ 1º Os planos de ação de que trata o *caput* deste artigo serão elaborados pela organização esportiva responsável pela realização da competição, com a participação das organizações esportivas que a disputarão e dos órgãos das localidades em que se realizarão as partidas da competição responsáveis pela segurança pública, pelo transporte e por eventuais contingências.

§ 2º Planos de ação especiais poderão ser apresentados em relação a eventos esportivos com excepcional expectativa de público.

§ 3º Os planos de ação serão divulgados no sítio eletrônico dedicado à competição, no mesmo prazo de publicação de seu regulamento definitivo.

Art. 152. As organizações esportivas regionais responsáveis diretamente pela realização da prova ou da partida, bem como seus dirigentes, responderão solidariamente com as organizações esportivas que disputarão a prova ou a partida e seus dirigentes, independentemente de culpa, pelos prejuízos causados ao espectador decorrentes de falhas de segurança nos estádios ou da inobservância do disposto neste Capítulo.

Art. 153. *Vetado.*

Art. 154. Em relação ao transporte de espectadores para eventos esportivos, ficam a eles assegurados:

I – acesso a transporte seguro e organizado;

II – ampla divulgação das providências tomadas em relação ao acesso ao local do evento esportivo, em transporte público ou privado;

III – organização das imediações da arena esportiva em que será realizado o evento, bem como de suas entradas e saídas, de modo a viabilizar, sempre que possível, o acesso seguro e rápido ao evento, na entrada, e aos meios de transporte, na saída.

Art. 155. A organização esportiva responsável pela organização da competição e a organização esportiva que detém o direito sobre a realização da prova ou da partida solicitarão formalmente, de forma direta ou mediante convênio, ao poder público competente:

I – serviços de estacionamento para uso por espectadores durante a realização de eventos esportivos, assegurado a eles acesso a serviço organizado de transporte para a arena esportiva, ainda que oneroso;

II – meio de transporte, ainda que oneroso, para condução de idosos, de crianças e de pessoas com deficiência física às arenas esportivas, com partida de locais de fácil acesso previamente determinados.

Parágrafo único. Ficará dispensado o cumprimento do disposto neste artigo quando se tratar de evento esportivo realizado em arena com capacidade inferior a 10.000 (dez mil) pessoas.

Subseção III
Da Alimentação e da Higiene

Art. 156. O espectador de eventos esportivos tem direito à higiene e à qualidade das instalações físicas das arenas esportivas e dos produtos alimentícios vendidos no local.

§ 1º O poder público, por meio de seus órgãos de vigilância sanitária, deve verificar o cumprimento do disposto neste artigo, na forma da legislação em vigor.

§ 2º É vedado impor preços excessivos ou aumentar sem justa causa os preços dos produtos alimentícios comercializados no local de realização do evento esportivo.

Art. 157. É direito do espectador que as arenas esportivas possuam sanitários em número compatível com sua capacidade de público, em plenas condições de limpeza e funcionamento.

Parágrafo único. Os laudos de que trata o art. 147 desta Lei devem aferir o número de sanitários em condições de uso, e deve ser emitido parecer sobre a sua compatibilidade com a capacidade de público do estádio.

Subseção IV
Das Condições de Acesso e de Permanência do Espectador nas Arenas Esportivas

Art. 158. São condições de acesso e de permanência do espectador no recinto esportivo, independentemente da forma de seu ingresso, sem prejuízo de outras condições previstas em lei:

I – estar na posse de ingresso válido;

II – não portar materiais que possam ser utilizados para a prática de atos de violência;

III – consentir com a revista pessoal de prevenção e segurança;

IV – não portar ou ostentar cartazes, bandeiras, símbolos ou outros sinais com mensagens ofensivas, ou entoar cânticos que atentem contra a dignidade da pessoa humana, especialmente de caráter racista, homofóbico, sexista ou xenófobo;

V – não arremessar objetos de qualquer natureza no interior do recinto esportivo;

VI – não portar ou utilizar fogos de artifício ou quaisquer outros engenhos pirotécnicos ou produtores de efeitos análogos;

VII – não incitar e não praticar atos de violência no estádio, qualquer que seja a sua natureza;

VIII – não invadir e não incitar a invasão, de qualquer forma, da área restrita aos competidores;

IX – não estar embriagado ou sob efeito de drogas;

X – não utilizar bandeiras, inclusive com mastro de bambu ou similares, para outros fins que não seja o de manifestação festiva e amigável;

XI – *Vetado;*

XII – para espectador com mais de 16 (dezesseis) anos de idade, estar devidamente cadastrado no sistema de controle biométrico para efeito do art. 148 desta Lei.

Parágrafo único. O não cumprimento das condições estabelecidas neste artigo implicará a impossibilidade de acesso do espectador ao recinto esportivo ou, se for o caso, o seu afastamento imediato do recinto, sem prejuízo de outras sanções administrativas, civis ou penais eventualmente cabíveis.

(...)

TÍTULO III
DA INTEGRIDADE ESPORTIVA E DA CULTURA DE PAZ NO ESPORTE

(...)

CAPÍTULO II
DO TORCEDOR

Art. 178. Torcedor é toda pessoa que aprecia, apoia ou se associa a qualquer organização esportiva que promove a prática esportiva do País e acompanha a prática de determinada modalidade esportiva, incluído o espectador-consumidor do espetáculo esportivo.

§ 1º É facultado ao torcedor organizar-se em entidades associativas, denominadas torcidas organizadas.

§ 2º Considera-se torcida organizada, para os efeitos desta Lei, a pessoa jurídica de direito privado ou existente de fato que se organiza para fins lícitos, especialmente torcer por organização esportiva de qualquer natureza ou modalidade.

§ 3º Não se confunde a torcida organizada com a organização esportiva por ela apoiada.

§ 4º É obrigatório à torcida organizada manter cadastro atualizado de seus associados ou membros, o qual deverá conter, pelo menos, as seguintes informações:

I – nome completo;

II – fotografia;

III – filiação;

IV – número do registro civil;

V – número de inscrição no Cadastro de Pessoas Físicas (CPF);

VI – data de nascimento;

VII – estado civil;

VIII – profissão;

IX – endereço completo;

X – escolaridade.

§ 5º A torcida organizada responde civilmente, de forma objetiva e solidária, pelos danos causados por qualquer de seus associados ou membros no local do evento esportivo, em suas imediações ou no trajeto de ida e volta para o evento.

§ 6º O dever de reparar o dano, nos termos do § 5º deste artigo, é responsabilidade da própria torcida organizada e de seus dirigentes e membros, que respondem solidariamente, inclusive com o próprio patrimônio.

(...)

Art. 218. Esta Lei entra em vigor na data de sua publicação.

Brasília, 14 de junho de 2023; 202º da Independência e 135º da República.

Luiz Inácio Lula da Silva

LEI 14.724, DE 14 DE NOVEMBRO DE 2023

Institui o Programa de Enfrentamento à Fila da Previdência Social (PEFPS); dispõe sobre a transformação de cargos efetivos vagos do Poder Executivo federal; altera as Leis nºs 3.268, de 30 de setembro de 1957, 8.213, de 24 de julho de 1991, 8.742, de 7 de dezembro de 1993, 13.146, de 6 de julho de 2015 (Estatuto da Pessoa com Deficiência), 11.907, de 2 de fevereiro de 2009, 11.134, de 15 de julho de 2005, 11.361, de 19 de outubro de 2006, 10.486, de 4 de julho de 2002, 13.328, de 29 de julho de 2016, 9.264, de 7 de fevereiro de 1996, 12.086, de 6 de novembro de 2009, 8.745, de 9 de dezembro de 1993, e 14.204, de 16 de setembro de 2021; e revoga dispositivos das Leis nºs 9.713, de 25 de novembro de 1998, 9.986, de 18 de julho de 2000, e 14.059, de 22 de setembro de 2020, e a Medida Provisória nº 1.181, de 18 de julho de 2023.

DOU 14.11.2023 Extra

O PRESIDENTE DA REPÚBLICA

Faço saber que o Congresso Nacional decreta e eu sanciono a seguinte Lei:

Art. 1º É instituído o Programa de Enfrentamento à Fila da Previdência Social (PEFPS), com o objetivo de:

I – reduzir o tempo de análise de processos administrativos de reconhecimento inicial, de manutenção, de revisão, de recurso, de monitoramento operacional de benefícios e de avaliação social de benefícios administrados pelo Instituto Nacional do Seguro Social (INSS), de modo a representar acréscimo real à capacidade operacional regular de conclusão de requerimentos, individualmente considerada;

II – dar cumprimento a decisões judiciais em matéria previdenciária cujos prazos tenham expirado;

III – realizar exame médico-pericial e análise documental relativos a benefícios previdenciários ou assistenciais, administrativos ou judiciais, de modo a representar acréscimo real à capacidade operacional regular de conclusão de requerimentos, individualmente considerada; e

IV – realizar exame médico pericial do servidor público federal de que tratam os arts. 83, 202 e 203 da Lei nº 8.112, de 11 de dezembro de 1990.

Art. 2º Integrarão o PEFPS:

I – os processos administrativos cujo prazo de análise tenha superado 45 (quarenta e cinco) dias ou que possuam prazo judicial expirado;

II – os serviços médicos periciais:

a) realizados nas unidades de atendimento da Previdência Social sem oferta regular de serviço médico pericial;

b) realizados nas unidades de atendimento da Previdência Social cujo prazo máximo para agendamento seja superior a 30 (trinta) dias;

c) com prazo judicial expirado;

d) relativos à análise documental, desde que realizados em dias úteis após as 18h (dezoito horas) e em dias não úteis; e

e) de servidor público federal na forma estabelecida nos arts. 83, 202 e 203 da Lei nº 8.112, de 11 de dezembro de 1990.

Art. 3º Poderão participar do PEFPS, no âmbito de suas atribuições:

I – os servidores ocupantes de cargos integrantes da carreira do seguro social, de que trata a Lei nº 10.855, de 1º de abril de 2004; e

II – os servidores ocupantes de cargos das carreiras de perito médico federal, de supervisor médico-pericial e de perito médico da previdência social, de que tratam as Leis nºs 11.907, de 2 de fevereiro de 2009, 9.620, de 2 de abril de 1998, e 10.876, de 2 de junho de 2004.

Parágrafo único. A execução de atividades no âmbito do PEFPS não poderá afetar a regularidade dos atendimentos e dos agendamentos nas agências da Previdência Social.

Art. 4º Para a execução do PEFPS, são instituídos:

I – o Pagamento Extraordinário por Redução da Fila do Instituto Nacional do Seguro Social (Perf-INSS); e

II – o Pagamento Extraordinário por Redução da Fila da Perícia Médica Federal (Perf-PMF).

§ 1º O Perf-INSS corresponderá ao valor de R$ 68,00 (sessenta e oito reais) e será pago conforme tabela de correlação de processos ou serviços concluídos, na forma do ato de que trata o art. 6º desta Lei.

§ 2º O Perf-PMF corresponderá ao valor de R$ 75,00 (setenta e cinco reais) e será pago conforme tabela de correlação de processos ou serviços concluídos, na forma do ato de que trata o art. 6º desta Lei.

Art. 5º O Perf-INSS e o Perf-PMF observarão as seguintes regras:

I – não serão incorporados aos vencimentos, à remuneração ou aos proventos das aposentadorias e das pensões;

II – não servirão de base de cálculo para benefícios ou vantagens;

III – não integrarão a base de contribuição previdenciária do servidor;

IV – não serão devidos na hipótese de pagamento de adicional pela prestação de serviço extraordinário ou de adicional noturno referente à mesma hora de trabalho.

Art. 6º Ato conjunto do Ministro de Estado da Gestão e da Inovação em Serviços Públicos e do Ministro de Estado da Previdência Social:

I – fixará meta específica de desempenho para os servidores públicos de que trata o art. 3º desta Lei, com o propósito de atender à demanda ordinária e regular do INSS e do Ministério da Previdência Social, cujo alcance constitui requisito para que o servidor possa realizar atividades no âmbito do PEFPS; e

II – disporá sobre os procedimentos para operacionalização do PEFPS, especialmente os critérios a serem observados para:

a) a adesão dos servidores de que trata o art. 3º desta Lei ao PEFPS;

b) o monitoramento e o controle do atingimento das metas fixadas, da quantidade e da qualidade da análise de processos e da realização de perícias médicas e análises documentais;

c) a definição da ordem de prioridade para a análise de processos e para a realização de perícias médicas e análises documentais; e

d) a fixação de limite de pagamento das parcelas previstas nos incisos I e II do **caput** do art. 4º desta Lei.

Art. 7º Ato conjunto do Ministro de Estado da Gestão e da Inovação em Serviços Públicos e do Ministro de Estado da Previdência Social instituirá o Comitê de Acompanhamento do PEFPS, composto de representantes de ambos os Ministérios, da Casa Civil da Presidência da República e do INSS, com o propósito de:

I – avaliar e monitorar periodicamente os resultados do PEFPS; e

II – contribuir para a governança e o aperfeiçoamento dos processos de trabalho, com vistas a evitar a recorrência das razões motivadoras do acúmulo de demandas do INSS.

§ 1º No âmbito de suas competências, o Comitê de Acompanhamento do PEFPS poderá elaborar recomendações ao INSS e ao Ministério da Previdência Social, com o intuito de aperfeiçoar os processos de trabalho na entidade.

§ 2º O ato de que trata o **caput** deste artigo disporá sobre a organização, a composição e o funcionamento do Comitê de Acompanhamento do PEFPS.

§ 3º O Comitê de Acompanhamento do PEFPS encerrará suas atividades até 180 (cento e oitenta) dias após o término do PEFPS.

Art. 8º O Perf-INSS e o Perf-PMF serão pagos conforme a legislação orçamentária e administrativa.

Parágrafo único. O INSS ficará responsável por descentralizar o crédito orçamentário para as atividades sujeitas ao PEFPS, no limite das dotações orçamentárias.

Art. 9º O PEFPS terá prazo de duração de 9 (nove) meses, contado da data de publicação desta Lei, que poderá ser prorrogado por 3 (três) meses por ato conjunto do Ministro de Estado da Gestão e da Inovação em Serviços Públicos, do Ministro de Estado da Previdência Social e do Ministro de Estado da Casa Civil da Presidência da República.

Parágrafo único. A prorrogação de que trata o **caput** deste artigo será precedida de parecer fundamentado do Comitê de Acompanhamento do PEFPS.

Art. 10. O Poder Executivo federal fica autorizado, em caráter excepcional, a aceitar atestado médico ou odontológico emitido até a data da publicação desta Lei e pendente de avaliação, para fins de concessão de licença para tratamento da própria saúde ou de licença por motivo de doença em pessoa da família, dispensada a realização da perícia oficial de que trata a Lei nº 8.112, de 11 de dezembro de 1990.

(...)

Art. 34. São transformados 13.375 (treze mil, trezentos e setenta e cinco) cargos efetivos vagos em 6.692 (seis mil, seiscentos e noventa e dois) cargos efetivos vagos e em 2.243 (dois mil, duzentos e quarenta e três) cargos em comissão e funções de confiança vagos, no âmbito do Poder Executivo federal, na forma do Anexo VII desta Lei.

Art. 35. A transformação de cargos a que se refere o art. 34 deste artigo será realizada sem aumento de despesa, mediante compensação financeira entre os valores correspondentes à totalidade da remuneração dos cargos e das funções que estão sendo criados e os valores correspondentes à totalidade da remuneração dos cargos que estão sendo transformados, vedada a produção de efeitos retroativos.

Parágrafo único. O provimento e a designação dos cargos efetivos e em comissão e das funções de confiança transformados por esta Lei serão feitos nos termos do § 1º do art. 169 da Constituição Federal, na medida das necessidades do serviço.

Art. 36. Revogam-se:

(...)

Art. 37. Esta Lei entra em vigor na data de sua publicação.

Brasília, 14 de novembro de 2023; 202º da Independência e 135º da República.

Luiz Inácio Lula da Silva

LEI 14.786, DE 28 DE DEZEMBRO DE 2023

Cria o protocolo "Não é Não", para prevenção ao constrangimento e à violência contra a mulher e para proteção à vítima; institui o selo "Não é Não – Mulheres Seguras"; e altera a Lei nº 14.597, de 14 de junho de 2023 (Lei Geral do Esporte).

DOU 29.12.2023

O Presidente da República

Faço saber que o Congresso Nacional decreta e eu sanciono a seguinte Lei:

Art. 1º Esta Lei cria o protocolo "Não é Não", para prevenção ao constrangimento e à violência contra a mulher e para proteção à vítima, bem como institui o selo "Não é Não – Mulheres Seguras".

Art. 2º O protocolo "Não é Não" será implementado no ambiente de casas noturnas e de boates, em espetáculos musicais realizados em locais fechados e em **shows**, com venda de bebida alcoólica, para promover a proteção das mulheres e para prevenir e enfrentar o constrangimento e a violência contra elas.

Parágrafo único. O disposto nesta Lei não se aplica a cultos nem a outros eventos realizados em locais de natureza religiosa.

Art. 3º Para os fins desta Lei, considera-se:

I – constrangimento: qualquer insistência, física ou verbal, sofrida pela mulher depois de manifestada a sua discordância com a interação;

II – violência: uso da força que tenha como resultado lesão, morte ou dano, entre outros, conforme legislação penal em vigor.

Art. 4º Na aplicação do protocolo "Não é Não", devem ser observados os seguintes princípios:

I – respeito ao relato da vítima acerca do constrangimento ou da violência sofrida;

II – preservação da dignidade, da honra, da intimidade e da integridade física e psicológica da vítima;

III – celeridade no cumprimento do disposto nesta Lei;

IV – articulação de esforços públicos e privados para o enfrentamento do constrangimento e da violência contra a mulher.

Art. 5º São direitos da mulher:

I – ser prontamente protegida pela equipe do estabelecimento a fim de que possa relatar o constrangimento ou a violência sofridos;

II – ser informada sobre os seus direitos;

III – ser imediatamente afastada e protegida do agressor;

IV – ter respeitadas as suas decisões em relação às medidas de apoio previstas nesta Lei;

V – ter as providências previstas nesta Lei cumpridas com celeridade;

VI – ser acompanhada por pessoa de sua escolha;

VII – definir se sofreu constrangimento ou violência, para os efeitos das medidas previstas nesta Lei;

VIII – ser acompanhada até o seu transporte, caso decida deixar o local.

Art. 6º São deveres dos estabelecimentos referidos no **caput** dos arts. 2º e 9º desta Lei:

I – assegurar que na sua equipe tenha pelo menos uma pessoa qualificada para atender ao protocolo "Não é Não";

II – manter, em locais visíveis, informação sobre a forma de acionar o protocolo "Não é Não" e os números de telefone de contato da Polícia Militar e da Central de Atendimento à Mulher – Ligue 180;

III – certificar-se com a vítima, quando observada possível situação de constrangimento, da necessidade de assistência, facultada a aplicação das medidas previstas no art. 7º desta Lei para fazer cessar o constrangimento;

IV – se houver indícios de violência:

a) proteger a mulher e proceder às medidas de apoio previstas nesta Lei;

b) afastar a vítima do agressor, inclusive do seu alcance visual, facultado a ela ter o acompanhamento de pessoa de sua escolha;

c) colaborar para a identificação das possíveis testemunhas do fato;

d) solicitar o comparecimento da Polícia Militar ou do agente público competente;

e) isolar o local específico onde existam vestígios da violência, até a chegada da Polícia Militar ou do agente público competente;

V – se o estabelecimento dispuser de sistema de câmeras de segurança:

a) garantir o acesso às imagens à Polícia Civil, à perícia oficial e aos diretamente envolvidos;

b) preservar, pelo período mínimo de 30 (trinta) dias, as imagens relacionadas com o ocorrido;

VI – garantir todos os direitos da denunciante previstos no art. 5º desta Lei.

Art. 7º A seu critério, os estabelecimentos abrangidos por esta Lei ou os que ostentarem o selo "Não é Não – Mulheres Seguras", nos termos do art. 9º desta Lei, poderão, entre outras medidas:

I – adotar ações que julgarem cabíveis para preservar a dignidade e a integridade física e psicológica da denunciante e para subsidiar a atuação dos órgãos de saúde e de segurança pública eventualmente acionados;

II – retirar o ofensor do estabelecimento e impedir o seu reingresso até o término das atividades, nos casos de constrangimento;

III – criar um código próprio, divulgado nos sanitários femininos, para que as mulheres possam alertar os funcionários sobre a necessidade de ajuda, a fim de que eles tomem as providências necessárias.

Art. 8º O poder público promoverá:

I – campanhas educativas sobre o protocolo "Não é Não";

II – ações de formação periódica para conscientização e implementação do protocolo "Não é Não", direcionadas aos empreendedores e aos trabalhadores dos estabelecimentos previstos nesta Lei.

Art. 9º Fica instituído o selo "Não é Não – Mulheres Seguras", que será concedido pelo poder público a qualquer estabelecimento comercial não abrangido pela obrigatoriedade prevista no **caput** do art. 2º desta Lei que implementar o protocolo "Não é Não", conforme regulamentação.

Parágrafo único. O poder público manterá e divulgará a lista "Local Seguro Para Mulheres" com as empresas que possuírem o selo "Não é Não – Mulheres Seguras".

Art. 10. O descumprimento total ou parcial do protocolo "Não é Não" implica as seguintes penalidades:

I – aos estabelecimentos previstos no **caput** do art. 2º desta Lei:

a) advertência;

b) outras penalidades previstas em lei;

II – aos estabelecimentos que receberam o selo "Não é Não – Mulheres Seguras", nos termos do art. 9º desta Lei:

a) advertência;

b) revogação da concessão do selo "Não é Não – Mulheres Seguras";

c) exclusão do estabelecimento da lista "Local Seguro para Mulheres";

d) outras penalidades previstas em lei.

Parágrafo único. Aos estabelecimentos previstos no caput do art. 2º que comprovadamente tenham atendido a todas as disposições desta Lei fica assegurada a não aplicabilidade de quaisquer sanções em decorrência dos atos previstos no art. 3º desta Lei.

Art. 11. O *caput* do art. 150 da Lei nº 14.597, de 14 de junho de 2023 (Lei Geral do Esporte) passa a vigorar acrescido do seguinte inciso III:

> Alterações inseridas no texto da referida norma.

III – aplicar as disposições dos arts. 5º a 9º da lei que cria o protocolo 'Não é Não'.

Art. 12. Esta Lei entra em vigor após decorridos 180 (cento e oitenta) dias de sua publicação oficial.

Brasília, 28 de dezembro de 2023; 202º da Independência e 135o da República.

Luiz Inácio Lula Da Silva

LEI 14.790, DE 30 DE DEZEMBRO DE 2023

Dispõe sobre a modalidade lotérica denominada apostas de quota fixa; altera as Leis nºs 5.768, de 20 de dezembro de 1971, e 13.756, de 12 de dezembro de 2018, e a Medida Provisória nº 2.158-35, de 24 de agosto de 2001; revoga dispositivos do Decreto-Lei nº 204, de 27 de fevereiro de 1967; e dá outras providências.

DOU 30.12.2012 extra J

O PRESIDENTE DA REPÚBLICA Faço saber que o Congresso Nacional decreta e eu sanciono a seguinte Lei:

CAPÍTULO I DISPOSIÇÕES PRELIMINARES

Art. 1º Esta Lei dispõe sobre a modalidade lotérica denominada apostas de quota fixa e altera:

I – a Lei nº 5.768, de 20 de dezembro de 1971, para consolidar e estabelecer novas regras sobre a distribuição gratuita de prêmios a título de propaganda e sobre a distribuição de prêmios realizada por organizações da sociedade civil, com o intuito de arrecadar recursos adicionais destinados à sua manutenção ou custeio;

II – a Lei nº 13.756, de 12 de dezembro de 2018, para estabelecer diretrizes e regras para a exploração da loteria de apostas de quota fixa; e

III – a Medida Provisória nº 2.158-35, de 24 de agosto de 2001, para dispor sobre a taxa de autorização referente às atividades de que trata a Lei nº 5.768, de 20 de dezembro de 1971.

Parágrafo único. O disposto nesta Lei não se aplica às loterias, que permanecerão sujeitas à legislação especial.

Art. 2º Para fins do disposto nesta Lei, considera-se:

I – aposta: ato por meio do qual se coloca determinado valor em risco na expectativa de obtenção de um prêmio;

II – quota fixa: fator de multiplicação do valor apostado que define o montante a ser recebido pelo apostador, em caso de premiação, para cada unidade de moeda nacional apostada;

III – apostador: pessoa natural que realiza aposta;

IV – canal eletrônico: plataforma, que pode ser sítio eletrônico, aplicação de internet, ou ambas, de propriedade ou sob administração do agente operador de apostas, que viabiliza a realização de aposta por meio exclusivamente virtual;

V – aposta virtual: aquela realizada diretamente pelo apostador em canal eletrônico, antes ou durante a ocorrência do evento objeto da aposta;

VI – aposta física: aquela realizada presencialmente mediante a aquisição de bilhete em forma impressa, antes ou durante a ocorrência do evento objeto da aposta;

VII – evento real de temática esportiva: evento, competição ou ato que inclui competições desportivas, torneios, jogos ou provas, individuais ou coletivos, excluídos aqueles que envolvem exclusivamente a participação de menores de 18 (dezoito) anos de idade, cujo resultado é desconhecido no momento da aposta e que são promovidos ou organizados:

a) de acordo com as regras estabelecidas pela organização nacional de administração do esporte, na forma prevista na Lei nº 14.597, de 14 de junho de 2023 (Lei Geral do Esporte), ou por suas organizações afiliadas; ou

b) por organizações de administração do esporte sediadas fora do País;

VIII – jogo *on-line*: canal eletrônico que viabiliza a aposta virtual em jogo no qual o resultado é determinado pelo desfecho de evento futuro aleatório, a partir de um gerador randômico de números, de símbolos, de figuras ou de objetos definido no sistema de regras;

IX – evento virtual de jogo *on-line*: evento, competição ou ato de jogo *on-line* cujo resultado é desconhecido no momento da aposta;

X – agente operador de apostas: pessoa jurídica que recebe autorização do Ministério da Fazenda para explorar apostas de quota fixa; e

XI –aplicações de internet: o conjunto de funcionalidades que podem ser acessadas por meio de um terminal conectado à internet.

Art. 3º As apostas de quota fixa de que trata esta Lei poderão ter por objeto:

I – eventos reais de temática esportiva; ou

II – eventos virtuais de jogos *on-line*.

Parágrafo único. Não poderão ser objeto das apostas de que trata o *caput* deste artigo os eventos esportivos que envolvam as categorias de base ou eventos que envolvam exclusivamente atletas menores de idade em qualquer modalidade esportiva.

CAPÍTULO II
DO REGIME DE EXPLORAÇÃO

Art. 4º As apostas de quota fixa serão exploradas em ambiente concorrencial, mediante prévia autorização a ser expedida pelo Ministério da Fazenda, nos termos desta Lei e da regulamentação de que trata o § 3º do art. 29 da Lei nº 13.756, de 12 de dezembro de 2018.

Art. 5º A autorização para exploração das apostas de quota fixa terá natureza de ato administrativo discricionário, praticado segundo a conveniência e oportunidade do Ministério da Fazenda, à vista do interesse nacional e da proteção dos interesses da coletividade, observadas as seguintes regras:

I – não estará sujeita a quantidade mínima ou máxima de agentes operadores;

II – terá caráter personalíssimo, inegociável e intransferível; e

III poderá, a critério do Ministério da Fazenda, ser outorgada com prazo de duração de 5 (cinco) anos.

§ 1º A autorização de que trata este artigo poderá ser revista sempre que houver, na pessoa jurídica autorizada, fusão, cisão, incorporação, transformação, bem como transferência ou modificação de controle societário direto ou indireto.

§ 2º A revisão de autorização já concedida dar-se-á mediante processo administrativo específico, que poderá ser instaurado de ofício, nos termos da regulamentação, assegurados ao interessado o contraditório e a ampla defesa.

CAPÍTULO III
DO AGENTE OPERADOR DE APOSTAS

Seção I
Disposições Preliminares

Art. 6º A exploração de apostas de quota fixa será exclusiva de pessoas jurídicas que, nos termos desta Lei e da regulamentação do Ministério da Fazenda, receberem prévia autorização para atuar como agente operador de apostas.

Seção II
Dos Requisitos Gerais

Art. 7º Somente serão elegíveis à autorização para exploração de apostas de quota fixa as pessoas jurídicas constituídas segundo a legislação brasileira, com sede e administração no território nacional, que atenderem às exigências constantes da regulamentação editada pelo Ministério da Fazenda.

§ 1º A regulamentação de que trata o caput deste artigo disporá, pelo menos, sobre:

I - valor mínimo e forma de integralização do capital social da pessoa jurídica interessada;

II - exigência de comprovado conhecimento e experiência em jogos, apostas ou loterias de pelo menos um dos integrantes do grupo de controle da pessoa jurídica interessada;

III requisitos para posse e exercício de cargos de direção ou gerência nas pessoas jurídicas interessadas;

IV – designação de diretor responsável pelo relacionamento com o Ministério da Fazenda;

V – estrutura e funcionamento de serviço de atendimento aos apostadores e componente de ouvidoria do agente operador;

VI – designação de diretor responsável pelo atendimento aos apostadores e pela ouvidoria;

VII – requisitos técnicos e de segurança cibernética a serem observados pela infraestrutura de tecnologia da informação e pelos sistemas dos agentes operadores, com a exigência de certificação reconhecida nacional ou internacionalmente;

VIII – integração ou associação do agente operador a organismos nacionais ou internacionais de monitoramento da integridade esportiva; e

IX – exigência de ter brasileiro como sócio detentor de ao menos 20% (vinte por cento) do capital social da pessoa jurídica.

§ 2º O sócio ou acionista controlador de empresa operadora de loteria de apostas de quota fixa, individual ou integrante de acordo de controle, não poderá deter participação, direta ou indireta, em Sociedade Anônima do Futebol ou organização esportiva profissional, nem atuar como dirigente de equipe desportiva brasileira.

Seção III
Das Políticas Corporativas Obrigatórias

Art. 8º Sem prejuízo de outros requisitos estabelecidos na regulamentação do Ministério da Fazenda, a expedição e a manutenção da autorização para exploração de apostas de quota fixa serão condicionadas à comprovação, pela pessoa jurídica interessada, da adoção e da implementação de políticas, de procedimentos e de controles internos de:

I – atendimento aos apostadores e ouvidoria;

II – prevenção à lavagem de dinheiro, ao financiamento do terrorismo e à proliferação de armas de destruição em massa, especialmente quanto ao cumprimento dos deveres previstos nos arts. 10 e 11 da Lei nº 9.613, de 3 de março de 1998, e na Lei nº 13.260, de 16 de março de 2016;

III – jogo responsável e prevenção aos transtornos de jogo patológico; e

IV – integridade de apostas e prevenção à manipulação de resultados e outras fraudes.

Parágrafo único. A regulamentação do Ministério da Fazenda estabelecerá os requisitos e as diretrizes a serem observados na elaboração e na avaliação da eficácia das políticas de que trata este artigo.

CAPÍTULO IV
DO PROCEDIMENTO DE AUTORIZAÇÃO

Seção I
Do Tempo e da Forma de Requerimento e de sua Tramitação

Art. 9º A autorização para a exploração de apostas de quota fixa poderá ser requerida a qualquer tempo pela pessoa jurídica interessada, observado o procedimento administrativo estabelecido na regulamentação do Ministério da Fazenda.

Parágrafo único. O Ministério da Fazenda estabelecerá condições e prazos, não inferiores a 6 (seis) meses, para a adequação das pessoas jurídicas que estiverem em atividade às disposições desta Lei e às normas por ele estabelecidas em regulamentação específica.

Art. 10. O procedimento administrativo de autorização tramitará em meio eletrônico, e, durante sua análise, os autos serão de acesso restrito ao interessado e a seus procuradores.

§ 1º Sem prejuízo do disposto no *caput* deste artigo, a lista de requerimentos apresentados deverá estar permanentemente à disposição para consulta pública no sítio eletrônico do Ministério da Fazenda.

§ 2º Ressalvadas as hipóteses de suspensão ou de prorrogação de prazos, em razão de insuficiência, incompletude ou inconsistência da documentação apresentada pela pessoa jurídica interessada, a análise dos requerimentos observará a ordem cronológica de seu protocolo.

Art. 11. A autorização somente será expedida se, após o exame da documentação e a avaliação da capacidade técnica e financeira da pessoa jurídica requerente e da reputação e conhecimento de seus controladores e administradores, o Ministério da Fazenda concluir pelo atendimento de todos os requisitos legais e regulamentares.

Seção II
Da Contraprestação de Outorga

Art. 12. A expedição da autorização para exploração de apostas de quota fixa será condicionada ao recolhimento do valor fixo de contraprestação de outorga, conforme estipulado na regulamentação do Ministério da Fazenda.

Parágrafo único. O valor estipulado a título de outorga fixa será limitado a, no máximo, R$ 30.000.000,00 (trinta milhões de reais), considerado o uso de 3 (três) marcas comerciais a serem exploradas pela pessoa jurídica em seus canais eletrônicos por ato de autorização.

Art. 13. O valor da contraprestação da outorga deverá ser pago pelo interessado no prazo improrrogável de 30 (trinta) dias, contado da comunicação da conclusão da análise de seu requerimento.

Parágrafo único. O descumprimento do prazo de pagamento previsto neste artigo importará o arquivamento definitivo do procedimento de autorização ou a caducidade da autorização, conforme o caso.

CAPÍTULO V
DA OFERTA E DA REALIZAÇÃO DE APOSTAS

Seção I
Da Forma de Realização de Apostas

Art. 14. As apostas de que trata esta Lei poderão ser ofertadas pelo agente operador nas seguintes modalidades, isolada ou conjuntamente:

I – virtual: mediante o acesso a canais eletrônicos; e

II – física: mediante a aquisição de bilhetes impressos.

§ 1º O ato de autorização do Ministério da Fazenda especificará se o agente operador poderá atuar em uma ou em ambas as modalidades.

§ 2º As apostas de quota fixa que tenham por objeto os eventos de jogo *on-line* somente poderão ser ofertadas em meio virtual.

§ 3º Para fins do disposto no § 2º deste artigo, é vedada a instalação ou disponibilização de equipamentos ou outros dispositivos em estabelecimentos físicos que sejam destinados à comercialização de apostas de quota fixa em meio virtual.

Art. 15. Os canais eletrônicos e os estabelecimentos físicos, quando autorizados, que forem utilizados pelo agente operador deverão exibir, em local de fácil visualização:

I – a razão social, o nome de fantasia e o número da inscrição da entidade operadora no Cadastro Nacional da Pessoa Jurídica (CNPJ);

II – o número e a data de publicação da portaria de sua autorização para a exploração de apostas de quota fixa;

III – o endereço físico de sua sede; e

IV – o número de telefone e o endereço de correio eletrônico de contato do serviço de atendimento ao consumidor e da ouvidoria do agente operador.

Seção II
Da Publicidade e da Propaganda

Art. 16. As ações de comunicação, de publicidade e de *marketing* da loteria de apostas de quota fixa observarão a regulamentação do Ministério da Fazenda, incentivada a autorregulação.

Parágrafo único. A regulamentação de que trata o caput deste artigo disporá, pelo menos, sobre:

I – os avisos de desestímulo ao jogo e de advertência sobre seus malefícios que deverão ser veiculados pelos agentes operadores;

II – outras ações informativas de conscientização dos apostadores e de prevenção do transtorno do jogo patológico, bem como da proibição de participação de menores de 18 (dezoito) anos, especialmente por meio da elaboração de código de conduta e da difusão de boas práticas; e

III – a destinação da publicidade e da propaganda das apostas ao público adulto, de modo a não ter crianças e adolescentes como público-alvo.

Art. 17. Sem prejuízo do disposto na regulamentação do Ministério da Fazenda, é vedado ao agente operador de apostas de quota fixa veicular publicidade ou propaganda comercial que:

I – tenha por objeto ou finalidade a divulgação de marca, de símbolo ou de denominação de pessoas jurídicas ou naturais, ou dos canais eletrônicos ou virtuais por elas utilizados, que não possuam a prévia autorização exigida por esta Lei;

II – veiculem afirmações infundadas sobre as probabilidades de ganhar ou os possíveis ganhos que os apostadores podem esperar;

III – apresentem a aposta como socialmente atraente ou contenham afirmações de personalidades conhecidas ou de celebridades que sugiram que o jogo contribui para o êxito pessoal ou social;

IV – sugiram ou deem margem para que se entenda que a aposta pode constituir alternativa ao emprego, solução para problemas financeiros, fonte de renda adicional ou forma de investimento financeiro;

V – contribuam, de algum modo, para ofender crenças culturais ou tradições do País, especialmente aquelas contrárias à aposta;

VI – promovam o marketing em escolas e universidades ou promovam apostas esportivas dirigidas a menores de idade.

§ 1º É vedado realizar qualquer tipo de publicidade ou propaganda em meios de comunicação, físicos ou virtuais, sem o aviso de classificação indicativa da faixa etária direcionada, conforme disposto na Lei nº 8.069, de 13 de julho de 1990 (Estatuto da Criança e do Adolescente).

§ 2º As empresas divulgadoras de publicidade ou de propaganda, incluídos provedores de aplicação de internet, deverão proceder à exclusão das divulgações e das campanhas irregulares após notificação do Ministério da Fazenda.

§ 3º As empresas provedoras de conexão à internet e de aplicações de internet deverão proceder ao bloqueio dos sítios eletrônicos ou à exclusão dos aplicativos que ofertem a loteria de apostas de quota fixa em desacordo com o disposto neste artigo após notificação do Ministério da Fazenda.

§ 4º Os provedores de aplicações de internet que ofertam aplicações de terceiros deverão proceder à exclusão, no âmbito e nos limites técnicos do seu serviço, das aplicações que tenham por objeto a exploração da loteria de apostas de quota fixa em desacordo com o disposto neste artigo, após notificação do Ministério da Fazenda.

§ 5º A notificação prevista nos §§ 2º e 4º deste artigo deverá conter, sob pena de nulidade, identificação clara e específica do conteúdo apontado como infringente, que permita a localização inequívoca do conteúdo quando se tratar de provedor de aplicação de internet que hospeda conteúdo de terceiro.

Art. 18. É vedado ao agente operador, bem como às suas controladas e controladoras, adquirir, licenciar ou financiar a aquisição de direitos de eventos desportivos realizados no País para emissão, difusão, transmissão, retransmissão, reprodução, distribuição, disponibilidade ou qualquer forma de exibição de seus sons e imagens, por qualquer meio ou processo.

Seção III
Da Integridade das Apostas

Art. 19. O agente operador adotará mecanismos de segurança e integridade na realização da loteria de apostas de quota fixa, observado o disposto na regulamentação do Ministério da Fazenda e na Lei nº 13.709, de 14 de agosto de 2018 (Lei Geral de Proteção de Dados Pessoais).

§ 1º Os eventos esportivos objeto de apostas de quota fixa contarão com ações de mitigação de manipulação de resultados e de corrupção nos eventos reais de temática esportiva, por parte do agente operador, em observância ao disposto no art. 177 da Lei nº 14.597, de 14 de junho de 2023 (Lei Geral do Esporte), e na regulamentação editada pelo Ministério da Fazenda.

§ 2º O agente operador integrará organismo nacional ou internacional de monitoramento da integridade esportiva.

Art. 20. São nulas de pleno direito as apostas realizadas com a finalidade de obter ou assegurar vantagens ou ganhos com a manipulação de resultados e a corrupção nos eventos reais de temática esportiva.

Parágrafo único. Podem ser suspensos os pagamentos de prêmios oriundos de apostas investigadas sobre as quais recaia fundada dúvida quanto à manipulação de resultados ou corrupção nos eventos de temática esportiva.

CAPÍTULO VI
DAS TRANSAÇÕES DE PAGAMENTO

Art. 21. É vedado aos instituidores de arranjos de pagamento, bem como às instituições financeiras e de pagamento, permitir transações, ou a elas dar curso, que tenham por finalidade a realização de apostas de quota fixa com pessoas jurídicas que não tenham recebido a autorização para exploração de apostas de quota fixa prevista nesta Lei.

Parágrafo único. A vedação prevista no *caput* deste artigo passará a vigorar em prazo definido pelo Ministério da Fazenda, não podendo ser inferior a 90 (noventa) dias do início do credenciamento dos agentes operadores de apostas de quota fixa.

Art. 22. É exclusiva de instituições brasileiras autorizadas a funcionar pelo Banco Central do Brasil a oferta de contas transacionais ou de serviços financeiros de qualquer natureza que permitam ao apostador:

I – efetuar depósitos e saques em sua conta gráfica perante o operador de aposta; ou

II – receber os valores de prêmios que lhe sejam devidos.

Parágrafo único. Os recursos de apostadores mantidos nas contas transacionais de que trata este artigo:

I – constituem patrimônio separado, que não se confunde com o do agente operador de apostas;

II – não respondem direta ou indiretamente por nenhuma obrigação do operador nem podem ser objeto de arresto, de sequestro, de busca e apreensão ou de qualquer outro ato de constrição judicial em função de débitos de responsabilidade do agente operador de apostas;

III – não compõem o ativo do agente operador de apostas, para efeito de falência, de recuperação judicial ou extrajudicial, de intervenção ou de liquidação judicial ou extrajudicial; e

IV – não podem ser dados em garantia de débitos assumidos pelo agente operador de apostas.

Art. 23. O agente operador de apostas deverá adotar procedimentos de identificação que permitam verificar a validade da identidade dos apostadores, exigida a utilização da tecnologia de identificação e reconhecimento facial.

§ 1º Os procedimentos de que trata o caput deste artigo deverão incluir a obtenção, a verificação e a validação da autenticidade de informações de identificação do apostador, inclusive mediante confrontação dessas informações com as disponíveis em bancos de dados de caráter público e privado, se necessário.

§ 2º Os procedimentos de que trata o caput deste artigo deverão incluir a confirmação da identidade do apostador por meio de canais de comunicação informados no cadastro do usuário, tais como, e-mail, serviço de mensagens curtas (short message service - SMS) ou aplicativos de mensagens.

§ 3º O Ministério da Fazenda deverá regulamentar a obrigatoriedade de que os operadores desenvolvam sistemas e processos eficazes para monitorar a atividade do apostador a fim de identificar danos ou danos potenciais associados ao jogo, desde o momento em que uma conta é aberta, observados os seguintes critérios:

I – gastos do apostador;

II – padrões de gastos;

III – tempo gasto jogando;

IV – indicadores de comportamento de jogo;

V – contato liderado pelo apostador;

VI – uso de ferramentas de gerenciamento de jogos de azar.

§ 4º O Ministério da Fazenda deverá regulamentar a obrigatoriedade de que os operadores desenvolvam recurso de limitação de tempo de uso a ser acionado pelo usuário, com, no mínimo, as seguintes opções:

I – 24 (vinte e quatro) horas;

II – 1 (uma) semana;

III – 1 (um) mês; ou

IV – qualquer outro período que o apostador possa razoavelmente solicitar, até o máximo de 6 (seis) semanas.

Art. 24. O agente operador de apostas, bem como as instituições financeiras e de pagamento por ele contratadas para abertura ou manutenção de contas transacionais, deverá manter, na forma e no prazo estabelecidos pela regulamentação do Ministério da Fazenda, o registro de todas as operações realizadas, incluídos as apostas realizadas, os prêmios auferidos, e os saques e depósitos nas contas transacionais.

Art. 25. O agente operador de apostas deverá, na forma estabelecida pela regulamentação do Ministério da Fazenda, implementar procedimentos de:

I – análise das apostas por meio de mecanismos de monitoramento e de seleção, com o objetivo de caracterizá-las ou não como suspeitas de lavagem de dinheiro e de financiamento do terrorismo;

II – comunicação ao Conselho de Controle de Atividades Financeiras (Coaf) das operações que apresentarem fundada suspeita de lavagem de dinheiro e de financiamento ao terrorismo.

CAPÍTULO VII
DOS APOSTADORES

Seção I
Dos Impedidos de Apostar

Art. 26. É vedada a participação, direta ou indireta, inclusive por interposta pessoa, na condição de apostador, de:

I – menor de 18 (dezoito) anos de idade;

II – proprietário, administrador, diretor, pessoa com influência significativa, gerente ou funcionário do agente operador;

III – agente público com atribuições diretamente relacionadas à regulação, ao controle e à fiscalização da atividade no âmbito do ente federativo em cujo quadro de pessoal exerça suas competências;

IV – pessoa que tenha ou possa ter acesso aos sistemas informatizados de loteria de apostas de quota fixa;

V – pessoa que tenha ou possa ter qualquer influência no resultado de evento real de temática esportiva objeto de loteria de apostas de quota fixa, incluídos:

a) pessoa que exerça cargo de dirigente desportivo, técnico desportivo, treinador e integrante de comissão técnica;

b) árbitro de modalidade desportiva, assistente de árbitro de modalidade desportiva, ou equivalente, empresário desportivo, agente ou procurador de atletas e de técnicos, técnico ou membro de comissão técnica;

c) membro de órgão de administração ou de fiscalização de entidade de administração de organizadora de competição ou de prova desportiva;

d) atleta participante de competições organizadas pelas entidades integrantes do Sistema Nacional do Esporte;

VI – pessoa diagnosticada com ludopatia, por laudo de profissional de saúde mental habilitado; e

VII – outras pessoas previstas na regulamentação do Ministério da Fazenda.

§ 1º São nulas de pleno direito as apostas realizadas em desacordo com o previsto neste artigo.

§ 2º As vedações previstas nos incisos II, IV e V do caput deste artigo estendem-se aos cônjuges, aos companheiros e aos parentes em linha reta e colateral, até o segundo grau, inclusive, das pessoas impedidas de participar, direta ou indiretamente, na condição de apostador.

§ 3º A hipótese prevista no inciso III do caput deste artigo não exclui a observância pelos agentes públicos dos deveres e das proibições previstos em leis e em regulamentos, conforme o disposto nas Leis nºs 8.429, de 2 de junho de 1992 (Lei de Improbidade Administrativa), e 12.813, de 16 de maio de 2013.

§ 4º Os impedimentos de que trata o caput deste artigo serão informados pelos agentes operadores de apostas, de forma destacada, nos canais físicos ou *on-line* de comercialização da loteria de aposta de quota fixa, bem como nas mensagens, nas publicações e nas peças de publicidade e de propaganda utilizadas para divulgação das apostas.

Seção II
Dos Direitos Básicos

Art. 27. São assegurados aos apostadores todos os direitos dos consumidores previstos na Lei nº 8.078, de 11 de setembro de 1990 (Código de Defesa do Consumidor).

§ 1º Além daqueles previstos no art. 6º da Lei nº 8.078, de 11 de setembro de 1990 (Código de Defesa do Consumidor), constituem direitos básicos dos apostadores:

I – a informação e a orientação adequadas e claras acerca das regras e das formas de utilização de recintos, equipamentos, sistemas e canais eletrônicos das apostas;

II – a informação e a orientação adequadas e claras sobre as condições e os requisitos para acerto de prognóstico lotérico e aferição do prêmio, vedada a utilização de escrita dúbia, abreviada ou genérica no curso de efetivação da aposta;

III – a informação e a orientação adequadas e claras quanto aos riscos de perda dos valores das apostas e aos transtornos de jogo patológico; e

IV – a proteção dos dados pessoais conforme o disposto na Lei nº 13.709, de 14 de agosto de 2018 (Lei Geral de Proteção de Dados Pessoais).

§ 2º Para os fins do disposto no inciso IV do § 1º deste artigo, o regulamento do Ministério da Fazenda definirá limites à exigência e ao tratamento de dados pessoais e dados pessoais sensíveis, obedecidas as disposições da Lei nº 13.709, de 14 de agosto de 2018 (Lei Geral de Proteção de Dados Pessoais).

Seção III
Do Direito à Orientação e ao Atendimento

Art. 28. O agente operador deverá dispor de serviço de atendimento aos apostadores, operacionalizado por canal eletrônico ou telefônico de acesso e uso gratuitos, a fim de receber e resolver dúvidas e solicitações relacionadas à operacionalização da loteria de aposta de quota fixa, nos termos da regulamentação do Ministério da Fazenda.

§ 1º O atendimento de que trata este artigo será prestado em língua portuguesa, por pessoas que sejam fluentes no vernáculo.

§ 2º Nos estabelecimentos em que houver oferta de apostas na modalidade física, o agente operador deverá prestar o atendimento de que trata este artigo também de forma presencial.

Seção IV
Das Condutas Vedadas na Oferta de Apostas

Art. 29. É vedado ao agente operador:

I – conceder, sob qualquer forma, adiantamento, antecipação, bonificação ou vantagem prévia, ainda que a mero título de promoção, de divulgação ou de propaganda, para a realização de aposta;

II – firmar parceria, convênio, contrato ou qualquer outra forma de arranjo ou ajuste negocial para viabilizar ou facilitar o acesso a crédito ou a operação de fomento mercantil por parte de apostador; e

III – instalar ou permitir que se instale em seu estabelecimento físico qualquer agência, escritório ou representação de pessoa jurídica ou física que conceda crédito ou realize operação de fomento mercantil a apostadores.

Parágrafo único. Em relação aos incisos II e III do caput deste artigo, excetuam-se os permissionários lotéricos, nos termos da Lei nº 12.869, de 15 de outubro de 2013.

CAPÍTULO VIII
DOS PRÊMIOS

Seção I
Da Forma de Pagamento

Art. 30. O pagamento dos prêmios deverá ser efetuado exclusivamente por meio de transferências, de créditos ou de remessas de valores em favor de contas bancárias ou de pagamento de titularidade dos respectivos apostadores e por eles mantidas em instituições com sede e administração no País que sejam autorizadas pelo Banco Central do Brasil.

§ 1º Mediante opção do apostador, os prêmios podem permanecer em carteira virtual para utilização de seus créditos em novas apostas, perante o mesmo agente operador.

§ 2º A indicação da conta bancária ou de pagamento deverá ser feita por ocasião do cadastro do apostador no agente operador de apostas ou no momento da efetivação da aposta física ou *on-line*.

Seção II
Da Tributação

Art. 31. Os prêmios líquidos obtidos em apostas na loteria de apostas de quota fixa serão tributados pelo Imposto sobre a Renda das Pessoas Físicas (IRPF) à alíquota de 15% (quinze por cento).

§ 1º (VETADO).

§ 2º (VETADO).

§ 3º (VETADO).

§ 4º O disposto neste artigo aplicar-se-á ao *fantasy sport*.

Seção III
Da Prescrição

Art. 32. O apostador perde o direito de receber seu prêmio ou de solicitar reembolsos se o pagamento devido não for creditado em sua conta gráfica mantida no agente operador e não for reclamado pelo apostador no prazo de 90 (noventa) dias, contado da data da divulgação do resultado do evento objeto da aposta.

§ 1º Os valores dos prêmios não reclamados serão revertidos em 50% (cinquenta por cento) ao Fundo de Financiamento Estudantil (Fies) e em 50% (cinquenta por cento) ao Fundo Nacional para Calamidades Públicas, Proteção e Defesa Civil (Funcap), observada a programação financeira e orçamentária do Poder Executivo federal.

§ 2º Dos recursos do Fies de que trata o § 1º deste artigo, no mínimo, 10% (dez por cento) atenderão a estudantes das populações do campo, dos povos originários, incluídos os indígenas, e dos povos quilombolas.

CAPÍTULO IX
DA FISCALIZAÇÃO

Art. 33. O agente operador deverá utilizar sistemas auditáveis, aos quais deverá ser disponibilizado acesso irrestrito, contínuo e em tempo real ao Ministério da Fazenda, sempre que por este requisitado.

Art. 34. A regulamentação do Ministério da Fazenda disporá sobre o modo e o procedimento de envio ou disponibilização, pelos agentes operadores, de esclarecimentos, de informações técnicas, operacionais, econômico-financeiras e contábeis, de dados, de documentos, de certificações, de certidões e de relatórios que sejam considerados necessários para a fiscalização das atividades desenvolvidas pelos operadores de apostas.

Parágrafo único. Para os fins do disposto no caput deste artigo, especialmente no que diz respeito aos apostadores, o tratamento de dados pessoais e de dados pessoais sensíveis deverá seguir o previsto na Lei nº 13.709, de 14 de agosto de 2018 (Lei Geral de Proteção de Dados Pessoais).

Art. 35. O agente operador comunicará ao Ministério da Fazenda e ao Ministério Público os indícios de manipulação de eventos ou resultados que identificar ou que lhe forem reportados.

Parágrafo único. A comunicação de que trata este artigo será feita no prazo de 5 (cinco) dias úteis, contado a partir da data em que o agente operador identificar ou tomar ciência do indício de manipulação, observado o disposto na regulamentação.

Art. 36. Os procedimentos de fiscalização, uma vez iniciados, poderão perdurar pelo tempo que for necessário à elucidação dos fatos, observado o disposto na Lei nº 9.873, de 23 de novembro de 1999.

Art. 37. O agente operador deverá dispor de estrutura administrativa capaz de atender, de forma célere e eficaz, a requisições, requerimentos, questionamentos ou solicitações provenientes:

I – de qualquer órgão ou entidade integrante da estrutura regimental do Ministério da Fazenda;

II – dos órgãos públicos integrantes do Sistema Nacional de Defesa do Consumidor, de que trata o art. 105 da Lei nº 8.078, de 11 de setembro de 1990 (Código de Defesa do Consumidor);

III – do Poder Judiciário, do Ministério Público e da Defensoria Pública;

IV – dos demais órgãos, entidades e autoridades brasileiras, para o exercício de suas atribuições legais.

Parágrafo único. A entidade operadora deverá estruturar área e canal específicos para o atendimento às demandas de que trata este artigo.

CAPÍTULO X
DO REGIME SANCIONADOR

Seção I
Disposições Preliminares

Art. 38. As infrações serão apuradas mediante processo administrativo sancionador que obedecerá aos princípios da legalidade, da finalidade, da motivação, da razoabilidade, da proporcionalidade, da moralidade, da ampla defesa, do contraditório, da segurança jurídica e da eficiência, entre outros.

Seção II
Das Infrações

Art. 39. Constitui infração administrativa punível nos termos desta Lei ou das demais normas legais e regulamentares aplicáveis à loteria de apostas de quota fixa cujo cumprimento seja fiscalizado pelo Ministério da Fazenda, sem prejuízo da aplicação de outras penalidades previstas na legislação:

I – explorar loteria de apostas de quota fixa sem prévia autorização do Ministério da Fazenda;

II – realizar operações ou atividades vedadas, não autorizadas ou em desacordo com a autorização concedida;

III – opor embaraço à fiscalização do órgão administrativo competente;

IV – deixar de fornecer ao órgão administrativo competente documentos, dados ou informações cuja remessa seja imposta por normas legais ou regulamentares;

V – fornecer ao órgão administrativo competente documentos, dados ou informações incorretos ou em desacordo com os prazos e as condições estabelecidos em normas legais ou regulamentares;

VI – divulgar publicidade ou propaganda comercial de operadores de loteria de apostas de quota fixa não autorizados;

> Inciso VI entra em vigor na data da publicação desta lei e produz efeitos a partir da data de vigência da regulamentação do Ministério da Fazenda que possibilite aos interessados a apresentação de pedido de autorização para a exploração de apostas de quota fixa.

VII – descumprir normas legais e regulamentares cujo cumprimento caiba ao órgão administrativo competente fiscalizar; e

VIII – executar, incentivar, permitir ou, de qualquer forma, contribuir ou concorrer para práticas atentatórias à integridade esportiva, à incerteza do resultado esportivo, à igualdade entre os competidores e à transparência das regras aplicáveis ao evento esportivo, bem como para qualquer outra forma de fraude ou interferência indevida apta a afetar a lisura ou a higidez das condutas associadas ao desempenho idôneo da atividade esportiva.

Parágrafo único. Constitui embaraço à fiscalização negar ou dificultar o acesso a sistemas de dados e de informação e não exibir ou não fornecer documentos, papéis e livros de escrituração, inclusive em meio eletrônico, nos prazos, nas formas e nas condições estabelecidos pelo órgão administrativo competente no exercício de sua atividade de fiscalização.

Art. 40. O disposto neste Capítulo também se aplica às pessoas físicas ou jurídicas que:

I – exerçam, sem a devida autorização, atividade relacionada a apostas de quota fixa sujeitas à competência do Ministério da Fazenda;

II – atuem como administradores ou membros da diretoria, do conselho de administração ou de outros órgãos previstos no estatuto de pessoa jurídica sujeita à competência do Ministério da Fazenda, nos termos desta Lei.

Seção III
Das Penalidades

Art. 41. São aplicáveis às pessoas físicas e jurídicas que infringirem o disposto nesta Lei as seguintes penalidades, de forma isolada ou cumulativa:

I – advertência;

II – no caso de pessoa jurídica: multa no valor de 0,1% (um décimo por cento) a 20% (vinte por cento) sobre o produto da arrecadação após a dedução das importâncias de que tratam os incisos III, IV e V do caput do art. 30 da Lei nº 13.756, de 12 de dezembro de 2018, relativo ao último exercício anterior ao da instauração do processo administrativo sancionador, observado que a multa nunca será inferior à vantagem auferida, quando for possível sua estimação, nem superior a R$ 2.000.000.000,00 (dois bilhões de reais) por infração;

III – no caso das demais pessoas físicas ou jurídicas de direito público ou privado e de quaisquer associações de entidades ou pessoas constituídas de fato ou de direito, ainda que temporariamente, com ou sem personalidade jurídica, que não exerçam atividade empresarial, quando não for possível a utilização do critério do produto da arrecadação: multa de R$ 50.000,00 (cinquenta mil reais) a R$ 2.000.000.000,00 (dois bilhões de reais) por infração;

IV – suspensão parcial ou total do exercício das atividades, pelo prazo de até 180 (cento e oitenta) dias;

V – cassação da autorização, extinção da permissão ou da concessão, cancelamento do registro, descredenciamento ou ato de liberação análogo;

VI – proibição de obter titularidade de nova autorização, outorga, permissão, credenciamento, registro ou ato de liberação análogo, pelo prazo máximo de 10 (dez) anos;

VII – proibição de realizar determinadas atividades ou modalidades de operação, pelo prazo máximo de 10 (dez) anos;

VIII – proibição de participar de licitação que tenha por objeto concessão ou permissão de serviços públicos, na administração pública federal, direta ou indireta, por prazo não inferior a 5 (cinco) anos;

IX – inabilitação para atuar como dirigente ou administrador e para exercer cargo em órgão previsto em estatuto ou em contrato social de pessoa jurídica que explore qualquer modalidade lotérica, pelo prazo máximo de 20 (vinte) anos.

Parágrafo único. Uma ou mais pessoas físicas ou jurídicas poderão ser consideradas, isolada ou conjuntamente, responsáveis por uma mesma infração.

Art. 42. Na aplicação das penalidades estabelecidas neste Capítulo, serão considerados:

I – a gravidade e a duração da infração;

II – a primariedade e a boa-fé do infrator;

III – o grau de lesão ou o perigo de lesão à economia nacional, ao esporte, aos consumidores ou a terceiros;

IV – a vantagem auferida pelo infrator;

V – a capacidade econômica do infrator;

VI – o valor da operação; e

VII – a reincidência.

§ 1º Considera-se primário o infrator que não tiver condenação administrativa definitiva por infrações à legislação ou a regulamentos aplicáveis à exploração de loterias.

§ 2º Verifica-se a reincidência quando o infrator comete nova infração da mesma natureza no período de 3 (três) anos subsequente à data da decisão condenatória administrativa transitada em julgado relativa à infração anterior.

§ 3º Nos casos de reincidência, a sanção de multa será aplicada de forma isolada ou cumulativamente com outras sanções, e seu valor será agravado em dobro.

Seção IV
Do Termo de Compromisso

Art. 43. O Ministério da Fazenda, em juízo de conveniência e oportunidade devidamente fundamentado, com vistas a atender ao interesse público, poderá deixar de instaurar ou suspender, em qualquer fase que preceda a tomada da decisão de primeira instância, o processo administrativo destinado à apuração de infração prevista nesta Lei, se o investigado firmar termo de compromisso no qual se obrigue a, cumulativamente:

I – cessar a prática sob investigação ou os seus efeitos lesivos;

II – corrigir as irregularidades apontadas e indenizar os prejuízos; e

III – cumprir as demais condições que forem acordadas no caso concreto, com obrigatório recolhimento de contribuição pecuniária.

§ 1º A proposta de termo de compromisso poderá ser apresentada apenas uma vez.

§ 2º A proposta de termo de compromisso poderá, a requerimento do interessado ou mediante decisão fundamentada do Ministério da Fazenda, ser classificada como documento sigiloso.

§ 3º A apresentação de proposta de termo de compromisso suspenderá a contagem do prazo de prescrição.

§ 4º A proposta de termo de compromisso será rejeitada quando não houver acordo entre o Ministério da Fazenda e os investigados com relação às obrigações a serem compromissadas.

§ 5º A apresentação da proposta e a celebração do termo de compromisso não importarão confissão quanto à matéria de fato nem reconhecimento da ilicitude da conduta analisada.

§ 6º O termo de compromisso será celebrado pelo Ministro de Estado da Fazenda, admitida a delegação de competência, e sua versão pública será publicada no sítio eletrônico do Ministério da Fazenda no prazo de 5 (cinco) dias úteis, contado da data de sua assinatura.

§ 7º O termo de compromisso constituirá título executivo extrajudicial.

§ 8º O processo administrativo será suspenso na data da publicação do termo de compromisso pelo Ministério da Fazenda, sem prejuízo de sua retomada na hipótese de descumprimento das obrigações compromissadas.

§ 9º A suspensão do curso do processo administrativo e da contagem do prazo de prescrição somente terá efeito em relação ao interessado que apresentou a proposta e firmou o termo de compromisso, mantidos o curso do processo e a contagem do prazo em relação aos demais investigados ou envolvidos.

§ 10. O termo de compromisso fixará o valor da multa a ser aplicada na hipótese de descumprimento total ou parcial das obrigações compromissadas.

§ 11. Declarado o descumprimento das obrigações compromissadas, o Ministério da Fazenda aplicará as sanções previstas no termo de compromisso e adotará as demais medidas administrativas, extrajudiciais e judiciais cabíveis para sua execução.

§ 12. O processo administrativo será arquivado ao término do prazo fixado no termo de compromisso, desde que atendidas as obrigações compromissadas.

§ 13. O Ministério da Fazenda editará normas complementares sobre o termo de compromisso de que trata este artigo.

Seção V
Das Medidas Coercitivas e Acautelatórias

Art. 44. Poderão ser aplicadas, cautelarmente, antes da instauração ou durante a tramitação do processo administrativo sancionador, quando estiverem presentes os requisitos de verossimilhança e do perigo de demora, em decisão fundamentada, as seguintes medidas:

I – desativação temporária de instrumentos, de equipamentos, de sistemas ou de demais objetos e componentes destinados ao funcionamento das máquinas e das instalações;

II – suspensão temporária de pagamento de prêmios;

III – recolhimento de bilhetes emitidos; e

IV – outras providências acautelatórias necessárias para proteção do bem jurídico tutelado.

Art. 45. Havendo fundada suspeita de manipulação de resultados ou outras fraudes semelhantes, o Ministério da Fazenda poderá determinar, cautelarmente:

I – a imediata suspensão de apostas e a retenção do pagamento de prêmios relativamente ao evento suspeito;

II – a suspensão ou a proibição, a um ou mais agentes operadores, de apostas em eventos intercorrentes ou específicos ocorridos durante a prova, a partida ou a disputa suspeita, que não o prognóstico específico do resultado final; e

III – outras medidas restritivas destinadas a evitar ou a mitigar as consequências de práticas violadoras da integridade no esporte.

Art. 46. O descumprimento das medidas cautelares, bem como a recusa, a omissão, a falsidade ou o retardamento injustificado no fornecimento de informações ou de documentos requeridos pelo Ministério da Fazenda no exercício de suas atribuições de fiscalização, sujeitam o infrator ao pagamento de multa cominatória no valor de R$ 10.000,00 (dez mil reais) a R$ 200.000,00 (duzentos mil reais) por dia.

Parágrafo único. A regulamentação do Ministério da Fazenda disporá sobre a aplicação da multa cominatória e os critérios a serem considerados para a definição de seu valor, tendo em vista os seus objetivos.

Seção VI
Do Processo Administrativo Sancionador

Art. 47. O processo administrativo sancionador será instaurado nos casos em que se verificarem indícios da ocorrência de infração prevista nesta Lei ou nas demais normas legais e regulamentares aplicáveis à loteria de apostas de quota fixa cujo cumprimento seja fiscalizado pelo Ministério da Fazenda.

Art. 48. O rito do processo administrativo sancionador observará o disposto na regulamentação expedida pelo Ministério da Fazenda no exercício das atribuições que lhe são conferidas pelo § 3º do art. 29 da Lei nº 13.756, de 12 de dezembro de 2018.

CAPÍTULO XI
DISPOSIÇÕES FINAIS

Art. 49. Não configura exploração de modalidade lotérica, promoção comercial ou aposta de quota fixa, estando dispensada de autorização do poder público, a atividade de desenvolvimento ou prestação de serviços relacionados ao fantasy sport.

Parágrafo único. Para fins do disposto neste artigo, considera-se fantasy sport o esporte eletrônico em que ocorrem disputas em ambiente virtual, a partir do desempenho de pessoas reais, nas quais:

I – as equipes virtuais sejam formadas de, no mínimo, 2 (duas) pessoas reais, e o desempenho dessas equipes dependa eminentemente de conhecimento, análise estatística, estratégia e habilidades dos jogadores do fantasy sport;

II – as regras sejam preestabelecidas;

III – o valor garantido da premiação independa da quantidade de participantes ou do volume arrecadado com a cobrança das taxas de inscrição; e

IV – os resultados não decorram do resultado ou da atividade isolada de uma única pessoa em competição real.

(...)

Art. 58. Esta Lei entra em vigor na data de sua publicação e produz efeitos:

I – quanto ao inciso VI do caput do art. 39, a partir da data de vigência da regulamentação do Ministério da Fazenda que possibilite aos interessados a apresentação de pedido de autorização para a exploração de apostas de quota fixa;

II – quanto ao art. 51, na parte em que altera o § 1º-A do art. 30 da Lei nº 13.756, de 12 de dezembro de 2018, para dispor sobre a contribuição à seguridade social, a partir do primeiro dia do quarto mês subsequente ao de sua publicação;

III – quanto à alínea b do inciso III do *caput* do art. 57, a partir do primeiro dia do quarto mês subsequente ao de sua publicação; e

IV – quanto aos demais dispositivos, na data de sua publicação.

Brasília, 29 de dezembro de 2023; 202º da Independência e 135º da República.

Luiz Inácio Lula da Silva

SÚMULAS DOS TRIBUNAIS SUPERIORES

Súmulas Vinculantes do Supremo Tribunal Federal

24. Não se tipifica crime material contra a ordem tributária, previsto no art. 1º, incisos I a IV, da Lei 8.137/1990, antes do lançamento definitivo do tributo.

25. É ilícita a prisão civil de depositário infiel, qualquer que seja a modalidade do depósito.

27. Compete à Justiça estadual julgar causas entre consumidor e concessionária de serviço público de telefonia, quando a ANATEL não seja litisconsorte passiva necessária, assistente, nem opoente.

38. É competente o Município para fixar o horário de funcionamento de estabelecimento comercial.

48. Na entrada de mercadoria importada do exterior, é legítima a cobrança do ICMS por ocasião do desembaraço aduaneiro.

49. Ofende o princípio da livre concorrência lei municipal que impede a instalação de estabelecimentos comerciais do mesmo ramo em determinada área.

57. A imunidade tributária constante do art. 150, VI, "d", da CF/88 aplica-se a importação e comercialização, no mercado interno, do livro eletrônico (*e-book*) e dos suportes exclusivamente utilizados para fixá-lo, como os leitores de livros eletrônicos (*e-readers*), ainda que possuam funcionalidades acessórias.

58. Inexiste direito a crédito presumido de IPI relativamente à entrada de insumos isentos, sujeitos à alíquota zero ou não tributáveis, o que não contraria o princípio da não cumulatividade.

Súmulas do Superior Tribunal de Justiça

284. A purga da mora, nos contratos de alienação fiduciária, só é permitida quando já pagos pelo menos 40% (quarenta por cento) do valor financiado.

285. Nos contratos bancários posteriores ao Código de Defesa do Consumidor incide a multa moratória nele prevista.

297. O Código de Defesa do Consumidor é aplicável às instituições financeiras.

302. É abusiva a cláusula contratual de plano de saúde que limita no tempo a internação hospitalar do segurado.

321. Cancelada pelo REsp. 1.536.786-MG (*DJE 29.02.2016*). *O Código de Defesa do Consumidor é aplicável à relação jurídica entre a entidade de previdência privada e seus participantes.*

323. A inscrição do nome do devedor pode ser mantida nos serviços de proteção ao crédito até o prazo máximo de cinco anos, independentemente da prescrição da execução.

379. Nos contratos bancários não regidos por legislação específica, os juros moratórios poderão ser convenciona dos até o limite de 1 % ao mês.

380. A simples propositura da ação de revisão de contrato não inibe a caracterização da mora do autor.

381. Nos contratos bancários, é vedado ao julgador conhecer, de ofício, da abusividade das cláusulas.

382. A estipulação de juros remuneratórios superiores a 12% ao ano, por si só, não indica abusividade.

385. Da anotação irregular em cadastro de proteção ao crédito, não cabe indenização por dano moral, quando preexistente legítima inscrição, ressalvado o direito ao cancelamento.

391. O ICMS incide sobre o valor da tarifa de energia elétrica correspondente à demanda de potência efetivamente utilizada.

395. O ICMS incide sobre o valor da venda a prazo constante da nota fiscal.

404. É dispensável o aviso de recebimento (AR) na carta de comunicação ao consumidor sobre a negativação de seu nome em bancos de dados e cadastros.

407. É legítima a cobrança da tarifa de água fixada de acordo com as categorias de usuários e as faixas de consumo.

410. A prévia intimação pessoal do devedor constitui condição necessária para a cobrança de multa pelo descumprimento de obrigação de fazer ou não fazer.

421. Os honorários advocatícios não são devidos à Defensoria Pública quando ela atua contra a pessoa jurídica de direito público à qual pertença.

469. CANCELADA pela Segunda Seção, na sessão de 11 de abril de 2018, ao apreciar o Projeto de Súmula 937 *(DJE-STJ 17.04.2018)*.

Aplica-se o Código de Defesa do Consumidor aos contratos de plano de saúde.

473. O mutuário do SFH não pode ser compelido a contratar o seguro habitacional obrigatório com a instituição financeira mutuante ou com a seguradora por ela indicada.

475. Responde pelos danos decorrentes de protesto indevido o endossatário que recebe por endosso translativo título de crédito contendo vício formal extrínseco ou intrínseco, ficando ressalvado seu direito de regresso contra os endossantes e avalistas.

476. O endossatário de título de crédito por endosso-mandato só responde por danos decorrentes de protesto indevido se extrapolar os poderes de mandatário.

477. A decadência do art. 26 do CDC não é aplicável à prestação de contas para obter esclarecimentos sobre cobrança de taxas, tarifas e encargos bancários.

478. Na execução de crédito relativo a cotas condominiais, este tem preferência sobre o hipotecário.

479. As instituições financeiras respondem objetivamente pelos danos gerados por fortuito interno relativo a fraudes e delitos praticados por terceiros no âmbito de operações bancárias.

506. A ANATEL não é parte legítima nas demandas entre a concessionária e o usuário de telefonia decorrentes de relação contratual.

532. Constitui prática comercial abusiva o envio de cartão de crédito sem prévia e expressa solicitação do consumidor, configurando-se ato ilícito indenizável e sujeito à aplicação de multa administrativa.

539. É permitida a capitalização de juros com periodicidade inferior à anual em contratos celebrados com instituições integrantes do Sistema Financeiro Nacional a partir de 31/3/2000 (MP 1.963-17/2000, reeditada como MP 2.170-36/2001), desde que expressamente pactuada.

541. A previsão no contrato bancário de taxa de juros anual superior ao duodécuplo da mensal é suficiente para permitir a cobrança da taxa efetiva anual contratada.

543. Na hipótese de resolução de contrato de promessa de compra e venda de imóvel submetido ao Código de Defesa do Consumidor, deve ocorrer a imediata restituição das parcelas pagas pelo promitente comprador – integralmente, em caso de culpa exclusiva do promitente vendedor/construtor, ou parcialmente, caso tenha sido o comprador quem deu causa ao desfazimento.

546. A competência para processar e julgar o crime de uso de documento falso é firmada em razão da entidade ou órgão ao qual foi apresentado o documento público, não importando a qualificação do órgão expedidor.

548. Incumbe ao credor a exclusão do registro da dívida em nome do devedor no cadastro de inadimplentes no prazo de cinco dias úteis, a partir do integral e efetivo pagamento do débito.

550. A utilização de escore de crédito, método estatístico de avaliação de risco que não constitui banco de dados, dispensa o consentimento do consumidor, que terá o direito de solicitar esclarecimentos sobre as informações pessoais valoradas e as fontes dos dados considerados no respectivo cálculo.

551. Nas demandas por complementação de ações de empresas de telefonia, admite-se a condenação ao pagamento de dividendos e juros sobre capital próprio independentemente de pedido expresso. No entanto, somente quando previstos no título executivo, poderão ser objeto de cumprimento de sentença.

553. Nos casos de empréstimo compulsório sobre o consumo de energia elétrica, é competente a Justiça estadual para o julgamento de demanda proposta exclusivamente contra a Eletrobrás. Requerida a intervenção da União no feito após a prolação de sentença pelo juízo estadual, os autos devem ser remetidos ao Tribunal Regional Federal competente para o julgamento da apelação se deferida a intervenção.

563. O Código de Defesa do Consumidor é aplicável às entidades abertas de previdência complementar, não incidindo nos contratos previdenciários celebrados com entidades fechadas.

566. Nos contratos bancários posteriores ao início da vigência da Resolução-CMN n. 3.518/2007, em 30/4/2008, pode ser cobrada a tarifa de cadastro no início do relacionamento entre o consumidor e a instituição financeira.

572. O Banco do Brasil, na condição de gestor do Cadastro de Emitentes de Cheques sem Fundos (CCF), não tem a responsabilidade de notificar previamente o devedor acerca da sua inscrição no aludido cadastro, tampouco legitimidade passiva para as ações de reparação de danos fundadas na ausência de prévia comunicação.

595. As instituições de ensino superior respondem objetivamente pelos danos suportados pelo aluno/consumidor pela realização de curso não reconhecido pelo Ministério da Educação, sobre o qual não lhe tenha sido dada prévia e adequada informação.

597. A cláusula contratual de plano de saúde que prevê carência para utilização dos serviços de assistência médica nas situações de emergência ou de urgência é considerada abusiva se ultrapassado o prazo máximo de 24 horas contado da data da contratação.

601. O Ministério Público tem legitimidade ativa para atuar na defesa de direitos difusos, coletivos e individuais homogêneos dos consumidores, ainda que decorrentes da prestação de serviço público.

602. O Código de Defesa do Consumidor é aplicável aos empreendimentos habitacionais promovidos pelas sociedades cooperativas.

603. CANCELADA pela Segunda Seção, na sessão de 22 de agosto de 2018, ao julgar o REsp 1.555.722-SP *(DJE-STJ 27.08.2018)*.

É vedado ao banco mutuante reter, em qualquer extensão, os salários, vencimentos e/ou proventos de correntista para adimplir o mútuo (comum) contraído, ainda que haja cláusula contratual autorizativa, excluído o empréstimo garantido por margem salarial consignável, com desconto em folha de pagamento, que possui regramento legal específico e admite a retenção de percentual.

606. Não se aplica o princípio da insignificância a casos de transmissão clandestina de sinal de internet via radiofrequência, que caracteriza o fato típico previsto no art. 183 da Lei 9.472/1997.

608. Aplica-se o Código de Defesa do Consumidor aos contratos de plano de saúde, salvo os administrados por entidades de autogestão.

609. A recusa de cobertura securitária, sob a alegação de doença preexistente, é ilícita se não houve a exigência de exames médicos prévios à contratação ou a demonstração de má-fé do segurado.

610. O suicídio não é coberto nos dois primeiros anos de vigência do contrato de seguro de vida, ressalvado o direito do beneficiário à devolução do montante da reserva técnica formada.

616. A indenização securitária é devida quando ausente a comunicação prévia do segurado acerca do atraso no pagamento do prêmio, por constituir requisito essencial para a suspensão ou resolução do contrato de seguro.

618. A inversão do ônus da prova aplica-se às ações de degradação ambiental.

620. A embriaguez do segurado não exime a seguradora do pagamento da indenização prevista em contrato de seguro de vida.

638. É abusiva a cláusula contratual que restringe a responsabilidade de instituição financeira pelos danos decorrentes de roubo, furto ou extravio de bem entregue em garantia no âmbito de contrato de penhor civil.

642. O direito à indenização por danos morais transmite-se com o falecimento do titular, possuindo os herdeiros da vítima legitimidade ativa para ajuizar ou prosseguir a ação indenizatória.

658. O crime de apropriação indébita tributária pode ocorrer tanto em operações próprias, como em razão de substituição tributária.

ÍNDICE REMISSIVO

A

ABATIMENTO PROPORCIONAL DO PREÇO

CDC

- vício de quantidade do produto; alternativa: arts. 19, I,
- vício de qualidade do produto; alternativa: art. 20, III

ABUSO DE DIREITO

CDC

- desconsideração da personalidade jurídica: art. 28

AÇÃO

CDC

- cumprimento da obrigação de fazer ou de não fazer: art. 84
- defesa dos direitos e interesses do consumidor previstos no CDC: art. 83
- de regresso: art. 88

AÇÃO CIVIL PÚBLICA

LEG. ESP.

- Lei 7.347/1985

AÇÃO COLETIVA PARA DEFESA DE INTERESSES INDIVIDUAIS HOMOGÊNEOS

CDC

- competência: arts. 93 e 98, § 2º
- concurso de créditos: art. 99
- condenação: art. 95
- execução: art. 98
- legitimidade: arts. 91 e 92
- liquidação e a execução de sentença: art. 97
- liquidação; prazo: art. 100
- litisconsórcio: art. 94

AÇÃO COLETIVA

CDC

- coisa julgada: art. 103
- custas, emolumentos, honorários periciais e outras despesas: art. 87
- direitos e interesses protegidos: art. 81, parágrafo único
- disciplina: art. 81 e ss.
- liquidação e execução da sentença: arts. 97 e ss.
- litigância de má-fé: art. 87, parágrafo único
- litispendência; ausência: art. 104
- previsão legal: art. 81, *in fine*

AÇÃO DE REGRESSO

CDC

- art. 88
- denunciação da lide; vedação: art. 88
- processo autônomo: art. 88
- solidariedade dos responsáveis pelo dano: art. 13, par. ún.

AÇÃO DE RESPONSABILIDADE CIVIL DO FORNECEDOR DE PRODUTOS E SERVIÇOS

CDC

- chamamento ao processo; segurador: art. 101, II
- competência: art. 101, I
- disciplina: art. 101
- réu declarado falido: art. 101, II
- segurador: art. 101, II

AÇÃO INDIVIDUAL

CDC

- arts. 81 e 103, § 2º

AÇÃO PARA DECLARAÇÃO DE NULIDADE DE CLÁUSULA CONTRATUAL

CDC

- ajuizamento; requerimento; ministério Público: art. 51, § 4º

AÇÃO PENAL

CDC

- agravantes: art. 76
- concurso de pessoas: art. 75
- crimes: arts. 61 e ss.
- culpabilidade: art. 75
- fiança: art. 79
- intervenção como assistentes: art. 80
- pena pecuniária: art. 77
- penas: art. 78
- responsabilidade penal do diretor, administrador ou gerente da pessoa jurídica: art. 75
- subsidiária da pública: art. 80

ACESSO A INFORMAÇÕES

CDC

- direito do consumidor: art. 43, *caput*

ACIDENTE (S)

LEG. ESP.

- de consumo; sistema de informações de: Portaria Interministerial 3.082/2013

ADIMPLEMENTO

LEG. ESP.

- banco de dados com informações de; formação de histórico de crédito: Lei 12.414/2011

ADMINISTRAÇÃO PÚBLICA

CDC

- entidades e órgãos; legitimidade: art. 82, III
- garantia de acesso: art. 6º, VI
- serviços adequados, eficientes, seguros e contínuos; fornecimento de: art. 22

AFIRMAÇÃO FALSA OU ENGANOSA

CDC

- pena: art. 66

ÁGUA

LEG. ESP.

- consumo moderado; risco de escassez; veiculação de mensagem de advertência sobre risco: Lei 13.233/2015
- de sistemas de abastecimento; procedimento sobre controle de qualidade; informação ao consumidor: Decreto 5.440/2005

ALIENAÇÃO FIDUCIÁRIA

CDC

- cláusulas nulas de pleno direito: art. 53

ALIMENTOS

LEG. ESP.

- embalagem; proibição de uso de chumbo e estanho: Lei 9.832/1999
- transgênicos; direito à informação; regulamentação: Decreto 4.680/2003

ALVARÁ

CDC

- cassação: art. 59

AMEAÇA

CDC

- cobrança de débitos: art. 42
- crime: art. 71

AMOSTRA GRÁTIS

CDC

- equiparação: art. 39, parágrafo único

ANÚNCIOS PUBLICITÁRIOS

CDC

- obrigatoriedade para os produtos nocivos ou perigosos: art. 10, §§ 1º a 3º

ASSISTÊNCIA JURÍDICA, ADMINISTRATIVA E TÉCNICA

CDC

- necessitados: art. 6º, VII

ASSOCIAÇÕES DE DEFESA DOS INTERESSES E DIREITOS DO CONSUMIDOR

CDC

- legitimidade: art. 82, IV e § 1º

ASSOCIAÇÕES REPRESENTATIVAS

CDC

- incentivo governamental: art. 4º, II, *b*

ATENDIMENTO

LEG. ESP.

- estabelecimento de tempo máximo para; serviço de atendimento ao consumidor (SAC): Portaria 2.014/2008, do Ministério da Justiça
- prioritário: Lei 10.048/2000

ATIVIDADE ECONÔMICA

LEG. ESP.

- princípios gerais da atividade econômica; defesa do consumidor: art. 170 da CF

ATIVIDADE NOCIVA

CDC

- medidas de tutela específica; impedimento: art. 84, § 5º

ATIVIDADES

CDC

- bancária, financeira e de crédito: art. 3º, § 2º
- de fornecedor: art. 3º, *caput*
- securitária: art. 3º, § 2º
- serviços: art. 3º, § 2º

B

BALANÇA NÃO AFERIDA

CDC

- responsabilidade: art. 19, § 2º.

BANCO DE DADOS E CADASTROS DE CONSUMIDORES

CDC

- acesso às informações: art. 43
- débitos prescritos: art. 43, § 5º
- não correção de informação inexata sobre consumidor; crime: art. 73

BENEFÍCIO (S)

LEG. ESP.

- do pagamento de meia-entrada: Lei 12.933/2013

BENS

CDC

- imateriais: art. 3º, § 1º
- imóveis: art. 3º, § 1º
- materiais: art. 3º, § 1º
- móveis: art. 3º, § 1º

BUSCA E APREENSÃO

CDC

- medidas de tutela específica: art. 84, § 5º

C

CADASTRO

CDC

- contra fornecedores de produtos ou serviços; reclamações: art. 44
- caráter público: art. 43, § 4º
- comunicação: art. 43, § 2º
- exigência de correção: art. 43, § 3º
- legibilidade: art. 43, § 1º

CADUCIDADE

CDC

- direito de reclamar: art. 26

CASSAÇÃO

CDC

- alvará: art. 59
- concessão: art. 59, § 1º
- de licença; ocorrência: art. 56, IX
- do registro do produto; ocorrência: art. 56, IV

CIGARRO (S)

LEG. ESP.

- e similares; proibição de produtos reproduzindo a forma de; destinação ao público infanto-juvenil: Lei 12.921/2013

CLÁUSULA CONTRATUAL

CDC

- abusiva; hipóteses: art. 51; Portaria 5/2002, da SDE
- alteração em razão de fatos supervenientes: art. 6º, V
- assistência médica; carência; emergência: Súm. 597/STJ
- contrato de adesão: art. 54
- especial em outorga de crédito ou concessão de financiamento ao consumidor: art. 52
- imprópria; vedação: art. 25
- interpretação: art. 47
- modificação ou revisão: art. 6º, V
- nulas: art. 25, *caput*
- nulas de pleno direito: Portaria 3/1999, da SDE; Portaria 4/1998, da SDE; Portaria 3/2001, da SDE
- nulidade; ajuizamento de ação pelo Ministério Público: art. 51, § 4º
- nulidade de pleno direito, hipóteses: arts. 51 e 53
- plano de saúde; emergência; carência: Súm. 597/STJ
- plano de saúde; emergência; 24 horas: Súm. 597/STJ
- redação em caso de limitação ao direito do consumidor: art. 54, § 4º
- resolutória em contrato de adesão: art. 54, § 2º

COBRANÇA DE DÍVIDAS

CDC

- afirmações falsas, incorretas ou enganosas: art. 71
- ameaça, coação, constrangimento físico ou moral: arts. 42 e 71
- crime: art. 71
- disciplina: art. 42
- procedimento que exponha o consumidor, injustificadamente, a ridículo ou interfira com seu trabalho, descanso ou lazer: arts. 42 e 71
- quantia indevida: art. 42, parágrafo único

CÓDIGO DE DEFESA DO CONSUMIDOR

LEG. ESP.

- exemplar; obrigatoriedade da manutenção em estabelecimentos comerciais e de prestação de serviços: Lei 12.291/2010
- regulamentação: Decretos 7.962/2013 (Contratação no Comércio Eletrônico) e 11.034/2022 (Serviços de Atendimento ao Consumidor – SAC)

CÓDIGO DE PROCESSO CIVIL
CDC
- aplicação: art. 90

COISA JULGADA
CDC
- *erga omnes*: art. 104
- *ultra partes*: arts. 103 e 104

COLETIVIDADE DE PESSOAS
CDC
- qualidade de consumidoras: art. 2º, parágrafo único

COMERCIANTE
- responsabilidade solidária: art. 13

COMÉRCIO
LEG. ESP.
- de veículos automotores; obrigatoriedade de informação sobre o valor dos tributos: Lei 13.111/2015
- eletrônico; contratação: Decreto 7.962/2013

COMPENSAÇÃO OU RESTITUIÇÃO DE PARCELAS QUITADAS
CDC
- descontos: art. 53, § 2º

COMPONENTES DE REPOSIÇÃO
CDC
- art. 21

CONCURSO DE CRÉDITOS
CDC
- preferência no pagamento: art. 99

CONCURSO PÚBLICO
CDC
- proibição de participar: art. 7º, § 1º, I

CONDENAÇÃO
CDC
- procedência do pedido: art. 95

CONSÓRCIO DE PRODUTOS DURÁVEIS
CDC
- compensação; restituição das parcelas quitadas:

ART. 53, § 2º

CONSTRUÇÃO
CDC
- reparação dos danos: art. 12

CONSTRUTOR
CDC
- responsabilidade; reparação de danos: art. 12, *caput*

CONSUMIDOR
CDC
- carente: art. 5º, I
- cláusulas contratuais abusivas: art. 51
- cobrança de débitos: arts. 42 e 42-A
- conceito: art. 2º
- desfazimento do negócio: art. 41
- direito a informação em contratos de outorga de crédito ou concessão de financiamento ao consumidor: art. 52
- defesa em juízo: arts. 81 e ss.
- desistência do contrato: art. 49
- direitos: art. 6º
- entidades civis: art. 107
- envio de produto sem solicitação: art. 39, III
- equiparado: arts. 2º, parágrafo único, 17 e 29
- escolhas em caso de vício do produto ou serviço: art. 18
- exigência de vantagem: art. 39, V
- exposição ao ridículo: art. 42
- identificação em documentos de cobrança: art. 42-A
- informações em Bancos de Dados e Cadastros de Consumidores: arts. 43 e 44
- indução ao erro: art. 37, § 1º
- proteção contratual: art. 46
- publicidade prejudicial: art. 4º, § 2º
- responsabilidade pela reparação dos danos causados: arts. 12 e 14

LEG. ESP.
- Código de Defesa do; regulamento: Decreto 5.903/2006
- defesa do; Conselho Nacional de: Decreto 10.417, de 07 de julho de 2020.
- defesa do; fiscalização pelos órgãos públicos; práticas abusivas: Portaria 7/2003, da SDE
- defesa do; Sistema Nacional; organização: Decreto 2.181/1997
- forma de afixação de oferta de preços de produtos e serviços para: Lei 10.962/2004
- informação; controle e qualidade da água de sistemas de abastecimento: Decreto 5.440/2005
- medidas de esclarecimento ao: Lei 12.741/2012
- regras de informação ao; mudança de quantidade de produto: Portaria 392/2021
- serviço de atendimento ao consumidor (SAC); fixação de normas gerais: Decreto 11.034/2022

SÚMULA STJ
- aluno; curso não reconhecido; danos: Súm. 595/STJ
- aluno; curso não reconhecido; responsabilidade: Súm. 595/STJ
- instituição ensino superior; responsabilidade; curso não reconhecido: Súm. 595/STJ
- responsabilidade; danos; curso não reconhecido: Súm. 595/STJ

CONSUMO

LEG. ESP.
- moderado de água; risco de escassez; veiculação de mensagem de advertência sobre risco: Lei 13.233/2015
- solução de conflitos de; *consumidor.gov.br*: Decreto 8.573/2015
- solução de conflitos de; *consumidor.gov.br*: cadastro de empresas: Port. 15/2020, da SNC

CONTRAPROPAGANDA

CDC
- publicidade abusiva: arts. 56, XII, e 60

CONTRATO

CDC
- ação para declaração de nulidade de cláusula contratual: art. 51, § 4º
- alienação fiduciária em garantia: art. 53
- cancelamento; cláusulas nulas de pleno direito: art. 51, XI
- cláusulas abusivas: art. 51 e ss.
- compra e venda de móveis ou imóveis: art. 53
- conhecimento prévio do conteúdo: art. 46
- consórcios de produtos duráveis: art. 53, § 2º
- de adesão: art. 54
- desistência: art. 49
- direito de arrependimento: art. 49, parágrafo único
- disciplina geral: art. 46
- escritos particulares, recibos e pré-contratos: art. 48
- garantia contratual: art. 50
- interpretação favorável ao consumidor: art. 47
- invalidade; cláusulas nulas: art. 51, § 2º
- liquidação antecipada do débito: art. 52, § 2º
- multa de mora; valor: art. 52, § 1º
- nulidade: art. 51
- obrigação de indenizar inafastável: art. 25
- orçamento prévio: art. 40
- rescisão; recusa cumprimento oferta, apresentação, publicidade: art. 35, III

LEG. ESP.
- cláusulas contratuais; nulidade; inversão do ônus da prova: Medida Provisória 2.172-32/2001
- juros: Decreto 22.626/1933

CONTRATO DE ADESÃO

CDC
- cláusula resolutória: art. 54, § 2º
- definição: art. 54, *caput*
- inserção de cláusula: art. 54, § 1º
- legibilidade: art. 54, § 3º
- limitação de direito: art. 54, § 4º

CONTROLE

LEG. ESP.
- de qualidade da água de sistema de abastecimento; informação ao consumidor: Decreto 5.440/2005

CONTRATOS DE COMPRA E VENDA

CDC
- alienações fiduciárias em garantia: art. 53
- móveis ou imóveis mediante pagamento em prestações: art. 53
- perda total das prestações: art. 53

CONVENÇÃO COLETIVA DE CONSUMO

CDC
- regulamento; relações de consumo: art. 107

COSTUMES

CDC
- direitos do consumidor decorrentes: art. 7º, *caput*
- vedado ao fornecedor contrariar: art. 39, II

COVID-19
- aviação civil brasileira; medidas emergenciais: Lei 14.034/2020
- calamidade pública; reconhecimento: DL 6/2020
- cancelamento de serviços; turismo e cultura: Lei 14.046/2020
- medidas de enfrentamento: Lei 13.979/2020
- redução de pagamento para multas administrativas: Port.14/2020, da SNC
- relações de consumo; Regime Jurídico Emergencial e Transitório das relações jurídicas de Direito Privado (RJET): Lei 14.010/2020

CRIANÇA
- publicidade abusiva: art. 37, § 2º

CRIMES

CDC
- arts. 61 a 80
- agravantes: art. 76

LEG. ESP.
- contra a economia popular: Lei 1.521/1951
- contra a ordem tributária: Lei 8.137/1990

CULPA
CDC
- responsabilidade pessoal dos profissionais liberais: arts. 12 e 14, § 4º

CUMPRIMENTO DA OBRIGAÇÃO DE FAZER OU DE NÃO FAZER
CDC
- ação: art. 84
- resultado prático equivalente ao do adimplemento: art. 84
- tutela específica: art. 84

D

DANO(S)
CDC
- ação civil coletiva de responsabilidade: art. 91
- ação de indenização individual: art. 103, § 3º
- assistência jurídica, administrativa e técnica aos necessitados: art. 6º, VI
- causação; responsabilidade solidária: art. 25, §§ 1º e 2º
- direito de regresso: art. 13, parágrafo único
- patrimoniais, morais, individuais, coletivos e difusos; reparação: art. 6º, VI
- prazo de prescrição à reparação: art. 27
- prevenção e reparação: arts. 8º e ss.
- responsabilidade do réu: art. 95
- responsabilidade pela reparação: art. 14
- responsabilidade pelo fato do produto e do serviço: art. 12
- responsabilidade solidária: art. 7º

SÚMULA STJ
- aluno; curso não reconhecido; responsabilidade: Súm. 595/STJ
- instituição ensino; curso não reconhecido; responsabilidade: Súm. 595/STJ
- morais; indenização; falecimento do titular; transmissão do direito: Súm. 642/STJ
- responsabilidade; instituição ensino; curso não reconhecido: Súm. 595/STJ

DÉBITO (S)
LEG. ESP.
- declaração de quitação de; emissão: Lei 12.007/2009

DECADÊNCIA
CDC
- art. 26

DECLARAÇÃO
LEG. ESP.
- de quitação anual de débitos; emissão: Lei 12.007/2009

DECLARAÇÃO DE VONTADE
CDC
- vínculo: art. 48

DEFEITOS
CDC
- diferença de qualidade: art. 12, § 2º
- produto defeituoso: art. 12, § 1º
- responsabilidade pelo fato do produto e do serviço: art. 12
- serviço defeituoso: art. 14, § 1º

DEFESA
LEG. ESP.
- Conselho Nacional de; do consumidor: Decreto 10.417, de 07 de julho de 2020
- do consumidor; fiscalização; práticas abusivas: Portaria 7/2003, da SDE

DEFESA DO CONSUMIDOR EM JUÍZO
CDC
- arts. 81 e ss.
- ações cabíveis: art. 83
- Código de Processo Civil; aplicação: art. 90
- defesa coletiva: art. 81, parágrafo único
- disciplina: arts. 81 e ss.
- interesses difusos e coletivos: arts. 81, I e II, e 83
- interesses individuais homogêneos: arts. 81, III, e 91 e ss.
- legitimidade: art. 82
- obrigação de fazer ou não fazer; ação: art. 84
- responsabilização do fornecedor de produtos e serviços: art. 101

DEFICIENTES
LEG. ESP.
- Lei Brasileira da Pessoa; Estatuto da Pessoa com Deficiência: Lei 13.146/2015

DENUNCIAÇÃO DA LIDE
CDC
- vedação: art. 88

DEPARTAMENTO NACIONAL DE CONSUMO
CDC
- atribuições: art. 106

DESCONSIDERAÇÃO DA PERSONALIDADE JURÍDICA
CDC
- hipóteses: art. 28

- obstáculo ao ressarcimento de prejuízos causados aos consumidores: art. 28, § 5º
- responsabilidade das sociedades coligadas: art. 28, § 4º
- responsabilidade solidária das sociedades consorciadas: art. 28, § 3º
- responsabilidade subsidiária nas sociedades integrantes dos grupos societários e entre sociedades controladas: art. 28, § 2º

DESFAZIMENTO DE OBRA

CDC
- medidas de tutela específica: art. 84, § 5º

DESISTÊNCIA DO CONTRATO

CDC
- devolução de valor pago: art. 49, parágrafo único
- direito de arrependimento: art. 49
- prazo para desistir: art. 49, *caput*

DESTINATÁRIO FINAL

CDC
- consumidor: art. 2º

DIREITO À RECLAMAÇÃO

CDC
- caducidade: art. 26

DIREITO DE ARREPENDIMENTO

CDC
- devolução de valores pagos: art. 49, parágrafo único

DIREITO DE REGRESSO

CDC
- ocorrência: art. 13, parágrafo único

DIREITOS DO CONSUMIDOR

CDC
- direitos previstos em outros diplomas, princípios gerais de direito, analogia, costumes e equidade: art. 7º, *caput*

LEG. ESP.
- direitos previstos no CDC: art. 6º
- à informação; alimentos geneticamente modificados: Decreto 4.680/2003
- à informação; segurança dos estabelecimentos de lazer, cultura e entretenimento: Portaria 3.083/2013, do Ministério da Justiça
- ao benefício da meia-entrada: Leis 12.933/2013

DIREITOS E INTERESSES COLETIVOS

CDC
- conceito: art. 81, parágrafo único, II

DIREITOS E INTERESSES DIFUSOS

CDC
- conceito: arts. 81, parágrafo único, I

DIREITOS E INTERESSES INDIVIDUAIS HOMOGÊNEOS

CDC
- ação coletiva: art. 91 e ss.
- justiça competente: art. 93

E

EDUCAÇÃO E DIVULGAÇÃO SOBRE O CONSUMO

CDC
- direito do consumidor: art. 6º, II

EMBALAGEM

LEG. ESP.
- metálica; uso de chumbo e estanho; proibição: Lei 9.832/1999

ENTES DESPERSONALIZADOS

CDC
- qualidade de fornecedor: art. 3º, *caput*

EQUIDADE

CDC
- direitos decorrentes de: art. 7º

ESCLARECIMENTO

LEG. ESP.
- ao consumidor; medidas de: Lei 12.741/2012

ESPETÁCULO(S)

LEG. ESP.
- benefício da meia-entrada; pagamento: Lei 12.933/2013

ESTABELECIMENTO(S)

LEG. ESP
- comercial; manutenção de exemplar do Código de Defesa do Consumidor; obrigatoriedade: Lei 12.291/2010

ESTATUTO

LEG. ESP.
- da Pessoa com Deficiência: Lei 13.146/2015

EVENTOS ESPORTIVOS

LEG. ESP.
- relações de consumo: arts. 142 a 158 da Lei 14.597/2023

EXCESSO DE PODER

CDC
- desconsideração da personalidade jurídica: art. 28

EXECUÇÃO COLETIVA

CDC
- promoção: art. 98

EXECUÇÃO DA SENTENÇA
CDC
- promoção: arts. 97 e 100

EXONERAÇÃO CONTRATUAL
CDC
- vedação: art. 24

F

FABRICANTE
CDC
- caso de não responsabilidade pelo produto: art. 12, § 3º
- exigência de informação sobre o produto: art. 8º, parágrafo único
- obrigatoriedade: art. 33
- oferta de componentes: art. 32
- reparação de danos: art. 12, *caput*
- responsabilidade solidária por dano: art. 25, § 2º

FALÊNCIA DA PESSOA JURÍDICA
CDC
- desconsideração da personalidade jurídica: art. 28

FATO ILÍCITO
CDC
- não exclusão; imputabilidade penal: art. 28

FATOS SUPERVENIENTES
CDC
- modificação ou revisão de cláusulas contratuais: art. 6º, V

FIANÇA
CDC
- art. 79

FINANCIAMENTO AO CONSUMIDOR
CDC
- exigência: art. 52

FISCALIZAÇÃO
LEG. ESP.
- de práticas abusivas; pelos órgãos de defesa do consumidor: Portaria 7/2003, da SDE

FORÇA POLICIAL
CDC
- medidas de tutela específica: art. 84, § 5º

FORNECEDOR
CDC
- apresentação, publicidade e oferta; recusa de cumprimento: art. 35
- cadastro de reclamações: art. 44, *caput*
- conceito: art. 3º, *caput*
- convenção coletiva de consumo; cumprimento: art. 107, § 3º
- controle ou tabelamento de preços: art. 41
- crédito ao consumidor: art. 52, I a V
- de produtos ou serviços; cláusulas nulas de pleno direito: arts. 51 e 53
- de serviços; abatimento proporcional do preço: art. 20, § 1º, III
- de serviços; responsabilidade por vícios de qualidade: art. 20
- dever de informar; risco de contaminação: art. 8º, § 2º
- escritos particulares, recibos e pré-contratos: art. 48
- exoneração contratual: art. 24
- ignorância sobre os vícios: art. 23
- obrigação de cumprir oferta: art. 30
- obrigação de informar: arts. 8º, *caput*, e 9º
- orçamento prévio: art. 40
- preços; controle ou tabelamento: art. 41
- produtos de alto grau de nocividade ou periculosidade; proibição de colocar no mercado: art. 10
- produtos e serviços potencialmente nocivos ou perigosos: art. 9º
- proibição: art. 10, *caput*
- publicidade: art. 36, parágrafo único
- pesagem ou medição; responsabilidade: art. 19, § 2º
- produtos; vícios de quantidade: art. 19
- reexecução de serviços: art. 20, § 1º
- responsabilidade; ação: art. 101
- responsabilidade pelo serviço: arts. 14 e 20
- responsabilidade pelo vício do produto e do serviço: art. 18
- responsabilidade por atos de prepostos e representantes: art. 34
- serviços; vícios de qualidade: art. 20

FUNDO
LEG. ESP.
- de Defesa de Direitos Difusos (CFDD): Lei 9.008/1995

G

GARANTIA
CDC
- contratual; conferência: art. 50, *caput*
- fornecedor; exoneração vedada: art. 24
- legal: arts. 24 e 26
- normas: art. 50, parágrafo único
- termo expresso; independe de: art. 24

LEG. ESP.
- estendida; seguro: Resolução 436/2022

GRUPOS SOCIETÁRIOS
CDC
- responsabilidade subsidiária: art. 28, § 2º
- sociedades controladas: art. 28, § 2º

I

IGUALDADE NAS CONTRATAÇÕES
CDC
- direitos básicos do consumidor: art. 6º, II

IMÓVEL
CDC
- compra e venda: art. 53.

IMPOSTO SOBRE BENS E SERVIÇOS (IBS)
CF
- reforma tributária: art. 156-A

IMPORTADOR
CDC
- caso de não responsabilidade pelo produto: art. 12, § 3º
- peças de reposição: art. 32
- reparação de danos: art. 12, *caput*
- responsabilidade por dano causado: arts. 12, 13 e 25, § 2º

INADIMPLEMENTO
CDC
- cláusulas nulas; perda total: art. 53
- multas de mora decorrentes: art. 52, § 1º

INDENIZAÇÃO
CDC
- liquidação e execução: art. 100
- reparação de danos ao consumidor: arts. 12 e ss.

INFORMAÇÃO
CDC
- acesso do consumidor: art. 43
- adequada e clara; direito do consumidor: art. 6º, III
- insuficiente ou inadequada: art. 12

LEG. ESP.
- ao consumidor; controle e qualidade da água de sistema de abastecimento: Decreto 5.440/2005
- ao consumidor; segurança dos estabelecimentos de lazer, cultura e entretenimento: Portaria 3.083/2013, do Ministério da Justiça
- aos consumidores; mudança de quantidade de produto: Portaria 392/2021, do Ministério da Justiça e Segurança Pública
- direito à; alimentos e ingredientes produzidos a partir de organismos geneticamente modificados: Decreto 4.680/2003

INFRAÇÕES
CDC
- penais: arts. 61 e ss.
- sanções administrativas: art. 56

INQUÉRITO CIVIL
CDC
- instauração: art. 26, § 2º, III
- normas aplicáveis: art. 90

INSTITUIÇÕES FINANCEIRAS
LEG. ESP.
- prevenção de riscos na contratação de serviços de; Resolução 4.949/2021, do BACEN

INTERESSES COLETIVOS
CDC
- transindividuais; natureza indivisível; titular; grupo; categoria; classe de pessoas; relação jurídica base: art. 81, II

INTERESSES DIFUSOS
CDC
- transindividuais; natureza indivisível; titulares; pessoas indeterminadas; circunstâncias de fato; art. 81, I

INTERESSES INDIVIDUAIS HOMOGÊNEOS
CDC
- interesses; direitos individuais homogêneos; origem comum: art. 81, III

INTERVENÇÃO ADMINISTRATIVA
CDC
- procedimento administrativo; ampla defesa: art. 59, § 2º

INUTILIZAÇÃO DO PRODUTO
CDC
- sanção administrativa; infração de norma de defesa do consumidor: art. 56, III

INVERSÃO DO ÔNUS DA PROVA
CDC
- alegação verossímil: art. 6º, VIII
- direito a: art. 6º, VIII
- hipossuficiente: art. 6º, VIII
- nulidade das cláusulas contrárias ao consumidor: art. 51, VI

J

JUDICIÁRIO
CDC
- facilitação da defesa do consumidor: art. 6º, VIII
- garantia de acesso: art. 6º, VII

JUIZ
CDC
- concessão de tutela específica: art. 84, *caput*, e §§ 3º e 5º
- desconsideração de personalidade jurídica: art. 28
- fixação: art. 79
- imposição de multa: art. 84, § 4º

JUIZADOS ESPECIAIS E VARAS ESPECIALIZADAS
CDC
- criação: art. 5º, IV

JUROS
CDC
- de mora; informação sobre o montante: art. 52, II
- redução proporcional: art. 52, V, § 2°

LEG. ESP.
- nos contratos: Decreto 22.626/1933

L

LEGITIMIDADE
CDC
- ação penal subsidiária da pública: art. 80
- associações; requisito da pré-constituição: art. 82, IV e § 1º
- concorrente: art. 82

LESÃO CORPORAL
CDC
- pena: art. 65

LIBERDADE DE ESCOLHA
CDC
- direitos básicos; educação; divulgação; consumo adequado dos produtos e serviços: art. 6º, II

LIQUIDAÇÃO ANTECIPADA DO DÉBITO
CDC
- direito do consumidor: art. 52, V, § 2º

LITIGÂNCIA DE MÁ-FÉ
CDC
- art. 87, parágrafo único

LITÍGIOS DE CONSUMO
CDC
- criação de Juizados Especiais de Pequenas Causas e Varas Especializadas: art. 5º, IV

LITISCONSÓRCIO
CDC
- publicação de edital; interessados; intervenção: art. 94

LITISPENDÊNCIA
CDC
- art. 104

M

MEIA-ENTRADA
LEG. ESP.
- benefício do pagamento da: Lei 12.933/2013
- venda pela internet; obrigações do fornecedor: Lei 13.179/2015

MÉTODOS COMERCIAIS COERCITIVOS OU DESLEAIS
CDC
- proteção contra: art. 6º, IV

MINISTÉRIO PÚBLICO
CDC
- abandono ou desistência da ação por associação: art. 110
- ação declaratória de nulidade de cláusula contratual: art. 51, § 4º
- assistentes: art. 80
- atuação: art. 92
- execução da sentença condenatória: art. 114
- legitimidade para ação coletiva: art. 82, I
- litisconsórcio facultativo entre MPs: art. 113
- Promotorias de Justiça de Defesa do Consumidor: art. 5º, II

MULTA
CDC
- diária coercitiva: art. 86, § 4º
- indenização sem prejuízo: art. 84, § 2º
- mora: art. 52, § 1º
- montante: art. 57, parágrafo único
- pena pecuniária: art. 77
- sanção administrativa: arts. 56, I, e 57

N

NOCIVIDADE
CDC
- crimes: arts. 63 e 64
- produtos: arts. 63 e 65
- produtos impróprios: art. 19, § 6º, II
- proibição de colocar no mercado: art. 10
- proteção contra: art. 6º, I
- serviços: arts. 6º, I, 10

LEG. ESP,
- produtos e serviços; comunicação após colocação no mercado; procedimento: Portaria 618/2019, do Ministério da Justiça

NORMAS
LEG. ESP.
- gerais; de atendimento ao consumidor (SAC); fixação: Decreto 11.034/2022

NULIDADE
CDC
- de cláusula contratual; ajuizamento de ação: art. 51, § 4º

LEG. ESP.
- de disposições contratuais; inversão do ônus da prova: Medida Provisória 2.172-32/2001
- de pleno direito; cláusulas: Portaria 4/1998, da SDE
- de pleno direito; cláusulas: Portaria 3/1999, da SDE
- nulas de pleno direito: Portaria 3/2001, da SDE

O

OBRIGAÇÃO DE FAZER OU NÃO FAZER
CDC
- normas: art. 84

OBRIGAÇÃO DE INFORMAR
CDC
- art. 8º, *caput*
- da União, Estados e Municípios: art. 10, § 3º
- nocivos ou perigosos à vida ou à saúde: arts. 9º, 18, § 6º, II
- produto industrial: art. 8º, parágrafo único

LEG. ESP.
- comércio de veículos automotores; informação sobre o valor dos tributos: Lei 13.111/2015

OFERTA
CDC
- disciplina: arts. 30 e ss.
- componentes e peças de reposição: art. 32
- crimes: arts. 66 e 75
- cumprimento forçado: art. 35
- informações: art. 31
- telefone; por meio de: art. 33

LEG. ESP.
- e forma de afixação de preços para o consumidor: Lei 10.962/2004

ÔNUS DA PROVA
CDC
- inversão: art. 6º, VIII
- veracidade da informação ou publicidade: art. 38

LEG. ESP.
- da prova; inversão; nulidade de disposições contratuais: Medida Provisória 2.172-32/2001

ORÇAMENTO PRÉVIO
CDC
- art. 40
- alteração posterior: art. 40, § 2º
- prazo de validade: art. 40, § 1º
- serviços de terceiros não previstos: art. 40, § 3º

ÓRGÃOS PÚBLICOS
CDC
- obrigação de fornecer serviços adequados, eficientes, seguros e contínuos: art. 22
- serviços essenciais: art. 22, *caput*

P

PAGAMENTO EM PRESTAÇÕES
CDC
- contratos de compra e venda de móveis ou imóveis: art. 53
- desproporcionais e excessivamente onerosas: art. 6º, V
- obrigação de informar número e periodicidade: art. 52, IV
- perda total de: art. 53

PASSAGEIRO (S)
LEG. ESP.
- serviço de transporte rodoviário interestadual e internacional; exploração: Decreto 2.521/1998

PEÇA OU COMPONENTE DE REPOSIÇÃO
CDC
- obrigação de usar originais: art. 21
- oferta: art. 32
- usado; crime: art. 70

PENA
CDC
- apreensão: art. 58
- cassação da concessão: art. 59, § 1º
- cassação de alvará de licença: art. 59
- cassação do registro do produto: art. 58
- concessão ou permissão de uso; revogação da: art. 58
- contrapropaganda: art. 60
- cumulativas: art. 78
- interdição: art. 59
- interdição temporária de direitos: art. 78, I
- intervenção administrativa: art. 59, *caput* e § 2º

- inutilização de produtos: art. 58
- multa: art. 57
- pecuniária: art. 77
- prestação de serviços à comunidade: art. 78, III
- proibição de fabricação de produtos: art. 58
- publicação de notícia: art. 78, II
- suspensão do fornecimento de produto ou serviço: art. 58
- suspensão temporária da atividade: art. 59

PERDAS E DANOS

CDC
- conversão da obrigação: art. 84, § 1º
- indenização: art. 84, § 2º
- litigância de má-fé: art. 87, parágrafo único

PERICULOSIDADE DE PRODUTO E SERVIÇO

CDC
- alto grau; proibição: art. 10
- crimes: arts. 63 a 65
- informação ao consumidor: art. 9º
- omissão de comunicação: art. 64

LEG. ESP.
- comunicação após colocação no mercado; procedimento: Portaria 618/2019, do Ministério da Justiça.

PERMISSIONÁRIAS

CDC
- obrigação de fornecer serviços adequados: art. 22

PESAGEM E MEDIÇÃO

CDC
- direito de complementação: art. 19, II
- responsabilidade: art. 19, § 2º

PESSOA JURÍDICA

CDC
- desconsideração da personalidade jurídica: art. 28
- estrangeira, como fornecedora: art. 3º, *caput*
- pública, como fornecedora: art. 3º, *caput*

PESSOAS INDETERMINÁVEIS

CDC
- interesses ou direitos difusos: art. 81, parágrafo único, I
- qualidade de consumidoras: art. 2º, parágrafo único

POLÍTICA NACIONAL DE RELAÇÕES DE CONSUMO

CDC
- execução: art. 5º, I a V
- objetivo: art. 4º, *caput*
- princípios: art. 4º, I a VIII

PRÁTICAS COMERCIAIS

CDC
- arts. 29 e ss.

PRÁTICAS E CLÁUSULAS ABUSIVAS

CDC
- assistência médica; carência; emergência: Súm. 597/STJ
- direitos do consumidor: arts. 6º, IV, 39 e ss.
- plano de saúde; emergência; carência: Súm. 597/STJ
- plano de saúde; emergência; 24 horas: Súm. 597/STJ

LEG. ESP.
- fiscalização pelos órgãos públicos de defesa do consumidor: Portaria 7/2003, da SDE

PRAZO(S)

CDC
- decadência: art. 26
- prescrição: art. 27
- vício oculto: art. 26, § 3º
- vícios de produto ou serviço; sanar: art. 18, §§ 1º a 4º

PREÇO

CDC
- abatimento: arts. 19, I, e 20, III
- diferença: art. 18, § 4º

LEG. ESP.
- combustíveis automotivos; divulgação de informações: Dec. 10.634/2021
- de produtos e serviços para o consumidor; formas de afixação: Lei 10.962/2004
- diferenciação; bens e serviços ao público: Lei 13.455/2017 e art. 5º-A da Lei 10.962/2004

PRESCRIÇÃO

CDC
- interrupção do prazo: art. 27, parágrafo único
- prazo: art. 27
- sistemas de proteção ao crédito: art. 43, § 5º

PRESTAÇÕES DESPROPORCIONAIS

CDC
- modificação ou revisão de cláusulas contratuais: art. 6º, V

PRODUTO(S)

CDC
- adulterados: art. 18, § 6º, II
- alterados: art. 18, § 6º, II
- alto grau de nocividade ou periculosidade à saúde ou segurança: art. 10
- amostra grátis: art. 39, parágrafo único
- avariados: art. 18, § 6º, II

- conceito: art. 3º, § 1º
- conserto; componentes de reposição: art. 21
- corrompidos: art. 18, § 6º, II
- desacordo com as normas regulamentares de fabricação, distribuição ou apresentação: art. 18, § 6º, II
- defeituoso: art. 12, § 1º
- definição: art. 3º, § 1º
- deteriorados: art. 18, § 6º, II
- falsificados: art. 18, § 6º, II
- fraudados: art. 18, § 6º, II
- garantia legal: art. 24
- impróprio ou inadequado ao consumo: art. 18, *caput* e § 6º
- industrial; obrigação de informar: art. 8º, parágrafo único
- informações necessárias e adequadas: art. 8º
- *in natura*: art. 18, § 5º
- nocivos ou perigosos à vida ou à saúde: arts. 9º, 18, § 6º, II
- obrigatoriedade de preço: art. 52, I
- periculosidade ou nocividade: art. 10, *caput*
- sanções administrativas aplicáveis: arts. 56 e ss.
- proibição de colocar no mercado: art. 10
- publicidade enganosa: art. 37, § 1º
- responsabilidade pelo fato do produto: art. 12
- riscos à saúde e segurança: art. 8º
- substituição: arts. 18, § 1º, I, e § 4º, 19, III
- sujeitos a controle ou tabelamento de preços: art.41
- vício: arts. 18 e ss.

LEG. ESP.
- comercializado na embalagem; mudança na quantidade; regra para informação ao consumidor: Portaria 392/2021, do Ministério da Justiça e Segurança Pública
- e serviços ao consumidor; oferta e forma de afixação de preços: Lei 10.962/2004
- instituições financeiras; relacionamento com clientes e usuários: Resolução 4.949/2021, do Banco Central
- nocividade ou periculosidade; comunicação; procedimento: Portaria 618/2019, do Ministério da Justiça.
- reproduzindo a forma de cigarros e similares; proibição: Lei 12.921/2013

PRODUTOR

CDC
- caso de não responsabilidade pelo produto: art. 12, § 3º
- produtos *in natura*: art. 18, § 5º
- reparação de danos: art. 12, *caput*

PROFISSIONAL LIBERAL

CDC
- responsabilidade pessoal: art. 14, § 4º

PROTEÇÃO DO CONSUMIDOR

CDC
- cláusulas abusivas: arts. 51 e ss.
- contratual: arts. 46 e ss.
- jurídica, administrativa e técnica: art. 6º, VII
- publicidade abusiva: art. 6º, IV
- saúde e segurança: arts. 8º e ss.

PROVA(S)

CDC
- inversão do ônus: art. 6º, VIII
- publicidade; veracidade da informação: art. 38

LEG. ESP.
- ônus; inversão; nulidade de disposições contratuais: Medida Provisória 2.172-32/2001

PUBLICIDADE E PROPAGANDA

CDC
- norma: art. 36, *caput*
- obrigatoriedade do fornecedor: art. 36, parágrafo único
- ônus da prova: art. 38
- proibição: art. 37, *caput*

LEG. ESP.
- de produtos reproduzindo a forma de cigarros e similares; destinação ao público infanto-juvenil: Lei 12.921/2013

PUBLICIDADE ENGANOSA E ABUSIVA

CDC
- contrapropaganda: art. 60
- crime: arts. 67 e 68
- direito do consumidor: art. 6º, IV
- enganosa: art. 37, § 1º
- enganosa por omissão: art. 37, § 3º
- proibição: art. 37

Q

QUALIDADE

LEG. ESP.
- da água; controle; informação ao consumidor sobre: Decreto 5.440/2005

QUANTIDADE (S)

LEG. ESP.

- mudança na; regra para informação aos consumidores: Portaria 392/2021, do Ministério da Justiça e Segurança Pública

QUITAÇÃO

LEG. ESP.

- anual de débitos; emissão de declaração: Lei 12.007/2009

R

RECALL

LEG. ESP.

- nocividade ou periculosidade; comunicação; procedimento: Portaria 618/2019, do Ministério da Justiça.
- veículos nocivos ou perigosos após introdução no mercado; substituição ou reparo: Portaria Conjunta 3/2019, do Ministério da Justiça

RECLAMAÇÃO

CDC

- caducidade: art. 26

REFORMA TRIBUTÁRIA

CF

- imposto sobre bens e serviços: art. 156-A

RELAÇÕES DE CONSUMO

CDC

- art. 2º, parágrafo único
- crimes contra: arts. 61 e ss.
- política nacional: art. 4º
- possibilidade de indenização limitada: art. 51, I
- processo penal: art. 80
- proteção contratual: arts. 46 e ss.

RELAÇÕES TRABALHISTAS

CDC

- serviço; atividade fornecida no mercado de consumo; remuneração; salvo as decorrentes das: art. 3º, § 2º

REPARAÇÃO POR DANOS

CDC

- prazo de prescrição: art. 27

REPETIÇÃO DE INDÉBITO

CDC

- restituição em dobro: art. 42, parágrafo único

RESPONSABILIDADE(S)

CDC

- direito de regresso: art. 13, parágrafo único
- fornecedor de serviços: art. 20
- fornecedor de serviços; ausência de: art. 14, § 3º
- grupos societários: art. 28, § 2º
- hipóteses de ausência para fabricante, o construtor, o produtor ou importador: art. 12, § 3º
- pelo fato do produto e do serviço: art. 12
- penal; cumplicidade: art. 75
- pessoal; profissionais liberais: art. 14, § 4º
- profissionais liberais: art. 14, § 4º
- sociedades coligadas: art. 28, § 4º
- sociedades consorciadas: art. 28, § 3º
- sociedades controladas: art. art. 28, § 2º
- solidária: arts. 7º, parágrafo único, 28, § 3º, 25, §§ 1º e 2º
- subsidiária: art. 28, § 2º
- vício do produto e do serviço: art. 18 e ss.

SÚMULA STJ

- curso não reconhecido; instituição ensino superior: Súm. 595/STJ
- danos; curso não reconhecido; instituição ensino superior: Súm. 595/STJ
- instituição ensino superior; danos; curso não reconhecido: Súm. 595/STJ

RESTITUIÇÃO DA QUANTIA PAGA

CDC

- arts. 18, § 1º, II, 19, IV, e 20, II

REVOGAÇÃO DE CONCESSÃO OU PERMISSÃO DE USO

CDC

- ocorrência: art. 56, VIII

RISCOS

CDC

- dever de informar; fornecedor contaminação: art. 8º, § 2º
- informações necessárias e adequadas: art. 8º
- normais e previsíveis: art. 8º

LEG. ESP.

- uso de substâncias tóxicas em embalagens de alimentos: Lei 9.832/1999

S

SAC

LEG. ESP.

- serviço de atendimento ao consumidor; fixação de normas gerais: Decreto 11.034/2022
- tempo máximo para contato direto com atendente: Portaria 2.014/2008, do Ministério da Justiça

SANÇÕES ADMINISTRATIVAS
CDC
- apreensão, inutilização de produtos, proibição de fabricação de produtos, suspensão do fornecimento de produto ou serviço, cassação do registro do produto e revogação da concessão ou permissão de uso: art. 58
- contrapropaganda: art. 60
- espécies: art. 56
- intervenção administrativa: art. 59, § 2º
- pena de cassação da concessão: art. 59, § 1º
- pena de multa: art. 57
- penas de cassação de alvará de licença, de interdição e de suspensão temporária da atividade: art. 59

SAÚDE
CDC
- produtos impróprios: art. 18, § 6º, II
- proteção contra riscos, direito do consumidor: arts. 6º, I, 8º

SEGURANÇA
CDC
- proteção contra riscos, direito do consumidor: art. 6º, I

SEGURO
LEG. ESP.
- seguros de pessoas; coberturas de risco: Resolução 439/2022
- garantia estendida: Res. 436/2022

SENTENÇA
CDC
- coisa julgada: art. 103
- juízo competente para execução: art. 98, § 2º
- liquidação e execução: arts. 97 e 98
- multa diária, imposição: art. 84, § 4º
- penal condenatória: art. 103, § 4º

SERVIÇO
CDC
- alto grau de nocividade e periculosidade; comunicação ao público: art. 10, § 1º
- alto grau de nocividade e periculosidade; proibição: art. 10
- ausência de responsabilidade do fornecedor: art. 14, § 3º
- componentes e peças originais: art. 21
- conceito: art. 3º, § 2º
- crime: art. 65
- defeituoso: art. 14, § 1º
- impróprios: art. 20, § 2º
- novas técnicas: art. 14, § 2º
- proibição de colocar no mercado: art. 10
- profissionais liberais: art. 14, § 4º
- qualidade: arts. 8º e ss.
- reexecução: art. 20, I
- responsabilidade do fornecedor: art. 20
- responsabilidade por vício: arts. 18 e ss.

LEG. ESP.
- de atendimento ao consumidor (SAC); fixação de normas gerais: Decreto 11.034/2022
- e preços de produtos ao consumidor; oferta e formas de afixação: Lei 10.692/2004
- exploração de; transporte de passageiros: Decreto 2.521/1998
- prestação de; instituições financeiras; prevenção de riscos na contratação: Resolução 4.949/2021, do BACEN

SERVIÇOS PÚBLICOS
CDC
- adequada e eficaz prestação; direito a: art. 6º, X
- racionalização e melhoria: art. 4º, VII

SISTEMA
LEG. ESP.
- alternativo de solução de conflitos; *consumidor.gov.br*: Decreto 8.573/2015
- Brasileiro da Concorrência; estrutura: Lei 12.529/2011
- de Informação de Acidentes de Consumo (SIAC): Portaria Interministerial 3.082/2013
- Nacional de Defesa do Consumidor; organização: Decreto 2.181/1997

SISTEMAS DE PROTEÇÃO AO CRÉDITO
CDC
- prescrição; cobrança de débitos do consumidor; impedir ou dificultar novo acesso ao crédito: art. 43, § 5º

SOCIEDADE (S)
CDC
- coligadas; responsabilidade: art. 28, § 4º
- consorciadas; responsabilidade: art. 28, § 3º
- desconsideração da personalidade jurídica: art. 28
- grupos societários: art. 29, § 2º
- responsabilidade: art. 28, § 2º

LEG. ESP.
- nocividade ou periculosidade; comunicação; procedimento: Portaria 618/2019, do Ministério da Justiça.

SOLIDARIEDADE
CDC
- ofensa com mais de um autor: art. 7º, parágrafo único

SUPERENDIVIDAMENTO
CDC
- conciliação: arts. 104-A a 104-C
- prevenção e tratamento: arts. 54-A a 54-G

LEG. ESP.
- aperfeiçoamento da disciplina do crédito ao consumidor, prevenção e tratamento do superendividamento: Lei 14.181/2021
- mínimo existencial; preservação e não comprometimento; regulamentação: Dec. 11.150/2022

SUSPENSÃO TEMPORÁRIA DA ATIVIDADE
CDC
- art. 59, *caput*

T

TERMO DE GARANTIA
CDC
- art. 50, parágrafo único
- obrigação de entregar; crime: art. 74

TORCEDOR
LEG. ESP.
- espectador-consumidor: art. 178 da Lei 14.597/2023

TRANSGÊNICOS
LEG. ESP.
- alimentos; direito à informação sobre; regulamentação: Decreto 4.680/2003

TRANSPORTE
LEG. ESP.
- de passageiros; rodoviário; exploração dos serviços de: Decreto 2.181/1997

TUTELA ESPECÍFICA
CDC
- cumprimento da obrigação de fazer ou não fazer; resultado prático; equivalente ao do adimplemento: art. 84

U

USO E CONSUMO
CDC
- produtos deteriorados ou falsificados: art. 18, § 6º, II
- produtos impróprios: art. 18, § 6º
- produtos inadequados: art. 18, § 6º, III
- produtos nocivos: art. 18, § 6º, II
- produtos vencidos: art. 18, § 6º, I

V

VALOR ORÇADO
CDC
- prazo de validade: art. 40, § 12

VEÍCULOS AUTOMOTORES
LEG. ESP.
- comercialização; informação ao comprador sobre o valor dos tributos incidentes sobre a venda: Lei 13.111/2015
- *recall*; nocivos ou perigosos após introdução no mercado; substituição e reparo: Portaria Conjunta 3/2019, do Ministério da Justiça

VÍCIO DO PRODUTO E DO SERVIÇO
CDC
- de qualidade, quantidade ou disparidade: art. 18, *caput*
- indicações do recipiente, da embalagem, rotulagem ou mensagem publicitária: art. 18, *caput*
- prazo para sanar o vício: art. 18, § 1º
- prazo; redução ou ampliação: art. 18, § 2º
- responsabilidade solidária dos fornecedores: art. 18, *caput*
- substituição do produto; restituição da quantia paga, abatimento proporcional do preço: art. 18, §§ 1º e 3º

VÍCIOS
CDC
- direito de reclamar; decadência: art. 26
- oculto; decadência: art. 26, § 3º
- prazo para regularizar: art. 18, § 1º
- responsabilidade: arts. 18 e ss.

VIDA
CDC
- produtos impróprios: art. 18, § 6º, II
- proteção contra riscos; direito do consumidor: art. 6º, I

VÍTIMAS
CDC
- equiparação aos consumidores: art. 17

2024
10 1 2 3 4 5 6 7 8 9